예제로 배우는
파이썬 머신러닝

제**3**판

Python Machine Learning By Example, Third Edition

Copyright © Packt Publishing 2021. First published in the English language under the title
'Python Machine Learning By Example - Third Edition — (9781800209718)'

이 책의 한국어판 저작권은 에이전시 원을 통한 저작권자와의 독점 계약으로 (주)제이펍에 있습니다.
저작권법에 의해 한국 내에서 보호를 받는 저작물이므로 무단 전재와 무단 복제를 금합니다.

예제로 배우는 파이썬 머신러닝(제3판)

1쇄 발행 2022년 8월 26일

지은이 위시 (헤이든) 류
옮긴이 구정회
펴낸이 장성두
펴낸곳 주식회사 제이펍

출판신고 2009년 11월 10일 제406-2009-000087호
주소 경기도 파주시 회동길 159 3층 / **전화** 070-8201-9010 / **팩스** 02-6280-0405
홈페이지 www.jpub.kr / **원고투고** submit@jpub.kr / **독자문의** help@jpub.kr / **교재문의** textbook@jpub.kr

소통기획부 김정준, 이상복, 송영화, 권유라, 송찬수, 박재인, 배인혜
소통지원부 민지환, 김정미, 서세원 / **디자인부** 이민숙, 최병찬

진행 이상복 / **교정·교열** 박지영 / **내지디자인** 이민숙 / **내지편집** 백지선 / **표지디자인** 이민숙
용지 에스에이치페이퍼 / **인쇄** 한승문화사 / **제본** 일진제책사

ISBN 979-11-92469-24-9 (93000)
값 33,000원

제이펍은 독자 여러분의 아이디어와 원고 투고를 기다리고 있습니다. 책으로 펴내고자 하는 아이디어나 원고가 있는
분께서는 책의 간단한 개요와 차례, 구성과 저(역)자 약력 등을 메일(submit@jpub.kr)로 보내주세요.

예제로 배우는
파이썬 머신러닝

제3판

위시 (헤이든) 류 지음 / 구정회 옮김

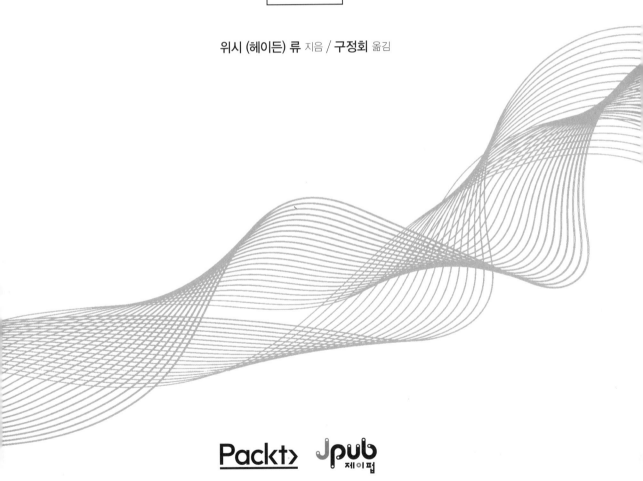

Packt> Jpub
제이펍

차 례

CHAPTER 1 머신러닝과 파이썬 시작하기 1

지은이 위시 (헤이든) 류 Yuxi (Hayden) Liu

구글의 머신러닝 소프트웨어 엔지니어. 구글 이전에는 여러 데이터 기반 도메인에서 머신러닝 과학자로 일하며 디지털 광고, 마케팅, 사이버 보안에 관한 전문 지식을 발휘했다. 현재 세계에서 가장 큰 검색 엔진에서 광고 최적화를 위한 머신러닝 모델과 시스템을 개발하고 개선하는 일을 한다.

교육에 대한 열정이 커 여러 머신러닝 도서를 집필했다. 첫 책인 《Python Machine Learning By Example》의 초판은 2017년과 2018년에 아마존에서 베스트셀러 1위에 올랐으며 다양한 언어로 번역되었다. 집필한 책으로는 《Machine Learning with PyTorch and Scikit-Learn》(2022), 《Deep Learning with R for Beginners》(2019), 《Hands-On Deep Learning Architectures with Python》(2019), 《R Deep Learning Projects》(이상 Packt, 2018)가 있다.

 옮긴이 구정회mrku69@naver.com

연세대학교 전자공학과를 졸업하고, 포항공대에서 컴퓨터비전 전공으로 석사, 연세대학교에서 통신신호처리 전공으로 박사 학위를 취득했다. 현재 삼성리서치(Samsung Research)에서 컴퓨터비전 관련 딥러닝 연구를 하고 있다. 틈틈이 눈과 카메라를 통해 발견하는 즐거움을 찾으며, 하루하루 일상을 살고 있다. 제이펍에서 《쏙쏙 들어오는 인공지능 알고리즘》(2021년 세종도서 학술부문도서 선정), 《머신러닝 엔지니어링》(2022년 대한민국학술원 우수학술도서 선정)을 번역했다.

기술 감수자 소개 _____

 후안토마스 가르시아 Juantomás García

Sngular 데이터 과학팀의 최고 기획 책임자. 2018년에 Sngular에 합류한 이후, 풍부한 경험을 바탕으로 신기술의 잠재력을 활용하고, 회사의 솔루션과 서비스 전반에 걸쳐 신기술을 구현했다.

구글 개발자 전문가Google Developer Expert, GDE(GCP/머신러닝)이며 소프트웨어 도서 《La Pastilla Roja(빨간 약)》의 공저자이자, 스페인의 인기 게임 〈La Abadía del Crimen(범죄의 수도원)〉을 플레이하는 인공지능 플랫폼 'AbadIA'을 개발했다. 무료 소프트웨어 기술의 전문가이며 200개 이상의 국제 산업 행사에서 연사로 활동했다. 20년의 경력을 쌓는 동안 Open Sistemas의 데이터 솔루션 관리자, ASPgems의 최고 데이터 책임자를 거쳤고 7년간 Hispanilux의 회장을 역임했다.

마드리드 공과대학교에서 IT 공학을 전공했고, 다양한 학술 단체와 스타트업의 기술 기고자와 멘토로 활발히 활동한다. 정기적으로 머신러닝 스페인Machine Learning Spain과 GDG 클라우드 마드리드 모임을 조직하며, 기업가를 위한 구글 론치패드Google Launchpad의 멘토와 펜실베이니아 주립대학교의 딥러닝 초분광 이미지 분류 전기전자공학 프로젝트의 고문이기도 하다.

 라가브 발리 Raghav Bali

세계 최대 규모 의료 기관의 선임 데이터 과학자. 의료와 보험 관련 분야에서 머신러닝, 딥러닝, 자연어 처리를 기반으로 기업 솔루션 연구 개발을 하고 있다. 스프링보드Springboard의 멘토이자 머신러닝과 딥러닝 콘퍼런스에서 활발한 강연자로 활동하고 있다. 이전에는 인텔에서 자연어 처리, 딥러닝, 전통 통계 기법을 이용해 데이터 기반 IT 이니셔티브를 구현하는 데 참여했다. 또한 아메리칸 익스프레스의 재무 부서에서 디지털 계약과 고객 유지 솔루션 업무를 수행하기도 했다. 파이썬과 R 기반의 머신러닝, 딥러닝, 자연어 처리, 전이학습 도서를 여러 권 출간해 좋은 반응을 얻었다.

문득 거실 책장 위의 조그만 석고상이 눈에 들어왔습니다. 사진을 찍고 싶다는 생각에 오랜만에 구석에 처박혀 있던 카메라를 꺼내 들었습니다.

사실 카메라에 관심을 두게 된 것은, 꽤 오래전에 사업부와 카메라 양산 과제 협업을 했던 것이 계기가 되었습니다. 그 당시 꽤 고생해서 시장에 출시했던 모델(NX300)은 지금은 몇몇 사람의 기억에만 남게 되었지만, 저의 직업적 커리어에 적잖은 도움을 주었고, 사진이라는 새로운 취미를 하나 남겨주었습니다.

책장 위에 놓여 있던 줄리앙, 비너스, 아그리파 석고상을 배경이 될 만한 장소에 옮겨놓고, 이리저리 위치를 바꿔가며 연신 셔터를 눌러봅니다. 왠지 마음과는 달리 결과는 영 마음에 들지 않습니다. 하지만, 한동안 마치 전문 사진작가라도 된 마냥 아름다운 결과물을 상상하면서 창작의 호사를 누려봅니다.

Learning by doing

저자도 밝히고 있듯이 이 책은 머신러닝을 배우려는 독자를 대상으로 합니다. 파이썬 프로그래밍을 통해 머신러닝의 핵심 사항을 직접 실행해볼 수 있습니다. 특히, 파이썬으로 알고리즘을 밑바닥부터 구현하는 방법과 텐서플로와 케라스 같은 고수준 라이브러리를 이용해서 구현하는 방법을 차례로 보여줍니다.

기술의 눈부신 발달로 하루가 다르게 사용의 편의성을 자랑하는 금도끼, 은도끼를 손에 쥘 수 있는 시대가 되었습니다. 하지만 돌멩이로 힘겹게 못을 박아본 사람만이 망치가 얼마나 멋진 도구인지 알 수 있습니다. 파이썬으로 밑바닥부터 구현하는 방법과 텐서플로와 케라스를 이용한 방법을 함께 비교해보면서 차이점을 발견하고 서로 참조해보는 것은 유용하고 흥미로운 경험이 될 것입니다. 또한,

영화 추천, 온라인 광고, 얼굴 인식, 텍스트 분석과 같이 우리 주위에서 접할 수 있는 현실적인 예제를 통해 기본적인 머신러닝 알고리즘을 살펴보는 것도 또 하나의 재미가 될 것입니다.

다시 사진 얘기로 돌아와보겠습니다. 힘들게 얻은 한 장의 사진을 통해 저만의 상상의 나래를 펼쳐봅니다. 비너스 조각상의 반짝임은 스스로 그 아름다움을 대변해주는 것만 같고, 엄친아 줄리앙은 이러한 비너스의 자태에 깜짝 놀라 뭔가 귓속말을 속삭이려고 하는 것 같기도 합니다. 그 옆에 로마제국 아그리파 장군의 만감이 교차하는 듯한 표정은 뭔가 애잔해 보입니다. 사실 반짝이는 유광의 비너스 조각상이 평소에는 별로 잘 안 어울린다고 생각했는데, 왠지 이런 낯섦에 이끌려 여기까지 왔네요.

독자 여러분의 눈에 들어온 이 책이 돌멩이로 다가올지, 망치로 다가올지 사뭇 궁금합니다. 부디 즐거운 여정을 통해, 첫 장을 펼칠 때의 낯섦이 마지막 장을 덮을 때쯤에는 새로운 익숙함이 될 수 있기를 기대합니다.

이 책이 나오기까지 애쓰고 도움을 주신 모든 분께 감사합니다. 그리고 고맙습니다.

나의 퀘렌시아 단. 우. 아. 에서
구정회

강찬석(LG전자)

실제 활용되는 머신러닝 패키지들을 활용해서 구현하고 이에 대한 이론적 배경이 예시와 함께 잘 설명되어 있어서 좋았습니다. 이 책을 통해서 머신러닝과 딥러닝을 전부 이해할 수 있다고는 할 수 없겠지만, 그래도 제목처럼 예시를 통해서 내용들을 다뤄볼 수 있다는 점에서 활용을 원하는 개발자에게 도움이 될 듯싶습니다. 책은 전반적으로 잘 구성되어 있고, 원서 내용을 충실하게 잘 번역한 것 같습니다.

 박기훈(싸이버원)

개념 정리부터 차근차근 자세하게 잘 설명되어 있어서 내용을 이해하는 데 도움이 되었습니다. 제시된 코드를 그대로 따라 하면 동일한 결과물을 도출할 수 있어서, 작은 만족감은 물론 이해력도 더불어 증가하며 학습 효과가 높았습니다. 파이썬 설치부터 단계별로 진행하면 동일한 결과물을 얻을 수 있도록 설명되어 있어서 큰 도움이 되었습니다. 저자의 실무 경험에서 나오는 지식의 깊이와 이해도가 돋보였으며, 간단하지만 실무에 적용할 수 있는 내용이 소스 코드와 함께 있어 하나씩 직접 따라 하면서 공부하기 적합한 책이었습니다.

박조은(오늘코드)

머신러닝을 배우다 보면 어렵고 생소한 내용이 많아서 핵심만 콕 짚어주었으면 좋겠다는 생각이 들곤 합니다. 이 책은 방대한 내용을 다루고 있어서 머신러닝에 대한 전반적인 내용을 익혀보기에 좋은 책입니다. 마치 인공지능 부트캠프 과정 커리큘럼처럼 이론과 실습 예제가 구성되어 있습니다. 머신러닝의 기초 개념부터 다양한 알고리즘과 원리, 딥러닝, 강화학습까지 다룹니다. 또 정형 데이터와 이미지, 텍스트 등의 다양한 형태의 데이터를 사이킷런, 텐서플로, 파이토치, 스파크 등 다양한 도구들로 다뤄서 실전적으로 핵심을 배울 수 있는 책입니다.

성민석(고려대학교 인공지능학과)

머신러닝과 딥러닝을 처음 접하는 분들이 다양한 사례 중심으로 입문할 수 있는 좋은 책이라고 생각합니다. 심도 있는 이론을 설명하기보다 가볍게 파이썬 코드를 통해서 어떻게 활용하는지 살펴볼 수 있는 좋은 책입니다. 지금까지 공부했던 머신러닝이나 딥러닝을 복습할 수 있는 좋은 기회였습니다. 다만 딥러닝 부분에서는 일부 어려운 개념에 대한 저자 설명이 다소 가벼웠습니다.

 이태영(신한은행)

다양한 예제를 통해 머신러닝 기법들을 활용하여 결과를 보고 내용을 다시금 추론해볼 수 있는 것이 좋았고, 초심자들이 파이썬 콘솔을 통하여 명령어를 직접 치며 수행할 수 있도록 구성되어 해당 명령어의 의미를 되새겨볼 수 있도록 한 점도 좋았습니다. 초보자는 파이썬 실행 환경 구성 시 어려움이 있을 수 있어 아쉬웠습니다.

 정태일(삼성SDS)

머신러닝과 데이터 분석을 위해 필요한 개념을 파이썬 라이브러리를 활용한 간략한 코드 구현을 통해 배웁니다. 어려운 개념을 설명하다 보면 장황해질 수 있을 텐데 이 책은 잘 정제된 깔끔한 설명과 파이썬 코드로 어렵지 않게 개념을 이해하고 결과를 확인해볼 수 있어 좋았습니다. 데이터분석 준전문가(ADsP) 시험을 준비하며 공부했던 머신러닝 개념들이 파이썬 코드를 통해 어떻게 구현되고 결과가 나오는지를 확인해볼 수 있어서 유익했습니다.

이 책이 세상에 나올 수 있게 해준 모든 훌륭한 분에게 감사드리고 싶다. 그분들이 없었다면 이 책은 세상에 나올 수 없었을 것이다. 특히 팩트 출판사의 모든 편집자와 검토자에게 감사드린다. 덕분에 실세계의 문제에 적용할 수 있는 읽기 쉬운 책이 탄생할 수 있었다. 마지막으로 이 책의 세 번째 판을 집필할 수 있도록 격려해주신 독자 여러분께 감사의 말씀을 전한다.

위시 류

이 책의 감수 작업을 할 때 지원해준 가족에게 감사를 표하고 싶다. 엘리사Elisa, 니코Nico, 올리비아 Olivia에게 감사한다.

후안토마스 가르시아

이 자리를 빌려 그동안 든든한 버팀목이 되어준 아내에게 고마움을 전하고 싶다. 또한 내 모든 노력을 항상 지지해주는 가족에게도 감사의 말씀을 전한다. 위시 류는 훌륭한 저자이며 신간 출간에 감사와 축하를 전하고 싶다. 마지막으로 이 책을 성공으로 이끌기 위해 노고를 쏟아준 디비아 무달리아 Divya Mudaliar, 엑스퍼트 네트워크Expert Network 팀 전체, 팩트 출판사에 감사드린다.

라가브 발리

이 책에 대하여 _____

이 책은 머신러닝의 세계로 들어가는 포괄적인 관문 역할을 한다.

이번에 개정된 3판에서는 기업의 최신 요구 사항에 맞도록 상당히 많은 부분이 업데이트되면서, 새롭게 6개 장이 추가되었다. 추가된 장은 나이브 베이즈를 이용한 영화 추천 엔진 개발, 서포트 벡터 머신으로 얼굴 인식하기, 인공 신경망으로 주가 예측하기, 합성곱 신경망으로 옷 이미지 분류하기, 순환 신경망을 이용한 시퀀스 예측, 의사결정을 위한 강화학습 같은 주제를 포함한다.

동시에, 이 책은 파이썬 프로그래밍을 통해 ML의 핵심 사항을 실행해볼 수 있는 통찰력을 제공한다. 저자의 전문 지식을 백분 활용해서 파이썬으로 알고리즘을 밑바닥부터 구현하는 방법과 텐서플로와 케라스 같은 라이브러리를 이용해서 구현하는 방법 모두를 보여준다.

각 장에서는 관련 업계에서 채택하는 애플리케이션을 다룬다. 이 같은 실제 사례를 통해 탐색적 자료 분석exploratory data analysis, EDA, 특징 공학, 분류, 회귀, 군집화, 자연어 처리 같은 영역에서의 ML 기술의 작동 원리를 이해할 수 있다.

이 책을 마칠 때쯤이면 ML 생태계에 대한 폭넓은 그림을 그릴 수 있고, 파이썬으로 ML 기술을 적용해서 문제를 해결하는 모범 사례를 잘 알게 될 것이다.

대상 독자

이 책은 머신러닝에 열정을 가진 머신러닝 애호가, 데이터 분석가, 데이터 엔지니어와 ML 과제를 시작하려는 독자들에게 적합하다.

파이썬 코딩의 사전 지식이 어느 정도 갖추어졌다고 가정하고, 통계 개념의 기본적인 지식이 있으면 도움이 된다. 하지만 이러한 사전 지식이 꼭 필요한 것은 아니다.

책의 구성

1장 '머신러닝과 파이썬 시작하기'에서는 파이썬 머신러닝의 여정을 시작한다. 우선, 머신러닝이 무엇인지, 머신러닝이 왜 필요한지, 지난 수십 년 동안의 발전 내용을 살펴본다. 그다음, 대표적인 머신러닝 작업을 논의하고, 데이터 처리와 모델 개발을 위한 몇 가지 필수적인 기술을 실용적이고 재미있는 방식으로 살펴본다. 또한 이후 장에서 다룰 예제와 프로젝트에 필요한 소프트웨어와 도구를 설정한다.

2장 '나이브 베이즈를 이용한 영화 추천 엔진 구축'에서는 분류, 특히 이진 분류와 나이브 베이즈를 중점적으로 살펴본다. 2장의 목표는 영화 추천 시스템을 구축하기 위한 분류의 기본 개념과, 단순하지만 강력한 알고리즘인 나이브 베이즈를 익히는 것이다. 또한 모든 데이터 과학이나 머신러닝 실무자가 배워야 하는 중요한 기술인 모델 미세 조정 방법을 보여준다.

3장 '서포트 벡터 머신을 이용한 얼굴 인식'에서는 2장에 이어 지도학습과 분류 과정을 계속 다룬다. 특히, 다중 클래스 분류와 서포트 벡터 머신 분류기를 중점적으로 살펴본다. 서포트 벡터 머신 알고리즘이 서로 다른 클래스의 데이터를 분리하기 위한 결정 경계를 찾는 방법을 논의한다. 또한 사이킷런으로 알고리즘을 구현하고 이를 이용해서 얼굴 인식을 비롯한 다양한 실생활 문제를 해결한다.

4장 '트리 기반 알고리즘을 이용한 온라인 광고 클릭률 예측'에서는 광고 클릭률 문제를 해결하는 트리 기반 알고리즘(의사결정 트리, 랜덤 포레스트, 부스티드 트리 포함)을 소개하고 이를 심층적으로 설명한다. 의사결정 트리의 루트에서 리프 노드까지 탐색해보고, 사이킷런과 XGBoost를 이용해서 트리 모델을 밑바닥부터 구현해본다. 특징 중요도, 특징 선택, 앙상블도 함께 다룬다.

5장 '로지스틱 회귀를 이용한 온라인 광고 클릭률 예측'에서는 4장에 이어 광고 클릭률 예측 프로젝트를 다룬다. 특히 확장성이 뛰어난 분류 모델인 로지스틱 회귀를 중점적으로 살펴본다. 로지스틱 회귀가 작동하는 방식과 대규모 데이터셋으로 작업하는 방법을 살펴본다. 또한 범주형 변수 인코딩, L1 및 L2 정규화, 특징 선택, 온라인 학습, 확률적 경사하강법도 다룬다.

6장 '테라바이트 규모의 클릭 로그 예측'에서는 아파치 하둡과 스파크를 비롯한 강력한 병렬 컴퓨팅 도구를 활용해서 대규모 광고 클릭을 예측하는 기법을 설명한다. 스파크 설치, RDD, 스파크 핵심 프로그래밍과 같은 스파크의 필수 개념과 ML 구성 요소를 다룬다. 스파크를 이용해서 전체 광고 클릭 데이터셋을 처리하고, 분류 모델을 구축하고, 특징 공학과 성능 평가를 수행한다.

7장 '회귀 알고리즘을 이용한 주가 예측'에서는 선형회귀, 회귀 트리, 회귀 포레스트, 서포트 벡터 회귀를 비롯한 여러 인기 있는 회귀 알고리즘에 초점을 맞춘다. 이를 활용해서 10억 달러(또는 1조 달러)

규모 시장의 주가 예측 문제를 해결한다. 그리고 사이킷런과 텐서플로를 이용해서 회귀 문제를 해결하는 연습을 한다.

8장 '인공 신경망을 이용한 주가 예측'에서는 심층 신경망 모델을 소개하고 이를 자세히 설명한다. 신경망의 구성 요소와 활성화 함수, 순방향, 역전파와 같은 중요한 개념을 다룬다. 가장 간단한 신경망을 구축하는 것부터 시작해서 더 많은 층을 추가해가면서 신경망의 더 깊은 부분을 살펴본다. 신경망을 밑바닥부터 구현해보고, 이어서 텐서플로와 케라스로 구현한 다음에 주가를 예측하는 신경망을 훈련한다.

9장 '텍스트 분석 기법을 이용한 20개 뉴스그룹 데이터셋 분석'에서는 학습 여정의 두 번째 단계인 비지도학습을 시작한다. 뉴스그룹 데이터 탐색과 같은 자연어 처리 문제를 살펴본다. 텍스트 데이터 작업, 특히 단어와 문구를 기계가 읽을 수 있는 값으로 변환하는 방법과 의미가 거의 없는 단어를 제거하는 방법에 관한 실습 경험을 쌓을 수 있다. 또한 t-SNE 차원 축소 기술을 이용해서 텍스트 데이터를 시각화한다.

10장 '군집화와 주제 모델링을 이용한 뉴스그룹 데이터셋의 기본 주제 찾기'에서는 비지도 방식으로 데이터에서 관찰할 수 있는 다양한 그룹을 식별하는 방법을 설명한다. k-평균 알고리즘을 이용해서 뉴스그룹 데이터를 군집화하고, 비음수 행렬 분해와 잠재 디리클레 할당을 통해 주제를 찾아낸다. 20개의 뉴스그룹 데이터셋에서 얼마나 많은 흥미로운 테마를 찾을 수 있는지 안다면 재미있을 것이다.

11장 '머신러닝 모범 사례'에서는 앞에서 학습한 내용을 하나씩 증명해보고 실제 프로젝트를 준비하는 것이 목표다. 머신러닝 전체 워크플로에서 따라야 할 21가지 모범 사례를 포함해 설명한다.

12장 '합성곱 신경망을 이용한 옷 이미지 분류'에서는 강력한 최신 머신러닝 모델인 합성곱 신경망을 이용해서 옷 이미지를 분류하는 방법을 설명한다. CNN의 구성 요소와 구조, 그리고 텐서플로와 케라스를 이용한 구현 방법을 다룬다. 옷 이미지 데이터를 살펴본 뒤, 이미지를 10개의 클래스로 분류하는 CNN 모델을 개발하고, 데이터 증강 기술을 이용해서 분류기의 성능을 개선한다.

13장 '순환 신경망을 이용한 시퀀스 예측'에서는 순차 학습을 정의하고 순환 신경망이 이러한 순차 학습에 적합한 이유를 살펴본다. 다양한 유형의 RNN과 대표적인 애플리케이션을 배우고, 텐서플로를 이용해서 RNN을 구현한다. 이를 적용해서 두 가지 흥미로운 순차 학습 문제인 IMDb 영화 리뷰에 대한 감정 분석과 텍스트 자동 생성 문제를 해결한다. 마지막에는 보너스로 최신 순차 학습 모델인 트랜스포머를 다룬다.

14장 '강화학습을 이용한 복잡한 환경에서의 의사결정'에서는 경험을 통해 배우고 환경과 상호작용하는 방법을 설명한다. 강화학습의 기본 원리를 살펴본 다음에는 간단한 동적 프로그래밍 알고리즘을 이용하는 FrozenLake 환경을 알아본다. 몬테카를로 학습을 배우고 가치 근사와 조절에 적용한다. 또한 시간차 알고리즘을 개발하고 Q-러닝을 통해 택시 문제를 해결한다.

사전 지식

프로젝트를 효과적으로 수행하려면 파이썬, 기본적인 머신러닝 알고리즘 개념, 텐서플로와 케라스 같은 기본 파이썬 라이브러리의 기본 지식이 있어야 한다.

예제 코드 등 다운로드

책에 나오는 예제 코드는 깃허브에서 다운로드할 수 있다.

- https://github.com/PacktPublishing/Python-Machine-Learning-By-Example-Third-Edition[1]

원서에 사용된 컬러 이미지가 포함된 PDF 파일은 다음 링크에서 다운로드할 수 있다.

- https://static.packt-cdn.com/downloads/9781800209718_ColorImages.pdf[2]

---

1 [옮긴이] 이 원서 저장소는 업데이트되지 않고 있다. 책에서는 원서 코드 오류를 바로잡았으므로 책에 있는 코드를 참고하자.
2 [옮긴이] https://bit.ly/3iarUYy. 이후 본문에 등장하는 긴 URL에는 독자 편의를 위해 단축 URL도 함께 제공한다.

1

머신러닝과
파이썬 시작하기

앞으로 30년 안에 **인공지능**artificial intelligence, AI이 인간의 지식을 능가할 것으로 예상된다. 그에 따라 인간이 실직하게 될지도 모르지만, 분석기술과 **머신러닝**machine learning, ML 기술은 점점 더 중요해지고 있다. 사실 이 점은 마이크로소프트 공동 창업자인 빌 게이츠, 테슬라 최고경영자인 일론 머스크, 전 구글 회장 에릭 슈미트 등 가장 영향력 있는 비즈니스 리더들이 강조해온 부분이다.

1장은 기본적이고 중요한 머신러닝 개념으로부터 머신러닝의 여정을 시작한다. 다시 말해 머신러닝이란 무엇인지, 왜 필요한지, 그리고 수십 년을 거쳐 발전해온 머신러닝의 내용은 어떠한지부터 알아본다. 그다음 대표적인 머신러닝 과제task를 논의하고 데이터 처리와 모델 개발에 필요한 몇 가지 필수 기법을 살펴본다.

1장의 끝부분에서는 머신러닝과 데이터 과학 분야에서 가장 인기 있는 언어인 파이썬용 소프트웨어를 설치하고 이 책에 필요한 라이브러리와 도구를 설정한다.

전체적으로는 다음 주제들을 자세히 살펴본다.

- 머신러닝의 중요성
- 머신러닝의 핵심(데이터를 통한 일반화)
- 과적합과 과소적합
- 편향-분산 절충
- 과적합 방지 기법

- 데이터 전처리 기법
- 특징 공학 기법
- 모델 결합aggregation 기법
- 파이썬 환경 설정
- 주요 파이썬 패키지 설치
- 텐서플로 2 소개

1.1 머신러닝 소개

첫 번째 절에서는 머신러닝을 간략하게 소개하고 머신러닝이 필요한 이유, 자동화와의 차이점, 우리 삶을 개선하는 방법을 살펴보는 것으로 머신러닝의 여정을 시작한다.

머신러닝machine learning은 1960년경에 만들어진 용어로 컴퓨터, 로봇, 기타 장치에 해당하는 **기계** machine와 우리 인간이 잘하는 어떤 사건에 대한 패턴을 획득하거나 발견하는 활동을 의미하는 **학습** learning의 두 단어로 구성된다. 흥미로운 예로는 얼굴 인식, 번역, 이메일 응답, 데이터 기반 비즈니스 의사결정 등이 있다. 앞으로 이 책에서 더 많은 예를 볼 것이다.

1.1.1 머신러닝이 필요한 이유

머신러닝이 왜 필요하며, 기계가 인간과 같은 방식으로 학습하기를 원하는 이유는 무엇인가? 이 질문에 대한 답은 유지보수, 위험 완화, 이점의 세 가지 주요 관점에서 살펴볼 수 있다.

무엇보다도 컴퓨터와 로봇은 연중무휴로 일할 수 있고, 피곤함을 느끼거나 휴식이 필요하거나 병가를 내거나 파업하지 않는다. 장기적으로 봤을 때 기계가 훨씬 저렴하다. 또한 다양한 대규모 데이터셋이나 복잡한 계산을 수반하는 복잡한 문제의 경우, 지능적인 부분은 말할 것도 없고 컴퓨터가 모든 작업을 수행하는 편이 훨씬 타당하다. 인간이 설계한 알고리즘algorithm에 따라 작동하는 기계는 잠재적인 규칙과 고유한 패턴을 학습하여 작업을 수행할 수 있다.

학습 기계learning machine는 일상적이고 반복적이거나 지루한 작업에 인간보다 더 적합하다. 그 외에도 머신러닝에 의한 자동화는 피로나 부주의에 따른 위험을 줄여줄 수 있다.

그림 1.1에서 볼 수 있듯이 자율주행차가 좋은 예다. 차량은 주변 환경을 감지하고 사람의 개입 없이 결정을 내릴 수 있다. 또 다른 예는 생산 라인에 로봇 팔을 사용하는 것인데, 이를 통해 작업자의 부상과 생산 비용을 크게 줄일 수 있다.

그림 1.1 **자율주행차의 예**

인간이 피곤을 느끼지 않거나 충분한 교대 근무자를 고용할 수 있는 자원이 있다고 가정해보자. 이 때도 머신러닝이 여전히 유효할까? 물론 그럴 것이다! 지금까지 보고되었거나 보고되지 않은 많은 사례에서, 기계는 도메인 전문가와 같거나 더 나은 성능을 발휘한다. 정답과 인간 전문가가 내린 최선의 결정으로부터 배우도록 알고리즘을 설계했으므로 기계는 전문가만큼 좋은 성능을 발휘할 수 있다.

사실 최고의 전문가도 실수하지만, 기계는 전문가 개개인의 집단 지성collective intelligence을 활용하여 잘못된 결정을 내릴 가능성을 최소화할 수 있다. 특정 유형의 암일 경우 기계가 의사보다 더 정확한 진단을 할 수 있다는 주요 연구 사례는 이러한 관점을 뒷받침한다.[1] **알파고**AlphaGo[2]는 기계가 인간을 이긴 가장 잘 알려진 예일 것이다.

또한 경제적, 사회적 비용 관점에서 인간 전문가를 훈련하는 것보다 학습 기계를 배포하는 것이 훨씬 더 현실성이 있다. 일주일 안에 수천 개의 진단 기기를 전 세계에 배포할 수는 있지만, 같은 수의 자격을 갖춘 의사를 모집하고 배정하기란 거의 불가능하다.

이에 관해 이의를 제기할 수도 있다. 충분한 리소스와 능력이 있어서 최고의 도메인 전문가를 고용하고 나중에 그들의 의견을 종합할 수 있다면 그래도 머신러닝이 자리를 잡을 수 있을까? 아마 (적어도 지금 당장은) 그렇지 않을 것이다. 학습 기계는 가장 지능이 뛰어난 인간의 공동 노력보다 더 나은

---

1 https://www.nature.com/articles/d41586-020-00847-2
2 https://deepmind.com/research/case-studies/alphago-the-story-so-far

성능을 발휘하지 못할 수도 있다. 하지만 학습 기계를 갖춘 개인은 최고의 전문가 그룹을 능가할 수 있다. 이것은 실제로 **인공지능 기반 지원**AI-based assistance 또는 **인공지능과 인간 지능의 결합**AI plus human intelligence이라고 부르는 새로운 개념으로, 기계와 인간의 노력을 결합하는 것을 옹호하는 입장이다.

지금까지 말한 내용을 다음과 같은 부등식으로 요약할 수 있다.

인간 + 머신러닝 → 지칠 줄 모르는 가장 지능적인 인간 ≥ 머신러닝 〉 인간

로봇의 도움을 받는 의료 수술이 인간과 머신러닝 시너지의 좋은 예다. 그림 1.2는 외과 의사 옆에 있는 수술실의 로봇 팔을 보여준다.

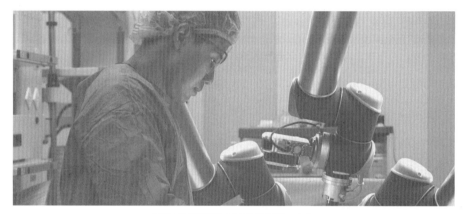

그림 1.2 **인공지능의 보조를 받는 수술**

1.1.2 머신러닝과 자동화의 차이점

그렇다면 머신러닝은 단순히 인간이 만들거나 선별한 규칙 집합의 프로그래밍과 실행을 포함하는 자동화와 동일할까? 널리 알려진 속설에 따르면, 머신러닝은 유익하고 반복적인 작업을 수행하고 더는 생각하지 않기 때문에 자동화와 동일하다. 이 질문에 대한 대답이 '예'라면, 많은 소프트웨어 프로그래머를 고용하고 계속해서 새로운 규칙을 프로그래밍하거나 기존 규칙을 확장할 수는 없을까?

그것이 불가능한 한 가지 이유는 시간이 지남에 따라 규칙을 정의, 유지보수, 업데이트하는 데 비용이 점점 더 많이 들기 때문이다. 활동이나 이벤트의 가능한 패턴 수가 엄청나게 많아질 수 있으므로 이를 빠짐없이 모두 열거하기란 현실적으로 불가능하다. 동적으로 끊임없이 변화하거나 실시간으로 발생하는 이벤트의 경우에는 훨씬 더 어려워진다. 컴퓨터가 풍부한 데이터로부터 학습하고, 패턴을 추출하고, 스스로 알아내도록 하는 학습 알고리즘을 개발하는 편이 훨씬 쉽고 효율적이다.

머신러닝과 기존 프로그래밍의 차이점은 그림 1.3에서 볼 수 있다.

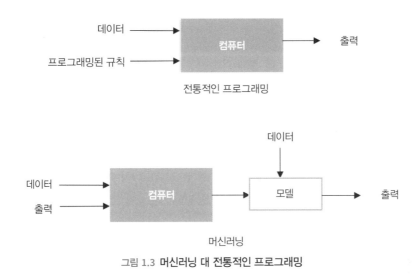

그림 1.3 **머신러닝 대 전통적인 프로그래밍**

전통적인 프로그래밍에서 컴퓨터는 미리 정의된 규칙에 따라 입력 데이터를 처리하고 결과를 생성한다. 반면 머신러닝에서는 컴퓨터가 인간의 생각을 모방하려고 한다. 입력 데이터, 예상 결과, 환경과 상호작용하면서 하나 이상의 수학적 모델로 표현되는 패턴을 찾아낸다. 그다음, 모델을 이용해서 새로운 입력 데이터에 대한 결과를 얻는다. 자동화와는 달리 머신러닝 환경에서는 컴퓨터에 명시적이고 지시적인 코딩을 하지 않는다.

데이터양은 기하급수적으로 증가하고 있다. 오늘날 텍스트, 오디오, 이미지, 비디오 데이터는 가늠하기 어려울 만큼 넘쳐난다. 일상 기기를 상호 연결하는 **사물 인터넷**Internet of things, IoT은 최근에 개발된 새로운 종류의 인터넷이다. IoT는 가전제품과 자율주행차의 데이터를 전면으로 가져올 것이다. 이러한 추세는 계속될 것이며 더 많은 데이터가 생성되고 처리될 것이다. 양적인 측면 외에도, 저렴한 스토리지 덕분에 사용할 수 있는 데이터의 품질은 지난 몇 년 동안 계속 개선되어왔다. 이를 통해 머신러닝 알고리즘과 데이터 기반 솔루션이 발전할 수 있게 되었다.

1.1.3 머신러닝 애플리케이션

전자상거래 기업 알리바바의 공동창업자인 마윈Jack Ma Yun은 한 연설에서, 지난 20년 동안은 IT가 중심이었지만 앞으로 30년은 **데이터 기술**data technology, DT의 시대가 될 것이라고 말했다.[3] IT 시대에는 기업이 컴퓨터 소프트웨어와 인프라 덕분에 더 크고 강력하게 성장했다. 이제 대부분의 업종에서

---

3   https://www.alizila.com/jack-ma-dont-fear-smarter-computers/

이미 엄청난 양의 데이터를 수집했으므로, 지금은 DT를 기반으로 통찰력을 확보하고 패턴을 찾아내서 새로운 비즈니스 성장을 촉진할 수 있는 적기다. 일반적으로 기업은 머신러닝 기술을 통해서 고객의 행동을 좀 더 잘 이해하고 고객과 소통하며 운영 관리를 최적화할 수 있다.

머신러닝 기술은 이미 개개인의 삶을 더 좋게 만들어주고 있다. 스팸 이메일 필터링은 우리 모두에게 친숙한 머신러닝 애플리케이션이다. 또 하나는 온라인 광고인데, 광고주는 고객에 관해 수집한 정보를 기반으로 맞춤형 광고를 제공한다. 다음 몇 개의 장에서, 이 두 가지 문제를 포함해서 더 많은 문제를 해결하는 알고리즘을 개발하는 방법을 배울 것이다.

검색 엔진은 이제 우리 삶에 없어서는 안 되는 머신러닝 애플리케이션이 되었다. 검색 엔진은 찾고자하는 것을 구문 분석parse하고, 관련 상위 레코드를 쿼리query하며, 주제 관련성과 사용자 선호도에따라 페이지를 정렬하는 문맥 순위 및 개인화된 순위를 적용하여 정보를 검색한다. 전자 상거래와 미디어 회사는 고객이 제품, 서비스, 기사를 좀 더 빨리 찾을 수 있도록 도와주는 추천 시스템을 도입하는 데 앞장서왔다.

머신러닝의 적용처는 무한하며, 신용 카드 사기 탐지, 대통령 선거 예측, 즉석 음성 번역, 로보 어드바이저 등 매일같이 새로운 적용 사례가 등장한다. 1983년에 상영된 영화 〈위험한 게임〉에서는 컴퓨터가 제3차 세계대전을 일으킬 수도 있는 삶과 죽음의 결정을 내렸다. 이것은 영화적 상상력으로, 우리가 아는 범위 내에서 그 당시의 기술 수준으로는 컴퓨터가 그러한 결정을 할 수 없었다. 그러나 1997년에 딥 블루Deep Blue 슈퍼컴퓨터는 세계 체스 챔피언을 이겼다.[4] 2005년에는 스탠퍼드의 자율주행차가 사막에서 130마일 이상을 스스로 운전했다.[5] 2007년에는 다른 팀의 자율주행차가 일반 도시에서 60마일 이상의 도로를 주행했다.[6] 2011년에는 왓슨Watson 컴퓨터가 인간과 대결한 퀴즈에서 우승했다.[7] 앞서 언급했듯이 알파고 프로그램은 2016년에 세계 최고의 바둑 기사인 이세돌을 이겼다.

만약 컴퓨터 하드웨어만이 기술 발전의 제약 요소라고 가정한다면, 좀 더 현실적으로 미래를 추론해볼 수 있다. 미국의 유명한 발명가이자 미래학자인 레이 커즈와일Ray Kurzweil이 추론한 바에 따르면 2029년경에 인간 수준의 지능을 기대할 수 있다. 그다음에는 어떻게 될까?

자신만의 머신러닝 여정을 시작하고 싶은가? 천 리 길도 한 걸음부터라는 것을 명심하고, 머신러닝의 전제 조건과 기본적인 유형부터 시작해보자.

---

4 https://en.wikipedia.org/wiki/Deep_Blue_(chess_computer)
5 https://en.wikipedia.org/wiki/DARPA_Grand_Challenge_(2005)
6 https://en.wikipedia.org/wiki/DARPA_Grand_Challenge_(2007)
7 https://en.wikipedia.org/wiki/Watson_(computer)

1.2 머신러닝의 전제 조건

인간 지능을 모방하는 머신러닝은 시스템 생성과 관련한 컴퓨터 과학의 한 분야인 인공지능의 세부 분야다. 소프트웨어 공학은 컴퓨터 과학의 또 다른 분야인데, 일반적으로 파이썬 프로그래밍은 소프트웨어 엔지니어링의 일종이라고 할 수 있다. 머신러닝은 선형대수학, 확률론, 통계, 수학적 최적화와도 밀접한 관련이 있다. 일반적으로 통계, 확률론, 선형대수학을 기반으로 머신러닝 모델을 구축한 다음 수학적 최적화를 통해 모델을 최적화한다.

이 책을 읽는 대부분의 독자는 파이썬 프로그래밍의 명령어에 능숙하거나 최소한 충분한 명령을 알아야 한다. 수학에 자신이 없다면 앞서 언급한 주제를 배우거나 복습하는 데 얼마나 많은 시간을 할애해야 하는지 궁금할 것이다. 당황할 필요는 없다. 이 책에서는 수학적 세부 사항까지는 다루지 않는 수준에서 머신러닝을 살펴볼 것이다. 머신러닝 기술과 알고리즘의 동작 원리를 이해하는 데 도움이 되는 확률론과 선형대수학의 기본적인 지식만 있으면 충분하다. 그리고 개발자들이 선호하는 친숙한 언어인 파이썬의 인기 있는 패키지를 이용해서 모델을 밑바닥부터 만들어 나가는 만큼 점차 쉬워질 것이다.

확률론과 선형대수학을 배우거나 복습하고 싶은 독자는 기본 확률론과 기본 선형대수학 관련 내용을 자유롭게 검색해보기를 추천한다. 온라인에는 많은 리소스가 있는데, 예를 들어 기본 확률론에 관한 자료[8]나 기본 선형대수에 관한 자료[9]가 있다.

머신러닝을 체계적으로 공부하고 싶다면 컴퓨터 공학, 인공지능, 나아가 최근에는 데이터 과학 석사 과정에 등록할 수 있다. 다양한 데이터 과학 부트캠프도 있다. 그러나 부트캠프는 일반적으로 취업이 목적이고 프로그램 기간이 4주에서 10주로 짧은 만큼 좀 더 힘들다. 또 다른 옵션으로는 무료 **온라인 공개 강좌**Massive Open Online Course, MOOC가 있는데, 앤드루 응Andrew Ng의 머신러닝 인기 강좌가 있다. 마지막으로, 업계 블로그와 웹사이트는 최신 개발 상황을 알아볼 수 있는 훌륭한 자료다.

머신러닝은 기술일 뿐만 아니라 일종의 스포츠이기도 하다. 때로는 상당한 금액의 상금을 타기 위해, 때로는 수상의 기쁨을 위해, 하지만 대부분의 경우에는 실력 발휘를 위해 캐글Kaggle과 같은 여러 머신러닝 대회에 참가해서 경쟁자들과 실력을 겨뤄볼 수 있다. 그러나 이러한 대회에서 이기려면 해당 대회에서의 문제 해결에만 유용하고 일반적인 비즈니스 문제를 해결에는 유용하지 않은 특정 기술을 활용해야 할 수도 있다. 그렇다. 공짜 점심은 없다는 이론[10]이 여기에 적용된다. 이제 머신러닝의 세

---

8   https://people.ucsc.edu/~abrsvn/intro_prob_1.pdf
9   http://www.maths.gla.ac.uk/~ajb/dvi-ps/2w-notes.pdf
10 https://en.wikipedia.org/wiki/No_free_lunch_theorem

가지 유형을 살펴보자.

1.3 세 가지 유형의 머신러닝 시작하기

머신러닝 시스템은 입력 데이터(숫자, 텍스트, 시각, 시청각 데이터)와 함께 제공된다. 일반적으로 이러한 시스템의 출력은 자율주행차의 가속도와 같은 부동 소수점 숫자일 수도 있고, 이미지 인식에서는 고양이 또는 호랑이 같은 **범주**category(**클래스**class라고도 함)를 나타내는 정수일 수도 있다.

머신러닝의 주요 임무는 과거 데이터를 통해 학습하고 새로운 입력 데이터에 관해 결과를 예측할 수 있는 알고리즘을 탐색하고 구성하는 것이다. 데이터 기반 솔루션의 경우, 모델이 얼마나 잘 학습하는지 측정하는 **손실 함수**loss function 또는 **비용 함수**cost function라는 평가 함수를 정의해야 한다(또는 알고리즘을 통해 정의해야 한다). 이를 통해 가장 효율적이고 효과적인 방법으로 학습하기 위한 최적화 문제로 설정하는 셈이다.

머신러닝 과제는 학습 데이터의 특성에 따라 크게 다음 세 가지 범주로 분류할 수 있다.

- **지도학습**supervised learning: 학습 데이터가 지시적 신호[11] 외에 설명, 목표target,[12] 원하는 출력과 함께 제공될 때, 머신러닝의 학습 목표는 입력과 출력을 매핑mapping하는 일반적인 규칙을 찾는 것이다. 이런 종류의 학습 데이터를 **레이블링된**labeled 데이터라고 하는데, 학습된 규칙을 통해 새로운 데이터에 레이블을 지정한다. 레이블은 보통 이벤트 로깅 시스템에서 제공하고 전문가가 평가한다. 이외에도 크라우드소싱 등을 통해 인간 채점자가 생산할 수도 있다. 일반적으로 지도학습은 얼굴 인식과 음성 인식, 제품 또는 영화 추천, 판매 예측, 스팸 이메일 감지와 같은 일상적인 애플리케이션에서 쓰인다.

- **비지도학습**unsupervised learning: 학습 데이터에 아무런 설명 없이 지시적 신호만 있는 경우, 데이터 내부의 구조를 찾고 숨겨진 정보를 발견하고 데이터를 설명하는 방법을 결정하는 것은 전적으로 우리에게 달려 있다. 이런 종류의 학습 데이터를 **레이블링되지 않은**unlabeled 데이터라고 한다. 비지도학습은 위조나 장비 결함 같은 이상 탐지나 마케팅 캠페인에서 유사한 온라인 행동 패턴을 보이는 고객을 그룹화하는 데 사용할 수 있다. 데이터를 더 쉽게 이해할 수 있도록 하는 데이터 시각화와, 노이즈가 있는 데이터에서 관련 정보를 추출하는 차원 축소도 비지도학습 계열에 속한다.

---

11 옮긴이 특징(feature)이라고 한다.
12 옮긴이 모델이 맞추려는 대상을 나타낸다(2.1절 참조).

- **강화학습**reinforcement learning: 학습 데이터는 최종적으로 특정 목표를 달성하기 위해 시스템이 동적 조건에 적응할 수 있도록 피드백을 제공한다. 피드백 응답을 바탕으로 시스템의 성능을 평가하고 그에 따라 반응한다. 잘 알려진 사례로는 산업 자동화를 위한 로봇 공학, 자율주행차, 체스 마스터인 알파고가 있다. 강화학습과 지도학습의 주요 차이점은 환경과의 상호작용이다.

다음 다이어그램은 머신러닝 과제 유형을 보여준다.

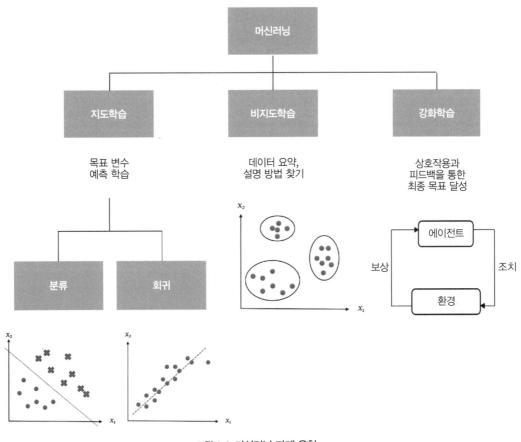

그림 1.4 머신러닝 과제 유형

다이어그램에서 볼 수 있듯이 지도학습은 회귀와 분류로 더 세분화할 수 있다. **회귀**regression는 연속적인 값을 갖는 응답을 통해 훈련하고 예측한다. 예를 들면 집값 예측이 이에 속한다. 반면 **분류** classification는 긍정적/부정적 감정 분석과 대출 채무 불이행 예측 같이 적절한 클래스 레이블을 찾는 것이다.

모든 학습 샘플이 아닌, 일부 샘플에만 레이블이 지정되면 **준지도학습**semi-supervised learning을 한다.

이 경우 소량의 레이블링된 데이터와 (일반적으로 대량의) 레이블링되지 않은 데이터를 훈련에 같이 사용한다. 준지도학습은 레이블링된 데이터셋을 얻는 데 비용이 많이 들어서 일부 데이터셋만 레이블링하는 편이 더 실용적일 때 적용한다. 예를 들어 초분광 원격 감지 이미지가 그에 해당한다. 이때 데이터를 레이블링하려면 비용이 많이 드는 숙련된 전문가가 필요하지만, 레이블링되지 않은 데이터를 얻기는 비교적 쉽다.

추상적인 개념 때문에 약간 혼란스러운 느낌이 들더라도 걱정할 필요는 없다. 이 책의 뒷부분에서 이러한 유형의 머신러닝 과제에 관한 다양하고 구체적인 사례를 보게 될 것이다. 예를 들어 2장에서는 지도학습 분류와 이를 위한 인기 있는 알고리즘과 애플리케이션을 자세히 살펴본다. 마찬가지로 7장에서는 지도학습 회귀를 알아본다. 9장에서는 비지도학습 방법과 알고리즘에 초점을 맞춰 살펴본다. 마지막으로, 세 번째 머신러닝 과제인 강화학습은 14장에서 다룬다.

머신러닝을 학습 과제에 따라 분류하는 것 외에 시간순으로 분류할 수도 있다.

1.3.1 머신러닝 알고리즘 개발의 간략한 역사

시간의 흐름에 따라 지금까지 인기를 누려온 다양한 머신러닝 알고리즘이 있는데, 이는 대략적으로 논리 기반 학습, 통계학습, 인공 신경망, 유전 알고리즘의 네 가지 주요 방식으로 분류할 수 있다.

초창기에는 **논리 기반**logic-based 시스템이 가장 널리 쓰였다. 이 시스템은 인간 전문가가 만든 기본 규칙을 바탕으로 형식 논리, 배경지식, 가설을 사용하여 추론한다. **통계학습**statistical learning 이론은 변수 간 관계를 공식화하는 함수를 찾는다. 1980년대 중반에 **인공 신경망**artificial neural network, ANN 이 등장했지만 1990년대 통계학습 시스템에 의해 밀려났다. ANN은 동물의 뇌를 모방하는데, 생물학적 뉴런을 모방한 상호 연결된 뉴런으로 구성된다. 입력값과 출력값 사이의 복잡한 관계를 모델링하고 데이터에 있는 패턴을 포착한다. **유전 알고리즘**genetic algorithm, GA은 1990년대에 크게 유행했는데, 진화라는 생물학적 과정을 모방하고 돌연변이mutation와 교차crossover 같은 방법으로 최적의 솔루션을 찾아나간다.

현재는 **딥러닝**deep learning이 가히 혁명이라고 할 수 있을 만큼 큰 인기를 끌고 있어서, 이제는 신경망이라는 이름의 변경을 고려해야 할 지경이 되었다. 원래 딥러닝이라는 용어는 2006년경에 만들어졌는데, 많은 층layer를 가진 심층 신경망을 의미한다. 딥러닝의 획기적인 발전은 계산 속도를 크게 향상하는 **그래픽 처리 장치**graphical processing unit, GPU를 통합하고 활용한 결과였다.

GPU는 원래 비디오게임을 렌더링하고자 개발되었는데 행렬의 병렬처리와 벡터 대수학에서 성능이 매우 뛰어났다. 딥러닝은 인간이 배우는 방식을 닮았다고 여겨진다. 따라서 인간처럼 지각 있는 기계를 만들어낼 수 있을지도 모른다. 이 책의 8장에서 이런 부분을 짚어보고, 12장과 13장에서 딥러닝을 깊이 살펴볼 것이다.

시간이 지남에 따라 컴퓨터 하드웨어가 기하급수적으로 증가한다는 경험적 관찰인 **무어의 법칙**Moore's law에 관해 들어본 적이 있을 것이다. 이 법칙은 1965년 인텔의 공동 설립자인 고든 무어Gordon Moore가 처음 제창했는데, 그에 따르면 반도체 칩의 트랜지스터의 수는 2년마다 2배씩 증가한다. 다음 다이어그램은 무어의 법칙이 유효하다는 것을 보여준다(동그라미의 크기는 GPU의 평균 트랜지스터 개수를 나타낸다).

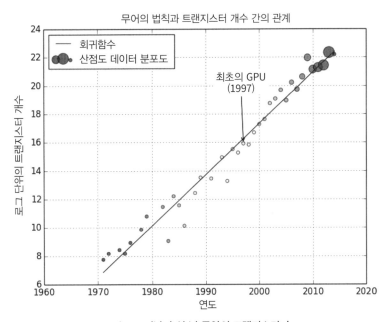

그림 1.5 지난 수십 년 동안의 트랜지스터 수

무어의 법칙은 수십 년 동안 계속 유효할 것이라는 게 공통된 의견으로 보인다. 이는 2029년까지는 진정한 기계 지능을 달성할 것이라는 레이 커즈와일의 예측에 어느 정도 신빙성을 준다.

1.4 머신러닝의 핵심 파헤치기

머신러닝 알고리즘의 분류를 논의했으니, 머신러닝의 핵심인 데이터를 통한 일반화와 다양한 일반화 수준, 그리고 올바른 일반화 수준을 달성하는 접근법을 자세히 살펴본다.

1.4.1 데이터를 통한 일반화

다행히도 세상에는 데이터가 많다. 하지만 데이터의 다양성과 잡음 때문에 이러한 데이터를 처리하기 어려울 때가 많다. 일반적으로 인간은 귀와 눈으로 들어오는 데이터를 처리하는데, 이러한 입력은 전기신호나 화학신호로 변환된다. 기본적으로 컴퓨터와 로봇도 전기신호로 작동하는데, 보통 이러한 전기신호는 1과 0으로 변환된다. 하지만 이 책에서 파이썬으로 프로그래밍할 때는 데이터를 숫자, 이미지 또는 텍스트로 나타낸다. 사실 이미지와 텍스트는 프로그래밍 측면에서 다루기에 그다지 편하지 않으므로 이미지와 텍스트를 숫자로 변환해야 한다.

특히 지도학습은 맥락적인 면에서 시험공부 시나리오와 비슷하다. 시험공부 시나리오에는 연습 시험과 실제 시험이 있다. 좋은 시험 점수를 얻으려면 시험 문제에 대한 답을 모른 채 답할 수 있어야 한다. 이것을 **일반화**generalization라고 하며, 우리가 원하는 것은 연습 시험에서 무언가를 배우고, 그 지식을 다른 유사한 질문에 적용할 수 있게 되는 것이다. 머신러닝에서는 이러한 연습 시험에 해당하는 것을 **훈련셋**training set 또는 **훈련 샘플**training sample이라고 하고, 머신러닝 모델은 이를 이용해서 데이터에 내재한 패턴을 도출한다. 그리고 실제 시험은 **테스트셋**testing set 또는 **테스트 샘플**testing sample에 해당하고, 훈련을 마친 모델을 여기에 적용한다. 끝으로 학습한 모델의 테스트 결과로 학습 효과를 측정한다. 때로는 연습 시험과 실제 시험 사이에 모의시험을 통해서 실제 시험을 얼마나 잘 치를 수 있을지 평가하고 복습에 도움을 주기도 한다. 이러한 모의시험은 머신러닝에서 **검증 셋**validation set 또는 **검증 샘플**validation sample에 해당한다. 시뮬레이션 환경에서 모델이 얼마나 잘 수행되는지 확인하는 데 도움이 되고, 여기서 모델의 적중률을 더 높이기 위해 모델을 미세 조정fine-tuning한다.

예를 들어 세금 계산을 하는 경우, 기존의 프로그래머는 비즈니스 분석가나 다른 전문가와 대화를 나눈 다음 특정 값에 다른 값을 곱한 값을 더하는 세금 규칙을 구현한다. 반면 머신러닝에서는 컴퓨터에 세금 규칙에 관한 다양한 입력과 출력 예를 입력하는데, 만약 프로그램에 문서인식 기능이 있으면 실제 세금 문서를 더 편리하게 입력할 수 있다. 자율주행차가 인간의 간섭을 많이 필요로 하지 않는 것처럼, 기계가 데이터를 통해 세금 규칙을 알아내도록 하는 것이다.

물리학도 거의 같은 상황에 처해 있다. 즉 우주의 작동 원리를 밝히고 이를 수학적 언어로 법칙으로 만들고 싶어 한다. 실제로 우주가 어떻게 작동하는지 모르기 때문에, 이런 경우 최선의 방법은 법칙을 적용했을 때 발생하는 오차를 측정하고 이를 최소화하는 것이다. 지도학습에서는 결과를 예상값과 비교한다. 반면 비지도학습에서는 관련 척도를 통해 성공 여부를 측정한다. 예를 들어 데이터 군집cluster을 잘 정의하려고 할 때는, 하나의 군집 내의 데이터 포인트들이 얼마나 유사한지, 서로 다른 두 군집의 데이터 포인트가 얼마나 다른지가 척도가 될 수 있다. 강화학습에서는 예를 들어 체스 게임의 경우 프로그램이 미리 정의된 함수를 사용하여 동작을 평가한다.

데이터를 통한 적당한 수준의 일반화 외에도 일반화의 정도에 따라 과적합과 과소적합이 발생할 수 있는데, 이는 다음 절에서 살펴본다.

1.4.2 과적합, 과소적합, 편향-분산 절충

두 가지 일반화 수준을 자세히 살펴보고 편향-분산 절충bias-variance trade-off도 알아보자.

1 과적합

머신러닝 과제의 목표는 적합한 모델을 찾아내는 것이다. 그런데 모델이 과적합되면 어떻게 될까? **과적합**overfitting은 모델이 기존 관측값observation에는 **너무 잘** 적합fit하지만 미래의 새로운 관측값은 예측하지 못하는 것을 의미한다. 다음 비유를 살펴보자.

시험 준비를 위해 많은 연습 문제를 풀고 나면, 시험 주제와 관련 없는 질문에 답할 수 있는 방법을 찾을 수도 있다. 예를 들어 5개의 연습 문제만 풀어보고, 질문에 감자 2개, 토마토 1개, 바나나 3개가 나오면 항상 답이 A이고, 감자 1개, 토마토 3개, 바나나 2개가 나오면 답이 항상 B라는 것을 발견했다고 가정하자. 이로부터 주제나 답이 감자, 토마토, 바나나와 관련이 없을지라도 이것이 항상 사실이라고 결론을 내리고 그러한 이론을 나중에 적용할 수도 있다. 또는 더 나아가 각 질문에 대한 답을 그대로 암기할 수도 있다. 이런 방식으로 연습 문제에서 높은 점수를 받고, 실제 시험 문제가 연습 문제와 같았으면 하고 바랄 수도 있다. 그러나 현실적으로 시험에 똑같은 문제가 나오는 경우는 드물기 때문에 실제 시험에서는 좋은 점수를 받지 못할 것이다.

결과를 암기해버리면 과적합이 발생할 수 있다. 이는 훈련셋에서 너무 많은 정보를 추출한 탓에 모델이 훈련셋에서만 잘 작동하도록 만들었을 때 발생할 수 있는데, 머신러닝에서는 이를 **편향이 낮다**low bias고 한다. **편향**bias은 평균 예측값과 실젯값 간의 차이라고 할 수 있는데, 다음과 같이 계산한다.

$$Bias[\hat{y}] = E[\hat{y} - y]$$

여기서 $\hat{y}$은 예측값이다. 그러나 과적합은 새로운 데이터로 일반화하고 데이터에서 실제 패턴을 도출하는 데 도움이 되지 않는다. 결과적으로 학습한 모델은 이전에 볼 수 없었던 데이터셋에서 성능이 저하하는데, 머신러닝에서는 이런 상황을 **분산이 높다**high variance고 한다. 다시 말해서, 분산variance은 예측값이 얼마나 넓게 분포하는지를 측정하는데, 이는 곧 예측의 변동성을 나타낸다. 분산은 다음과 같이 계산한다.

$$Variance = E[\hat{y}^2] - E[\hat{y}]^2$$

다음 예는 과적합의 전형적인 사례로, 회귀곡선이 모든 샘플을 완벽하게 수용하려고 하는 모습을 볼 수 있다.

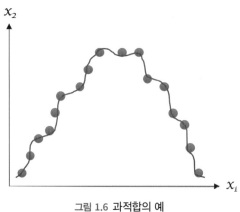

그림 1.6 **과적합의 예**

과적합은 앞에서 살펴본 5개 학습 샘플에서 3개의 매개변수를 추론했던 감자와 토마토의 예와 같이, 근본적인 관계 대신 관측값의 개수에 비해 너무 많은 매개변수를 기반으로 학습 규칙을 설명하려고 할 때 발생한다. 앞에서 언급했듯 모든 질문에 대한 답을 암기하는 것과 마찬가지로, 모든 훈련 샘플에 적합하도록 모델을 과도하게 복잡하게 만들 때도 과적합이 발생한다.

2 과소적합

과적합에 반대되는 시나리오가 **과소적합**underfitting이다. 모델이 과소적합되면 훈련셋과 테스트셋 모두에서 잘 작동하지 않는다. 즉, 데이터의 기본 추세를 찾아내지 못하는 것이다.

시험 준비 자료를 충분히 공부하지 않으면 시험에 실패하는 것과 마찬가지로, 모델을 훈련하는 데 충분한 데이터를 사용하지 않으면 과소적합이 발생할 수 있다. 잘못된 접근 방식을 취하고 잘못된 방식으로 학습하면 연습 문제나 시험에서 낮은 점수를 받는 것처럼, 잘못된 모델을 데이터에 맞추려고 할 때도 발생할 수 있다. 이러한 상황을 머신러닝에서는 **편향이 높다**high bias고 한다. 그리고 훈련셋과 테스트셋에서의 성능이 모두 저하하므로 분산은 (나쁜 의미로) 일관되게 낮다.

다음 예는 전형적인 과소적합이 어떻게 보이는지를 나타낸다. 회귀곡선이 데이터에 피팅fitting되지 않았거나 데이터의 기본 패턴을 충분히 찾아내지 못하는 것을 볼 수 있다.

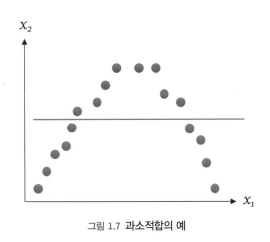

그림 1.7 **과소적합의 예**

이제 잘 맞는 예는 어떤 모습이어야 하는지 살펴보자.

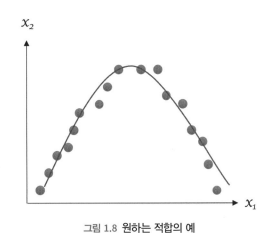

그림 1.8 **원하는 적합의 예**

3 편향-분산 절충

과적합과 과소적합은 모두 피해야 한다. **편향**은 학습 알고리즘의 잘못된 가정에서 비롯된 오류로, 편향이 높으면 과소적합이 발생한다. **분산**은 모델의 예측이 데이터셋의 변동에 얼마나 민감한지를 측정한다. 따라서 편향이나 분산이 높아지지 않도록 해야 한다. 그렇다고 항상 편향과 분산을 낮게 만들 수 있을까? 할 수만 있다면 그렇게 해야 한다. 그러나 실제로는 둘 사이에는 명백한 절충점이 있으며, 하나를 줄이면 다른 하나가 증가한다. 이것을 소위 **편향-분산 절충**이라고 한다. 다소 추상적으로 들릴 수도 있는데, 다음 예를 살펴보자.

전화 여론조사 데이터를 바탕으로 어느 특정 후보가 미국의 차기 대통령이 될 확률을 예측하는 모델을 구축해달라는 요청을 받았다고 가정해보자. 우편번호를 이용해서 여론조사를 하기로 하고, 하나의 우편번호에서 무작위로 선택한 샘플로 모델을 구축해서 후보자가 이길 확률이 61%라고 추정했는데, 실제 선거 결과 패배했다. 그렇다면 예측 모델은 어디가 잘못된 것일까?

가장 먼저 생각해볼 수 있는 원인은 하나의 우편번호에서 가져온 샘플의 크기가 작다는 점이다. 지리적으로 가까운 영역에 있는 사람들은 유사한 인구통계를 공유하는 경향이 있기 때문에 추정값의 분산은 낮지만, 이는 또한 높은 편향의 원인이기도 하다. 그렇다면 여러 우편번호로부터 샘플을 선택하면 간단히 해결할 수 있을까? 해결할 수 있을지도 모르지만, 너무 일찍 샴페인을 터트리면 안 된다. 그 결과 추정값의 분산이 커질 수 있다. 따라서 전체적으로 가장 낮은 편향과 분산을 달성하는 최적의 샘플 크기가 될 우편번호 수를 찾아야 한다.

모델의 전체적인 오차를 최소화하려면 편향과 분산의 신중한 균형이 필요하다. 훈련 샘플 $x_1, x_2, ..., x_n$과 목표 셋 $y_1, y_2, ..., y_n$이 주어졌을 때, 실제 관계 $y(x)$를 최대한 정확하게 추정하는 회귀함수 $\hat{y}(x)$를 찾아야 한다. 회귀모형이 얼마나 좋은지(또는 나쁜지)는 **평균제곱오차**mean squared error, MSE로 예측 오차를 측정한다.

$$MSE = E[(y(x) - \hat{y}(x))^2]$$

여기서 E는 기대치를 나타낸다. 평균제곱오차는 다음 공식에서 볼 수 있듯이 분석적인 유도에 따라 편향과 분산 성분으로 분해할 수 있다(이를 이해하려면 약간의 기초 확률론이 필요하다).

$$
\begin{aligned}
MSE &= E\left[\left(y - \hat{y}\right)^2\right] \\
&= E\left[\left(y - E[\hat{y}] + E[\hat{y}] - \hat{y}\right)^2\right] \\
&= E\left[\left(y - E[\hat{y}]\right)^2\right] + E\left[\left(E[\hat{y}] - \hat{y}\right)^2\right] + E\left[2(y - E[\hat{y}])(E[\hat{y}] - \hat{y})\right] \\
&= E\left[\left(y - E[\hat{y}]\right)^2\right] + E\left[\left(E[\hat{y}] - \hat{y}\right)^2\right] + 2(y - E[\hat{y}])(E[\hat{y}] - E[\hat{y}]) \\
&= \left(E[\hat{y} - y]\right)^2 + E[\hat{y}^2] - E[\hat{y}]^2 \\
&= Bias[\hat{y}]^2 + Variance[\hat{y}]
\end{aligned}
$$

편향 항은 예측 오차를 측정하고 분산 항은 예측값 $\hat{y}$이 평균 $E[\hat{y}]$를 중심으로 분포하는 정도를 나타낸다. 학습 모델 $\hat{y}(x)$가 복잡할수록, 학습 샘플의 크기가 클수록 편향은 낮아진다. 그러나 이렇게 하면 증가된 데이터에 더 잘 맞도록 모델을 더 많이 변화시키게 되고, 결과적으로 분산이 커진다.

일반적으로 편향과 분산의 균형이 맞는 최적의 모델을 찾고 과적합을 줄이기 위해 정규화

regularization[13]와 특징 축소feature reduction뿐만 아니라 교차 검증 기법을 사용한다. 이는 다음 절에서 설명한다.

NOTE 과적합만 다루고 과소적합은 다루지 않는 이유는 무엇일까? 과소적합은 쉽게 발견할 수 있기 때문이다. 즉, 모델이 훈련셋에서 잘 작동하지 않으면 과소적합이 발생했다고 볼 수 있다. 그리고 더 나은 모델을 찾거나 데이터에 더 잘 맞도록 일부 매개변수를 조정해야 하는데, 이는 모든 상황에서 필수다. 반면에 과적합은 발견하기 어렵다. 종종 훈련셋에서 성능이 좋은 모델을 찾으면 너무 기쁜 나머지 즉시 현장에 투입할 준비가 되었다고 생각한다. 이것은 매우 위험할 수 있다. 먼저, 우수한 성능이 과적합에 따른 것이 아닌지 확인하고 훈련 데이터를 제외한 데이터에 대해서도 우수한 성능을 보이도록 추가로 조치해야 한다.

1.4.3 교차 검증을 통한 과적합 방지

노파심에 다시 한번 당부하지만, 이 책의 뒷부분에서 교차 검증을 여러 번 다룰 것이므로 이 절의 내용이 이해하기 어렵다고 해서 너무 걱정할 필요는 없다. 곧 이러한 내용에 익숙한 전문가가 될 것이다.

연습 시험과 실제 시험 사이에 모의시험을 통해서 실제 시험을 얼마나 잘 볼 수 있을지를 평가하고 평가 결과를 기초로 복습할 수 있음을 기억하자. 머신러닝에서는 시뮬레이션 환경에서 훈련 데이터와 독립적이거나 훈련에 사용하지 않은 데이터셋으로 모델을 일반화하는 방법을 평가하는 검증 절차가 도움이 된다. 통상 원본 데이터를 세 가지 부분집합으로 분할하는데, 일반적으로 훈련셋에 60%, 검증 셋에 20%, 테스트셋에 나머지 20%를 할당한다. 분할한 뒤 훈련 샘플이 충분하고 시뮬레이션된 성능에 관한 대략적인 예측만 필요하다면 이러한 설정만으로 충분하다. 그렇지 않으면 **교차 검증**cross-validation이 바람직하다.

한 차례의 교차 검증에서는 원본 데이터를 각각 **훈련**training과 **테스트**testing(또는 **검증**validation)를 위한 두 개의 부분집합으로 분할하고 테스트 성능을 기록한다. 마찬가지로, 서로 다른 파티션에 교차 검증을 여러 차례 수행할 때는 더 신뢰할 수 있는 모델 예측 성능을 얻기 위해 모든 테스트 결과를 평균한다. 따라서 교차 검증을 통해 변동성을 줄여서 과적합을 막아준다.

NOTE 훈련 데이터의 크기가 매우 클 때는 세 개의 부분집합(훈련, 검증, 테스트)으로 분할하고 검증 집합과 테스트 집합 두 가지에 대한 성능 검사를 수행하는 것으로 충분하다. 모델을 훈련하는 데 계산 비용이 많이 들기 때문에 이 경우 교차 검증은 바람직하지 않다. 하지만 여유가 있다면 교차 검증을 사용하지 않을 이유는 없다. 크기가 그리 크지 않다면 교차 검증이 확실히 좋은 선택이다.

일반적으로 사용되는 교차 검증 방식에는 철저한 방식과 철저하지 않은 방식 두 가지가 있다.

---

13 [옮긴이] 이 책에서는 normalization 역시 '정규화'로 옮겼고, 해당 부분에는 원문을 병기했다.

철저한 방식exhaustive scheme에서는 각 라운드마다 고정된 수의 테스트(또는 검증) 샘플 집합을 제외해놓고 나머지 데이터를 훈련 샘플로 사용한다. 가능한 모든 다른 샘플 부분집합을 한 번씩 테스트에 사용할 때까지 이 과정을 반복한다. 예를 들어 **단일-아웃 교차 검증**leave-one-out cross-validation, LOOCV을 적용해서 각 샘플을 테스트셋에 한 번만 포함할 수 있다. 크기가 n인 데이터셋의 경우 LOOCV에는 n차례의 교차 검증이 필요하다. n이 커지면 느려질 수 있다. 다음 다이어그램은 LOOCV의 워크플로를 보여준다.

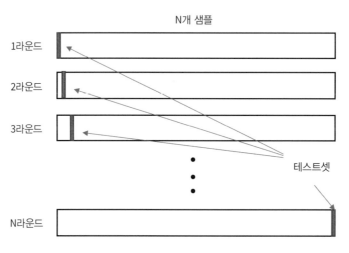

그림 1.9 단일-아웃-교차 검증 워크플로

반면에 이름에서 알 수 있듯이 **철저하지 않은 방식**non-exhaustive scheme은 가능한 모든 파티션에서 시도하지 않는다. 이 방식 중에 가장 널리 쓰이는 유형은 **k-폴드 교차 검증**k-fold cross-validation이다. 먼저 원본 데이터를 **k개의 같은 크기**k equal-sized 폴드로 무작위 분할한다. 각 시행마다 이러한 폴드 중 하나가 테스트셋이 되고 나머지 데이터는 훈련셋이 된다. 이 과정을 k번 반복하는 동안 각 폴드는 한 번씩 테스트셋이 된다. 마지막으로 평가를 위해 k개 셋의 테스트 결과의 평균을 구한다. 일반적으로 k 값으로는 3, 5, 10을 사용한다. 다음 표는 5-폴드의 설정을 보여준다.

표 1.1 5-폴드 교차 검증에 대한 설정

라운드	폴드 1	폴드 2	폴드 3	폴드 4	폴드 5
1	**테스트**	훈련	훈련	훈련	훈련
2	훈련	**테스트**	훈련	훈련	훈련
3	훈련	훈련	**테스트**	훈련	훈련
4	훈련	훈련	훈련	**테스트**	훈련
5	훈련	훈련	훈련	훈련	**테스트**

k-폴드 교차 검증의 경우에는 단일 샘플 대신 샘플 모음chunk을 사용해서 검증하므로 LOOCV보다 분산이 낮은 경우가 많다.

무작위로 데이터를 훈련셋과 테스트셋으로 여러 번 나눌 수도 있는데 이는 **홀드아웃**holdout 방법이라고 한다. 홀드아웃 알고리즘의 문제는 테스트셋에서 어떤 샘플은 한 번도 선택되지 않을 수도 있고, 어떤 샘플은 여러 번 선택될 수 있다는 것이다.

마지막으로, 교차 검증을 조합한 **중첩 교차 검증**nested cross-validation이 있다. 다음 두 단계로 구성된다.

- **내부 교차 검증**inner cross-validation: 이 단계는 최적의 적합성을 찾기 위해 수행되는데 k-폴드 교차 검증으로 구현할 수 있다.
- **외부 교차 검증**outer cross-validation: 이 단계는 성능 평가와 통계 분석에 사용된다.

이 책 전반에 걸쳐 교차 검증을 사용하는데, 이해를 돕고자 다음과 같은 비유를 통해 교차 검증을 살펴본다.

데이터 과학자가 자차로 출근할 계획인데, 오전 9시 전에 도착하는 것이 목표다. 우선 출발 시간과 이동 경로를 결정해야 하는데, 이 두 매개변수의 여러 조합에 대해서 월요일, 화요일, 수요일에 도착 시간을 기록한다. 이로부터 찾아낸 최적의 일정에 맞춰 출근해보지만, 기대했던 만큼 잘 작동하지 않는다.

일정 수립 **모델**model이 처음 3일 동안 수집한 데이터에 과적합되어 목요일과 금요일에는 제대로 작동하지 않을 수 있다. 더 나은 솔루션은 월요일부터 수요일까지 찾은 최적의 매개변수 조합을 목요일과 금요일에 테스트하고, 이와 유사한 방식으로 다른 학습 요일과 테스트 요일에서 이 과정을 반복하는 것이다. 이런 방식으로 교차 검증을 통해 선택한 일정은 한 주 내내 잘 작동할 것이다.

요약하면, 교차 검증은 서로 다른 데이터 부분집합의 예측 성능을 측정하고 이를 결합해서 모델 성능을 좀 더 정확하게 평가한다. 이로써 분산을 줄이고 과적합을 방지할 뿐만 아니라 실제로 모델이 일반적으로 어떻게 수행되는지에 관한 통찰력을 제공한다.

1.4.4 정규화를 통한 과적합 방지

과적합을 방지하는 또 다른 방법으로는 **정규화**regularization가 있다. 모델의 불필요한 복잡성이 과적합의 원인인데, 정규화는 복잡한 모델에 불이익을 주기 위해 최소화하려는 오차 함수에 매개변수를 추가한다.

오컴의 면도날Occam's razor 원리에 따르면 여러 방법 중에서 더 간단한 방법을 선택하는 것이 낫다. 윌리엄 오컴William Occam은 수도사이자 철학자로, 1320년경에 데이터에 잘 맞는 가장 단순한 가설이 낫다는 아이디어를 제안했다. 복잡한 모델보다는 더 단순한 모델을 만들 수 있다는 이유에서였다.

예를 들어 우리는 선형 모델보다 고차 다항식 모델이 세상에 더 많다는 것을 직관적으로 알 수 있다. 그 이유는 직선($y = ax + b$)은 절편 b와 기울기 a라는 두 가지 매개변수로만 결정되기 때문이다. 이러한 직선에 대한 가능한 계수는 2차원 공간에 걸쳐 있다. 반면 2차 다항식은 2차 항에 대한 계수를 추가하고 이 계수를 통해 3차원 공간으로 확장할 수 있다.

따라서 **고차 다항식 함수**high-order polynomial function는 선형함수보다 검색 공간이 훨씬 크기 때문에 모든 학습 데이터 포인트를 완벽하게 포착하는 모델을 찾기가 훨씬 쉽다. 하지만 이렇게 쉽게 얻은 모델은 과적합되기 쉽고 따라서 선형 모델보다 일반화 성능이 떨어진다. 물론 더 간단한 모델은 더 적은 계산 시간이 필요하다. 다음 다이어그램은 선형함수와 고차 다항식 함수를 각각 데이터에 피팅하는 방법을 보여준다.

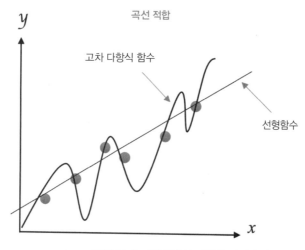

그림 1.10 **선형함수와 다항 함수를 이용한 데이터 피팅**

선형 모델을 선호하는 이유는 기본 분포에서 도출된 더 많은 데이터 포인트로 더 잘 일반화할 수 있기 때문이다. 정규화를 통해 고차 다항식에 벌점을 부과하면 다항식에서 고차항의 영향을 줄일 수 있다. 이를 통해 훈련 데이터로부터 덜 정확하고 덜 엄격한 규칙을 학습하더라도 모델의 복잡도를 줄여준다.

5장부터는 정규화를 꽤 자주 사용할 텐데, 우선 지금은 정규화를 더 잘 이해하는 데 도움이 되는 비유를 살펴보겠다. 예를 들어 한 데이터 과학자가 자신의 로봇 경비견이 낯선 사람과 친구를 식별할 능력을 학습할 수 있도록 다음과 같은 학습 샘플을 준비한다.

표 1.2 로봇 경비견 훈련 샘플

성별	연령	키	안경 착용 여부	머리 색	친구 여부
남성	청소년	큼	안경 착용	회색	**친구**
여성	중년	평균	안경 미착용	검은색	**낯선 사람**
남성	청소년	작음	안경 착용	흰색	**친구**
남성	장년	작음	안경 미착용	검은색	**낯선 사람**
여성	청소년	평균	안경 착용	흰색	**친구**
남성	청소년	작음	안경 미착용	붉은색	**친구**

아마 로봇은 다음 규칙을 빠르게 학습할 것이다.

- 안경을 쓰지 않고 검은색 옷을 입은 평균 키의 중년 여성은 모두 낯선 사람이다.
- 안경을 쓰지 않고 검은색 옷을 입은 키가 작은 장년은 모두 낯선 사람이다.
- 그 밖의 다른 사람은 친구다.

이런 규칙이 훈련 데이터에는 완벽하게 들어맞지만, 너무 복잡해 보이는 데다가 새로운 방문자에게는 잘 일반화되지 않을 수 있다. 반면, 데이터 과학자가 학습 측면을 제한해서 '검은색 옷을 입고 안경을 쓰지 않은 사람은 낯선 사람이다'와 같이 느슨한 규칙을 만들면 다른 수백 명의 방문객에게 잘 적용될 수 있다.

복잡성에 벌칙penalty을 주는 것 외에, 훈련을 조기에 중단하는 것도 정규화의 한 형태다. 모델 학습에 드는 시간을 제한하거나 내부 중지 기준을 설정해놓으면 더 간단한 모델을 생성할 가능성이 커진다. 이러한 방식으로 모델 복잡도를 조절하면 과적합의 가능성이 작아진다. 머신러닝에서는 이런 접근 방식을 **조기 중지**early stopping라고 한다.

마지막으로, 정규화는 적당한 수준에서만 적용하고 성능을 더 개선하려면 미세 조정을 통해서 최적화해야 한다는 점에 유념한다. 정규화를 너무 작게 하면 아무런 영향을 미치지 못하고, 지나치게 많이 하면 모델을 정답ground truth에서 멀어지게 하므로 과소적합을 초래한다. 이후 5장, 7장, 8장에서 최적의 정규화 방법을 살펴본다.

1.4.5 특징 선택과 차원 축소를 통한 과적합 방지

일반적으로 데이터는 격자 형태로 된 숫자, 즉 **행렬**matrix로 나타낸다. 각 열column은 머신러닝에서

특징feature[14]이라고 부르는 변수를 나타낸다. 지도학습에서는 각 열의 변수 중 하나가 특징이 아니라 예측하려는 레이블label이다. 또한 각 행은 훈련이나 테스트에 사용하는 견본example[15]이다.

특징의 수는 데이터의 차원dimensionality에 해당한다. 어떤 머신러닝 방법을 선택할지는 데이터의 차원과 견본의 개수에 따라 달라진다. 예를 들어 텍스트와 이미지 데이터는 차원이 매우 높지만, 주식 시장 데이터는 상대적으로 차원이 낮다.

모델을 고차원 데이터에 피팅하는 데는 계산 비용이 많이 들고, 높은 복잡도 때문에 과적합되기 쉽다. 또한 차원이 높으면 시각화할 수 없으므로 간단한 진단 방법을 사용할 수 없다는 문제가 있다.

모든 특징이 유용한 것은 아니라서 특징의 선택에 따라 결과가 달라질 수 있다. 따라서 특징을 잘 선택하는 것이 중요하다. **특징 선택**feature selection은 더 나은 모델을 만드는 데 중요한 역할을 하는 특징의 부분집합을 선택하는 과정이다. 실제로 데이터셋의 모든 특징이 샘플을 구분하는 데 유용한 정보를 담지는 않는다. 일부 특징은 서로 중복되거나 관련이 없으므로 이런 특징은 버리더라도 정보의 손실이 거의 없다.

특징 선택을 간단히 말하면, 어떤 특징을 포함할지 여부를 결정하는 다수의 이진 결정binary decision이라고 할 수 있다. 따라서 특징이 n개라면 특징 셋은 2^n개가 되므로 특징이 많은 경우 특징 셋의 크기는 기하급수적으로 커질 수 있다. 특징이 10개라면 특징 셋의 크기는 1,024개가 되는 것이다(예를 들어 어떤 옷을 입고 나갈지 결정할 때의 특징은 온도, 비, 일기예보, 방문지 등이 될 것이다). 이때 기본적으로 두 가지 옵션이 있다. 첫 번째 옵션은 초기에 모든 특징을 포함하고 반복해서 특징을 제거하는 것이고, 두 번째 옵션은 최소 특징 셋으로 시작하고 반복해서 특징을 추가해나가는 것이다. 반복할 때마다 특징을 서로 비교해서 최상의 특징 셋을 선택한다. 하지만 특정 시점이 되면 이러한 주먹구구식 평가가 불가능해지므로, 가장 유용한 특징/신호를 추출하고자 좀 더 개선된 특징 선택 알고리즘이 발명되었다. 이후 5장에서 특징 선택 방법을 자세히 살펴볼 것이다.

차원을 줄이는 또 다른 일반적인 접근 방식은 고차원 데이터를 저차원 공간으로 변환하는 것이다. 이것을 **차원 축소**dimensionality reduction 또는 **특징 투영**feature projection이라고 한다. 이후 9장, 10장, 11장에서 이에 관해 자세히 알아본다.

이 절에서는 데이터를 일반화하는 최적의 방법을 찾는 것이 머신러닝의 목표라는 점, 그리고 잘못된

---

14 [옮긴이] 관찰 대상에게서 발견할 수 있는 개별적이고 측정할 수 있는 경험적 속성이다.

15 [옮긴이] 머신러닝 분야에서 데이터셋의 개별 데이터를 나타내는 다양한 용어로 견본(example), 샘플(sample), 인스턴스(instance), 데이터 포인트(data point) 등이 있다.

일반화를 피하는 방법을 알아보았다. 다음 두 절에서는 머신러닝의 단계별로 이와 같은 목표를 달성하는 방법을 살펴본다. 우선 데이터 사전 처리와 특징 공학을 다루고, 그다음에 모델링을 설명한다.

1.5 데이터 처리와 특징 공학

1990년대에 유행했던 **데이터 마이닝**data mining은 데이터 과학data science의 전신이다. 데이터 마이닝 커뮤니티에서 널리 쓰이는 방법론 중 하나로 **CRISP-DM**cross-industry standard process for data mining[16] 이 있다. CRISP-DM은 1996년에 개발되었는데, 머신러닝도 기본적으로 다음에 살펴볼 CRISP-DM 을 구성하는 단계와 일반적인 프레임워크를 따른다.

CRISP-DM은 다음과 같은 단계로 구성되는데, 각 단계는 서로 배타적이지 않고 병렬적으로 수행할 수 있다.

- **비즈니스 이해**business understanding: 전문적인 도메인 전문가가 담당하는 경우가 많다. 일반적으로 비즈니스 담당자가 특정 제품의 판매 촉진과 같은 비즈니스 전략을 세우는 단계다.

- **데이터 이해**data understanding: 이 또한 도메인 전문가가 필요한 단계지만, 보통 비즈니스 이해 단계보다 기술 전문가가 더 많이 필요하다. 도메인 전문가는 스프레드시트 프로그램에는 능숙하지만 복잡한 데이터 때문에 어려움을 겪을 수 있기 때문이다. 일반적으로 머신러닝 책에서는 **탐색 단계**exploration phase라고 한다.

- **데이터 준비**data preparation: 마이크로소프트 엑셀 지식만 있는 도메인 전문가는 도움이 안 된다. 훈련 데이터셋과 테스트 데이터셋을 생성하는 단계로, 이 책에서는 **전처리 단계**preprocessing phase 라고 한다.

- **모델링**modeling: 대부분의 사람이 머신러닝이라고 생각하는 단계다. 이 단계에서는 데이터에 적합한 모델을 만든다.

- **평가**evaluation: 모델이 데이터에 얼마나 잘 맞는지 평가하고 비즈니스 문제를 해결할 수 있는지를 확인하는 단계다.

- **배포**deployment: 일반적으로 이 단계에서 운영 환경production environment에 시스템을 설치하는데 (별도의 운영 시스템을 가지는 편이 좋다), 보통 이 작업은 전문 팀에서 수행한다.

이 절에서는 우선 전처리 단계를 알아본다.

---

16 https://en.wikipedia.org/wiki/Cross_industry_standard_process_for_data_mining (옮긴이) https://bit.ly/382H00p)

1.5.1 전처리와 탐색

잘 학습하려면 좋은 품질의 학습 자료가 필요하다. 정리되지 않은 자료로는 제대로 배울 수 없으므로, 자료 중에 의미가 없는 것은 무시한다. 머신러닝 시스템은 정리되지 않은 내용을 제대로 인식할 수 없으므로 머신러닝을 통해 잘 인식할 수 있도록 입력 데이터를 정제cleaning해야 한다. 데이터 정제는 머신러닝의 큰 부분을 차지하는데, 때로는 이미 정제된 데이터도 추가 작업이 필요한지 의심해보아야 한다.

데이터를 어떤 방식으로 정제할지를 결정하려면 데이터 내용을 잘 알아야 한다. 데이터를 자동으로 탐색하고 보고서 생성과 같은 지능형 작업을 수행하는 일부 프로젝트도 있지만, 아쉽게도 현재로서는 일반적으로 확실한 솔루션이 없으므로 몇 가지 작업을 해줘야 한다.

보통 두 가지 작업을 해주는데, 첫 번째는 데이터를 스캔하는 것이고 두 번째는 데이터를 시각화하는 것이다. 이는 숫자 행렬, 이미지, 오디오, 텍스트, 그 밖의 다른 유형과 같이 처리하는 데이터 유형에 따라 달라진다. 행렬 형태의 숫자가 가장 다루기 편한 형태이므로 가능하다면 항상 수치형 특징으로 작업하는 것이 좋다.

지금부터 이 절에서는 수치형 특징 테이블이 있다고 가정한다. 특징에 결측값이 있는지, 값이 어떻게 분포되는지, 어떤 유형의 특징이 있는지 알아야 한다. 대체로 값은 정규normal 분포, 이항binomial 분포, 푸아송Poisson 분포, 그 밖의 또 다른 분포를 따른다. 특징은 예/아니요, 양수/음수와 같은 이진 값을 가질 수 있다. 또한 범주형 특징일 수도 있는데, 예를 들면 (아프리카, 아시아, 유럽, 남미, 북미 등의) 대륙과 같은 범주가 이에 속한다. 범주형 변수는 높음, 중간, 낮음과 같이 정렬할 수도 있다. 온도, 가격과 같은 특징은 각각 섭씨 몇 도, 달러와 같이 정량적으로 나타낼 수도 있다.

그럼 이러한 각 상황에 대처하는 방법을 알아본다.

1.5.2 결측값 처리

종종 어떤 특징값이 누락될 때가 있다. 그 이유는 다양한데, 특징값을 구하는 과정이 복잡하거나, 비용이 많이 들거나, 심지어 불가능해서일 수도 있다. 어쩌면 과거에는 적절한 장비가 없었거나 필요한 특징이라는 것을 몰랐기 때문에 측정할 생각조차 하지 못했을 수도 있다. 결과적으로 과거의 결측값은 여전히 누락된 상태로 남아 있다.

때로는 데이터를 자세히 살펴보거나 또는 확보한 특징값 및 열의 개수를 비교하는 것만으로도 누락된 값이 있다는 것을 쉽게 알아낼 수 있다. 유효한 값이 999,999보다 훨씬 작은 경우에 일부 시스템은 결측값을 999,999 또는 -1과 같은 특정한 값으로 인코딩한다. 때로는 데이터 제공자로부터 데이터 사전data dictionary이나 메타데이터metadata 같은 특징에 대한 정보를 얻을 수 있다.

결측값이 있다는 것을 안다면 어떻게 처리해야 할까? 가장 간단한 방법은 결측값을 그냥 무시하는 것이다. 그러나 이 경우 어떤 프로그램의 알고리즘이 결측값을 처리할 수 없다면 해당 프로그램은 작동을 멈출 것이다. 또 다른 경우에는 결측값 때문에 부정확한 결과가 나올 수 있다. 두 번째 방법은 결측값을 어떤 특정한 값으로 대신하는 것인데, 이를 **대체**imputing라고 한다. 특징에 대한 유효한 값의 산술 **평균**mean, **중앙값**median, **최빈값**mode으로 결측값을 대체할 수 있다. 또 다른 경우, 어느 정도 신뢰할 수 있는 변수에는 해당 변수에 관한 사전 지식을 활용할 수도 있다. 예를 들어 특정 지역의 계절 평균 온도는 미리 알 수 있으므로 이로부터 특정 날짜에 해당 지역의 누락된 온돗값을 추측해서 대체할 수 있다. 이후 11장에서 누락된 데이터를 처리하는 방법을 자세히 살펴본다. 다음 절에는 새로운 기법이 등장하는데, 이 또한 이후 장에서 계속해서 논의하고 다룰 것이므로 지금 당장 이해하기 어렵더라도 걱정하지 않아도 된다.

1.5.3 레이블 인코딩

인간은 다양한 유형의 값을 다룰 수 있다. 반면 머신러닝 알고리즘은 일부 예외적인 경우를 제외하고 수치형 값이 필요하다. 만약 Ivan과 같은 문자열을 입력할 때 이를 수치형 값으로 변환해주는 소프트웨어를 사용하지 않으면 프로그램은 제대로 작동하지 않을 것이다. 이 예에서는 이름과 같은 범주형 특징을 다루는데, 각 범주형 특징의 고윳값을 레이블로 간주할 수 있다(또한 이 예에서는 Ivan과 ivan의 경우처럼 대소문자도 어떻게 통일할지를 결정해야 한다). 그다음에 각 레이블을 정수로 바꿔주는데 이를 **레이블 인코딩**label encoding이라고 한다.

다음 예는 레이블 인코딩을 어떻게 적용하는지를 보여준다.

표 1.3 레이블 인코딩의 예

레이블	인코딩된 레이블
아프리카	1
아시아	2
유럽	3
남미	4
북미	5
기타지역	6

때에 따라서 이 접근 방식은 레이블 인코딩 값의 크고 작은 특성에 따른 순서를 학습할 수도 있으므로 문제가 될 수 있다(예를 들어 불량=0, 통과=1, 양호=2, 우수=3과 같이 뜻하지 않은 관계를 예측한다).[17] 표 1.3에서는 아시아와 북미의 경우, 인코딩한 뒤 3만큼 차이가 난다. 하지만, 레이블로 나타낸 지역의 차이를 이처럼 수량화하기는 어렵기 때문에 다소 직관적이지 않다. 다음 절의 원-핫 인코딩은 이와는 다른 접근 방식을 취한다.

1.5.4 원-핫 인코딩

one-of-K 또는 **원-핫 인코딩**one-hot encoding 방식은 더미 변수dummy variable를 사용해서 범주형 특징을 인코딩한다. 원-핫 인코딩은 원래 디지털 회로에 적용되었는데, 이때의 더미 변수는 0 또는 1(참 또는 거짓)의 이진값을 갖는다. 예를 들어 표 1.3의 대륙을 원-핫 인코딩하는 경우 is_asia와 같은 더미 변수를 두는데, 이는 대륙이 아시아일 때 참이고 그렇지 않으면 거짓이나. 일반적으로 레이블의 개수보다 하나 적은 개수만큼의 더미 변수가 필요하고, 더미 변수는 서로 배타적이기 때문에 각각 하나의 레이블에 매핑된다.

더미 변수의 값이 모두 거짓이면, 이는 더미 변수가 없는 레이블에 해당한다. 다음 표는 대륙에 대한 원-핫 인코딩을 보여준다.

표 1.4 **원-핫 인코딩의 예**

레이블	Is_africa	Is_asia	Is_europe	Is_sam	Is_nam
아프리카	1	0	0	0	0
아시아	0	1	0	0	0
유럽	0	0	1	0	0
남미	0	0	0	1	0
북미	0	0	0	0	1
기타지역	0	0	0	0	0

원-핫 인코딩을 하면 표 1.4와 같은 행렬(숫자 격자grid)이 만들어지는데, 행렬의 많은 원소는 0(거짓값)이고 일부 원소만 1(참값)이 된다. 이러한 유형의 행렬을 **희소행렬**sparse matrix이라고 한다. 희소행렬 표현은 사이파이 패키지를 통해서 처리할 수 있는데, 사이파이 패키지는 이 장의 뒷부분에서 살펴본다.

---

17 [옮긴이] 레이블 인코딩 결과는 우열을 나타내는 기준이 아니라 레이블을 구분하는 단순한 식별값이다.

1.5.5 크기 조정

특징의 종류는 다양하며 각각의 크기도 천차만별이다. 그에 따라 더 큰 값을 갖는 특징이 더 작은 값을 갖는 특징보다 큰 영향을 줄 수도 있는데, 이는 사용하는 알고리즘에 따라 다르다. 따라서 특정 알고리즘이 특징값의 크기에 영향을 받지 않고 제대로 작동하려면 **크기 조정(스케일링)**scaling을 해야 한다.

다음과 같은 몇 가지 일반적인 전략이 있다.

* 표준화standardization는 특징의 평균을 빼고 표준편차로 나눈다. 특징값이 정규분포(가우스 분포)를 따르는 경우, 평균이 0이고 분산이 1이 되므로 표준정규분포가 된다.
* 특징값이 정규분포를 따르지 않는 경우, 중앙값을 제거하고 사분위범위로 나눌 수 있다. **사분위범위**interquartile range는 첫 번째 사분위수와 세 번째 사분위수(또는 25번째와 75번째 백분위수) 사이의 범위다.
* 일반적으로 특징을 0과 1 사이의 값을 갖도록 크기 조정한다.

이 책의 전반에 걸쳐서 많은 프로젝트에서 이 방법을 사용한다.

일반적으로 데이터 전처리의 심화 버전을 특징 공학이라고 하는데, 이제 이를 살펴보자.

1.5.6 특징 공학

특징 공학feature engineering은 특징을 새로 만들거나 개선하는 과정이다. 이는 과학이라기보다는 흑마법에 가깝다. 따라서 특징은 상식, 도메인 지식, 이전 경험을 바탕으로 생성되는 경우가 많다.

특징 생성을 위한 몇 가지 일반적인 기법이 있지만, 새로운 특징이 항상 좋은 결과를 가져온다고 보장할 수는 없다. 때로는 비지도학습을 통해 발견한 군집을 추가 특징으로 사용할 수 있다. **심층 신경망**deep neural network은 종종 **자동으로** 특징을 도출할 수 있다.

다항식 변환, 거듭제곱 변환, 구간화와 같은 몇 가지 기법을 간략하게 살펴보자.

1.5.7 다항식 변환

두 개의 특징 a와 b가 있을 때 a와 b 사이에 $a^2 + ab + b^2$와 같은 다항식 관계polynomial relationship가 있다고 생각해볼 수 있다. 다항식은 세 항의 합으로 이루어지는데, 이때 각각의 항도 특징으로 볼 수 있다. 앞의 예에서는 a, b, $a^2 + ab + b^2$의 세 가지 특징이 있다고 할 수 있는데, 다항식의 중간 항인 *ab*를 **상호작용**interaction이라고 한다. 상호작용은 합, 차, 비율의 형태가 될 수도 있지만 곱의 형태를 가장 많이 사용한다. 비율을 사용할 때는 0으로 나누는 것을 피하고자 제수와 피제수에 작은 상수를 더해줘야 한다.

다항식에 포함되는 특징의 수와 다항식의 차수에는 제한이 없다. 그러나 오컴의 면도날Occam's razor에 따라 되도록이면 고차 다항식과 많은 특징 간의 상호작용은 피해야 한다. 복잡한 다항식은 계산하기가 더 어렵고 과적합되는 경향이 있지만, 때에 따라서 더 나은 결과를 얻고자 할 때는 고려해볼수도 있다. 11장의 '모범 사례 12'에서 다항식 변환을 다시 보게 될 것이다.

1.5.8 거듭제곱 변환

거듭제곱 변환power transform은 수치형 특징이 정규분포에 더 잘 부합하도록 변환하는 데 사용하는 함수다. 보통 크기가 매우 크게 변하는 값에는 **로그**logarithm 변환을 한다.

0 값과 음숫값은 로그를 취할 수 없으므로, 특징에 로그를 취하기 전에 특징값이 양수가 되도록 특정 상수를 더해줘야 할 수도 있다. 양숫값에 대한 제곱근을 취하거나 값을 제곱하거나 원하는 차수만큼의 거듭제곱을 계산할 수도 있다.

또 다른 유용한 거듭제곱 변환은 **박스-콕스 변환**Box-Cox transformation인데, 이는 변환을 만든 두 명의 통계학자인 조지 박스George Box와 데이비드 록비 콕스David Roxbee Cox의 이름을 따서 명명되었다. 박스-콕스 변환은 원본 데이터를 정규분포에 더 가까운 데이터로 변환하는 데 필요한 최적의 거듭제곱을 찾는다. 박스-콕스 변환은 다음과 같이 정의한다.

$$y_i^{(\lambda)} = \begin{cases} \frac{y_i^{\lambda}-1}{\lambda} & if\ \lambda \neq 0, \\ 1n(y_i) & if\ \lambda = 0 \end{cases}$$

1.5.9 구간화

때로는 특징값을 여러 구간bin으로 분리하는 것이 유용하다. 예를 들어 특정 날짜에 비가 왔는지 여부에만 관심이 있을 수 있는데, 이런 경우에는 강수량값을 이진화해서 강수량값이 0이 아니면 참, 0이면 거짓값을 얻을 수 있다. 또한 통계를 기초로 해당 값을 높음, 낮음, 중간 구간으로 나눌 수도 있다. 마케팅에서는 종종 '23세'와 같은 특정 연령보다 '18세에서 24세'와 같은 연령 그룹에 더 많은 관심을 둔다.

구간화 과정에는 필연적으로 정보 손실이 수반된다. 하지만 목표에 따라서 이것은 아무 문제가 되지 않을 수도 있고 과적합의 가능성을 줄여줄 수도 있다. 또한 처리 속도가 향상하고 메모리나 스토리지 요구 사항과 중복성이 감소한다.

모든 실제 머신러닝 시스템에는 이 절에서 방금 다룬 데이터 전처리 모듈과 다음에 다룰 모델링 모듈의 두 가지 모듈이 있어야 한다.

1.6 모델 결합

모델은 사전 처리된 데이터를 입력으로 받아서 예측 결과를 생성한다. 이때 하나의 모델이 아니라 여러 모델을 동시에 사용하면 어떻게 될까? 개별 모델의 예측을 결합해서 더 나은 결정을 내릴 수 있을까? 이 절에서는 이에 관해 살펴본다.

다음과 같이 비유해볼 수 있다. 고등학교의 한 교실에서 수업을 들으며 함께 공부하지만, 시험시간에는 같이 상의하면 안 된다. 그 이유는 선생님이 학생의 학업 성취도를 파악해야 하고, 만약 어떤 학생이 친구들의 시험 답안을 베낀다면 해당 학생은 결국 아무것도 배우지 못했을 수 있기 때문이다. 하지만 나중에는 팀워크가 중요하다는 것을 알게 된다. 예를 들어 이 책은 전체 팀 또는 적어도 몇 개 팀의 산물이다.

분명히 개인보다 팀이 더 나은 결과를 낼 수 있다. 그러나 이것은 어떤 한 개인이 팀이 만들어내는 것보다 더 간단한 이론을 생각해낼 수 있으므로 오컴의 면도날에 위배된다. 그런데도 머신러닝에서는 다음 방식으로 모델을 결합하는 것이 더 낫다.

- 투표voting와 평균화averaging
- 배깅bagging
- 부스팅boosting
- 쌓기stacking

이제 이들 각각을 살펴본다.

1.6.1 투표와 평균화

이것은 아마도 가장 이해하기 쉬운 모델 결합 유형일 것이다. 여러 모델의 예측 결괏값의 **다수**majority 또는 **평균**average이 최종 결과가 된다. 앙상블ensemble을 구성하는 개별 모델에 서로 다른 가중치를 할당할 수도 있는데, 예를 들어 더 신뢰할 수 있는 일부 모델에는 두 개의 투표권이 주어질 수도 있다.

하지만 서로 높은 상관관계를 가진 모델의 결과를 결합한다고 해서 눈에 띄는 개선이 보장되는 것은 아니다. 따라서 모델마다 서로 다른 특징이나 다른 알고리즘을 사용해서 어떻게든 모델을 다양화하는 것이 좋다. 예를 들어 두 모델에 강한 상관관계가 있다면, 앙상블에서 그중 하나를 제거하고 다른 모델의 가중치를 그만큼 높게 할당할 수도 있다.

1.6.2 배깅

부트스트랩 집계bootstrap aggregating 또는 **배깅**bagging은 1994년 버클리 캘리포니아 대학교의 저명한 통계학자인 레오 브레이먼Leo Breiman이 도입한 알고리즘으로 **부트스트래핑**bootstrapping을 머신러닝 문제에 적용한 것이다. 부트스트래핑은 하나의 데이터셋에서 서로 다른 데이터를 샘플링해서 여러 데이터셋을 생성하는 통계 절차로, 편향과 분산 같은 모델의 속성 측정에도 사용할 수 있다.

일반적으로 배깅 알고리즘은 다음 단계를 따른다.

1. 입력 훈련 데이터에서 다른 데이터를 샘플링해서 새로운 훈련셋을 생성한다.
2. 생성된 각 훈련셋으로 새 모델을 훈련한다.
3. 평균 또는 다수결 투표로 모델의 결과를 결합한다.

다음 다이어그램은 분류를 위한 배깅 단계를 보여준다(원과 십자가는 두 클래스의 샘플을 나타낸다).

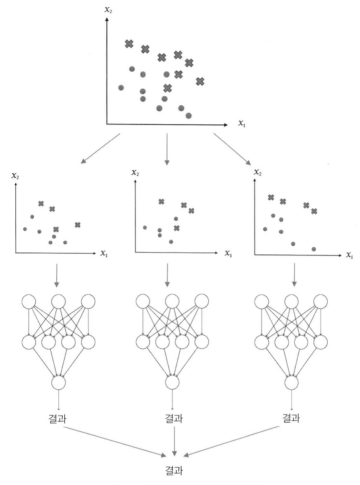

그림 1.11 **분류를 위한 배깅 워크플로**

앞의 그림에서 눈치챘을 수도 있지만, 배깅은 과적합의 가능성을 줄일 수 있다. 이후 4장에서 배깅에 관해 자세히 알아본다.

1.6.3 부스팅

지도학습에서는 **약한 학습기**weak learner를 기준선baseline[18]보다 약간 더 나은 성능의 학습기로 정의한다. 이때 기준선은 클래스나 평균값을 무작위로 할당했을 때의 모델 성능을 말한다. 개미 군집과 마찬가지로, 약한 학습기는 개별적으로는 성능이 낮지만 다수의 약한 학습기를 결합하면 뛰어난 성능

---

18 [옮긴이] 휴리스틱, 간단한 요약 통계, 랜덤화(randomization) 또는 매우 기본적인 머신러닝 알고리즘을 기반으로 문제를 해결하는 간단한 알고리즘이다. 새로 개발하는 모델과 성능 비교를 위한 기준 모델이 된다.

을 보일 수도 있다.

가중치를 통해 개별 학습기의 강점을 고려하는 것이 합리적인데, 이런 일반적인 아이디어를 **부스팅** boosting이라고 한다. 병렬로 훈련하는 배깅과는 달리, 부스팅에서는 모든 모델을 순차적으로 훈련한다. 각 모델은 같은 데이터셋으로 훈련하지만, 각 데이터 샘플은 이전 모델에서의 성공 여부에 따라 다른 가중치를 적용한다. 모델 훈련 뒤에 가중치를 재할당하는데, 이렇게 재할당된 가중치는 다음 훈련 라운드에 사용한다. 일반적으로 잘못 예측된 샘플에 대한 가중치를 높여서 예측하기 어려운 샘플을 좀 더 고려할 수 있도록 한다.

다음 다이어그램은 분류의 부스팅 단계를 보여준다(원과 십자가는 두 클래스의 샘플을 나타내고 원과 십자가의 크기는 할당된 가중치를 나타낸다).

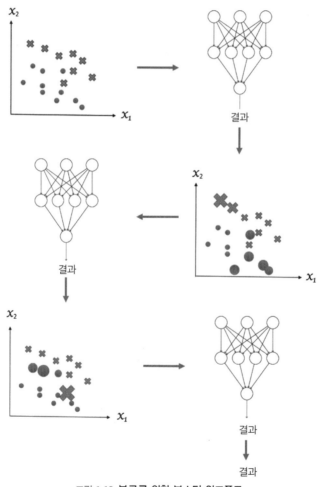

그림 1.12 **분류를 위한 부스팅 워크플로**

다양한 부스팅 알고리즘이 있는데, 각 부스팅 알고리즘의 가중치 체계가 대부분 서로 다르다. 시험공부를 해봤다면, 자주 틀리는 문제 유형을 파악하고 어려운 문제에 집중하는 식의 유사한 방법을 적용해봤을 수 있을 것이다.

부스팅을 사용하는 특화된 프레임워크[19]를 통해 이미지에서 얼굴 검출face detection을 수행한다. 이미지나 비디오에서 얼굴을 검출하는 것은 지도학습으로 훈련하는데, 그러려면 얼굴을 포함하는 영역을 학습기에 입력해야 한다. 보통 한 장의 이미지에는 얼굴을 포함하는 영역보다 얼굴이 없는 영역이 훨씬 더 많기 때문에(약 10,000배 이상) 둘 사이에 불균형이 있다.

여러 단계의 분류기가 단계마다 순차적으로 부정적인negative 이미지 영역[20]을 걸러낸다. 각 진행 단계마다 걸러지지 않은 더 적은 수의 이미지 영역에 대해서 분류기가 점진적으로 좀 더 많은 특징을 사용한다. 이 아이디어는 얼굴이 포함된 이미지 패치patch[21]에 가장 집중하자는 것이고, 이러한 맥락에서 부스팅은 특징을 선택하고 결과를 결합하는 데 사용된다.

1.6.4 쌓기

쌓기stacking는 머신러닝 모델의 결괏값을 다른 알고리즘의 입력값으로 사용하는 것이다. 물론 더 높은 수준의 알고리즘 출력을 다른 예측기에 전달할 수도 있다. 임의의 모델 배치topology를 사용할 수는 있지만, 현실적인 이유로 오컴의 면도날이 말해주는 것처럼 간단한 구성을 먼저 시도해봐야 한다.

재미있는 사실은 캐글 대회에서 우승한 모델 대부분이 쌓기를 사용한다는 점이다. 예를 들어 오토 그룹 제품 분류 챌린지Otto Group Product Classification Challenge[22]에서는 30개 이상의 서로 다른 모델로 구성된 쌓기 모델이 1위를 차지했다.

지금까지 데이터 전처리와 모델링 단계 전반에 걸쳐서 좀 더 쉽게 머신러닝 모델을 일반화하는 데 필요한 요령을 다뤘다. 머신러닝 과제를 빨리 시작하고 싶겠지만, 우선 작업 환경을 설정하고 필요한 준비를 한다.

---

19 [옮긴이] 텐서플로, 파이토치 등이 있다.
20 [옮긴이] 얼굴이 없는 영역에 해당한다.
21 [옮긴이] 일정 크기의 이미지 영역이다.
22 www.kaggle.com/c/otto-group-product-classification-challenge ([옮긴이] https://bit.ly/3DjqUuS)

1.7 소프트웨어 설치 및 설정

이 책의 제목에서 알 수 있듯이, 책 전반에 걸쳐서 모든 머신러닝 알고리즘과 기술은 파이썬으로 구현한다. 또한 넘파이, 사이파이, 텐서플로, 사이킷런과 같이 인기 있는 파이썬 패키지와 도구를 이용한다. 이미 파이썬 전문가이거나 일부 도구에 익숙하더라도, 이 장을 마칠 때까지는 도구와 작업 환경을 올바르게 설정했는지 확인한다.

1.7.1 파이썬 환경 설정

이 책에서는 파이썬 3을 사용한다. 알다시피 2020년 이후 파이썬 2는 더 이상 지원되지 않으므로, 파이썬 3으로 시작하거나 지금이라도 파이썬 3으로 전환하는 것이 좋다. 이렇게 전환하기란 매우 쉽지만, 파이썬 2를 계속해서 사용하려고 한다면 코드를 수정해서 작업할 수도 있을 것이다. 아나콘다 파이썬 3 배포판은 데이터 과학과 머신러닝 실무자를 위한 최고의 옵션 중 하나다.

아나콘다Anaconda는 데이터 분석과 과학 컴퓨팅을 위한 무료 파이썬 배포판으로, 자체 패키지 관리자인 콘다conda를 포함한다. 배포판[23]에는 600개 이상의 파이썬 패키지(2020년 기준)가 포함되므로 매우 편리하다. 일반 사용자의 경우 **미니콘다**Miniconda[24] 배포판이 더 나은 선택일 수도 있다. 미니콘다에는 콘다 패키지 관리자와 파이썬이 포함되는데, 미니콘다는 확실히 아나콘다보다 훨씬 적은 디스크 공간을 차지한다.

아나콘다와 미니콘다를 설치하는 절차는 비슷한데, 콘다 다운로드 페이지[25]의 설치 지침에 따라 설치하면 된다. 먼저 다음과 같이 OS와 파이썬 버전에 적합한 설치 프로그램을 다운로드해야 한다.

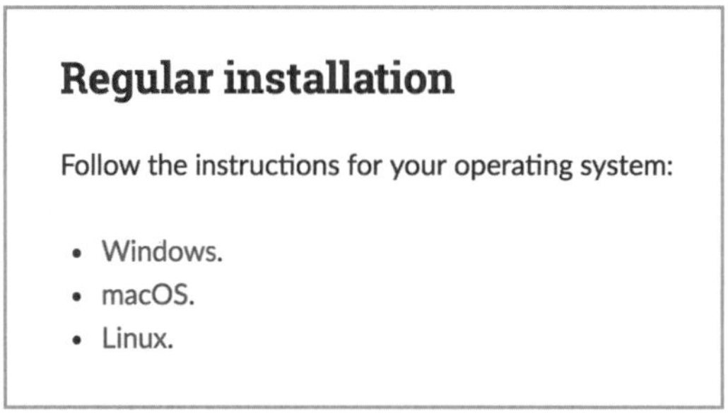

Regular installation

Follow the instructions for your operating system:

- Windows.
- macOS.
- Linux.

그림 1.13 **사용자의 OS에 따른 설치 항목**

23　https://docs.anaconda.com/anaconda/packages/pkg-docs/ (옮긴이) https://bit.ly/36CIkqD). 배포판은 OS 또는 버전 3.7, 3.6, 2.7에 따라 다르다.

24　https://conda.io/miniconda.html

25　https://docs.conda.io/projects/conda/en/latest/user-guide/install/ (옮긴이) https://bit.ly/3ISer2y)

사용자 환경에 해당하는 OS에 나열된 단계에 따라 수행한다. GUIgraphic user interface와 CLIcommand line interface 중에서 선택할 수 있는데, 개인적으로는 후자가 좀 더 쉬울 것이다.

아나콘다에 자체 파이썬이 포함되므로, 로컬 시스템에 파이썬 2.7을 설치했더라도 파이썬 3 설치 프로그램을 사용해서 파이썬 3을 설치할 수 있다. 아나콘다 설치 프로그램은 홈 디렉터리에 anaconda 디렉터리를 생성하는데 약 900 MB의 여유 공간이 필요하다. 마찬가지로 미니콘다 설치 프로그램은 홈 디렉터리에 miniconda 디렉터리를 만들고 여기에 설치한다.

필요한 설정을 마친 뒤에는 자유롭게 사용해볼 수 있다. 리눅스/맥의 터미널이나 윈도우의 명령 프롬프트에 다음 명령어를 입력해서 아나콘다를 올바르게 설정했는지 확인할 수 있다(이제부터 터미널을 기준으로 설명한다).

```
python
```

이 명령을 실행하면 다음 스크린숏과 같은 실행 환경이 표시된다.

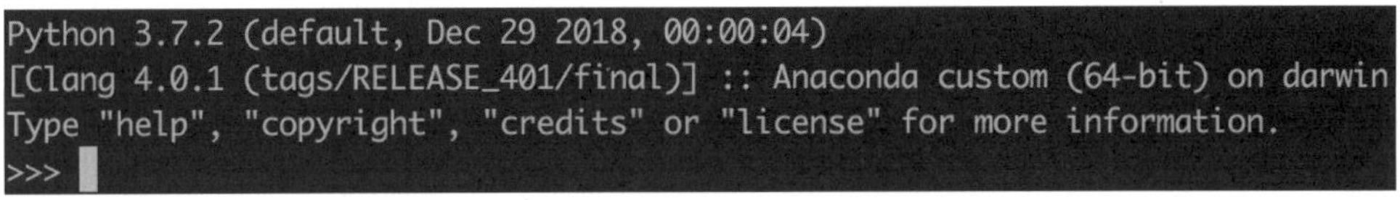

```
Python 3.7.2 (default, Dec 29 2018, 00:00:04)
[Clang 4.0.1 (tags/RELEASE_401/final)] :: Anaconda custom (64-bit) on darwin
Type "help", "copyright", "credits" or "license" for more information.
>>>
```

그림 1.14 터미널에서 python 명령어를 실행한 뒤의 스크린숏

만약 화면에 이처럼 표시되지 않으면, 시스템 경로나 파이썬이 실행되는 경로를 확인한다.

파이썬은 머신러닝과 데이터 과학 분야에서 가장 인기 있는 언어다. 파이썬은 가독성이 뛰어나고 단순하기 때문에 머신러닝 모델을 쉽게 구축할 수 있다. 복잡한 문법에 신경 써야 하는 수고를 줄여주고 컴파일하는 데 드는 시간을 줄일 수 있으므로, 올바른 머신러닝 솔루션을 찾는 데 더 많은 시간을 할애할 수 있다. 또한 머신러닝을 위한 광범위한 파이썬 라이브러리와 프레임워크를 제공한다.

표 1.5 인기 있는 머신러닝용 파이썬 라이브러리

데이터 분석	넘파이, 사이파이, 팬더스
데이터 시각화	맷플롯립, 시본
모델링	사이킷런, 텐서플로, 케라스

다음 단계는 이러한 패키지 중 이 책 전반에 걸쳐 사용할 일부 패키지를 설정하는 것이다.

1.7.2 주요 파이썬 패키지 설치

이 책에 소개하는 대부분의 과제에서 넘파이, 사이킷런, 텐서플로를 사용한다. 다음 절에서는 이 책에서 주로 사용할 여러 파이썬 패키지의 설치에 관해서 알아본다.

1 넘파이

넘파이NumPy[26]는 파이썬으로 머신러닝을 개발하기 위한 기본 패키지로, 다음과 같은 강력한 도구를 제공한다.

- N차원 배열 ndarray 클래스와 행렬 및 배열을 나타내는 여러 하위 클래스
- 다양하고 정교한 배열 함수
- 유용한 선형대수 기능

넘파이 설치 지침[27]을 확인한다. 또는 다음과 같이 명령줄에서 **pip**를 사용해서 좀 더 쉽게 설치할 수 있다.

```
pip install numpy
```

아나콘다 사용자를 위한 콘다를 설치하려면 다음 명령을 실행한다.

```
conda install numpy
```

다음과 같이 설치한 패키지를 셀로 불러와보면 설치가 잘 되었는지 확인할 수 있다.

```
>>> import numpy
```

오류 메시지가 표시되지 않으면 올바르게 설치된 것이다.

2 사이파이

머신러닝에서는 주로 넘파이 배열을 이용해서 데이터 벡터나 특징 벡터로 구성된 행렬을 저장한다. **사이파이**SciPy는 넘파이 배열을 이용해서 다양한 과학 함수와 수학 함수를 제공한다.[28] 다음과 같이

---

26 http://www.numpy.org/
27 https://numpy.org/install/
28 https://scipy.org/

터미널을 통해 유사한 방법으로 사이파이를 설치할 수 있다.

```
pip install scipy
```

3 팬더스

팬더스pandas 라이브러리는 이 책의 뒷부분에서 데이터 랭글링wrangling[29]을 위해서 사용한다.[30] pip나 conda를 통해 설치할 수 있다.

```
conda install pandas
```

4 사이킷런

사이킷런scikit-learn 라이브러리는 실행 성능이 C 코드에 필적할 만큼 최적화된 파이썬 머신러닝 패키지다.[31] 넘파이와 사이파이도 마찬가지로 최적화되었다. 사이킷런을 사용하려면 넘파이와 사이파이를 모두 설치해야 한다. 설치 지침[32]에 나와 있듯이, 다음과 같이 pip나 conda를 통해 사이킷런을 쉽게 설치할 수 있다.

```
pip install -U scikit-learn
```

5 텐서플로

텐서플로TensorFlow는 고성능 수치 계산을 위해 구글 브레인Google Brain 팀에서 개발한 파이썬 친화적인 오픈소스 라이브러리이다.[33] 파이썬 기반의 편리한 프런트엔드 API와 고성능 C++ 기반 백엔드 실행으로 좀 더 빠르고 쉽게 머신러닝과 딥러닝을 할 수 있다.

또한 CPU와 GPU 모두에 쉽게 배포할 수 있어서 비용이 많이 드는 대규모 머신러닝을 효과적으로 지원한다. 이 책에서 컴퓨팅 플랫폼으로 CPU만 사용하므로, 설치 지침[34]을 참조해서 다음 명령과 같이 텐서플로 2를 설치한다.

---

29 옮긴이 원 데이터를 다른 형태로 수작업으로 전환하거나 매핑하는 과정이다.
30 https://pandas.pydata.org/
31 http://scikit-learn.org/stable/
32 http://scikit-learn.org/stable/install.html
33 https://www.tensorflow.org/
34 https://www.tensorflow.org/install/

```
pip install tensorflow
```

많이 사용하는 또 다른 패키지가 있는데, 예를 들어 그림 그리기와 시각화를 위한 **맷플롯립**Matplotlib, 시각화를 위한 **시본**Seaborn, 자연어 처리를 위한 **NLTK**, 대규모 머신러닝을 위한 **파이스파크**PySpark, 강화학습을 위한 **파이토치**PyTorch[35]가 있다. 이 책에서는 패키지가 처음 나오면 해당 패키지의 세부 설치 정보를 제공한다.

1.7.3 텐서플로 2 소개

텐서플로는 머신러닝 알고리즘을 구현하고 배포하는 종단간end-to-end 확장 가능한 플랫폼을 제공한다. 텐서플로 2는 버전 1.0 이후 대대적으로 재설계되었으며 2019년 말에 출시되었다.

텐서플로는 딥러닝 모듈로 널리 알려졌지만, 가장 강력한 점은 알고리즘 구현의 기반이 되는 **계산 그래프**computation graph다. 기본적으로 계산 그래프는 텐서를 통해 입력과 출력 간의 관계를 전달하는 데 사용된다. 예를 들어 선형 관계 $y = 3 \times a + 2 \times b$를 평가하려면 다음 계산 그래프로 나타낼 수 있다.

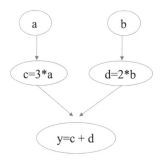

그림 1.15 $y = 3 \times a + 2 \times b$에 대한 계산 그래프

여기서 a와 b는 입력 텐서이고, c와 d는 중간 텐서, y는 출력이다.

계산 그래프는 에지로 연결된 노드의 네트워크로 볼 수 있는데, 각 노드는 텐서이고 각 에지는 입력 노드를 가져와서 출력 노드에 값을 반환하는 연산 또는 함수다. 머신러닝 모델을 훈련하기 위해서 텐서플로는 계산 그래프를 작성하고 그에 따라 **기울기**gradient를 계산한다(기울기는 최적 솔루션에 도달하는 가장 가파른 방향을 제공하는 벡터이다). 다음 장에서 텐서플로를 통해 머신러닝 모델을 훈련하는 몇 가지 사례를 볼 수 있다.

---

35 [옮긴이] 강화학습뿐만 아니라 모든 머신러닝 및 딥러닝을 지원한다.

텐서플로와 계산 그래프에 관해 더 자세히 알아보고 싶다면 텐서플로 사이트[36]를 참조해볼 것을 추천한다.

1.8 요약

이제 막 파이썬과 머신러닝 여정의 첫 번째 구간first mile을 끝마쳤다!

이 장을 통해서 머신러닝의 기본 사항에 어느 정도 익숙해졌을 것이다. 머신러닝이 무엇인지, DTdata technology 시대와 머신러닝의 중요성과 간략한 역사부터 시작해서 최근의 발전 상황도 살펴보았다. 또한 대표적인 머신러닝 과제를 배우고 데이터 처리와 모델 개발에 대한 몇 가지 필수 기술을 살펴보았다.

기본적인 머신러닝 지식을 습득하고 소프트웨어와 도구를 설정했으므로 앞으로는 실제 머신러닝 예를 살펴본다. 다음 장에서는 첫 번째 머신러닝 과제로 영화 추천 엔진을 구축해보자.

1.9 연습 문제

1. 머신러닝과 기존 프로그래밍(규칙 기반 자동화)의 차이점은 무엇인가?
2. 과적합이란 무엇이고 어떻게 피할 수 있는가?
3. 특징 공학의 두 가지 방법은 무엇인가?
4. 여러 모델을 결합하는 두 가지 방법은 무엇인가?
5. 맷플롯립[37]에 관심이 있다면 설치한다. 책 전반에 걸쳐 데이터 시각화에 사용할 것이다.

---

36 https://www.tensorflow.org/guide/data
37 https://matplotlib.org/

나이브 베이즈를 이용한
영화 추천 엔진 구축

2장에서는 머신러닝에서의 분류 문제, 특히 이진 분류binary classification로부터 지도학습 여정을 시작한다. 이 장의 목표는 영화 추천 시스템을 구축하는 것인데, 이러한 실제 사례를 통해 분류를 배우는 것은 좋은 출발점이 된다. 영화 스트리밍 서비스 제공업체는 이미 이러한 영화 추천 시스템을 운영하는데, 이 장에서 그와 똑같은 시스템을 만들어볼 수 있다. 단순하지만 강력한 알고리즘인 나이브 베이즈naïve Bayes를 이용한 이진 분류 문제 해결을 중심으로 분류의 기능, 다양한 유형, 응용을 포함한 분류의 기본 개념을 배운다. 마지막에는 데이터 과학 실무자와 머신러닝 실무자가 배워야 하는 중요한 기술의 하나인 모델의 미세 조정fine-tune 방법을 살펴본다.

구체적으로는 다음 주제에 관해서 자세히 논의한다.

- 머신러닝 분류란 무엇인가?
- 분류의 종류
- 텍스트 분류의 응용
- 나이브 베이즈 분류기
- 나이브 베이즈의 작동 원리
- 나이브 베이즈 구현
- 나이브 베이즈로 영화 추천기 구축
- 분류 성능 평가

- 교차 검증
- 분류 모델 조정

2.1 분류 시작하기

영화 추천은 머신러닝의 분류 문제로 볼 수 있다. 예를 들어 관객이 어떤 영화를 좋아한다고 예측하면 해당 영화가 추천 목록에 올라가고, 그렇지 않으면 추천 목록에서 빠진다. 그럼 머신러닝 분류의 중요한 개념부터 공부해보자.

분류classification는 지도학습의 주요 응용 사례 중 하나다. 관측값과 해당 관측값에 대한 범주형 출력을 포함하는 훈련 데이터셋이 주어졌을 때, 분류의 목표는 관측값observation(**특징**feature 또는 **예측 변수** predictive variable라고도 함)을 복표 **범주**category(**레이블**label 또는 **클래스**class라고도 함)[1]에 올바르게 매핑 mapping하는 일반 규칙을 학습하는 것이다. 다시 말해서 그림 2.1의 윗부분과 같이 훈련 샘플의 특징과 목표를 통해 분류 모델을 학습한다. 새로운 데이터나 학습할 때 보지 못한 데이터가 입력되면, 훈련된 모델이 해당 입력이 어느 클래스에 속할지를 결정할 수 있다. 그림 2.1의 아랫부분에 표시된 것처럼, 입력 특징을 바탕으로 훈련된 분류 모델을 이용하여 클래스 정보를 예측한다.

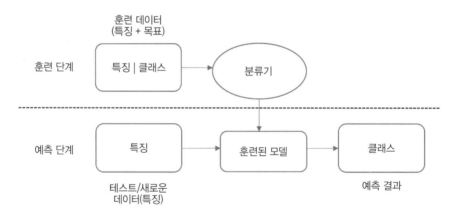

그림 2.1 **분류의 훈련 단계와 예측 단계**

일반적으로 분류는 출력되는 클래스의 종류에 따라 **이진 분류**binary classification, **다중 클래스 분류** multiclass classification, **다중 레이블 분류**multi-label classification의 세 가지 유형으로 구분한다. 다음 절에서 하나씩 살펴본다.

1 　[옮긴이] 머신러닝에서 혼용해서 사용하는 동의어로 레이블(label), 클래스(class), 목표(target)가 있다. 모두 '모델이 맞히려고 하는 대상'을 나타내는데, 레이블은 데이터에 붙은 정답, 클래스는 분류 문제에서 범주형 레이블 집합에 속하는 값, 목표는 맞히려는 대상을 나타낸다.

2.1.1 이진 분류

이진 분류는 관측값을 두 개의 클래스 중 하나로 분류한다. 이진 분류의 대표적인 예로는 실생활에서 매일 접하는 스팸 메일 필터링spam email filtering이 있다. 이는 이메일 메시지(입력 관측값)를 스팸 메일이나 스팸이 아닌 메일(출력 클래스)로 구분한다. 자주 언급되는 또 다른 예로 고객 이탈 예측customer churn prediction이 있는데, 예측 시스템이 CRM 시스템으로부터 고객 세그먼트 데이터와 활동 데이터를 가져와서 이탈할 가능성이 있는 고객을 찾아낸다.

마케팅과 광고 업계에서의 또 다른 예로는 온라인 광고에 대한 클릭률 예측click-through prediction이 있다. 이때 사용자의 쿠키 정보와 검색 기록을 바탕으로 고객이 광고를 볼지 여부를 예측한다. 마지막으로 이진 분류는 생물 의학에서도 사용되는데, 예를 들어 조기 암 진단에서 MRI 이미지를 바탕으로 환자를 고위험군이나 저위험군으로 분류한다.

그림 2.2에서 볼 수 있듯이 이진 분류는 데이터를 두 클래스(점과 십자가로 표시)로 분리한다.

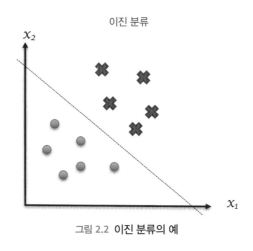

그림 2.2 **이진 분류의 예**

어떤 사람이 영화를 좋아하는지 여부를 예측하는 것도 이러한 이진 분류 문제에 속한다.

2.1.2 다중 클래스 분류

다중 클래스 분류는 **다항 분류**multinomial classification라고도 한다. 두 개의 클래스만 있는 이진 분류와는 달리 두 개 이상의 클래스가 있다. 대표적인 예로 필기체 숫자 인식handwritten digit recognition이 있는데, 1900년대 초반부터 연구가 시작된 이래 오랜 기간 동안 개발되었다. 예를 들어 필기체 숫자 인식을 응용한 분류 시스템은 손으로 쓴 우편번호(대부분의 국가에서 0에서 9 사이의 숫자)를 읽고 이해하는 방법을 배워서 봉투를 자동으로 분류할 수 있다.

이러한 필기체 숫자 인식은 머신러닝 공부에서의 'Hello, World!'가 되었다. MNISTModified National Institute of Standards and Technology라는 미국 국립표준기술원에서 구축한 스캔 문서 데이터셋은 다중 클래스 분류 모델을 테스트하고 평가하는 데 자주 쓰이는 대표적인 벤치마크 데이터셋이다. 그림 2.3 은 MNIST 데이터셋에서 가져온 4개의 샘플을 보여준다.

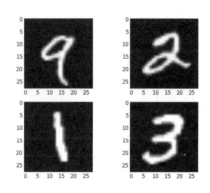

그림 2.3 MNIST 데이터셋 샘플

그림 2.4에서 다중 클래스 분류 모델은 데이터를 세 가지 클래스(점, 십자가, 삼각형으로 표시)로 분리하는 분리 경계segmentation boundary를 찾는다.

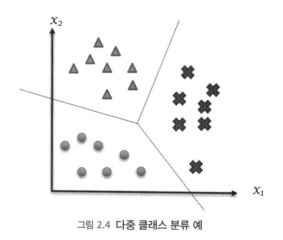

그림 2.4 다중 클래스 분류 예

2.1.3 다중 레이블 분류

앞에서 다룬 두 가지 유형의 분류에서는 목표가 되는 클래스가 상호 배타적이며 샘플에는 '오로지 하나'의 레이블만 할당한다. 하지만 다중 레이블 분류에서는 그 반대다. 현대 응용 분야에서는 범주 category가 갖는 다양한 특성에 힘입어 다중 레이블 분류의 연구에 관한 관심이 증가하고 있다.

예를 들어 바다의 일몰 장면을 찍은 사진은 두 가지의 개념적 장면에 모두 속한다고 볼 수 있다. 이진 분류의 경우에는 고양이나 개 이미지처럼 둘 중 하나로 분류해야 하고, 다중 클래스 분류의 경우에는 오렌지, 사과, 바나나처럼 여러 종류의 과일 이미지 중 하나로 분류해야 한다. 마찬가지로 모험 영화에는 종종 판타지, SF, 공포, 드라마 등 다른 장르가 섞인다. 또 다른 대표적인 적용 분야는 단백질의 기능 분류인데, 단백질은 저장, 항체, 지지체, 수송 등 하나 이상의 기능을 하기 때문이다.

n-레이블 분류 문제를 해결하는 일반적인 접근 방식은 이를 n개의 이진 분류 문제로 변환하고, 각각의 이진 분류 문제를 개별 이진 분류기로 처리하는 것이다. 그림 2.5는 다중 레이블 분류 문제를 다중 이진 분류 문제로 재구성하는 것을 보여준다.

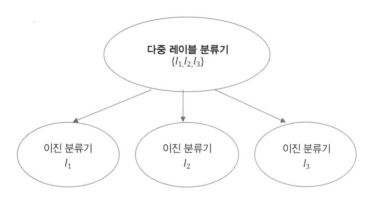

그림 2.5 **3-레이블 분류를 독립적인 이진 분류 3개로 변환**

이러한 문제를 해결하고자 연구자들은 많은 강력한 분류 알고리즘을 개발해왔는데, 대표적으로 나이브 베이즈, 서포트 벡터 머신support vector machine, SVM, 의사결정 트리, 로지스틱 회귀가 있다. 다음 절에서는 나이브 베이즈의 작동 원리와 구현 방법을 깊이 있게 다루고, 분류기 조정tuning과 분류 성능 평가를 비롯한 기타 중요한 개념도 함께 살펴본다. 다른 분류 알고리즘은 다음 장에서 계속해서 다룰 예정이다.

2.2 나이브 베이즈

나이브 베이즈naïve Bayes 분류기는 확률적 분류기 계열에 속한다. 모든 클래스에 대한 확률분포를 예측하기 위해, 각 클래스에 속하는 데이터의 예측 **특징**feature(**속성**attribute 또는 **신호**signal라고도 함)의 확률을 계산한다. 물론 결과로 얻은 확률분포를 통해 데이터 샘플이 속할 가능성이 가장 큰 클래스를 결정할 수 있다. 이름에서도 알 수 있듯이 나이브 베이즈가 구체적으로 하는 일은 다음과 같다.

- **베이즈**: 베이즈 정리Bayes' theorem[2]를 기반으로, 어떤 클래스에 관해 관찰한 입력 특징의 조건부 확률을 관찰한 특징이 어떤 클래스에 속할지에 대한 조건부 확률에 매핑한다.
- **나이브**: 예측하려고 하는 특징이 상호 독립적이라는 가정하에 확률 계산을 단순화한다.

베이즈 정리는 다음 절에서 예를 통해 살펴본다.

2.2.1 예제를 통한 베이즈 정리 학습

분류기classifier를 살펴보기 전에 베이즈 정리를 이해해야 한다. 두 사건event을 A, B라고 하자. 이러한 사건의 예로는 '내일 비가 올 것이다', '카드 한 벌에서 왕을 두 개 뽑는다', '어떤 사람이 암에 걸렸다' 등이 있다. 베이즈 정리에서 $P(A|B)$는 B가 참일 때 A가 발생할 확률로, 다음과 같이 표현할 수 있다.

$$P(A\,|B) = \frac{P(B\,|A)\,P(A)}{P(B)}$$

여기서 $P(B|A)$는 A가 발생했을 때 B를 관찰할 확률이고 $P(A)$와 $P(B)$는 각각 A와 B가 발생할 확률이다. 아직 잘 와닿지 않는다면 다음의 구체적인 예를 살펴보자.

- **예 1**: 두 개의 동전이 있다. 첫 번째 동전은 앞면이 나올 확률이 90%이고 뒷면이 나올 확률이 10%이다. 두 번째 동전은 앞면이 나올 확률과 뒷면이 나올 확률이 각각 50%이다. 무작위로 동전 하나를 던져서 앞면이 나왔다고 할 때, 이 동전이 첫 번째 동전일 확률은 얼마일까?

  첫 번째 동전을 뽑는 사건을 U, 두 번째 동전을 뽑는 사건을 F, 동전의 앞면이 나오는 사건을 H라고 하자. 앞면이 나왔을 때 첫 번째 동전이 뽑았을 확률 $P(U|H)$는 다음과 같이 계산할 수 있다.

  $$P(U\,|H) = \frac{P(H\,|U)\,P(U)}{P(H)}$$

  앞에서 말한 대로 $P(H|U)$는 90%이다. 두 개의 동전 중에서 무작위로 동전 한 개를 선택했으므로 $P(U)$는 0.5이다. 하지만 앞면이 나올 확률 $P(H)$를 계산하는 것은 다음과 같이 두 가지 사건 U, F 와 연관되므로 그리 간단하지 않다.

---

2 [옮긴이] 두 확률 변수의 사전확률과 사후확률 사이의 관계를 나타내는 정리를 말한다.

$$P(H) = P(H \mid U)P(U) + P(H \mid F)P(F)$$

이제 $P(U|H)$는 다음과 같다.

$$P(U \mid H) = \frac{P(H \mid U)\, P(U)}{P(H)} = \frac{P(H \mid U)\, P(U)}{P(H \mid U)P(U) + P(H \mid F)P(F)} = \frac{0.9 \,*\, 0.5}{0.9 \,*\, 0.5 \,+\, 0.5 \,*\, 0.5} = 0.64$$

- **예 2:** 1만 명에 대한 암 선별 검사 결과가 다음과 같다고 가정하자.

표 2.1 암 검진 결과의 예

	암	정상	합계
양성 반응	80	900	980
음성 반응	20	9000	9020
합계	100	9900	10000

표 2.1에서 100명의 암 환자 중 80명은 정확하게 진단했지만, 나머지 20명은 진단 결과가 틀렸다는 것을 알 수 있다. 한편 건강한 사람 9,900명 중에서 900명이 암에 걸렸다고 잘못 진단했다.

어떤 사람의 검진 결과가 양성이면 실제로 암에 걸릴 확률은 얼마일까? 암에 걸린 사건과 검사 결과가 양성인 사건을 각각 C와 Pos라고 하자. 따라서 $P(Pos|C) = 80/100 = 0.8$, $P(C) = 100/1000 = 0.1$, $P(Pos) = 980/1000 = 0.98$이다.

이제 베이즈 정리를 적용해서 $P(C|Pos)$를 다음과 같이 계산할 수 있다.

$$P(C \mid Pos) = \frac{P(Pos \mid C)\, P(C)}{P(Pos)} = \frac{0.8 \,*\, 0.1}{0.98} = 8.16\%$$

대상자의 검진 결과가 양성일 때 암에 걸릴 확률은 8.16%로, 검진하지 않았을 때의 암 발생률 (100/10000=1%)보다 훨씬 높다.

- **예 3:** 공장의 기계 A, B, C는 각각 전구 생산량의 35%, 20%, 45%를 담당한다. 각 기계에서 생산된 불량 전구의 비율은 각각 1.5%, 1%, 2%이다. 이 공장에서 생산된 전구에 결함이 있는 사건을 D라고 할 때, 해당 전구가 각각 기계 A, B, C에서 제조되었을 확률은 얼마일까?

이 또한 베이즈 정리를 통해 다음과 같이 구할 수 있다.

$$P(A|D) = \frac{P(D|A)P(A)}{P(D)} = \frac{P(D|A)P(A)}{P(D|A)P(A) + P(D|B)P(B) + P(D|C)P(C)}$$
$$= \frac{0.015 * 0.35}{0.015 * 0.35 + 0.01 * 0.2 + 0.02 * 0.45} = 0.323$$

$$P(B|D) = \frac{P(D|B)P(B)}{P(D)} = \frac{P(D|B)P(B)}{P(D|A)P(A) + P(D|B)P(B) + P(D|C)P(C)}$$
$$= \frac{0.01 * 0.2}{0.015 * 0.35 + 0.01 * 0.2 + 0.02 * 0.45} = 0.123$$

$$P(C|D) = \frac{P(D|C)P(C)}{P(D)} = \frac{P(D|C)P(C)}{P(D|A)P(A) + P(D|B)P(B) + P(D|C)P(C)}$$
$$= \frac{0.02 * 0.45}{0.015 * 0.35 + 0.01 * 0.2 + 0.02 * 0.45} = 0.554$$

또한 다음과 같은 관계가 있다는 것을 알고 있으므로 $P(D)$를 계산할 필요는 없다.

$$P(A|D) : P(B|D) : P(C|D) = P(D|A)P(A) : P(D|B)P(B) : P(D|C)P(C) = 21:8:36$$

또한 다음 관계가 성립한다는 것을 알 수 있다.

$$P(A|D) + P(B|D) + P(C|D) = 1$$

따라서 다음과 같은 공식을 얻을 수 있다.

$$P(A|D) = \frac{21}{21 + 8 + 36} = 0.323$$

$$P(B|D) = \frac{8}{21 + 8 + 36} = 0.133$$

이제 베이즈의 정리가 나이브 베이즈의 핵심이라는 것을 이해했으므로 분류기를 알아보자.

2.2.2 나이브 베이즈의 작동 원리

나이브 베이즈가 작동하는 방식을 살펴보자. 나이브 베이즈의 목표는 n개의 특징 $x_1, x_2, ..., x_n$(특징 벡터는 $x = (x_1, x_2, ..., x_n)$와 같이 나타냄)을 갖는 데이터 샘플 x가 K개의 가능한 클래스 $y_1, y_2, ..., y_K$에 속할 확률 $P(y_k|x)$ 또는 $P(y_k|x_1, x_2, ..., x_n)$를 결정하는 것이다. 이때 $k = 1, 2, ..., K$이다.

이것은 방금 다룬 x나 $x_1, x_2, ..., x_n$과 다르지 않은데, 관찰한 샘플의 특징값이 각각 $x_1, x_2, ..., x_n$일 때의 결합 사건joint event이다. y_k는 샘플이 클래스 k에 속하는 사건이다. 따라서 베이즈 정리를 다음과 같이 적용할 수 있다.

$$P(y_k \mid x) = \frac{P(x \mid y_k)\,P(y_k)}{P(x)}$$

각 구성 요소를 자세히 살펴보면 다음과 같다.

- $P(y_k)$는 관찰을 통한 추가적인 지식이 없을 때의 클래스의 분포 확률을 나타낸다. 베이즈 확률 Bayesian probability[3] 용어로는 **사전확률**prior이라고 한다. 사전확률은 미리 결정되거나(일반적으로 각 클래스가 같은 발생 가능성을 갖는 균일한 방식으로) 훈련셋으로 학습할 수 있다.

- 사전확률 $P(y_k)$와는 달리 $P(y_k|x)$는 관찰을 통한 추가 지식이 있을 때의 **사후확률**posterior이다.

- $P(x|y_k)$ 또는 $P(x_1, x_2, ..., x_n|y_k)$는 샘플 x가 클래스 y_k에 속할 때 x의 n개 특징에 대한 결합분포이다. 이것은 n개의 특징이 그러한 값을 가질 가능성을 나타내며 베이즈 용어로는 **우도**likelihood라고 한다. 특징의 수가 증가하면 우도를 계산하기 어려운데, 나이브 베이즈에서는 특징의 독립성 가정independence assumption 덕분에 이 문제를 피해 갈 수 있다. 즉, n개 특징의 결합 조건부 분포 joint conditional distribution를 개별 특징의 조건부 분포의 곱으로 표현할 수 있다.

$$P(x \mid y_k) = P(x_1 \mid y_k) * P(x_2 \mid y_k) *...* P(x_n \mid y_k)$$

각 조건부 분포는 훈련셋으로 효율적으로 학습할 수 있다.

- $P(x)$는 **증거**evidence라고도 하는데, 특징의 전체적인 분포를 나타내고 특정 클래스에 한정되지 않기 때문에 정규화normalization 상수가 된다. 따라서 사후확률은 사전확률과 우도에 비례한다.

$$P(y_k \mid x) \propto P(x \mid y_k)P(y_k) = P(x_1 \mid y_k) * P(x_2 \mid y_k) *...* P(x_n \mid y_k)$$

그림 2.6은 나이브 베이즈 분류 모델을 어떻게 훈련하고, 또 어떻게 새로운 데이터에 적용하는지를 간략히 보여준다.

---

3 옮긴이 사전확률과 우도를 이용해서 사후확률을 구해주는 방법이다.

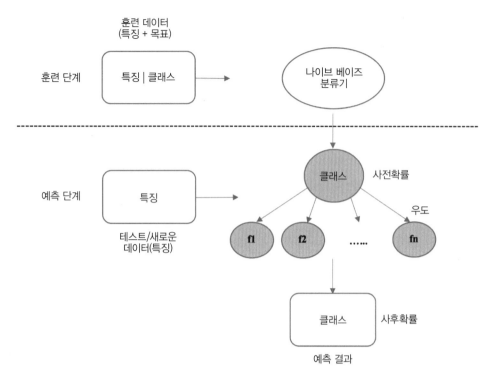

그림 2.6 **나이브 베이즈 분류의 훈련 단계와 예측 단계**

나이브 베이즈의 구현으로 넘어가기 전에, 간단한 영화 추천 예를 통해 나이브 베이즈 분류기가 어떻게 작동하는지 살펴보자. 다음 표 2.2처럼 4명의 가상 관객에 대해서, 세 편의 영화 m_1, m_2, m_3 각각을 좋아하는지 여부(1 또는 0으로 표시), 추천 영화를 좋아하는지(Y로 표시) 또는 좋아하지 않는지(N으로 표시)가 주어졌을 때, 또 다른 관객이 해당 추천 영화를 좋아할 가능성이 얼마나 되는지를 예측해야 한다.

표 2.2 **영화 추천을 위한 간단한 데이터 예**

	관객ID	m_1	m_2	m_3	추천 영화를 좋아하는지 여부
훈련 데이터	1	0	1	1	Y
	2	0	0	1	N
	3	0	0	0	Y
	4	1	1	0	Y
테스트 사례	5	1	1	0	?

표 2.2에서 관객이 m_1, m_2, m_3 세 편의 영화를 좋아하는지 여부는 목표 클래스를 예측하는 데 사용할 특징(신호)이 된다. 그리고 훈련 데이터는 세 편의 영화에 대한 평가 등급과 추천 대상 영화의 평가 정보를 담은 4개의 샘플이다.

먼저 사전확률 $P(Y)$, $P(N)$을 계산해보자. 훈련셋에서 다음을 쉽게 얻을 수 있다.

$$P(Y) = 3/4$$
$$P(N) = 1/4$$

또는 사전확률이 균일하다고 가정하면 $P(Y) = P(N) = 50\%$로 설정할 수 있다.

편의상 관객이 세 편의 영화를 좋아하거나 좋아하지 않는 사건을 각각 f_1, f_2, f_3으로 표시한다. $x = (1, 1, 0)$일 때 사후확률 $P(Y|x)$를 계산하려면, 우선 훈련 데이터를 이용해 각각의 우도 $P(f_1=1|Y)$, $P(f_2=1|Y)$ 및 $P(f_3=0|Y)$, $P(f_1=1|N)$, $P(f_2=1|N)$, $P(f_3=0|N)$을 계산한다. 그러나 N 클래스에는 $f_1=1$이 없으므로 $P(f_1=1|N) = 0$이 될 것임을 알아차릴 수 있다. 따라서 $P(N|x) \propto P(f_1=1|N) \times P(f_2=1|N)=0$이므로 어떤 경우에든 Y 클래스를 예측하게 된다.

일반적으로 0값을 갖는 우도를 곱해주는 것을 방지하기 위해서 각 특징의 초깃값을 1로 할당한다. 즉, 각 특징값을 1부터 계산한다는 의미다. 이 기술을 **라플라스 평활**Laplace smoothing이라고도 하는데, 이를 반영하면 다음과 같은 결과를 얻는다.

$$P(f_1 = 1 \,|N) = \frac{0 + 1}{1 + 2} = \frac{1}{3}$$

$$P(f_1 = 1 \,|Y) = \frac{1 + 1}{3 + 2} = \frac{2}{5}$$

여기서 N 클래스가 있을 때 $0 + 1$은 m_1을 좋아하는 평가가 0이고 여기에 +1 평활을 더한 것을 의미하며, $1 + 2$는 하나의 데이터 포인트(ID = 2)에 2개(가능한 값 2개)의 +1 평활을 더한다는 의미다.

Y 클래스가 있을 때 $1 + 1$은 m_1을 좋아하는 평가가 1(ID = 4)이고 여기에 +1 평활을 더한 것을 의미하며, $3 + 2$는 3개의 데이터 포인트(ID = 1, 3, 4)와 2개(2개의 가능한 값) +1 평활이 있음을 의미한다.

마찬가지로 다음을 계산할 수 있다.

$$P(f_2 = 1 \,|N) = \frac{0 + 1}{1 + 2} = \frac{1}{3}$$

$$P(f_2 = 1 \,|Y) = \frac{2 + 1}{3 + 2} = \frac{3}{5}$$

$$P(f_3 = 0 \mid N) = \frac{0 + 1}{1 + 2} = \frac{1}{3}$$

$$P(f_3 = 0 \mid Y) = \frac{2 + 1}{3 + 2} = \frac{3}{5}$$

이제 양쪽 사후확률의 비율은 다음과 같이 계산할 수 있다.

$$\frac{P(N \mid x)}{P(Y \mid x)} \propto \frac{P(N) * P(f_1 = 1 \mid N) * P(f_2 = 1 \mid N) * P(f_3 = 0 \mid N)}{P(Y) * P(f_1 = 1 \mid Y) * P(f_2 = 1 \mid Y) * P(f_3 = 0 \mid Y)} = \frac{125}{1458}$$

또한 다음과 같은 관계가 있으므로,

$$P(N \mid x) + P(Y \mid x) = 1$$

최종 결과는 다음과 같다.

$$P(Y \mid x) = 92.1\%$$

새로운 관객이 추천 영화를 좋아할 확률은 92.1%이다.

지금까지 이론과 간단한 예를 통해 나이브 베이즈를 살펴보았으며 확실히 이해했기를 바란다. 이제 다음 절에서 나이브 베이즈를 구현해보자.

2.3 나이브 베이즈 구현

먼저 영화 선호도 예측 예를 손으로 직접 계산한 뒤, 코딩을 통해 나이브 베이즈를 밑바닥부터 구현한다. 그다음 사이킷런 패키지를 사용해서 구현한다.

2.3.1 밑바닥부터 구현하는 나이브 베이즈

모델을 개발하기 전에 방금 작업한 간단한 데이터셋을 정의한다.

```
>>> import numpy as np
>>> X_train = np.array([
...     [0, 1, 1],
...     [0, 0, 1],
...     [0, 0, 0],
...     [1, 1, 0]])
>>> Y_train = ['Y', 'N', 'Y', 'Y']
>>> X_test = np.array([[1, 1, 0]])
```

모델 개발을 위한 사전확률을 계산하기 위해 데이터를 레이블별로 그룹화하고 클래스별로 인덱스를 기록한다.

```
>>> def get_label_indices(labels):
...     """
...     레이블과 반환 인덱스 기준으로 샘플 그룹화
...     @param labels: 레이블 리스트
...     @return label_indices: dictionary, {class1: [indices], class2: [indices]}
...     """
...     from collections import defaultdict
...     label_indices = defaultdict(list)
...     for index, label in enumerate(labels):
...         label_indices[label].append(index)
...     return label_indices
```

결과를 출력하면 다음과 같다.

```
>>> label_indices = get_label_indices(Y_train)
>>> print('label_indices:\n', label_indices)
label_indices
 defaultdict(<class 'list'>, {'Y': [0, 2, 3], 'N': [1]})
```

label_indices를 이용해서 사전확률을 계산한다.

```
>>> def get_prior(label_indices):
...     """
...     훈련 샘플을 이용한 사전확률 계산
...     @param label_indices: 클래스별로 그룹화된 샘플 인덱스
...     @return prior: dictionary, key = 클래스 레이블, value = 사전확률
...     """
...     prior = {label: len(indices) for label, indices in label_indices.items()}
...     total_count = sum(prior.values())
...     for label in prior:
...         prior[label] /= total_count
...     return prior
```

계산한 사전확률을 확인한다.

```
>>> prior = get_prior(label_indices)
>>> print('Prior:', prior)
 Prior: {'Y': 0.75, 'N': 0.25}
```

계산한 사전확률을 통해 조건부 확률 P(feature|class)에 해당하는 우도를 계산한다.

```
>>> def get_likelihood(features, label_indices, smoothing=0):
...     """
...     훈련 샘플을 이용한 우도 계산
...     @param features: 특징 행렬
...     @param label_indices: 클래스별로 그룹화된 샘플 인덱스
...     @param smoothing: int, 가산(additive) 평활화 계수
...     @return likelihood: dictionary, key = 클래스,
...                         value = 조건부 확률 P(feature|class) 벡터
...     """
...     likelihood = {}
...     for label, indices in label_indices.items():
...         likelihood[label] = features[indices, :].sum(axis=0) + smoothing
...         total_count = len(indices)
...         likelihood[label] = likelihood[label] / (total_count + 2 * smoothing)
...     return likelihood
```

여기서는 평활화값을 1로 설정한다. 평활화를 하지 않는 경우에는 0으로 설정하고, 분류 성능을 개선하도록 다른 양숫값으로 설정할 수도 있다.

```
>>> smoothing = 1
>>> likelihood = get_likelihood(X_train, label_indices, smoothing)
>>> print('Likelihood:\n', likelihood)
Likelihood:
 {'Y': array([0.4, 0.6, 0.4]), 'N': array([0.33333333, 0.33333333, 0.66666667])}
```

지금까지 살펴본 내용이 헷갈린다면 그림 2.7을 보면서 기억을 떠올려보자.

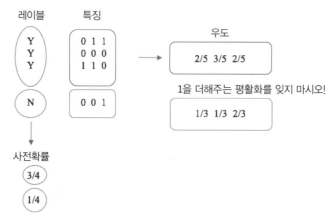

그림 2.7 **사전확률과 우도 계산의 간단한 예**

사전확률과 우도가 준비되면 이제 테스트/새로운 샘플에 대한 사후확률을 계산할 수 있다.

```
>>> def get_posterior(X, prior, likelihood):
...     """
...     사전확률과 우도를 이용한 테스트 샘플의 사후확률 계산
...     @param X: 테스트 샘플
...     @param prior: dictionary, key = 클래스 레이블, value = 사전확률
...     @param likelihood: dictionary, key = 클래스 레이블, value = 조건부 확률 벡터
...     @return posteriors: dictionary, key = 클래스 레이블, value = 사후확률
...     """
...     posteriors = []
...     for x in X:
...         # 사후확률은 사전확률 * 우도에 비례한다.
...         posterior = prior.copy()
...         for label, likelihood_label in likelihood.items():
...             for index, bool_value in enumerate(x):
...                 posterior[label] *= likelihood_label[index] if
...                 bool_value else (1 - likelihood_label[index])
...         # 모든 합이 1이 되도록 정규화한다.
...         sum_posterior = sum(posterior.values())
...         for label in posterior:
...             if posterior[label] == float('inf'):
...                 posterior[label] = 1.0
...             else:
...                 posterior[label] /= sum_posterior
...         posteriors.append(posterior.copy())
...     return posteriors
```

이제 이 예측 함수를 이용해서 샘플이 하나 있는 테스트셋의 클래스를 예측해본다.

```
>>> posterior = get_posterior(X_test, prior, likelihood)
>>> print('Posterior:\n', posterior)
Posterior:
 [{'Y': 0.9210360075805433, 'N': 0.07896399241945673}]
```

앞에서 손으로 계산한 결과와 일치한다는 것을 알 수 있다. 지금까지 나이브 베이즈를 밑바닥부터 구현해보았다. 이제 사이킷런을 이용해서 구현해보자.

2.3.2 사이킷런을 이용한 나이브 베이즈 구현

머신러닝 모델을 배우려면 밑바닥부터 코딩해서 자신만의 솔루션을 구현하는 것이 가장 좋은 방법이
다. 하지만, 사이킷런 API인 BernoulliNB 모듈[4]을 호출해서 쉽고 빠르게 개발할 수도 있다.

```
>>> from sklearn.naive_bayes import BernoulliNB
```

평활 계수(사이킷런에서 alpha로 지정함) 1.0과 훈련셋(사이킷런에서 fit_prior=True로 지정함)으로 학습한 사
전확률로 모델을 초기화한다.

```
>>> clf = BernoulliNB(alpha=1.0, fit_prior=True)
```

다음과 같이 fit 메서드로 나이브 베이즈 분류기를 훈련한다.

```
>>> clf.fit(X_train, Y_train)
```

그리고 predict_proba 메서드로 확률 결과를 예측한다.

```
>>> pred_prob = clf.predict_proba(X_test)
>>> print('[scikit-learn] Predicted probabilities:\n', pred_prob)
[scikit-learn] Predicted probabilities:
 [[0.07896399 0.92103601]]
```

마지막으로, 다음과 같이 predict 메서드로 클래스를 예측한다(기본 임곗값은 0.5이고 클래스 Y의 예측 확
률이 0.5보다 크면 클래스 Y가 할당되고 그렇지 않으면 N이 할당된다).

```
>>> pred = clf.predict(X_test)
>>> print('[scikit-learn] Prediction:', pred)
[scikit-learn] Prediction: ['Y']
```

사이킷런을 이용한 예측 결과는 앞에서 밑바닥부터 개발한 솔루션으로 얻은 결과와 일치한다. 이제
알고리즘을 밑바닥부터도 구현해보고 사이킷런으로도 구현해보았으니, 이를 이용해서 영화 추천 문
제를 해결한다.

---

4 https://scikit-learn.org/stable/modules/generated/sklearn.naive_bayes.BernoulliNB.html (옮긴이) https://bit.ly/3KMVakn

2.4 나이브 베이즈를 이용한 영화 추천기 구축

간단한 예를 끝마쳤으므로, 이제부터 실제 데이터셋으로 영화 추천기(또는 더 구체적으로 영화 선호도 분류기)을 개발한다. 여기서는 영화 등급 데이터셋movie rating dataset[5]을 사용한다. 영화 등급 데이터는 그룹렌즈 리서치 그룹GroupLens Research group이 무비렌즈MovieLens 웹사이트[6]에서 수집한 것이다.

시연을 위해 작은 데이터셋인 ml-1m.zip을 내려받아 사용한다.[7] 이 데이터셋에는 6,040명의 사용자가 약 3,900편의 영화에 대해서 평가한 1에서 5까지의 값을 갖는 약 1백만 개의 평점이 있다.

ml-1m.zip 압축 파일에는 다음 4개의 파일이 있다.

- movies.dat: 영화 정보는 MovieID::Title::Genres 형식으로 저장된다.
- ratings.dat: 사용자가 평가한 영화 등급이 UserID::MovieID::Rating::Timestamp 형식으로 저장된다. 이 장에서는 이 파일의 데이터만 사용한다.
- users.dat: 사용자 정보가 UserID::Gender::Age::Occupation::Zip code 형태로 저장된다.
- README

그럼 이제부터 다른 영화의 평가 점수에 따라 관객이 특정 영화를 좋아하는지 여부를 결정해보자(평가 등급은 1에서 5까지 있다).

우선 필요한 모든 모듈과 변수를 임포트import한다.

```
>>> import numpy as np
>>> from collections import defaultdict
>>> data_path = 'ml-1m/ratings.dat'
>>> n_users = 6040
>>> n_movies = 3706
```

그다음으로 ratings.dat에서 평가 데이터를 로드하는 함수를 구현한다.

```
>>> def load_rating_data(data_path, n_users, n_movies):
...     """
```

---

5 https://grouplens.org/datasets/movielens/

6 http://movielens.org

7 http://files.grouplens.org/datasets/movielens/ml-1m.zip

```
...        파일에서 평점 데이터를 로드하고 각 영화의 평점과
...            이에 대응되는 인덱스(movie_id) 반환
...        @param data_path: 평점 데이터 파일의 경로
...        @param n_users: 관객 수
...        @param n_movies: 평점을 받은 영화의 수
...        @return data: 넘파이 배열([user, movie]), 평점 데이터
...        @return movie_n_rating: dictionary, {movie_id: 평점 수};
...        @return movie_id_mapping: dictionary, {movie_id: 평점 데이터의 열(column) 인덱스}
...        """
...        data = np.zeros([n_users, n_movies], dtype=np.float32)
...        movie_id_mapping = {}
...        movie_n_rating = defaultdict(int)
...        with open(data_path, 'r') as file:
...            for line in file.readlines()[1:]:
...                user_id, movie_id, rating, _ = line.split("::")
...                user_id = int(user_id) - 1
...                if movie_id not in movie_id_mapping:
...                    movie_id_mapping[movie_id] = len(movie_id_mapping)
...                rating = int(rating)
...                data[user_id, movie_id_mapping[movie_id]] = rating
...                if rating > 0:
...                    movie_n_rating[movie_id] += 1
...        return data, movie_n_rating, movie_id_mapping
```

이제 이 함수를 이용해서 데이터를 로드한다.

```
>>> data, movie_n_rating, movie_id_mapping =
...        load_rating_data(data_path, n_users, n_movies)
```

항상 데이터 분포를 분석하는 것이 좋다. 다음을 수행한다.

```
>>> def display_distribution(data):
...        values, counts = np.unique(data, return_counts=True)
...        for value, count in zip(values, counts):
...            print(f'Number of rating {int(value)}: {count}')
>>> display_distribution(data) Number of rating 0: 21384032
Number of rating 1: 56174
Number of rating 2: 107557
Number of rating 3: 261197
Number of rating 4: 348971
Number of rating 5: 226309
```

보다시피 관객이 평가하지 않아서 평점이 없는 경우가 대부분이다.[8] 관객이 평가한 평점 비율을 내림차순으로 살펴보면 4등급 35%, 3등급 26%, 5등급 23%, 2등급 11%, 1등급 6% 순이다.

대부분의 관객 평점을 알 수 없으므로, 평점 데이터가 가장 많은 영화를 목표 영화로 사용한다.

```
>>> movie_id_most, n_rating_most = sorted(movie_n_rating.items(),
...      key=lambda d: d[1], reverse=True)[0]
>>> print(f'Movie ID {movie_id_most} has {n_rating_most} ratings.')
Movie ID 2858 has 3428 ratings.
```

이러한 기준에 따라 ID 2858 영화가 목표 영화가 되고 나머지 영화의 평점은 신호(특징이라고도 함)가 된다. 이제 데이터셋을 다음과 같이 구성한다.

```
>>> X_raw = np.delete(data, movie_id_mapping[movie_id_most], axis=1)
>>> Y_raw = data[:, movie_id_mapping[movie_id_most]]
```

ID 2858 영화에서 평점이 없는 샘플은 폐기한다.

```
>>> X = X_raw[Y_raw > 0]
>>> Y = Y_raw[Y_raw > 0]
>>> print('Shape of X:', X.shape)
Shape of X: (3428, 3705)
>>> print('Shape of Y:', Y.shape)
Shape of Y: (3428,)
```

다시 한번 목표 영화 평점의 분포를 살펴본다.

```
>>> display_distribution(Y)
Number of rating 1: 83
Number of rating 2: 134
Number of rating 3: 358
Number of rating 4: 890
Number of rating 5: 1963
```

평점이 3보다 높은 영화는 좋아요(추천)로 간주할 수 있다.

---

8   옮긴이 평점이 1 ~ 5인 샘플은 모두 1,000,208개이지만, 평점이 0인 샘플은 21,384,032개이다.

```
>>> recommend = 3
>>> Y[Y <= recommend] = 0
>>> Y[Y > recommend] = 1
>>> n_pos = (Y == 1).sum()
>>> n_neg = (Y == 0).sum()
>>> print(f'{n_pos} positive samples and {n_neg} negative samples.')
2853 positive samples and 575 negative samples.
```

분류 문제 해결에서의 경험 법칙상, 항상 레이블 분포를 분석하고 데이터셋이 얼마나 균형이 잡혔는지 확인해야 한다.

다음으로 분류기의 성능을 종합적으로 평가하기 위해 데이터셋을 무작위로 훈련셋과 테스트셋으로 분할하고, 각각 학습 데이터와 예측 데이터로 사용한다. 일반적으로 원본 데이터셋 중에서 테스트에 사용하는 샘플의 비율은 20%, 25%, 33.3%, 40% 중 하나를 선택한다. 사이킷런의 train_test_split 함수로 원본 데이터셋을 무작위로 분할하는데, 테스트 샘플의 비율은 test_size 인수를 통해 넘겨준다.

```
>>> from sklearn.model_selection import train_test_split
>>> X_train, X_test, Y_train, Y_test = train_test_split(X, Y,
...        test_size=0.2, random_state=42)
```

NOTE 프로그램이 실행될 때마다 같은 훈련셋과 테스트셋을 생성하기 위해 실험과 탐색 중에 random_state(예: 42)과 같이 고정값으로 할당하는 것이 좋다. 이를 통해 분류기를 새로운 데이터에 적용해보기 전에 고정된 데이터셋에서 제대로 작동하는지 확인할 수 있다.

훈련 데이터셋과 테스트 데이터셋의 크기는 다음과 같이 확인할 수 있다.

```
>>> print(len(Y_train), len(Y_test))
2742 686
```

train_test_split 함수의 또 다른 좋은 점은 훈련셋과 테스트셋의 클래스 비율이 동일하다는 것이다.

다음으로, 훈련셋으로 나이브 베이즈 모델을 훈련한다. 앞에서 다룬 간단한 예에서는 입력 특징의 값이 0 또는 1이었는데, 여기서는 입력 특징이 0에서 5 사이의 값이다. 따라서 MultinomialNB 모듈은 정숫값을 갖는 특징을 처리할 수 있으므로, BernoulliNB 모듈 대신에 사이킷런의 MultinomialNB 모듈[9]을 사용한다.

---

9   https://scikit-learn.org/stable/modules/generated/sklearn.naive_bayes.MultinomialNB.html (옮긴이) https://bit.ly/3qa7aEF

모듈을 임포트하고 1.0의 평활화 계수와 훈련셋으로 학습한 사전확률로 모델을 초기화한 뒤, 다음과 같이 훈련셋으로 이 모델을 훈련한다.

```
>>> from sklearn.naive_bayes import MultinomialNB
>>> clf = MultinomialNB(alpha=1.0, fit_prior=True)
>>> clf.fit(X_train, Y_train)
```

훈련된 모델을 이용해서 테스트셋에 관해 예측한다. 예측 확률은 다음과 같다.

```
>>> prediction_prob = clf.predict_proba(X_test)
>>> print(prediction_prob[0:10])
[[7.50487439e-23 1.00000000e+00]
 [1.01806208e-01 8.98193792e-01]
 [3.57740570e-10 1.00000000e+00]
 [1.00000000e+00 2.94095407e-16]
 [1.00000000e+00 2.49760836e-25]
 [7.62630220e-01 2.37369780e-01]
 [3.47479627e-05 9.99965252e-01]
 [2.66075292e-11 1.00000000e+00]
 [5.88493563e-10 9.99999999e-01]
 [9.71326867e-09 9.99999990e-01]]
```

이제 다음과 같은 예측 클래스를 얻는다.

```
>>> prediction = clf.predict(X_test)
>>> print(prediction[:10])
[1. 1. 1. 0. 0. 0. 1. 1. 1. 1.]
```

마지막으로, 올바른 예측의 비율인 분류 정확도classification accuracy로 모델의 성능을 평가한다.

```
>>> accuracy = clf.score(X_test, Y_test)
>>> print(f'The accuracy is: {accuracy*100:.1f}%')
The accuracy is: 71.6%
```

분류 정확도는 약 72%로, 방금 개발한 나이브 베이즈 분류기가 약 72%의 관객에게 영화를 올바르게 추천한다는 의미다.

관객이 평가하지 않아서 누락된 평점이 많은 영화 평점 데이터만으로 관객-영화 관계를 추출했다는 점을 감안하면 이 정도 성능도 나쁘지는 않다. 이상적으로는 movies.dat 파일의 영화 장르 정보와

users.dat 파일의 사용자 인구 통계(성별, 연령, 직업, 우편번호) 정부를 활용할 수도 있다. 분명히 유사한 장르의 영화는 유사한 취향의 관객을 끌어들이는 경향이 있고, 유사한 인구 통계를 갖는 관객도 유사한 영화 선호도를 가질 가능성이 크다.

지금까지 첫 번째 머신러닝 분류기를 자세히 살펴보고 예측 정확도로 성능을 평가했다. 또 다른 분류 측정 지표가 있을까? 이에 관해서는 다음 절에서 살펴본다.

2.5 분류 성능 평가

정확도accuracy 외에도 더 많은 통찰력을 얻고 클래스 불균형class imbalance 효과를 피하고자 사용할 수 있는 몇 가지 측정 지표로 다음과 같은 것이 있다.

- 혼동행렬
- 정밀도
- 재현율
- F1 점수
- 곡선아래면적

혼동행렬confusion matrix은 테스트 사례에 대한 예측값과 참값을 분할표contingency table로 나타낸 것이다.

표 2.3 **혼동행렬에 대한 분할표**

		예측값	
		음성	양성
참값	음성	TN	FP
	양성	FN	TP

TN = True Negative(참음성)
FP = False Positive(거짓양성)
FN = False Negative(거짓음성)
TP = True Positive(참양성)

나이브 베이즈 분류기를 예로 들어서 혼동행렬 계산을 설명한다. 사이킷런의 confusion_matrix 함수를 사용하여 계산하지만, 직접 코딩해도 쉽게 구현할 수 있다.

```
>>> from sklearn.metrics import confusion_matrix
>>> print(confusion_matrix(Y_test, prediction, labels=[0, 1]))
[[ 60  47]
 [148 431]]
```

계산한 혼동행렬 결과에서 볼 수 있듯이 47개의 거짓양성 사례(모델이 영화에 대한 '좋아요'를 '싫어요'로 잘못 해석한 경우)와 148개의 거짓음성 사례(영화에 대한 '좋아요'를 감지하지 못하는 경우)가 있다. 따라서 분류 정확도는 전체 사례에 대한 모든 양성 사례의 비율이다.

$$\frac{TN + TP}{TN + TP + FP + FN} = \frac{60 + 431}{60 + 431 + 47 + 148} = 71.6\%$$

정밀도precision는 참인 양성 사례의 비율로 $TP/(TP+F'P')$로 측정하는데, 이 경우에는 431/(431+47) = 0.90이다. 반면에 **재현율**recall은 올바르게 식별된 참양성의 비율을 측정하는데, 이 비율은 $TP/(TP+FN)$이고 이 경우에는 431/(431+148) = 0.74이다. 재현율은 **참양성률**true positive rate 이라고도 한다.

F1 점수F1 score는 정밀도와 재현율의 **조화평균**harmonic mean으로 f_1 = 2 × (정밀도 × 재현율) / (정밀도 + 재현율)과 같다. F1 점수는 정밀도나 재현율 한 가지만 사용하는 것보다 나은 경우가 많다.

사이킷런의 함수를 이용해서 이 측정값 세 가지를 계산해보자.

```
>>> from sklearn.metrics import precision_score, recall_score, f1_score
>>> precision_score(Y_test, prediction, pos_label=1)
0.9016736401673641
>>> recall_score(Y_test, prediction, pos_label=1)
0.7443868739205527
>>> f1_score(Y_test, prediction, pos_label=1)
0.815515610217597
```

반면에 음성(싫어요) 클래스는 상황에 따라 양성으로 볼 수도 있다. 예를 들어 pos_label을 0 클래스로 지정하면 다음과 같다.

```
>>> f1_score(Y_test, prediction, pos_label=0)
0.38095238095238093
```

각 클래스에 대한 정밀도, 재현율, F1 점수를 얻으려면, 앞에서 설명한 것처럼 세 가지 함수를 각각 호출하는 것보다 classification_report 함수를 호출하는 게 더 효율적이다.

```
>>> from sklearn.metrics import classification_report
>>> report = classification_report(Y_test, prediction)
>>> print(report)
              precision   recall  f1-score   support
```

```
              0.0       0.29      0.56      0.38      107
              1.0       0.90      0.74      0.82      579

       micro avg       0.72      0.72      0.72      686
       macro avg       0.60      0.65      0.60      686
    weighted avg       0.81      0.72      0.75      686
```

여기서 weighted avg는 클래스의 비율에 따른 가중평균이다.

분류 보고서classification report는 각 클래스에 대한 분류기의 결과를 전체적으로 보여준다. 결과적으로 모든 샘플을 다수 클래스로 분류하는 것만으로 높은 정확도를 쉽게 얻을 수 있는 불균형 분류 imbalanced classification에는 유용하지만 소수 클래스에 대한 정밀도, 재현율, F1 점수 측정값은 상당히 낮을 것이다.

정밀도, 재현율, F1 점수는 **다중 클래스 분류**에도 적용할 수 있는데, 이 경우에는 관심 있는 클래스를 양성으로 처리하고 그 밖의 다른 클래스는 음성으로 처리한다.

클래스 평균 F1 점수와 클래스별 F1 점수 모두 가장 높은 값을 얻도록 이진 분류기를 조정(예를 들어 나이브 베이즈 분류기의 평활화 계수와 같은 초매개변수hyperparameter[10]의 다양한 조합을 시도하는 경우)할 수 있으면 좋겠지만, 일반적으로는 어렵다. 어떤 경우에는 한 모델의 평균 F1 점수가 다른 모델보다 높지만, 특정 클래스에 대해서는 F1 점수가 상당히 낮다. 또 어떤 경우에는 두 모델의 평균 F1 점수가 동일하지만,한 모델의 어떤 클래스에 대한 F1 점수는 높고 다른 클래스에 대해서는 F1 점수가 낮다. 이와 같은 상황에서 어떤 모델이 더 잘 작동하는지는 어떻게 판단할 수 있을까? 이진 분류에서 자주 사용되는 통합 측정 방법으로 **수신기 작동 특성**receiver operating characteristic, ROC의 **곡선아래면적**area under the curve, AUC이 있다.

ROC 곡선은 0에서 1까지의 다양한 확률 임곗값에 대해서 참양성률 대 거짓양성률을 그린 것이다. 테스트 샘플에 대해서 양성 클래스의 확률이 임곗값보다 크면 양성 클래스를 할당하고,그렇지 않으면 음성 클래스를 할당한다. 요약하자면, 참양성률은 재현율과 같고 거짓양성률은 양성으로 잘못 판별된 음성의 비율이다. 이제 모델의 ROC 곡선(임곗값 0.0, 0.1, 0.2, ⋯, 1.0)을 코딩하고 그림을 그려보자.

```
>>> pos_prob = prediction_prob[:, 1]
>>> thresholds = np.arange(0.0, 1.1, 0.05)
```

---

10 [옮긴이] 하이퍼파라미터. 네트워크를 통해서 조정하지 않는 매개변수로, 주로 알고리즘의 행동을 제어하는 데 사용한다.

```
>>> true_pos, false_pos = [0]*len(thresholds), [0]*len(thresholds)
>>> for pred, y in zip(pos_prob, Y_test):
...     for i, threshold in enumerate(thresholds):
...         if pred >= threshold:
...             # truth와 prediction이 모두 1인 경우
...             if y == 1:
...                 true_pos[i] += 1
...             # truth는 0이고 prediction은 1인 경우
...             else:
...                 false_pos[i] += 1
...         else:
...             break
```

각각의 임곗값 설정에 대해서 참양성과 거짓양성 비율을 계산한다(516개의 양성 테스트 샘플과 1,191개의 음성 테스트 샘플이 있다).

```
>>> n_pos_test = (Y_test == 1).sum()
>>> n_neg_test = (Y_test == 0).sum()
>>> true_pos_rate = [tp / n_pos_test for tp in true_pos]
>>> false_pos_rate = [fp / n_neg_test for fp in false_pos]
```

맷플롯립을 이용해서 ROC 곡선을 그린다.

```
>>> import matplotlib.pyplot as plt
>>> plt.figure()
>>> lw = 2
>>> plt.plot(false_pos_rate, true_pos_rate, color='darkorange', lw=lw)
>>> plt.plot([0, 1], [0, 1], color='navy', lw=lw, linestyle='--')
>>> plt.xlim([0.0, 1.0])
>>> plt.ylim([0.0, 1.05])
>>> plt.xlabel('False Positive Rate')
>>> plt.ylabel('True Positive Rate')
>>> plt.title('Receiver Operating Characteristic')
>>> plt.legend(loc="lower right")
>>> plt.show()
```

ROC 곡선은 그림 2.8과 같다.

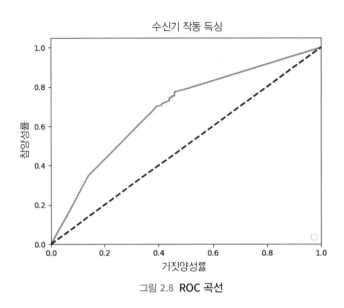

그림 2.8 **ROC 곡선**

그래프에서 점선은 무작위 추측을 나타내는 기준선으로, 거짓양성률에 따라 참양성률이 선형으로 증가하고 AUC는 0.5이다. 실선은 모델의 ROC 곡선이고 AUC는 1보다 조금 작다. 완벽한 경우, 참양성 샘플의 확률은 1이므로 ROC는 참양성이 100%이고 거짓양성이 0%인 지점에서 시작한다. 완벽한 곡선의 AUC는 1이다. 사이킷런의 roc_auc_score 함수를 이용해서 모델의 정확한 AUC를 계산할 수 있다.

```
>>> from sklearn.metrics import roc_auc_score
>>> roc_auc_score(Y_test, pos_prob)
0.6857375752586637
```

NOTE 분류기의 성능을 결정해주는 AUC 값이 있을까? 안타깝게도 그러한 '마법의 숫자'는 없다. 다만 다음과 같은 경험 법칙이 일반적인 지침이 된다. 분류 모델의 AUC가 0.7~0.80이면 허용 가능하고, 0.8~0.90이면 우수하고, 0.9 이상이면 최상이라고 판단한다. 다시 말하지만 앞의 예는 빠진 평점이 매우 많은 영화 평점 데이터만 사용하므로 AUC 0.69는 그럭저럭 허용할 만하다.

지금까지 몇 가지 분류 측정 지표를 배웠다. 다음 절에서는 이를 적절하게 측정하는 방법과 모델을 미세 조정하는 방법을 살펴본다.

2.6 교차 검증으로 모델 조정

모델이 실제로 어떻게 수행될지를 평가하기 위해서 이전 실험처럼 하나의 테스트셋의 분류 결과를 채택하는 대신에 일반적으로 **k-폴드 교차 검증** 기술을 사용한다.

k-폴드 교차 검증에서는 먼저 원본 데이터를 무작위로 k개의 같은 크기의 부분집합으로 나누는데, 이렇게 해도 부분집합 내에서의 클래스 비율은 유지된다. 그다음 이러한 k개의 부분집합 중에 하나의 부분집합을 순차적으로 모델 평가를 위한 테스트 집합으로 사용한다. 시행할 때마다 나머지 $k-1$개의 부분집합(1-폴드 홀드아웃은 제외)은 모델의 훈련셋으로 사용한다. 마지막으로 모든 k 시행에 대한 평균 성능을 계산해서 전체 결과를 구한다.

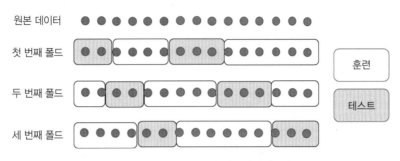

그림 2.9 **3-폴드 교차 검증 다이어그램**

통계적으로, k-폴드 교차 검증의 평균 성능으로 모델의 성능을 더 잘 추정할 수 있다. 머신러닝 모델과 데이터 전처리 알고리즘 또는 두 개 이상의 서로 다른 모델과 관련한 다양한 매개변수 셋이 있을 때, 모델 조정이나 모델 선택을 통해서 최상의 평균 성능을 얻을 수 있도록 분류기의 매개변수 셋을 선택한다. 이러한 개념을 염두에 두고, 이제 교차 검증과 ROC 측정값의 AUC를 통해 나이브 베이즈 분류기를 조정한다.

NOTE k-폴드 교차 검증에서 k는 일반적으로 3, 5, 10으로 설정한다. 훈련 데이터셋의 크기가 작을 때는 각 폴드의 훈련 샘플 개수를 충분히 확보할 수 있도록 큰 k 값(5 또는 10)이 좋다. 반면에 훈련 데이터셋의 크기가 클 때는 k가 클수록 데이터셋에 대한 훈련 비용이 훨씬 더 많이 드는 만큼 작은 k 값(예: 3 또는 4)이 좋다.

사이킷런이 제공하는 StratifiedKFold 클래스의 split() 메서드를 이용해서 데이터를 클래스 분포가 보존된 샘플 모음으로 나눈다.

```
>>> from sklearn.model_selection import StratifiedKFold
>>> k = 5
>>> k_fold = StratifiedKFold(n_splits=k, random_state=42)
```

5-폴드 생성기를 초기화한 뒤에 다음 매개변수에 관해 다음 값을 탐색하도록 선택한다.

- alpha: 평활화 인자smoothing factor로, 각 특징의 초깃값임

- fit_prior: 훈련 데이터로 학습한 사전확률의 사용 여부를 나타냄

먼저 다음과 같이 선택값을 설정한다.

```
>>> smoothing_factor_option = [1, 2, 3, 4, 5, 6]
>>> fit_prior_option = [True, False]
>>> auc_record = {}
```

그다음 k_fold 객체의 split() 메서드로 생성한 각 폴드에 대해서 앞서 언급한 매개변수 조합 중 하나로 분류기를 초기화하고, 훈련과 예측 과정을 반복한 다음 AUC 결과를 기록한다.

```
>>> for train_indices, test_indices in k_fold.split(X, Y):
...     X_train, X_test = X[train_indices], X[test_indices]
...     Y_train, Y_test = Y[train_indices], Y[test_indices]
...     for alpha in smoothing_factor_option:
...         if alpha not in auc_record:
...             auc_record[alpha] = {}
...         for fit_prior in fit_prior_option:
...             clf = MultinomialNB(alpha=alpha, fit_prior=fit_prior)
...             clf.fit(X_train, Y_train)
...             prediction_prob = clf.predict_proba(X_test)
...             pos_prob = prediction_prob[:, 1]
...             auc = roc_auc_score(Y_test, pos_prob)
...             auc_record[alpha][fit_prior] = auc + \
...                         auc_record[alpha].get(fit_prior, 0.0)
```

마지막으로 결과를 출력하면 다음과 같다.

```
>>> for smoothing, smoothing_record in auc_record.items():
...     for fit_prior, auc in smoothing_record.items():
...         print(f'    {smoothing}        {fit_prior}
...             {auc/k:.5f}')
smoothing  fit prior   auc
    1        True     0.65647
    1        False    0.65708
    2        True     0.65795
    2        False    0.65823
    3        True     0.65740
    3        False    0.65801
    4        True     0.65808
    4        False    0.65795
    5        True     0.65814
```

```
5        False    0.65694
6        True     0.65663
6        False    0.65719
```

(2, False) 셋일 때 가장 높은 평균 AUC 값인 0.65823을 얻는다는 것을 알 수 있다.

마지막으로 최상의 초매개변수 셋인 (2, False)로 모델을 재학습하고 AUC를 계산한다.

```
>>> clf = MultinomialNB(alpha=2.0, fit_prior=False)
>>> clf.fit(X_train, Y_train)
>>> pos_prob = clf.predict_proba(X_test)[:, 1]
>>> print('AUC with the best model:', roc_auc_score(Y_test, pos_prob))
AUC with the best model:  0.6862056720417091
```

모델을 미세 조정해서 0.686의 AUC 값을 얻을 수 있다. 일반적으로 교차 검증을 통해 모델의 초매개변수를 조정하는 것은 학습 성능을 높이고 과적합을 줄이는 매우 효과적인 방법의 하나다.

2.7 요약

2장에서는 분류 유형, 분류 성능 평가, 교차 검증, 모델 조정을 포함해서 머신러닝 분류의 기본적이고 중요한 개념을 배웠다. 또한 단순하지만 강력한 분류기인 나이브 베이즈도 배웠다. 영화 추천 프로젝트를 포함해서 몇 가지 예를 통해 나이브 베이즈의 작동 원리와 구현을 자세히 살펴보았다.

또한 이진 분류를 중점적으로 살펴보았다. 다중 클래스 분류는 다음 장에서 다루는데, 특히 이미지 분류를 위한 SVM에 관해 상세하게 살펴본다.

2.8 연습 문제

1. 앞서 언급했듯이 누락된 평점이 많은 영화 평점 데이터로만 사용자-영화 관계를 추출했다. 추가로 movies.dat와 users.dat 파일의 데이터를 활용해서 좀 더 정확한 예측을 해보자.

2. '연습이 완벽을 만든다'는 말이 있다. 또 다른 훌륭한 프로젝트인 심장병 분류heart disease classification 데이터로 심화 학습을 해보자. 데이터셋은 캐글 사이트에서 내려갔으나 원본 페이지[11]에서 다운로드할 수 있다.

---

11 https://archive.ics.uci.edu/ml/datasets/Heart+Disease

3. 이 장에서 배운 기술을 이용해서 연습 2에서 얻은 모델을 미세 조정한다. 미세 조정으로 달성할 수 있는 최고의 AUC는 얼마인지 확인해보자.

2.9 참고 문헌

이 장에서 사용한 MovieLens 데이터셋은 다음 논문에서 인용했다.

[1]   F. Maxwell Harper and Joseph A. Konstan. 2015. "The MovieLens Datasets: History and Context," *ACM Trans. Interact. Intell. Syst.* 5, 4, Article 19 (January 2016), 19 pages. https://doi.org/10.1145/2827872

3

서포트 벡터 머신을 이용한 얼굴 인식

2장에서는 나이브 베이즈로 영화 추천 시스템을 구축했다. 3장에서도 지도학습 기반의 분류 방법을 다루는데, 다중 클래스 분류와 **서포트 벡터 머신**support vector machine, SVM 분류기를 중점적으로 살펴본다. SVM은 고차원 공간의 문제에서 가장 인기 있는 알고리즘 중 하나다. 알고리즘의 목표는 클래스별로 데이터를 분리하기 위한 결정 경계를 찾는 것인데, 그것이 어떻게 작동하는지 자세히 논의한다. 또한 사이킷런으로 알고리즘을 구현하고 태아심박동검사장치cardiotocography에서의 태아 상태 분류, 유방암 예측과 함께 이번 장에서 자세히 살펴볼 얼굴 인식 프로젝트와 같은 다양한 실생활 문제 해결에 적용해본다. 이미지 분류기의 성능을 개선하기 위한 **주성분 분석**principal component analysis, PCA이라는 차원 축소 기법도 다룬다.

이 장에서 다룰 주제는 다음과 같다.

- 다양한 시나리오로 SVM의 작동 원리 설명
- 사이킷런을 이용한 SVM 구현
- 다중 클래스 분류 전략
- 커널 방법을 적용한 SVM
- 선형 커널과 가우스 커널 선택
- SVM으로 얼굴 인식
- 주성분 분석

- 그리드 검색과 교차 검증을 이용한 조정

- 비선형 커널 SVM으로 태아 상태 분류

3.1 SVM으로 구분 경계 탐색

앞에서 강력하면서도 단순한 분류기인 나이브 베이즈를 소개했다. 이제 또 다른 뛰어난 분류기인 SVM에 관해 설명하는데, 고차원 공간에서나 차원 수가 샘플 수보다 많을 때 효과적이다.

머신러닝 분류에서 SVM은 서로 다른 클래스의 관측값을 가장 잘 분리할 수 있는 최적의 초평면을 찾는다. **초평면**hyperplane은 n차원의 관측값 특징 공간을 두 개의 공간으로 분리하는 n-1차원의 평면이다. 예를 들어 2차원 특징 공간에서의 초평면은 선line이고 3차원 특징 공간에서의 초평면은 평면surface이다. 최적의 초평면은 초평면과 이 초평면이 분리하는 두 공간에 있는 가장 가까운 점과의 거리가 최대가 되도록 선택한다. 그리고 각각의 공간에 있는 가장 가까운 점을 **서포트 벡터**support vector라고 한다.

다음의 간단한 예는 이진 분류에서 서포트 벡터와 분리 초평면을 (나중에 설명할 거리 마진distance margin과 함께) 보여준다.

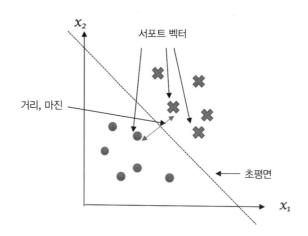

그림 3.1 **이진 분류에서 서포트 벡터와 초평면의 예**

SVM의 궁극적인 목표는 최적의 초평면을 찾는 것이지만, 가장 큰 문제는 이러한 최적의 초평면을 어떻게 찾을 수 있느냐는 점이다. 다음 시나리오를 통해 답을 얻을 수 있는데 생각보다 어렵지 않다. 그럼 먼저 초평면을 찾는 방법을 살펴본다.

3.1.1 시나리오 1: 분리 초평면 판별

먼저 분리 초평면separating hyperplane이 무엇인지를 이해해야 한다. 다음 예에서 관측값을 레이블로 성공적으로 분리할 수 있는 유일한 초평면은 C이다. 반면에 초평면 A와 B는 제대로 분리하지 못한다.

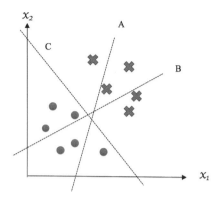

그림 3.2 **적격 초평면과 부적격 초평면의 예**

이것은 쉽게 관찰할 수 있다. 이제 분리 초평면을 공식화하고 수학적 방법으로 표현해보자.

2차원 공간에서는 직선을 기울기 벡터slope vector w(2차원 벡터로 표시)와 절편intercept b로 정의한다. 마찬가지로, n차원 공간의 초평면은 n차원 벡터 w와 절편 b로 정의할 수 있다. 초평면상의 모든 데이터 포인트 x는 $wx + b = 0$을 만족한다. 분리 초평면은 다음 조건을 만족하는 초평면이다.

- 두 클래스 중 한 클래스의 모든 데이터 포인트 x에 대해서 $wx + b > 0$을 만족한다.
- 나머지 다른 클래스의 모든 데이터 포인트 x에 대해서 $wx + b < 0$을 만족한다.

하지만 w와 b에 대해서 가능한 솔루션은 무수히 많다. 즉, 초평면 C를 어느 정도 이동하거나 회전해도 여전히 분리 초평면이다. 이제 여러 가지의 가능한 분리 초평면 중에서 가장 적합한 초평면을 판별하는 방법을 알아본다.

3.1.2 시나리오 2: 최적의 초평면 결정

그림 3.3의 예를 살펴보자. 초평면 A, B, C 중에 C는 양의 범주[1]에 있는 가장 가까운 데이터 포인트와 그 자신 사이의 거리, 그리고 음의 범주에 있는 가장 가까운 데이터 포인트와 그 자신 사이의 거리의 합이 최대가 된다.

1 　[옮긴이] 그림 3.4에서 $wx + b + 1 > 0$을 만족하는 영역

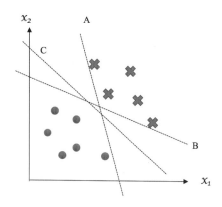

그림 3.3 **최적 초평면과 최적이 아닌 초평면의 예**

양의 범주에서 가장 가까운 점은 결정 초평면에 평행한 초평면이 되는데, 이를 **양의 초평면**positive hyperplane이라고 한다. 반면에 음의 범주에서 가장 가까운 점은 **음의 초평면**negative hyperplane이 된다. 양의 초평면과 음의 초평면 사이의 수직 거리를 **마진**margin이라고 하는데, 이 값은 앞서 언급한 두 거리의 합과 같다. **최적**optimal의 **결정 초평면**decision hyperplane은 마진을 최대화한다.

그림 3.4는 훈련된 SVM 모델에 대한 최적(**최대 마진**maximum-margin이라고도 함) 초평면과 거리 마진을 보여주는데, 마진에 있는 샘플(양의 범주에 있는 클래스에 두 개, 음의 범주에 있는 클래스에 한 개)을 **서포트 벡터**라고 한다.

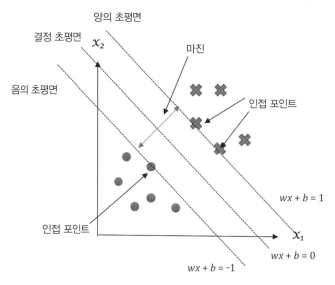

그림 3.4 **최적의 초평면과 거리 마진의 예**

양의 초평면과 음의 초평면은 다음과 같이 수학적으로 해석할 수 있다.

$$wx^{(p)} + b = 1$$
$$wx^{(n)} + b = -1$$

여기서 $x^{(p)}$는 양의 초평면에 있는 데이터 포인트이고 $x^{(n)}$은 음의 초평면의 데이터 포인트이다. $x^{(p)}$와 결정 초평면 사이의 거리는 다음과 같이 계산할 수 있다.

$$\frac{wx^{(p)} + b}{||w||} = \frac{1}{||w||}$$

마찬가지로 $x^{(n)}$과 결정 초평면 사이의 거리는 다음과 같다.

$$\frac{wx^{(n)} + b}{||w||} = \frac{1}{||w||}$$

따라서 마진은 $2/||w||$가 되는데, 이러한 마진을 최대화하려면 $||w||$을 최소화한다. 이러한 최적화를 수행할 때 중요한 것은, 양의 초평면과 음의 초평면 사이에는 데이터 포인트가 포함되지 않는다는 조건을 추가하는 것이다. 양의 초평면과 음의 초평면의 서포트 벡터가 결정 초평면에 가장 가까운 데이터 포인트이기 때문이다.

$$wx^{(i)} + b \geq 1, if\ y^{(i)} = 1$$
$$wx^{(i)} + b \leq 1, if\ y^{(i)} = -1$$

여기서 $(x^{(i)}, y^{(i)})$는 관측값이다. 이 두 식은 다음과 같이 결합할 수 있다.

$$y^{(i)}(wx^{(i)} + b) \geq 1$$

요약하자면, SVM 결정 초평면을 결정하는 w와 b는 다음과 같은 최적화 문제로 해결할 수 있다.

- $||w||$를 최소화
- 훈련셋 $(x^{(1)}, y^{(1)}), (x^{(2)}, y^{(2)}), ..., (x^{(i)}, y^{(i)}) ..., (x^{(m)}, y^{(m)})$에 대해서 $y^{(i)}(wx^{(i)} + b) \geq 1$을 만족

이 최적화 문제를 해결하려면 이 책의 범위를 벗어나는 이차 계획법quadratic programming을 사용해야 한다. 따라서 계산 방법을 자세히 다루지는 않고, 사이킷런의 SVC와 LinearSVC 모듈을 이용해서 분류기를 구현한다. 각각 인기 있는 오픈소스 SVM 머신러닝 라이브러리인 libsvm[2]과 liblinear[3]를 사용

---

[2]   https://www.csie.ntu.edu.tw/~cjlin/libsvm/

[3]   https://www.csie.ntu.edu.tw/~cjlin/liblinear/

하지만, SVM 컴퓨팅의 개념을 이해하는 것이 중요하다.

[NOTE] 최근의 두 가지 접근 방식인 하위경사 하강법subgradient descent과 좌표 하강법coordinate descent은 다음 학습 자료를 참조한다.

- Shai Shalev-Shwartz et al. "Pegasos: Primal estimated sub-gradient solver for SVM" (Mathematical Programming, March 2011, volume 127, issue 1, pp. 3-30)
- Cho-Jui Hsieh et al. "A dual coordinate descent method for large-scale linear SVM" (Proceedings of the 25th international conference on machine learning, pp 408-415)

다음 조건에 따라, 학습된 모델 매개변수 w와 b를 이용해서 새로운 샘플 x'를 분류한다.

$$y' = \begin{cases} 1, if\ \boldsymbol{wx'} + b > 0 \\ -1, if\ \boldsymbol{wx'} + b < 0 \end{cases}$$

$||wx' + b||$는 데이터 포인트 x'와 결정 초평면 간의 거리로 볼 수 있는데, 이는 예측의 신뢰도로 해석할 수도 있다. 따라서 이 값이 클수록 데이터 포인트가 결정 경계에서 더 멀리 떨어져 있으므로 예측 확실성이 더 높아진다.

당장 SVM 알고리즘을 구현하고 싶겠지만, 그 전에 데이터 포인트를 선형으로 분리할 수 없는 좀 더 일반적인 시나리오를 살펴본다. 다음 예에 대한 분리 초평면을 찾아보자.

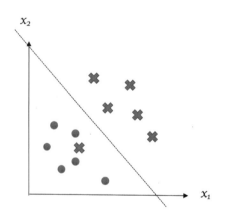

그림 3.5 **선형으로 분리할 수 없는 데이터 포인트의 예**

3.1.3 시나리오 3: 이상치 처리

이상치outlier를 포함하는 관측값 셋을 선형으로 분리할 수 없을 때는 어떻게 처리할 수 있을까? 이 경우에는 그러한 이상치의 오분류misclassification를 허용하고, 이에 따른 오류를 최소화할 수도 있다.

샘플 $x^{(i)}$에 대한 오분류에 따른 오류 $\zeta^{(i)}$(**힌지 손실**hinge loss이라고도 함)는 다음과 같이 표현할 수 있다.

$$\zeta^{(i)} = \begin{cases} 1 - y^{(i)}\big(wx^{(i)} + b\big), & \text{오분류의 경우} \\ 0, & \text{그 밖의 경우} \end{cases}$$

궁극적으로 줄이려는 항 $\|w\|$을 포함해서 최소화하려는 최종 목적값은 다음과 같다.

$$\|w\| + C \frac{\sum_{i=1}^{m} \zeta^{(i)}}{m}$$

m개 샘플로 구성된 훈련셋 $(x^{(1)}, y^{(1)}), (x^{(2)}, y^{(2)}), ..., (x^{(i)}, y^{(i)}) ..., (x^{(m)}, y^{(m)})$에 대해서 초매개변수 C는 다음 두 조건 간의 절충점을 찾는다.

- C 값이 크면 오분류에 대한 벌칙penalty이 상대적으로 높아진다. 따라서 데이터 분리를 위한 더 엄격한 경험 법칙이 적용되어 훈련 중 실수가 거의 없으므로 모델이 과적합되는 경향이 있다. C가 큰 SVM 모델은 편향은 낮지만 분산이 높다.

- 반대로 C 값이 충분히 작으면 오분류의 영향이 상당히 낮아진다. 이러한 모델은 C 값이 큰 모델보다 데이터 포인트의 오분류를 더 많이 허용한다. 따라서 데이터 분리가 덜 엄격해진다. 이러한 모델은 분산은 낮지만 높은 편향으로 인해 성능이 떨어질 수 있다.

다음 다이어그램은 C 값이 클 때와 작을 때를 비교해서 보여준다.

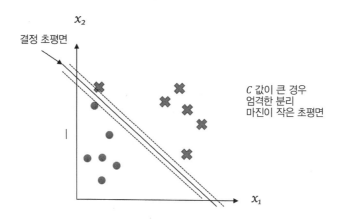

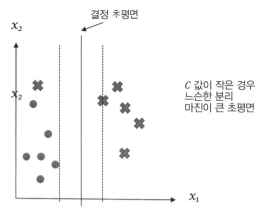

결정 초평면

x_2

x_2

C 값이 작은 경우
느슨한 분리
마진이 큰 초평면

x_1

그림 3.6 C 값이 분리와 마진의 엄격성에 미치는 영향

매개변수 C는 편향과 분산variance 간의 균형점을 찾는다. 이는 교차 검증으로 미세 조정할 수 있는데, 곧 연습해본다.

3.1.4 SVM 구현

앞에서 SVM 분류기의 기초를 개략적으로 다뤘다. 이제 이를 쉬운 바이너리 분류 데이터셋에 적용한다. 사이킷런에서 제공하는 고전적인 유방암 위스콘신 데이터셋[4]을 사용한다.

다음 단계에 따라서 살펴보자.

1. 데이터셋을 로드하고 다음과 같이 몇 가지 기본적인 분석을 한다.

```
>>> from sklearn.datasets import load_breast_cancer
>>> cancer_data = load_breast_cancer()
>>> X = cancer_data.data
>>> Y = cancer_data.target
>>> print('Input data size :', X.shape) Input data size : (569, 30)
>>> print('Output data size :', Y.shape) Output data size : (569,)
>>> print('Label names:', cancer_data.target_names) Label names: ['malignant' 'benign']
>>> n_pos = (Y == 1).sum()
>>> n_neg = (Y == 0).sum()
>>> print(f'{n_pos} positive samples and {n_neg} negative samples.')
357 positive samples and 212 negative samples.
```

보다시피 데이터셋에는 569개의 샘플이 있고 각 샘플의 특징은 30개다. 레이블은 이진값이고 샘플의 63%는 양성이다. 다시 말하지만, 분류 문제를 해결하기 전에 항상 클래스가 불균형한지 확인

---

4 https://scikit-learn.org/stable/modules/generated/sklearn.datasets.load_breast_cancer.html (옮긴이) https://bit.ly/3kTfgyE)

해야 한다. 다행히 이 데이터셋은 비교적 균형을 이룬다.

2. 데이터를 훈련셋과 테스트셋으로 나눈다.

```
>>> from sklearn.model_selection import train_test_split
>>> X_train, X_test, Y_train, Y_test = train_test_split(X, Y, random_state=42)
```

훈련의 재현성을 위해서 랜덤 시드random seed를 고정값으로 지정해야 한다.

3. SVM 분류기를 데이터에 적용한다. 먼저 SVC 모델의 kernel 매개변수와 벌칙 초매개변수 C는 각 각 linear(커널의 의미는 다음 절에서 설명)와 기본값 1.0으로 초기화한다.

```
>>> from sklearn.svm import SVC
>>> clf = SVC(kernel='linear', C=1.0, random_state=42)
```

4. 다음과 같이 훈련셋으로 모델을 피팅한다.

```
>>> clf.fit(X_train, Y_train)
SVC(C=1.0, cache_size=200, class_weight=None, coef0=0.0,
    decision_function_shape='ovr', degree=3,
    gamma='auto_deprecated', kernel='linear', max_iter=-1,
    probability=False, random_state=42, shrinking=True,
    tol=0.001, verbose=False)
```

5. 훈련된 모델을 이용한 테스트셋의 예측 결과로 예측 정확도를 구한다.

```
>>> accuracy = clf.score(X_test, Y_test)
>>> print(f'The accuracy is: {accuracy*100:.1f}%')
The accuracy is: 95.8%
```

첫 번째 SVM 모델은 95.8%의 정확도를 얻었다. 이 정도면 아주 좋은 성능이다. 그렇다면 두 가지 이상의 주제에 대해서는 어떨까? SVM은 다중 클래스 분류를 어떻게 처리할까?

3.1.5 시나리오 4: 두 개 이상의 클래스 처리

SVM과 그 밖의 또 다른 여러 분류기도 세 개 이상의 클래스가 있을 때 적용할 수 있다. 이때 일반적인 접근 방식 두 가지로 **일 대 나머지**one-vs-rest(**일 대 모두**one-vs-all라고도 함) 방식과 **일대일**one-vs-one 방식이 있다.

일 대 나머지 방식에서는 K-클래스 문제를 K개의 서로 다른 이진 SVM 분류기로 변환한다. k번째 분류기는 k번째 클래스를 양의 경우로 처리하고 나머지 K-1 클래스는 모두 음의 경우로 처리한다. 이때 (w_k, b_k)로 표시된 초평면은 이 두 경우를 분리하도록 훈련한다. 새로운 샘플 x'의 클래스를 예측하기 위해서 K개의 개별 분류기의 예측 결과 $w_k x' + b_k$를 비교한다. 앞 절에서 논의한 바와 같이 $w_k x' + b_k$의 값이 클수록 x'가 양의 경우에 속할 신뢰도가 높아진다. 따라서 $w_i x' + b_i$가 모든 예측 결과 중에서 가장 큰 값을 갖는 클래스 i에 x'를 할당한다.

$$y' = argmax_i\ (w_i x' + b_i)$$

다음 다이어그램은 3-클래스에 대한 일 대 나머지 전략의 작동 방식을 보여준다.

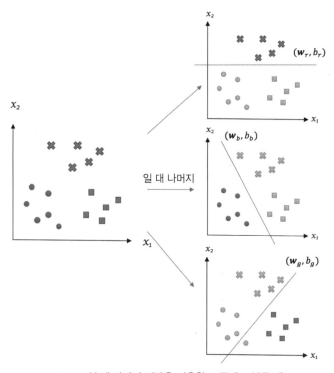

그림 3.7 일 대 나머지 전략을 이용한 3-클래스 분류 예

예를 들어 다음 수식의 경우 0.78 > 0.35 > -0.64이므로 x'는 빨강 클래스에 속한다고 할 수 있다(r, b, g는 각각 빨강, 파랑, 녹색 클래스를 나타냄).

$$w_r x' + b_r = 0.78$$
$$w_b x' + b_b = 0.35$$

$$w_g x' + b_g = -0.64$$

다음 수식의 경우에는 -0.35 > -0.64 > -0.78이므로 x'가 파란색 클래스에 속한다고 할 수 있다.

$$w_r x' + b_r = -0.78$$
$$w_b x' + b_b = -0.35$$
$$w_g x' + b_g = -0.64$$

일대일 방식에서는 각 클래스 쌍에서 데이터 포인트를 구별할 수 있는 SVM 분류기 셋을 구축하고 쌍별로 비교하는데, 이때 분류기 셋의 크기는 $K(K-1)/2$개가 된다.

클래스 i와 j에 대한 분류기의 경우, 초평면 (w_{ij}, b_{ij})는 i(양의 경우로 볼 수 있음)와 j(음의 경우로 볼 수 있음)의 관측값으로만 훈련한다. 그런 다음 $w_{ij}x' + b_{ij}$의 부호에 따라 새로운 샘플 x'에 i 또는 j 클래스를 할당한다. 결과적으로 할당 수가 가장 많은 클래스를 x'의 예측 결과로 간주한다. 따라서 가장 많은 표를 얻은 클래스가 승자가 된다.

다음 다이어그램은 3-클래스에서 일대일 전략이 작동하는 방식을 보여준다.

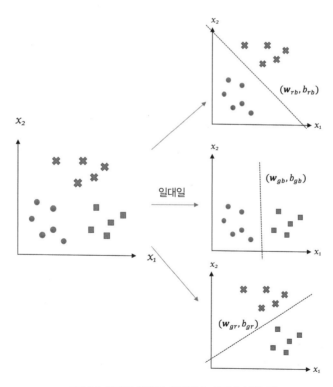

그림 3.8 **일대일 전략을 이용한 3-클래스 분류 예**

일반적으로 일 대 나머지 기반의 SVM 분류기와 일대일 기반의 분류기는 정확도 측면에서 성능이 비슷하므로, 보통 계산량을 고려해서 이 두 전략 중 하나를 선택한다.

일 대 나머지는 일대일의 K개보다 더 많은 $K(K-1)/2$의 분류기가 필요하지만, 전체 셋에 관해 학습을 하는 일대일의 경우와는 달리 각각의 쌍별 분류기가 데이터의 작은 부분집합에 대해서만 학습하면 된다. 결과적으로, 일대일에서의 SVM 모델 훈련의 메모리 효율성이 더 높고 계산 비용이 덜 들기 때문에 실사용에 더 적합하다. 이에 관한 논의는 논문[5]을 참조한다.

사이킷런은 내부적으로 다중 클래스를 처리하므로, 다중 클래스 분류를 위해서 추가로 코드를 작성할 필요가 없다. 다음과 같이 클래스가 3개 있는 와인 분류 예[6]를 통해 얼마나 간단히 처리할 수 있는지 알 수 있다.

1. 데이터셋을 로드하고 다음과 같이 몇 가지 기본적인 분석을 한다.

```
>>> from sklearn.datasets import load_wine
>>> wine_data = load_wine()
>>> X = wine_data.data
>>> Y = wine_data.target
>>> print('Input data size :', X.shape)
Input data size : (178, 13)
>>> print('Output data size :', Y.shape)
Output data size : (178,)
>>> print('Label names:', wine_data.target_names)
Label names: ['class_0' 'class_1' 'class_2']
>>> n_class0 = (Y == 0).sum()
>>> n_class1 = (Y == 1).sum()
>>> n_class2 = (Y == 2).sum()
>>> print(f'{n_class0} class0 samples,\n{n_class1} class1 samples,\n
{n_class2} class2 samples.')
59 class0 samples,
71 class1 samples,
48 class2 samples.
```

보다시피 데이터셋에는 13개의 특징을 갖는 178개의 샘플이 있다. 레이블이 3가지 있는데 각각 33%, 40%, 27%를 차지한다.

---

5   Chih-Wei Hsu and Chih-Jen Lin, A comparison of methods for multiclass support vector machines (IEEE Transactions on Neural Networks, March 2002, Volume 13, pp. 415-425)

6   https://scikit-learn.org/stable/modules/generated/sklearn.datasets.load_wine.html#sklearn.datasets.load_wine (옮긴이) https://bit.ly/3JiERLQ)

2. 데이터를 훈련셋과 테스트셋으로 나눈다.

```
>>> X_train, X_test, Y_train, Y_test = train_test_split(X, Y, random_state=42)
```

3. SVM 분류기를 데이터에 적용한다. 먼저 SVC 모델을 초기화하고 훈련셋에 피팅한다.

```
>>> clf = SVC(kernel='linear', C=1.0, random_state=42)
>>> clf.fit(X_train, Y_train)
SVC(C=1.0, cache_size=200, class_weight=None, coef0=0.0,
    decision_function_shape='ovr', degree=3,
    gamma='auto_deprecated', kernel='linear', max_iter=-1,
    probability=False, random_state=42, shrinking=True,
    tol=0.001, verbose=False)
```

SVC 모델은 일대일 방식으로 암시적으로 다중 클래스를 지원한다.

4. 훈련된 모델로 테스트셋을 예측하고, 예측한 값으로 예측 정확도를 구한다.

```
>>> accuracy = clf.score(X_test, Y_test)
>>> print(f'The accuracy is: {accuracy*100:.1f}%')
The accuracy is: 97.8%
```

SVM 모델의 정확도는 97.8%로 다중 클래스의 경우에도 잘 작동한다는 것을 알 수 있다.

5. 개별 클래스에 대한 성능도 확인한다.

```
>>> from sklearn.metrics import classification_report
>>> pred = clf.predict(X_test)
>>> print(classification_report(Y_test, pred))
              precision    recall  f1-score   support

           0       1.00      1.00      1.00        15
           1       1.00      0.94      0.97        18
           2       0.92      1.00      0.96        12

   micro avg       0.98      0.98      0.98        45
   macro avg       0.97      0.98      0.98        45
weighted avg       0.98      0.98      0.98        45
```

앞의 예에서는 우수한 결과를 얻었다. 혹시 예가 너무 쉽다고 생각할 수도 있겠다. 만약 문제가 까다로운 경우에는 어떻게 해야 할까? 그런 경우에는 SVC 모델의 kernel 매개변수와 초매개변수 C 값을 조정해서 해결할 수 있다. 논의한 바와 같이 C는 분리의 정확도를 조절하고 편향과 분산 간 최상의 절충점을 찾도록 조정할 수 있다. 그럼 커널kernel은 어떻게 해야 할까? 커널이 의미하는 바는 무엇이고 선형 커널의 대안은 무엇일까?

다음 절에서는 방금 제기한 두 가지 질문의 답을 찾아본다. 커널 트릭trick을 통해서 어떻게 SVM을 강력하게 만드는지 알게 될 것이다.

3.1.6 시나리오 5: 커널을 통한 선형으로 분리할 수 없는 문제 해결

지금까지의 초평면은 선형이었다. 예를 들어 2차원 특징 공간에서의 선line이나 3차원 특징 공간에서의 평면이 이에 해당한다. 그러나 다음 예에서는 두 클래스를 분리할 수 있는 선형 초평면을 찾을 수 없다.

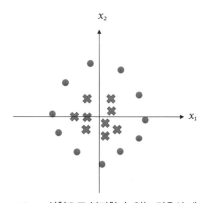

그림 3.9 **선형으로 분리할 수 없는 경우의 예**

한 클래스의 데이터 포인트가 다른 클래스의 데이터 포인트보다 원점에 더 가깝다는 것을 관찰할 수 있다. 원점까지의 거리는 판별에 필요한 정보를 제공하므로, 새로운 특징 $z = (x_1^2 + x_2^2)^2$를 추가해서 원래의 2차원 공간을 3차원 공간으로 변환한다. 다음 그림 3.10의 다이어그램은 새로운 공간에서 데이터를 분리하는 표면 초평면(2차원에서는 선으로 보임)을 찾을 수 있다는 것을 보여준다. 이처럼 추가적인 특징을 이용해서 더 높은 차원 공간 (x_1, x_2, z)에서 데이터셋을 선형으로 분리할 수 있다.

유사한 논리로, **커널이 있는 SVM**SVMs with kernels은 비선형 분류 문제를 해결하기 위해 만들어졌다. 이는 변환 함수 Φ를 통해 원래 특징 공간의 데이터셋 $x^{(i)}$를 더 높은 차원의 특징 공간의 데이터셋 $\Phi(x^{(i)})$로 변환해서 선형 분리할 수 있도록 한다.

관측값 $(\Phi(x^{(i)}), y^{(i)})$으로 선형 초평면(w_Φ, b_Φ)을 학습한다. 새로운 샘플 x'은 먼저 $\Phi(x')$으로 변환하고, 학습한 모델 $w_\Phi x' + b_\Phi$을 이용해서 예측 클래스를 결정한다.

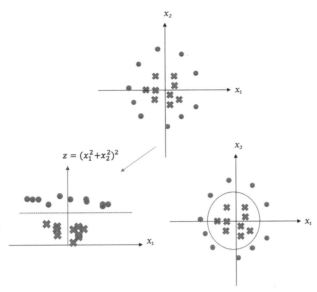

그림 3.10 **선형으로 분리할 수 없는 예를 분리 가능한 예로 만들기**

커널이 있는 SVM으로 비선형 분리를 할 때, 각 원본 데이터 포인트를 고차원 공간에 매핑한 다음 새로운 공간에서 값비싼 계산을 하지는 않는다. 대신 다음과 같이 교묘한 방식으로 피해 간다.

특징 벡터가 $x^{(1)}, x^{(2)}, ..., x^{(m)}$인 SVM 이차 최적화 문제를 푸는 과정에 특징 벡터 간 내적 $x^{(i)} \cdot x^{(j)}$이 등장하지만, 이 책에서는 이것을 수학적으로 깊이 다루지 않는다. 커널을 적용했을 때 새로운 특징 벡터는 $\Phi(x^{(1)}), \Phi(x^{(2)}), ..., \Phi(x^{(m)})$이 되고, 특징 벡터 간 내적은 $\Phi(x^{(i)}) \cdot \Phi(x^{(j)})$로 나타낼 수 있다. 먼저 두 개의 저차원 벡터 쌍에 관해 연산한 다음, 그 결과를 대응되는 고차원 공간에 매핑하는 것이 계산량 측면에서 효율적이다. 그리고 이를 만족하는 함수 K가 존재한다.

$$K(x^{(i)}, x^{(j)}) = \Phi(x^{(i)}) \cdot \Phi(x^{(j)})$$

함수 K가 일종의 **커널 함수**kernel function인데, 이 트릭을 이용하면 암묵적으로 변환 Φ를 수행하고 단순히 $\Phi(x^{(i)}) \cdot \Phi(x^{(j)})$를 $K(x^{(i)}, x^{(j)})$로 대체함으로써 비선형 결정 경계를 효율적으로 학습할 수 있다. 가장 대표적인 커널 함수는 **방사형 기저 함수**radial basis function **커널**, 즉 **RBF 커널**로 다음과 같이 정의한다(**가우스**Gaussian 커널이라고도 한다).

$$K(x^{(i)}, x^{(j)}) = exp(-\frac{||x^{(i)} - x^{(j)}||}{2\sigma^2}) = exp(-\gamma||x^{(i)} - x^{(j)}||^2)$$

여기서 $\gamma = 1/2\sigma^2$이다. 가우스 함수에서 표준편차 σ는 변동이나 분산의 양을 조절한다. σ가 클수록 (γ가 작을수록) 종 모양의 가우스 함수의 폭이 커지고, 범위가 넓을수록 데이터 포인트가 더 넓게 분포한다. 따라서 **커널 계수**kernel coefficient γ로 커널 함수를 관측값에 얼마니 정확하게 또는 느슨하게 직합할지를 결정한다. γ가 크면 분산이 작고 훈련 샘플에 비교적 정확하게 적합되어 과적합이 발생할 수 있다. 반면에 γ가 작으면 분산이 높고 훈련 샘플에 느슨하게 적합되어 과소적합이 발생할 수 있다.

이러한 절충점을 설명하기 위해 서로 다른 값을 갖는 RBF 커널을 간단한 데이터셋에 적용해보자.

```
>>> import numpy as np
>>> import matplotlib.pyplot as plt
>>> X = np.c_[# 양성 클래스
...          (.3, -.8),
...          (-1.5, -1),
...          (-1.3, -.8),
...          (-1.1, -1.3),
...          (-1.2, -.3),
...          (-1.3, -.5),
...          (-.6, 1.1),
...          (-1.4, 2.2),
...          (1, 1),
...          # 음성 클래스
...          (1.3, .8),
...          (1.2, .5),
...          (.2, -2),
...          (.5, -2.4),
...          (.2, -2.3),
...          (0, -2.7),
...          (1.3, 2.1)].T
>>> Y = [-1] * 8 + [1] * 8
```

서로 다른 클래스 2개에서 각각 8개의 데이터 포인트를 가져온다. 그리고 커널 계수는 세 가지 값인 1, 2, 4를 예로 든다.

```
>>> gamma_option = [1, 2, 4]
```

각 커널 계수에서 각 SVM 분류기를 피팅하고 훈련된 결정 경계를 시각화해서 보여준다.

```
>>> import matplotlib.pyplot as plt
>>> gamma_option = [1, 2, 4]
>>> for i, gamma in enumerate(gamma_option, 1):
...     svm = SVC(kernel='rbf', gamma=gamma)
...     svm.fit(X, Y)
...     plt.scatter(X[:, 0], X[:, 1], c=['b']*8+['r']*8, zorder=10, cmap=plt.cm.Paired)
```

```
...     plt.axis('tight')
...     XX, YY = np.mgrid[-3:3:200j, -3:3:200j]
...     Z = svm.decision_function(np.c_[XX.ravel(), YY.ravel()])
...     Z = Z.reshape(XX.shape)
...     plt.pcolormesh(XX, YY, Z > 0, cmap=plt.cm.Paired)
...     plt.contour(XX, YY, Z, colors=['k', 'k', 'k'],
...             linestyles=['--', '-', '--'], levels=[-.5, 0, .5])
...     plt.title('gamma = %d' % gamma)
...     plt.show()
```

최종 결과는 다음 스크린숏과 같다.

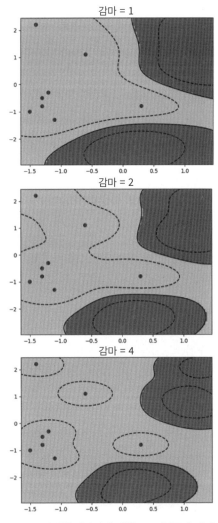

그림 3.11 다양한 감마값에 대한 SVM 분류의 결정 경계

γ가 클수록 영역이 좁아지는 것을 볼 수 있는데, 이는 데이터셋에 더 정확하게 피팅된다는 의미다. 반면에 γ가 작을수록 영역이 넓어지는데, 이는 데이터셋에 느슨하게 피팅된다는 의미다. 추가로 성능을 최적화하기 위해서 교차 검증을 통해 γ를 미세 조정할 수 있다.

또 다른 일반적인 커널 함수로 **다항식 커널**polynomial kernel이 있다.

$$K(x^{(i)}, x^{(j)}) = (x^{(i)} \cdot x^{(j)} + \gamma)^d$$

또는 **시그모이드 커널**sigmoid kernel도 있다.

$$K(x^{(i)}, x^{(j)}) = tanh(x^{(i)} \cdot x^{(j)} + \gamma)$$

분포에 대한 사전 지식이 없을 때, 실제 상황에서는 보통 RBF 커널을 많이 사용한다. 다항식 커널은 추가 매개변수(다항식 차수 d)를 조정해야 하고, 시그모이드 커널은 실험적으로 특정 매개변수에 대해서만 RBF와 거의 동등하게 작동하기 때문이다. 따라서 데이터셋이 주어지면 선형 커널(커널이 없는 것으로 간주하기도 함)과 RBF 커널 중에서 선택하면 된다

3.1.7 선형 커널과 RBF 커널 중에서 선택

물론 올바른 커널 선택을 위한 경험 법칙으로 선형 분리 가능성linear separability이 있다. 하지만 데이터셋에 관한 사전 지식이 충분하지 않거나 해당 특징의 차원이 1~3 정도로 충분히 낮지 않다면, 대부분의 경우 이를 판별하기란 매우 어렵다.

NOTE 일반적으로 잘 알려진 사전 지식이 있다. 텍스트 데이터는 대체로 선형으로 분리할 수 있지만, XOR 함수[7]로 생성한 데이터는 그렇지 않다는 것이다.

선형 커널이 RBF보다 선호되는 세 가지 시나리오는 다음과 같다.

시나리오 1: 특징과 데이터의 개수가 모두 많다(104 또는 105 이상). 특징 공간의 차원이 너무 높아서 RBF 변환에 따른 추가 특징으로 성능 향상을 얻을 수도 없고 계산 비용만 증가한다. UCI 머신러닝 저장소의 몇 가지 예는 다음과 같다.

* **URL 유효성 데이터셋:** 어휘와 호스트 정보를 기반으로 악의적인 URL을 탐지하고자 설계되었다 (데이터 수: 2,396,130, 특징 수: 3,231,961).[8]

---

7   https://en.wikipedia.org/wiki/XOR_gate
8   https://archive.ics.uci.edu/ml/datasets/URL+Reputation (옮긴이) https://bit.ly/3q85c82

- **유튜브 멀티뷰**YouTube Multiview **비디오 게임 데이터셋**: 주제 분류를 위해 설계되었다(데이터 수: 120,000, 특징 수: 1,000,000).[9]

시나리오 2: 훈련 샘플 수에 비해 특징 수가 훨씬 많다. 시나리오 1에 명시된 이유 외에도 RBF 커널은 훨씬 더 과적합되기 쉽다. 이러한 시나리오의 예는 다음과 같다.

- **도로시아**Dorothea **데이터셋**: 구조적 분자 특성에 따라 화합물을 활성 또는 비활성으로 분류하는 약물 발견을 위해 설계되었다(데이터 수: 1,950, 특징 수: 100,000).[10]
- **아르센**Arcene **데이터셋**: 암 탐지를 위한 질량 분석 데이터셋이다(데이터 수: 900, 특징 수: 10,000).[11]

시나리오 3: 특징 수에 비해 데이터의 수가 상당히 많다. 저차원 데이터셋의 경우, 일반적으로 RBF 커널은 이를 고차원 공간에 매핑해서 성능을 향상한다. 그러나 훈련 복잡성 때문에 106개 또는 107 개 이상의 샘플이 있는 훈련셋에서는 보통 비효율적이다. 데이터셋의 예는 다음과 같다.

- **이종**heterogeneity **활동 인식 데이터셋**: 인간 활동 인식을 위해 설계되었다(데이터 수: 43,930,257, 특징 수: 16).[12]
- **힉스**HIGGS **데이터셋**: 힉스 보손Higgs boson을 생성하는 신호와 배경을 구별하기 위해 고안되었다(데이터 수: 11,000,000, 특징 수: 28).[13]

이 세 가지 시나리오 외에는 보통 RBF를 선택한다.

선형 커널과 RBF 커널의 선택 규칙을 요약하면 다음과 같다.

표 3.1 **선형 커널과 RBF 커널 선택 규칙**

시나리오	선형	RBF
사전지식	선형 분리 가능한 경우	비선형 분리 가능한 경우
시각화 가능한 데이터(1차원 ~ 3차원)	선형 분리 가능한 경우	비선형 분리 가능한 경우
특징과 인스턴스 모두가 많을 때	우선 선택	
특징 >> 인스턴스	우선 선택	
인스턴스 >> 특징	우선 선택	
기타		우선 선택

9   https://archive.ics.uci.edu/ml/datasets/YouTube+Multiview+Video+Games+Dataset (옮긴이) https://bit.ly/3MQ34eC)
10 https://archive.ics.uci.edu/ml/datasets/Dorothea (옮긴이) https://bit.ly/3witJej))
11 https://archive.ics.uci.edu/ml/datasets/Arcene (옮긴이) https://bit.ly/36ssdC2M)
12 https://archive.ics.uci.edu/ml/datasets/Heterogeneity+Activity+Recognition (옮긴이) https://bit.ly/3unR7ET)
13 https://archive.ics.uci.edu/ml/datasets/HIGGS (옮긴이) https://bit.ly/3u7tQ9O)

표 3.1에서 **우선 선택**first choice은 해당 커널로 **시작**할 수 있다는 의미지만, 이것만이 유일한 선택이라는 의미는 아니다.

이제 얼굴 이미지를 분류하는 방법을 살펴보자.

3.2 SVM을 이용한 얼굴 이미지 분류

지금까지 배운 내용을 이용해서 SVM 기반 얼굴 이미지 분류기를 구축한다. 분류기의 구성 요소를 하나씩 살펴볼 텐데, 우선 이미지 데이터셋부터 살펴본다.

3.2.1 얼굴 이미지 데이터셋

사이킷런의 **레이블링된 얼굴**Labeled Faces in the Wild, LFW **데이터셋**[14]을 사용한다. 이 데이터셋은 5,000명 이상의 유명인 얼굴을 포함해서 총 13,000개 이상의 얼굴 이미지로 구성되며, 클래스별 이미지 샘플의 수는 서로 다르다.

먼저 얼굴 이미지 데이터를 다음과 같이 로드한다.

```
>>> from sklearn.datasets import fetch_lfw_people
>>> face_data = fetch_lfw_people(min_faces_per_person=80)
Downloading LFW metadata: https://ndownloader.figshare.com/files/5976012
Downloading LFW metadata: https://ndownloader.figshare.com/files/5976009
Downloading LFW metadata: https://ndownloader.figshare.com/files/5976006
Downloading LFW data (~200MB): https://ndownloader.figshare.com/files/5976015
```

데이터셋에서 80개 이상의 샘플이 있는 클래스만 로드한다. 만약 JPEG 파일에서 데이터를 로드할 때 필요한 **파이썬 이미징 라이브러리**Python Imaging Library, PIL가 없으면 **ImportError** 문제가 발생한다. 이 경우에는 다음과 같이 pillow 패키지를 설치한다.

```
pip install pillow
```

이제 로드한 데이터를 살펴보자.

---

14 https://scikit-learn.org/stable/modules/generated/sklearn.datasets.fetch_lfw_people.html (옮긴이) https://bit.ly/389Fryr)

```
>>> X = face_data.data
>>> Y = face_data.target
>>> print('Input data size :', X.shape)
Input data size : (1140, 2914)
>>> print('Output data size :', Y.shape)
Output data size : (1140,)
>>> print('Label names:', face_data.target_names)
Label names: ['Colin Powell' 'Donald Rumsfeld' 'George W Bush' 'Gerhard
Schroeder' 'Tony Blair']
```

데이터셋은 5개 클래스와 1,140개 샘플로 구성되며 각 샘플은 2,914차원이다. 연습 삼아 다음과 같이 레이블 분포를 분석해보면 좋다.

```
>>> for i in range(5):
...     print(f'Class {i} has {(Y == i).sum()} samples.')
Class 0 has 236 samples.
Class 1 has 121 samples.
Class 2 has 530 samples.
Class 3 has 109 samples.
Class 4 has 144 samples.
```

데이터셋이 다소 불균형하다는 것을 알 수 있는데, 이 점을 염두에 두고 모델을 만들도록 한다.

이제 몇 가지 얼굴 이미지를 그려본다.

```
>>> import matplotlib.pyplot as plt
>>>
>>> fig, ax = plt.subplots(3, 4)
>>> for i, axi in enumerate(ax.flat):
...     axi.imshow(face_data.images[i], cmap='bone')
...     axi.set(xticks=[], yticks=[],
...             xlabel=face_data.target_names[face_data.target[i]])
...
>>> plt.show()
```

레이블과 함께 다음 12개의 이미지가 표시된다.

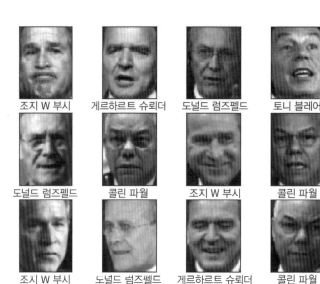

조지 W 부시　　게르하르트 슈뢰더　　도널드 럼즈펠드　　토니 블레어

도널드 럼즈펠드　　콜린 파월　　조지 W 부시　　콜린 파월

조지 W 부시　　노널드 럼즈펠드　　게르하르트 슈뢰더　　콜린 파월

그림 3.12 LFW 인물 데이터셋의 샘플

데이터 분석을 마쳤으므로, 이제 모델 개발 단계로 넘어간다.

3.2.2 SVM을 이용한 이미지 분류기 구축

먼저 데이터를 학습 셋과 테스트셋으로 분할한다.

```
>>> X_train, X_test, Y_train, Y_test = train_test_split(X, Y, random_state=42)
```

이 프로젝트는 차원 수가 샘플 수보다 크므로 SVM이 분류 문제 해결에 효과적인 사례다. SVM을 선택하고 교차 검증을 통해 벌칙 C, 커널(선형 또는 RBF), γ(RBF 커널의 경우) 같은 초매개변수를 조정한다.

이제 다음과 같이 SVM 모델을 초기화한다.

```
>>> clf = SVC(class_weight='balanced', random_state=42)
```

데이터셋이 불균형하므로 class_weight 인수를 'balanced'로 설정해서 샘플 수가 적은 클래스에 대한 균형을 맞출 수 있도록 한다.

지금까지는 교차 검증을 위해서 데이터를 폴드로 분할하고, 반복 루프를 통해 반복해서 각 초매개변수에 대한 성능을 확인했다. 사이킷런의 GridSearchCV 모듈을 이용하면 이런 반복 과정을 더 효율적으로 처리할 수 있다. GridSearchCV는 데이터 분할, 폴드 생성, 교차 학습, 검증, 그리고 최상의 매개변수 셋을 찾는 과정을 포함한 전체 과정을 내부적으로 처리한다. 따라서 조정할 초매개변수의 종류와 개별 초매개변수에 관해 탐색할 값을 지정하기만 하면 된다.

```
>>> parameters = {'C': [0.1, 1, 10],
...                'gamma': [1e-07, 1e-08, 1e-06],
...                'kernel' : ['rbf', 'linear'] }

>>> from sklearn.model_selection import GridSearchCV
>>> grid_search = GridSearchCV(clf, parameters, n_jobs=-1, cv=5)
```

방금 초기화한 GridSearchCV 모델은 5-폴드 교차 검증(cv=5)을 수행하고 사용 가능한 모든 코어(n_jobs=-1)를 이용해서 병렬로 실행된다. 그런 다음 단순히 fit 메소드를 통해 초매개변수를 조정한다.

```
>>> grid_search.fit(X_train, Y_train)
```

다음과 같이 최적의 초매개변수 셋을 얻을 수 있다.

```
>>> print('The best model:\n', grid_search.best_params_)
The best model:
 {'C': 10, 'gamma': 1e-07, 'kernel': 'rbf'}
```

다음 코드를 이용해서 최적의 매개변수 집합에서의 5-폴드에 대한 최상의 평균 성능을 얻는다.

```
>>> print('The best averaged performance:', grid_search.best_score_)
The best averaged performance: 0.8526315789473684
```

앞에서 구한 최적의 초매개변수로 SVM 모델을 설정하고, 이를 테스트셋에 적용한다.

```
>>> clf_best = grid_search.best_estimator_
>>> pred = clf_best.predict(X_test)
```

이제 정확도를 계산하고 분류 보고서를 작성한다.

```
>>> print(f'The accuracy is: {clf_best.score(X_test, Y_test)*100:.1f}%')
The accuracy is: 87.7%
>>> print(classification_report(Y_test, pred, target_names=face_data.target_names))
```

```
                precision    recall  f1-score   support

   Colin Powell       0.89      0.88      0.88        64
Donald Rumsfeld       0.84      0.81      0.83        32
 George W Bush        0.88      0.93      0.90       127
Gerhard Schroeder     0.84      0.72      0.78        29
    Tony Blair        0.91      0.88      0.89        33


     micro avg        0.88      0.88      0.88       285
     macro avg        0.87      0.84      0.86       285
  weighted avg        0.88      0.88      0.88       285
```

내부적으로 교차 훈련과 교차 검증을 위해 폴드로 나눈 원본 훈련셋으로 모델을 조정하고, 이렇게 구한 최적의 모델을 원본 테스트셋에 적용한다는 점에 유의해야 한다. 완전히 새로운 데이터셋을 정확하게 예측하려면 모델이 얼마나 잘 일반화되었는지를 측정해야 하므로 이러한 방식으로 분류 성능을 확인한다. 앞에서 살펴본 분류 보고서를 통해 SVM 모델의 최고 정확도는 87.7%라는 것을 알 수 있다.

사이킷런에는 또 다른 SVM 분류기인 **LinearSVC**[15]가 있다. LinearSVC는 SVC와 같이 선형 커널을 사용하지만, SVC를 구현하는 데 사용한 libsvm보다 좀 더 최적화된 liblinear 라이브러리로 구현되고 패널티 함수가 더 유연하다는 점에서 차이가 있다.

일반적으로 LinearSVC 모델은 SVC보다 빨리 훈련할 수 있다. liblinear 라이브러리는 대규모 데이터 셋용으로 확장성이 높게 설계됐지만, 이차 계산 복잡도 이상을 갖는 libsvm 라이브러리는 10^5개 이상의 훈련 데이터 규모로는 확장이 쉽지 않기 때문이다. 이런 장점에도 불구하고 LinearSVC 모델은 여전히 선형 커널의 한계가 있다.

3.2.3 PCA를 통한 이미지 분류 성능 개선

주성분 분석principal component analysis, PCA[16]으로 입력 특징을 압축해서 이미지 분류기를 개선할 수 있다. PCA는 특징 간의 가장 중요한 내부 관계는 보존하면서 원본 특징 공간의 차원을 줄인다. 간단히 말해 PCA는 가장 중요한 방향(좌표)으로만 구성된 더 작은 공간으로 원본 데이터를 투영project한다. 훈련 샘플보다 특징이 더 많을 때는 PCA를 통해 차원을 축소해서 더 적은 수의 특징을 고려하면 과적합을 방지할 수 있다.

---

15   https://scikit-learn.org/stable/modules/generated/sklearn.svm.LinearSVC.html (옮긴이) https://bit.ly/37tvefH)

16   https://en.wikipedia.org/wiki/Principal_component_analysis (옮긴이) https://bit.ly/365Xnsz)

사이킷런의 PCA 모듈[17]을 이용해서 PCA를 구현해본다.

우선 PCA를 통해 데이터의 차원을 줄이고, 이러한 저차원의 데이터로 분류기를 훈련한다. 일반적으로 머신러닝에서는 연속되는 여러 단계를 연결하고 이를 하나의 '모델'이라고 하는데, 이런 일련의 과정을 **파이프라이닝**pipelining이라고 한다. 사이킷런의 파이프라인 API[18]를 이용해서 쉽게 구현할 수 있다.

이제 PCA 모델과 SVC 모델을 초기화하고 이 두 모델을 파이프라이닝한다.

```
>>> from sklearn.decomposition import PCA
>>> pca = PCA(n_components=100, whiten=True, random_state=42)
>>> svc = SVC(class_weight='balanced', kernel='rbf', random_state=42)
>>> from sklearn.pipeline import Pipeline
>>> model = Pipeline([('pca', pca),
...                    ('svc', svc)])
```

PCA를 통해 원본 데이터를 100차원 공간으로 투영한 다음, RBF 커널을 가진 SVC 분류기로 분류한다. 그다음 몇 가지 옵션에 대해서 그리드 검색으로 최상의 모델을 찾는다.

```
>>> parameters_pipeline = {'svc__C': [1, 3, 10],
...                        'svc__gamma': [0.001, 0.005]}
>>> grid_search = GridSearchCV(model, parameters_pipeline)
>>> grid_search.fit(X_train, Y_train)
```

마지막으로 최적의 초매개변수 셋과 해당 초매개변수를 적용한 모델의 분류 성능을 출력한다.

```
>>> print('The best model:\n', grid_search.best_params_)
The best model:
 {'svc__C': 3, 'svc__gamma': 0.005}
>>> print('The best averaged performance:', grid_search.best_score_)
The best averaged performance: 0.8467836257309942
>>> model_best = grid_search.best_estimator_
>>> print(f'The accuracy is: {model_best.score(X_test, Y_test)*100:.1f}%')
The accuracy is: 92.3%
>>> pred = model_best.predict(X_test)
>>> print(classification_report(Y_test, pred, target_names=face_data.target_names))
```

---

17 https://scikit-learn.org/stable/modules/generated/sklearn.decomposition.PCA.html (옮긴이) https://bit.ly/3KUGCiX
18 https://scikit-learn.org/stable/modules/generated/sklearn.pipeline.Pipeline.html (옮긴이) https://bit.ly/3KLdOJs

```
                  precision    recall   f1-score   support

   Colin Powell        0.97      0.95       0.96        64
Donald Rumsfeld        0.93      0.84       0.89        32
 George W Bush         0.92      0.98       0.95       127
Gerhard Schroeder      0.88      0.79       0.84        29
     Tony Blair        0.88      0.85       0.86        33

      micro avg        0.92      0.92       0.92       285
      macro avg        0.92      0.88       0.90       285
   weighted avg        0.92      0.92       0.92       285
```

PCA와 SVM 분류기로 구성된 모델의 정확도는 92.3%이다. PCA를 적용해서 SVM 기반 이미지 분류기의 성능이 개선된 것을 알 수 있다. PCA의 더 자세한 내용은 캐글 사이트[19]를 참조하길 바란다.

지금까지 SVM을 이미지 분류에 성공적으로 적용했다. 다음 절에서는 한 가지 예를 더 살펴본다.

3.3 태아심박동검사에서 태아 상태 분류

산부인과 의사가 **심전도**cardiotocogram, CTG를 세 가지 태아 상태(정상, 의심, 병리) 중 하나로 분류하는 데 도움을 줄 수 있는 분류기를 개발한다. UCI 머신러닝 저장소[20]에 있는 태아심장박동검사 cardiotocography 데이터셋을 사용하는데, 해당 저장소에서 엑셀 파일을 직접 다운로드할 수 있다.[21] 데이터셋에는 태아 심박수와 자궁수축에 대한 측정값 특징이 있고, 태아 상태 분류 코드(1=정상, 2=의심, 3=병리적) 레이블이 있다. 총 23개의 특징을 갖는 2,126개의 샘플이 있다. 데이터 수와 특징 수 (2,126은 23보다 매우 크지는 않음)에 기초해서 RBF 커널을 선택한다.

테이블 형식의 데이터를 처리하는 데 적합한 팬더스pandas를 이용해서 엑셀 파일로 작업한다. 엑셀 모듈이 xlrd를 기반으로 구축되었기 때문에 다음 코드를 실행할 때 xlrd 패키지를 추가로 설치해야 할 수도 있다. 이 경우, 터미널에서 pip install xlrd를 실행해서 xlrd를 설치한다.

먼저 Raw Data라는 시트에 있는 데이터를 읽는다.

```
>>> import pandas as pd
>>> df = pd.read_excel('CTG.xls', "Raw Data")
```

---

19 https://www.kaggle.com/nirajvermafcb/principal-component-analysis-explained (옮긴이) https://bit.ly/36qqoPj)
20 https://archive.ics.uci.edu/ml/datasets/Cardiotocography (옮긴이) https://bit.ly/3MKvqXT)
21 https://archive.ics.uci.edu/ml/machine-learning-databases/00193/CTG.xls (옮긴이) https://bit.ly/3CIUvha). 해당 링크에 접속하면 CTG.xls 파일이 다운로드된다.

그런 다음 2,126개의 데이터 샘플을 가져와서 특징 셋(스프레드시트의 열 D에서 AL까지)과 레이블 셋(열 AN)을 할당한다.

```
>>> X = df.iloc[1:2126, 3:-2].values
>>> Y = df.iloc[1:2126, -1].values
```

클래스 비율을 반드시 확인한다.

```
>>> from collections import Counter
>>> print(Counter(Y))
Counter({1.0: 1655, 2.0: 295, 3.0: 176})
```

원본 데이터의 20%는 최종 테스트용으로 따로 남겨둔다.

```
>>> from sklearn.model_selection import train_test_split
>>> X_train, X_test, Y_train, Y_test = train_test_split(X, Y, test_size=0.2, random_state=42)
```

이제 RBF 기반의 SVM 모델의 벌칙 C와 커널 계수 γ를 조정한다.

```
>>> from sklearn.svm import SVC
>>> svc = SVC(kernel='rbf')
>>> parameters = {'C': (100, 1e3, 1e4, 1e5),
...               'gamma': (1e-08, 1e-7, 1e-6, 1e-5)}
>>> from sklearn.model_selection import GridSearchCV
>>> grid_search = GridSearchCV(svc, parameters, n_jobs=-1, cv=5)
>>> grid_search.fit(X_train, Y_train)
>>> print(grid_search.best_params_)
{'C': 100000.0, 'gamma': 1e-07}
>>> print(grid_search.best_score_)
0.9547058823529412
```

마지막으로 테스트셋에 최적의 모델을 적용한다.

```
>>> svc_best = grid_search.best_estimator_
>>> accuracy = svc_best.score(X_test, Y_test)
>>> print(f'The accuracy is: {accuracy*100:.1f}%')
The accuracy is: 96.5%
```

데이터가 상당히 불균형하므로 개별 클래스의 성능도 확인해야 한다.

```
>>> prediction = svc_best.predict(X_test)
>>> from sklearn.metrics import classification_report
>>> report = classification_report(Y_test, prediction)
>>> print(report)
            precision recall f1-score  support

       1.0    0.98    0.98    0.98    333
       2.0    0.89    0.91    0.90    64
       3.0    0.96    0.93    0.95    29

micro avg    0.96    0.96    0.96    426
macro avg    0.95    0.94    0.94    426
weighted avg 0.96    0.96    0.96    426
```

이렇게 해서 태아심장박동검사에서의 태아 상태 분류와 같은 실제 문제를 해결하는 또 다른 SVM 기반 분류기를 성공적으로 구축했다.

3.4 요약

3장에서는 SVM을 이용한 지도학습을 살펴보았다. SVM의 작동 원리, 커널 기술과 SVM 구현, 다중 클래스 분류 전략과 그리드 검색과 같은 머신러닝 분류의 중요한 개념과 SVM을 적용하는 유용한 팁 (예를 들어 커널 선택과 조정 매개변수 선택)에 대해서 배웠다. 이어서 얼굴 인식과 태아 상태 분류와 같은 실제 활용 사례에 학습한 내용을 적용했다.

지금까지 나이브 베이즈와 SVM이라는 두 가지 분류 알고리즘을 배우고 적용했다. 나이브 베이즈는 이름에서도 알 수 있듯이 간단한 알고리즘이다. 일반적으로 데이터셋의 특징이 서로 독립적이거나 거의 독립적인 경우에는 나이브 베이즈가 잘 수행된다. 반면 SVM은 다용도로 사용할 수 있고, 선형 분리할 수 있는 데이터에 적용할 수 있다. 일반적으로 SVM은 적절한 커널과 매개변수를 사용해서 높은 정확도를 얻을 수 있지만, 높은 계산량과 많은 메모리가 필요하다. 따라서 실제 적용할 때는 두 가지를 모두 시도해보고 최적의 매개변수에 대해서 성능이 더 나은 것을 선택한다.

다음 4장에서는 온라인 광고를 살펴보고, 사용자가 광고를 클릭할지 여부를 예측한다. 이러한 예측은 **의사결정 트리**decision tree와 **랜덤 포레스트**random forest와 같은 트리 기반 알고리즘을 통해 구현한다.

3.5 연습 문제

1. LinearSVC 모듈을 이용해서 SVM을 구현한다. 조정해야 하는 초매개변수는 무엇이고, 이를 통해서 달성할 수 있는 최고의 얼굴 인식 성능은 무엇인지 알아본다.

2. 이미지 인식 프로젝트에서 훨씬 더 많은 클래스도 분류할 수 있는지 알아본다. 예를 들어 min_faces_per_person=50으로 설정했을 때, 그리드 검색과 교차 검증을 통해 달성할 수 있는 최고의 성능은 얼마인지 알아본다.

4

트리 기반 알고리즘을 이용한
온라인 광고 클릭률 예측

3장에서는 얼굴 이미지 분류기를 개발했다. 4장과 5장에서는 디지털 광고에서 가장 데이터 중심적인 문제data-driven problem 중 하나인 광고 클릭률 예측ad click-through prediction을 살펴본다.

광고 클릭률 예측은 사용자와 그들이 방문하는 광고 페이지가 있을 때, 사용자가 광고를 클릭할 가능성을 예측한다. 트리 기반 알고리즘(의사결정 트리, 랜덤 포레스트, 부스티드 트리boosted tree 포함)을 중점적으로 살펴보고, 이를 활용해서 수십억 달러 규모에 달하는 온라인 광고 문제를 해결한다. 의사결정 트리를 루트root에서 리프leaf까지 전체적으로 살펴보고, 다수의 의사결정 트리를 모아 놓은 포레스트forest도 다룬다.

4장은 이론뿐만 아니라 트리 모델을 손으로 직접 계산하고 밑바닥부터 구현하는 작업도 포함해 설명한다. 이때 트리 기반 알고리즘에 널리 사용하는 파이썬 패키지인 사이킷런과 XGBoost를 사용해서 구현한다.

이번 장에서 다룰 주제는 다음과 같다.

- 두 가지 유형의 특징: 수치형과 범주형
- 의사결정 트리 분류기의 작동 원리
- 의사결정 트리의 구현
- 광고 클릭률 예측
- 앙상블 방법과 배깅 기법

- 랜덤 포레스트의 작동 원리
- 랜덤 포레스트를 이용한 클릭률 예측
- **그레이디언트 부스티드 트리**gradient boosted tree, GBT 모델
- XGBoost를 이용한 GBT 구현

4.1 광고 클릭률 예측의 개요

온라인 디스플레이 광고는 수십억 달러 규모의 산업이다. 텍스트, 이미지, 플래시로 구성된 배너 광고와 오디오, 비디오와 같은 리치 미디어rich media를 포함한 다양한 형식으로 전달된다. 광고주나 대행사는 잠재 고객에게 다가가 광고 메시지를 전달하기 위해서 다양한 웹사이트와 모바일 앱을 통해서도 광고를 내보낸다.

온라인 디스플레이 광고는 머신러닝을 활용하기에 매우 좋은 예 중 하나다. 광고주와 소비자는 타깃이 명확한 광고에 큰 관심을 가진다. 지난 20년 동안 업계는 광고 타깃팅의 효과를 예측하기 위해 머신러닝 모델에 크게 의존해왔는데, 특정 연령대의 소비자가 이 제품에 관심을 가질 가능성, 특정 가계소득 수준의 고객이 광고를 본 뒤에 이 제품을 구매할 가능성, 스포츠 사이트를 자주 방문하는 방문자가 해당 광고를 읽는 데 더 많은 시간을 할애할 가능성 등이 이에 해당한다. 광고의 효과를 측정하는 가장 일반적인 방법은 **클릭률**click-through rate, CTR로, 전체 조회수 대비 특정 광고를 클릭하는 비율이다. 일반적으로 CTR이 높을수록 광고가 더 잘 타깃팅되고 온라인 광고 캠페인이 더 성공적이라고 할 수 있다.

클릭률 예측에는 머신러닝이 잘 할 수 있는 부분과 하기 어려운 부분이 모두 포함된다. 클릭률 예측은 특정 페이지(또는 앱)의 특정 광고를 특정 사용자가 클릭할지 여부에 대한 이진 분류에 해당하는데, 주로 다음 세 가지 측면에서 예측 특징을 이용한다.

- 광고 콘텐츠와 정보(범주, 위치, 텍스트, 형식 등)
- 페이지 내용과 게시자 정보(범주, 컨텍스트, 도메인 등)
- 사용자 정보(나이, 성별, 위치, 소득, 관심사, 검색 기록, 인터넷 사용 기록, 사용 기기 등)

대행사는 여러 광고주를 대신하여 광고를 운영하는데, 이들의 임무가 적절한 잠재 고객에게 적절한 광고를 내보내는 것이라고 가정해보자. 한 달 전에 실행한 수백만 건의 캠페인 기록에서 가져온 기존 데이터셋(다음의 작은 샘플 모음이 한 예인데, 실제로 예측 특징의 수는 수천 개가 훌쩍 넘을 수도 있음)을 사용해서, 향후 광고 배치를 학습하고 예측하는 분류 모델을 개발한다고 해보자.

광고 범주	사이트 범주	사이트 도메인	사용자 연령	사용자 성별	사용자 직업	스포츠 관심도	기술 관심도	클릭
자동차	뉴스	cnn.com	25-34	남성	전문직	높음	높음	1
패션	뉴스	bbc.com	35-54	여성	전문직	낮음	낮음	0
자동차	교육	onlinestudy.com	17-24	여성	학생	높음	높음	0
음식	오락	movie.com	25-34	남성	사무직	높음	낮음	1
패션	스포츠	football.com	55+	남성	은퇴자	높음	낮음	0
...	...	...	...	...	...	...	...	...
...	...	...	...	...	...	...	...	...
음식	뉴스	abc.com	17-24	남성	학생	높음	높음	?
자동차	오락	movie.com	35-54	여성	전문직	높음	낮음	?

그림 4.1 훈련과 예측을 위한 광고 샘플

그림 4.1에서 볼 수 있듯이 특징은 대부분 범주형이다. 하지만 실제 데이터는 수치형이거나 범주형일 수 있는데, 다음 절에서 좀 더 자세히 살펴본다.

4.2 두 가지 유형의 데이터로 시작하기: 수치형과 범주형

앞에서 소개한 데이터셋의 특징은 얼핏 봤을 때 남성 또는 여성, 4개 연령 그룹 중 하나, 미리 정의된 사이트 범주 중 하나, 사용자가 스포츠에 관심이 있는지와 같은 **범주형**categorical이다. 이러한 데이터는 지금까지 다뤄온 **수치형**numerical 특징 데이터와는 다르다.

범주형(**정성적**qualitative이라고도 함) 특징은 특성, 서로 구별되는 그룹, 셀 수 있는 옵션의 수를 나타낸다. 범주형 특징에는 논리적 순서가 있을 수도 있고 없을 수도 있다. 예를 들어 가계소득은 낮음, 중간, 높음의 **순서형**ordinal 특징이지만 광고의 범주는 순서형이 아니다.

반면에 수치형(**정량적**quantitative이라고도 함) 특징은 수학적 의미를 갖는 측정값일 뿐만 아니라 순서가 있다. 예를 들어 용어 빈도term frequency, tf와 tf의 변형인 **tf-idf**[1]는 각각 이산 수치형 특징과 연속 수치형 특징이다. 3장의 태아심장박동검사 데이터셋[2]에는 이산 수치형 특징(초당 가속 횟수, 초당 태아 움직임 수)과 연속 수치형 특징(장기 변동성의 평균값)이 모두 포함된다.

---

1 옮긴이 10.2.5절 참조

2 https://archive.ics.uci.edu/ml/datasets/Cardiotocography 옮긴이 https://bit.ly/3MKvqXT)

범주형 특징은 숫자일 수도 있다. 예를 들어 1~12는 한 해year의 월month을 나타낼 수 있고, 1과 0은 남성과 여성을 나타낼 수 있지만, 이러한 값에는 수학적 의미는 없다.

이전에 배운 두 가지 분류 알고리즘인 나이브 베이즈와 SVM 중에 나이브 베이즈 분류기는 특징이 수치형이거나 범주형이어도 된다. 수치형 특징이나 범주형 특징에 대해서 $P(x|y)$ 또는 P(특징|클래스)로 표현하는 우도를 같은 방식으로 계산하기 때문이다. 반면에 SVM은 거리 마진을 계산하고 최대화하므로 특징이 수치형이어야 한다.

이제 나이브 베이즈를 이용해서 클릭률을 예측하고 광고주에게 모델을 설명해보자. 다만 광고주는 개별 속성의 사전확률, 우도, 이들의 곱을 이해하기 어려울 수 있다. 그렇다면 해석하기 쉽고 광고주에게 설명하기 쉬우면서 범주형 데이터를 직접 처리할 수 있는 분류기는 무엇일까? 의사결정 트리가 정답이다.

4.3 루트에서 리프까지 의사결정 트리 탐색

의사결정 트리는 트리처럼 생긴 그래프로, 가능한 모든 의사결정의 대안과 그에 대한 결과를 보여주는 순차적인 다이어그램이다. 트리의 **루트**에서 시작해서 각 내부 **노드**node는 결정의 기준을 나타낸다. 노드의 각 분기branch는 선택이 다음 노드로 이어지는 경로를 나타낸다. 그리고 마지막으로 각 **단말 노드**terminal node인 **리프**는 생성된 결과를 나타낸다.

예를 들어 우리는 방금 의사결정 트리를 이용해서 광고 문제를 해결하기로 정하기까지 다음과 같은 몇 가지 결정을 내렸다.

첫 번째 조건에 해당하는 루트는 특징의 유형이 수치형인지 범주형인지 여부다. 광고 클릭 스트림 데이터는 대부분 범주형 특징을 포함하므로 오른쪽 분기로 이동한다. 다음 노드의 조건은 기술적 지식이 없는 광고주가 해석할 수 있어야 한다는 것이다. 따라서 오른쪽 분기로 이동해서 의사결정 트리 분류기를 선택하는 리프에 도달한다.

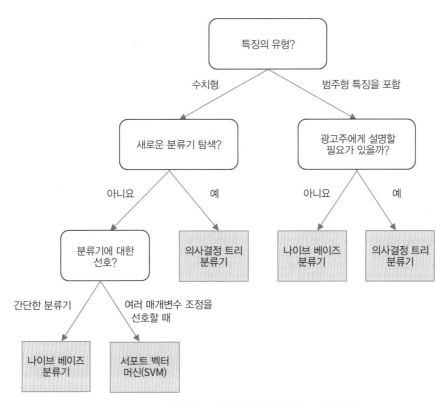

그림 4.2 의사결정 트리를 이용한 적절한 알고리즘 탐색

또한 경로를 살펴보고 어떤 종류의 문제에 적합한지 확인할 수 있다. 의사결정 트리 분류기는 결정 트리의 형태로 작동하는데, 특징값과 해당 조건(분기로 표시)을 기반으로 하는 일련의 테스트(내부 노드로 표시)를 통해 관측값을 클래스(리프 노드로 표시)로 매핑한다. 각 노드에서 특징값과 특성에 관해 질문하고, 답변에 따라 관측값을 부분집합으로 나눈다. 관측값의 목표 레이블에 도달해서 결론이 날 때까지 순차적으로 테스트를 수행하는데, 루트에서 마지막 리프까지의 경로가 의사결정 과정과 분류 규칙classification rule을 나타낸다.

그림 4.3에서 볼 수 있듯이 자율 주행차 광고의 **클릭함**click 또는 **클릭 안 함**no click 예측과 같은 더 단순한 시나리오에서는, 사용 가능한 데이터셋으로 의사결정 트리 분류기를 수동으로 구성할 수 있다. 예를 들어 사용자가 기술에 관심이 있고 자동차를 가졌다면 광고를 클릭하는 경향이 있다. 반면 이러한 부분집합에 속하지 않는 사람, 예를 들어 고소득 여성은 광고를 클릭할 가능성이 작다.

훈련된 트리를 이용해서 두 개의 새로운 입력에 관해 **클릭함** 또는 **클릭 안 함**으로 예측해본다.

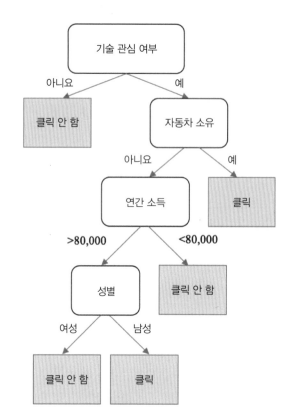

사용자 성별	연간 소득	자동차 소유 여부	기술 관심 여부	클릭
남성	200,000	예	예	1
여성	5,000	아니요	아니요	0
여성	100,000	예	예	1
남성	10,000	예	아니요	0
남성	80,000	아니요	아니요	0
...	...	...	...	...
...	...	...	...	...
남성	120,000	예	예	?
여성	70,000	아니요	예	?

그림 4.3 훈련한 의사결정 트리로 클릭함/클릭 안 함 예측

일단 의사결정 트리를 구성하면 방금 본 것처럼 새로운 샘플은 간단하게 분류할 수 있다. 루트에서 시작해서 리프 노드에 도달할 때까지 테스트 조건을 적용하고 그에 따라 분기해서, 연관된 클래스 레이블을 새로운 샘플에 할당한다.

그렇다면 적절한 의사결정 트리를 어떻게 구축할 수 있을까?

4.3.1 의사결정 트리 구성

의사결정 트리는 훈련 샘플을 연속해서 부분집합으로 분할해가며 구성한다. 분할 과정은 각 부분집합에 관해 재귀적으로 반복한다. 노드에서 분할할 때는 부분집합의 특징값을 기반으로 조건 테스트를 한다. 부분집합의 클래스 레이블이 동일하거나, 더 분할해도 해당 부분집합의 클래스 순도purity[3]가 향상하지 않으면 해당 노드의 재귀 분할을 종료한다.

---

3 옮긴이 의사결정 트리의 분기는 불순도(impurity)가 작은 방향으로 이루어진다.

이론적으로 특징(숫자 또는 범주형)을 n개의 서로 다른 값으로 분할할 때는 n개의 서로 다른 이진 분할(그림 4.4의 좌측처럼 조건 테스트에 **예** 또는 **아니요**로 분할)하는 방법이 있다. 이 밖에 또 다른 분할(예를 들어 그림 4.4의 우측처럼 셋으로 분할, 넷으로 분할)하는 방법도 있다.

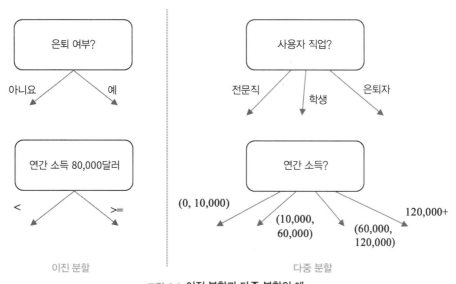

그림 4.4 **이진 분할과 다중 분할의 예**

특징의 분할 순서를 고려하지 않았을 때, m차원 데이터셋에 대해서 n^m개의 트리가 있을 수 있다.

정확한 의사결정 트리를 효율적으로 구성하기 위해 많은 알고리즘이 개발되었는데, 그중 인기 있는 알고리즘은 다음과 같다.

- **반복적 이분법**Iterative Dichotomiser 3, ID3[4]: 반복할 때마다 데이터셋을 분할하는 최상의 속성을 선택하고, 역추적backtracking 없이 하향식으로 그리디 검색greedy search[5]을 수행하는 ID3 알고리즘이다.

- **C4.5**: 역추적을 도입한 ID3의 개선된 버전이다. 구성된 트리를 통과해보고, 순도가 향상하면 분기를 리프 노드로 바꾼다.

- **분류 및 회귀 트리**classification and regression tree, CART: 이진 분할을 통해 트리를 구성하는 알고리즘으로, 곧 자세히 설명한다.

---

4 [옮긴이] Dichotomiser는 '이분하다'라는 뜻의 프랑스어이다.

5 [옮긴이] 최적해를 구하는 데 사용되는 근사적인 방법으로, 여러 경우 중 하나를 결정해야 할 때마다 그 순간 최적이라고 생각되는 것을 선택해 나가는 방식으로 진행하여 최종적인 해답에 도달한다. 탐욕 검색이라고도 한다.

- **카이제곱 자동 상호작용 검출기**chi-squared automatic interaction detector, CHAID: 다이렉트 마케팅에서 자주 사용되는 알고리즘이다. 복잡한 통계 개념을 포함하지만, 결과를 가장 잘 설명하는 최적의 예측 변수를 결정할 수 있다.

이러한 알고리즘의 기본 아이디어는 데이터를 분할하는 가장 중요한 특징을 선택할 때 일련의 국소local 최적화를 통해 트리를 그리디하게 키워나가는 것이다. 그런 다음 해당 특징의 최적값에 따라 데이터셋을 분할한다. 다음 절에서 중요한 특징의 측정과 특징의 최적 분할값에 관해 논의한다.

먼저 CART 알고리즘을 더 자세히 살펴본 다음, 의사결정 트리 알고리즘을 구현한다. 이진 분할을 통해서 트리를 구성하고 각 노드의 왼쪽과 오른쪽에 자식 노드를 추가한다. 각 분할 영역에서 그리디 검색으로 특징과 해당 값의 가장 중요한 조합을 찾는다. 측정 함수로 가능한 모든 조합을 테스트한다. 알고리즘은 신택한 특징과 값을 분할점으로 사용하여 다음과 같이 네이터셋을 분할한다.

- (범주형 특징의 경우) 특징이 해당 값과 같은 샘플이거나, (수치형 특징의 경우) 그보다 더 큰 샘플은 오른쪽 자식이 된다.
- 나머지 샘플은 왼쪽 자식이 된다.

이 분할 과정에서는 입력 샘플을 두 개의 서브그룹으로 재귀적으로 반복해서 분할한다. 데이터셋이 더 이상 혼합되지 않으면, 분할 과정은 다음 두 가지 기준 중 하나가 충족되는 서브그룹에서 중지한다.

- **새로운 노드에 대한 최소 샘플 수**: 샘플 수가 추가 분할에 필요한 최소 샘플 수보다 크지 않은 경우, 트리가 훈련셋에 과도하게 맞춤화되어 결과적으로 과적합되는 것을 방지하기 위해 분할을 중지한다.
- **트리의 최대 깊이**: 루트 노드로부터 터미널 노드까지 도착하는 데 필요한 분할 횟수로 정의되는 깊이depth가 최대 트리 깊이maximum tree depth보다 커지면 멈춘다. 더 깊은 트리는 훈련셋에 더 맞춤화되어서 과적합으로 이어질 수 있다.

분기가 없는 노드는 리프가 되고, 이 노드에 다수 남아 있는 샘플의 클래스가 예측 결과가 된다. 모든 분할 과정이 완료되면 트리가 구성되고, 터미널 노드에 할당된 레이블과 위의 모든 내부 노드에 있는 분할 지점(특징 + 값)이 표시된다.

그럼 지금부터 최적의 분할 특징과 값을 선택하는 측정 지표를 알아보고, CART 의사결정 트리 알고리즘을 밑바닥부터 구현한다.

4.3.2 분할 품질의 측정 지표

최상의 특징과 값의 조합으로 분할점을 선택할 때는 **지니 불순도**Gini impurity와 **정보 이득**information gain과 같은 두 가지 기준을 통해 분할 이후의 품질을 측정할 수 있다.

❶ 지니 불순도

지니 불순도라는 이름에서 알 수 있듯이, 데이터 포인트의 클래스 분포의 불순도 비율 또는 클래스 혼합 비율을 측정한다. 데이터셋의 클래스가 K개인 경우, 클래스 $k(1 \leq k \leq K)$에 속하는 데이터가 전체 데이터셋의 $f_k(0 \leq f_k \leq 1)$를 차지한다고 가정하자. 이때 이러한 데이터셋의 지니 불순도는 다음과 같다.

$$Gini\ Impurity\ =\ 1 - \Sigma_{k=1}^{K} f_k^{\ 2}$$

지니 불순도가 낮을수록 데이터셋이 순수하다는 의미다. 예를 들어 데이터셋에 클래스가 하나만 있을 때(즉, 이 클래스의 비율이 1이고 나머지 클래스의 비율이 0일 때), 지니 불순도는 $1 - (1^2 + 0^2) = 0$이 된다. 또 다른 예로, 동전 던지기의 결과를 기록한 데이터셋은 앞면과 뒷면이 각각 샘플의 절반을 차지한다. 이때 지니 불순도는 $1 - (0.5^2 + 0.5^2) = 0.5$이다.

이진 클래스의 경우 양성positive 클래스 비율값이 서로 다를 때의 지니 불순도는 다음 코드로 시각화할 수 있다.

```
>>> import matplotlib.pyplot as plt
>>> import numpy as np
```

양성 클래스 비율은 0에서 1까지의 값을 갖는다.

```
>>> pos_fraction = np.linspace(0.00, 1.00, 1000)
```

다음과 같이 지니 불순도를 계산하고, **양성 비율**positive fraction 대비 **지니 불순도** 그래프를 그린다.

```
>>> gini = 1 - pos_fraction**2 - (1-pos_fraction)**2
```

여기서 1-pos_fraction은 음성 비율negative fraction이다.

```
>>> plt.plot(pos_fraction, gini)
>>> plt.ylim(0, 1)
```

```
>>> plt.xlabel('Positive fraction')
>>> plt.ylabel('Gini Impurity')
>>> plt.show()
```

최종 결과는 그림 4.5와 같다.

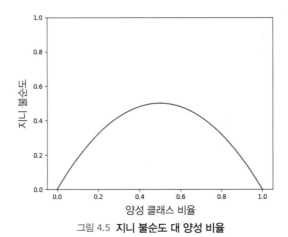

그림 4.5 **지니 불순도 대 양성 비율**

보다시피 이진 클래스일 때 양성 비율이 50%이면 불순도의 최댓값은 0.5이다. 양성 비율이 100%이거나 0%이면 불순도는 0이다.

데이터셋의 레이블이 주어지면 지니 불순도 계산 함수를 다음과 같이 구현할 수 있다.

```
>>> def gini_impurity(labels):
...     # 공집합의 지니 불순도는 0이다.
...     if not labels:
...         return 0
...     # 각 레이블의 개수를 구한다.
...     counts = np.unique(labels, return_counts=True)[1]
...     fractions = counts / float(len(labels))
...     return 1 - np.sum(fractions ** 2)
```

몇 가지 입력에 대한 테스트 결과는 다음과 같다.

```
>>> print(f'{gini_impurity([1, 1, 0, 1, 0]):.4f}')
0.4800
>>> print(f'{gini_impurity([1, 1, 0, 1, 0, 0]):.4f}')
0.5000
```

```
>>> print(f'{gini_impurity([1, 1, 1, 1]):.4f}')
0.0000
```

분할 품질을 평가하기 위해 각 서브그룹의 비율을 가중치로 사용해서 모든 서브그룹의 지니 불순도를 합산한다. 이때 지니 불순도의 가중합이 작을수록 분할이 잘 된 것이다.

다음의 자율 주행차 광고 예를 살펴보자. 여기서는 사용자 성별과 기술에 대한 관심에 따라 각각 데이터를 분할한다.

사용자 성별	기술에 대한 관심	클릭	성별에 따른 그룹
남성	있음	1	그룹 1
여성	없음	0	그룹 2
여성	있음	1	그룹 2
남성	없음	0	그룹 1
남성	없음	1	그룹 1
#1 성별에 따른 분할			

사용자 성별	기술에 대한 관심	클릭	관심에 따른 그룹
남성	있음	1	그룹 1
여성	없음	0	그룹 2
여성	있음	1	그룹 1
남성	없음	0	그룹 2
남성	없음	1	그룹 2
#2 기술에 대한 관심에 따른 분할			

그림 4.6 **성별이나 기술에 대한 관심에 따른 데이터 분할**

첫 번째 분할의 가중 지니 불순도는 다음과 같이 계산할 수 있다.

$$\#1 \; Gini \; Impurity = \frac{3}{5}[1 - (\frac{2^2}{3} + \frac{1^2}{3})] + \frac{2}{5}[1 - (\frac{1^2}{2} + \frac{1^2}{2})] = 0.467$$

두 번째 분할의 가중 지니 불순도는 다음과 같이 계산할 수 있다.

$$\#2 \; Gini \; Impurity = \frac{2}{5}[1 - (1^2 + 0^2)] + \frac{3}{5}[1 - (\frac{1^2}{3} + \frac{2^2}{3})] = 0.267$$

결과를 비교해보면, 기술에 대한 사용자의 관심에 따라 데이터를 분할하는 것이 성별에 따른 분할보다 더 나은 전략이라고 할 수 있다.

2 정보 이득

또 다른 측정 지표인 **정보 이득**은 분할 후 순도의 향상, 즉 분할에 따른 불확실성 감소를 측정한다. 정보 이득이 높을수록 더 나은 분할을 의미하는데, 분할 전후의 **엔트로피**entropy를 비교해서 분할의 정보 이득을 구할 수 있다.

엔트로피는 불확실성의 확률적 척도이다. 데이터셋의 클래스가 K개이고 클래스 $k(1 \leq k \leq K)$의 비율이 $f_k (0 \leq f_k \leq 1)$리고 할 때, 데이터셋의 엔트로피는 다음과 같이 정의한다.

$$Entropy = -\Sigma_{k=1}^{K} f_k * log_2 f_k$$

엔트로피가 낮다는 것은 데이터셋이 모호하지 않고 순수하다는 의미다. 데이터셋에 클래스가 하나만 포함된 완벽한 경우의 엔트로피는 $-(1 * log_2 1 + 0) = 0$이다. 동전 던지기 예에서 엔트로피는 $-(0.5 * log_2 0.5 + 0.5 * log_2 0.5) = 1$이다.

마찬가지로, 다음 코드를 이용해서 이진 클래스에서 양성 클래스의 비율에 따라 엔트로피가 어떻게 변하는지를 시각화할 수 있다.

```
>>> pos_fraction = np.linspace(0.00, 1.00, 1000)
>>> ent = - (pos_fraction * np.log2(pos_fraction) +
...          (1 - pos_fraction) * np.log2(1 - pos_fraction))
>>> plt.plot(pos_fraction, ent)
>>> plt.xlabel('Positive fraction')
>>> plt.ylabel('Entropy')
>>> plt.ylim(0, 1)
>>> plt.show()
```

결과는 그림 4.7과 같다.

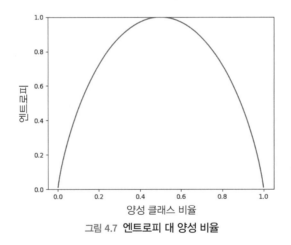

그림 4.7 **엔트로피 대 양성 비율**

보다시피 이진 클래스의 경우에는 양성 클래스가 50%일 때 엔트로피가 최댓값 1을 갖는다. 양성 비율이 100%나 0%이면 엔트로피는 0이 된다.

데이터셋의 레이블이 주어질 때 entropy 계산 함수는 다음과 같이 구현할 수 있다.

```
>>> def entropy(labels):
...     if not labels:
...         return 0
...     counts = np.unique(labels, return_counts=True)[1]
...     fractions = counts / float(len(labels))
...     return - np.sum(fractions * np.log2(fractions))
```

몇 가지 예로 테스트해보면 다음과 같다.

```
>>> print(f'{entropy([1, 1, 0, 1, 0]):.4f}')
0.9710
>>> print(f'{entropy([1, 1, 0, 1, 0, 0]):.4f}')
1.0000
>>> print(f'{entropy([1, 1, 1, 1]):.4f}')
-0.0000
```

지금까지 엔트로피를 살펴보았으므로, 이제 분할 전(부모)과 분할 후(자식)의 엔트로피의 차이로 정의되는 정보 이득을 통해 분할 이후 불확실성이 얼마나 감소했는지 측정하는 방법을 살펴본다.

$$InformationGain = Entropy(before) - Entropy(after) = Entropy(parent) - Entropy(children)$$

분할 후의 엔트로피는 각 자식 노드의 엔트로피의 가중합으로 계산하는데, 이는 가중 지니 불순도와 유사하다.

트리에서 노드를 구성할 때의 목표는 최대 정보 이득을 얻을 수 있는 분할 지점을 찾는 것이다. 부모 노드의 엔트로피는 변경되지 않으므로, 분할한 후에 자식 노드의 엔트로피만 측정하면 된다. 따라서 분할 결과 얻을 수 있는 자식의 엔트로피가 가장 낮은 분할이 가장 좋은 분할이다.

더 잘 이해할 수 있도록 자율주행 자동차 광고의 예를 다시 살펴보자.

첫 번째 분할의 경우에는 분할 후 엔트로피를 다음과 같이 계산할 수 있다.

$$\#1 \; entropy = \frac{3}{5}(-(\frac{2}{3} * log_2 \frac{2}{3} + \frac{1}{3} * log_2 \frac{1}{3})] + \frac{2}{5}(-(\frac{1}{2} * log_2 \frac{1}{2} + \frac{1}{2} * log_2 \frac{1}{2})] = 0.951$$

두 번째 분할 방법에 대한 엔트로피는 다음과 같다.

$$\#2 \; entropy = \frac{2}{5}(-(1 * log_2 1 + 0)] + \frac{3}{5}(-(\frac{1}{3} * log_2 \frac{1}{3} + \frac{2}{3} * log_2 \frac{2}{3})] = 0.551$$

정보 이득도 다음과 같이 계산할 수 있다.

$$Entropy\ before = -(\frac{3}{5} * \log_2 \frac{3}{5} + \frac{2}{5} * \log_2 \frac{2}{5}) = 0.971$$
$$\#1\ InformationGain = 0.971 - 0.951 = 0.020$$
$$\#2\ InformationGain = 0.971 - 0.551 = 0.420$$

정보 이득 = 엔트로피 기반 평가에 따르면 두 번째 분할이 더 나은데, 이는 지니 불순도 기준의 결론과 같다.

훈련된 의사결정 트리의 성능을 알아보려면, 보통 대표적인 두 가지 측정 지표인 지니 불순도와 정보 이득 중에 어느 것을 선택해도 된다. 둘 다 분할 후 자식 노드의 가중 불순도weighted impurity를 측정한다. 다음과 같이 함수의 인수로 이들 중에 하나를 선택해서 가중 불순도를 계산할 수 있다.

```python
>>> criterion_function = {'gini': gini_impurity,
...                       'entropy': entropy}
>>> def weighted_impurity(groups, criterion='gini'):
...     """
...     분할 후, 자식 노드의 가중 불순도 계산
...     @param groups: 자식 노드의 리스트, 각 자식은 클래스 레이블의 리스트
...     @param criterion: 분할의 품질 측정 지표.
...                       'gini'(지니 불순도) 또는 'entropy'(정보 이득)
...     @return weighted_sum: float, 가중 불순도
...     """
...     total = sum(len(group) for group in groups)
...     weighted_sum = 0.0
...     for group in groups:
...         weighted_sum += len(group) / float(total) *
...                         criterion_function[criterion](group)
...     return weighted_sum
```

방금 직접 손으로 계산한 예를 통해 다음과 같이 함수를 테스트한다.

```python
>>> children_1 = [[1, 0, 1], [0, 1]]
>>> children_2 = [[1, 1], [0, 0, 1]]
>>> print(f"Entropy of #1 split: {weighted_impurity(children_1, 'entropy'):.4f}")
Entropy of #1 split: 0.9510
>>> print(f"Entropy of #2 split: {weighted_impurity(children_2, 'entropy'):.4f}")
Entropy of #2 split: 0.5510
```

지금까지 분할 평가 측정 지표에 관해 상세히 살펴보았다. 이제 다음 절에서 CART 트리 알고리즘을 밑바닥부터 구현해본다.

4.4 밑바닥부터 구현하는 의사결정 트리

우선 다음과 같이 간단한 데이터셋에 대해서 손으로 직접 CART 트리 알고리즘을 개발한다.

사용자 관심 분야	사용자 직업	클릭
기술	전문직	1
패션	학생	0
패션	전문직	0
스포츠	학생	0
기술	학생	1
기술	은퇴자	0
스포츠	전문직	1

그림 4.8 **광고 데이터의 예**

우선, 두 가지 특징 각각의 모든 가능한 값에 대해서 첫 번째 분할 지점인 루트를 결정한다. 방금 정의한 weighted_impurity 함수를 이용해서 다음과 같이 가능한 각각의 조합에 대한 가중 지니 불순도를 계산한다.

```
Gini(interest, tech) = weighted_impurity([[1, 1, 0], [0, 0, 0, 1]]) = 0.405
```

사용자의 관심사가 기술인지 여부에 따라, 1, 5, 6번째 샘플을 포함하는 그룹과 나머지 샘플을 포함하는 그룹으로 분할한다. 그러면 첫 번째 그룹의 클래스는 [1, 1, 0]이고 두 번째 그룹의 클래스는 [0, 0, 0, 1]이 된다.

```
Gini(interest, Fashion) = weighted_impurity([[0, 0], [1, 0, 1, 0, 1]]) = 0.343
```

사용자의 관심사가 패션인지 여부에 따라, 2, 3번째 샘플을 포함하는 그룹과 나머지 샘플을 포함하는 그룹으로 분할한다. 그러면 첫 번째 그룹의 클래스는 [0, 0]이고 두 번째 그룹의 클래스는 [1, 0, 1, 0, 1]이 된다.

```
Gini(interest, Sports) = weighted_impurity([[0, 1], [1, 0, 0, 1, 0]]) = 0.486
Gini(occupation, professional) = weighted_impurity([[0, 0, 1, 0], [1, 0, 1]]) = 0.405
Gini(occupation, student) = weighted_impurity([[0, 0, 1, 0], [1, 0, 1]]) = 0.405
Gini(occupation, retired) = weighted_impurity([[1, 0, 0, 0, 1, 1], [1]]) = 0.429
```

패션값과 사용자 관심 특징 조합이 가장 낮은 가중 불순물 또는 가장 높은 정보 이득을 얻을 수 있으므로 이 조합이 루트가 된다. 이제 트리의 첫 번째 레벨level을 다음과 같이 만들 수 있다.

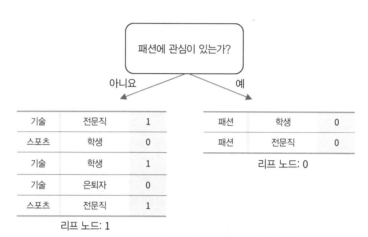

그림 4.9 **패션에 관심이 있는지에 따른 데이터 분할**

깊이가 1인 트리로 만족한다면, 오른쪽 분기와 왼쪽 분기에 각각 레이블 0과 레이블 1을 클래스로 할당하고 여기서 종료할 수 있다.

또는 경로를 더 내려가 왼쪽 분기에서 두 번째 레벨을 생성하고 더 아래로 이동할 수 있다(오른쪽 분기는 더 이상 분할할 수 없다).

```
Gini(interest, tech) = weighted_impurity([[0, 1], [1, 1, 0]]) = 0.467
Gini(interest, Sports) = weighted_impurity([[1, 1, 0], [0, 1]]) = 0.467
Gini(occupation, professional) = weighted_impurity([[0, 1, 0], [1, 1]]) = 0.267
Gini(occupation, student) = weighted_impurity([[1, 0, 1], [0, 1]]) = 0.467
Gini(occupation, retired) = weighted_impurity([[1, 0, 1, 1], [0]]) = 0.300
```

지니 불순도가 가장 낮은 것은 (직업, 전문직)으로 두 번째 분할 지점에서의 트리는 다음과 같다.

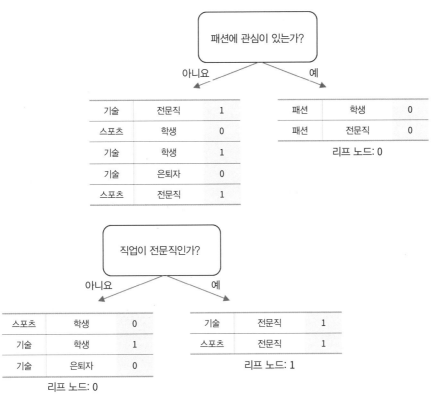

그림 4.10 **직업이 전문직인가에 따른 데이터 추가 분할**

트리가 최대 깊이를 초과하지 않고 노드에 충분한 샘플이 남아 있으면 분할 과정을 반복할 수 있다.

지금까지 트리 구성 과정을 충분히 살펴보았으니, 이제 코딩해볼 시간이다.

최적의 분할 지점에 대한 기준부터 살펴보자. 두 개의 잠재적인 자식 노드의 가중 불순도 계산은 이전에 정의한 것과 같지만, 두 가지 측정 지표의 계산은 약간 다르다. 계산의 효율성을 위해 지금부터는 넘파이 배열을 입력한다. 지니 불순도는 다음과 같다.

```
>>> def gini_impurity_np(labels):
...     # 공집합의 지니 불순도는 0이다.
...     if labels.size == 0:
...         return 0
...     # 각 레이블의 개수를 구한다.
...     counts = np.unique(labels, return_counts=True)[1]
...     fractions = counts / float(len(labels))
...     return 1 - np.sum(fractions ** 2)
```

엔트로피는 다음과 같다.

```
>>> def entropy_np(labels):
...     # 공집합의 지니 불순도는 0이다.
...     if labels.size == 0:
...         return 0
...     counts = np.unique(labels, return_counts=True)[1]
...     fractions = counts / float(len(labels))
...     return - np.sum(fractions * np.log2(fractions))
```

또한 weighted_impurity 함수를 다음과 같이 수정한다.

```
>>> def weighted_impurity(groups, criterion='gini'):
...     """
...     분할 후, 자식 노드의 가중 불순도 계산
...     @param groups: 자식 노드의 리스트, 각 자식은 클래스 레이블의 리스트
...     @param criterion: 분할의 품질 측정 지표.
...                       'gini'(지니 불순도) 또는 'entropy'(정보 이득)
...     @return weighted_sum: float, 가중 불순도
...     """
...     total = sum(len(group) for group in groups)
...     weighted_sum = 0.0
...     for group in groups:
...         weighted_sum += len(group) / float(total) *
...                         criterion_function_np[criterion](group)
...     return weighted_sum
```

특징과 값을 기준으로 노드를 왼쪽 자식 노드 또는 오른쪽 자식 노드로 분할하는 유틸리티 함수를 정의한다.

```
>>> def split_node(X, y, index, value):
...     """
...     특징과 값에 따라 데이터셋 X, y 분할
...     @param X: numpy.ndarray, 특징 데이터셋
...     @param y: numpy.ndarray, 목표 데이터셋
...     @param index: int, 분할에 사용된 특징의 인덱스
...     @param value: 분할에 사용된 특징의 값
...     @return left: list, 왼쪽 자식 노드, 각 자식 노드의 포맷은 [X, y]
...     @return right: list, 오른쪽 자식 노드, 각 자식 노드의 포맷은 [X, y]
...     """
...     x_index = X[:, index]
...     # 수치형 특징의 경우
...     if X[0, index].dtype.kind in ['i', 'f']:
```

```
...              mask = x_index >= value
...          # 범주형 특징의 경우
...          else:
...              mask = x_index == value
...          # 왼쪽 자식과 오른쪽 자식으로 분할한다.
...          left = [X[~mask, :], y[~mask]]
...          right = [X[mask, :], y[mask]]
...          return left, right
```

특징이 수치형인지 범주형인지를 확인하고 그에 따라 데이터를 분할한다.

분할에 필요한 측정과 생성 함수를 정의한 그리디 검색 함수를 통해 모든 가능한 분할을 시도해보고, 주어진 선택 기준에 따라 최상의 분할을 반환한다.

```
>>> def get_best_split(X, y, criterion):
...     """
...     데이터셋 X, y에 대한 최상의 분할점과 이때의 자식 노드 구하기
...     @param X: numpy.ndarray, 특징 데이터셋
...     @param y: numpy.ndarray, 목표 데이터셋
...     @param criterion: 지니 또는 엔트로피
...     @return: dictionary {index: 특징의 인덱스, value: 특징의 값,
...                          children: 왼쪽 자식과 오른쪽 자식}
...     """
...     best_index, best_value, best_score, children = None, None, 1, None
...     for index in range(len(X[0])):
...         for value in np.sort(np.unique(X[:, index])):
...             groups = split_node(X, y, index, value)
...             impurity = weighted_impurity(
...                         [groups[0][1], groups[1][1]], criterion)
...             if impurity < best_score:
...                 best_index, best_value, best_score, children =
...                         index, value, impurity, groups
...     return {'index': best_index, 'value': best_value, 'children': children}
```

선택과 분할 과정은 각 과정에서 결과로 얻게 되는 자식에 관해 재귀적으로 진행한다. 중지 기준을 충족하는 노드에서 중지하고 이 리프 노드에 레이블을 할당한다.

```
>>> def get_leaf(labels):
...     # 다수를 차지하는 레이블을 리프 노드에 할당한다.
...     return np.bincount(labels).argmax()
```

마지막으로 재귀 함수로 전체 과정을 반복해서 수행한다.

- 두 자식 노드 중 하나가 비어 있으면 리프 노드를 힐딩한다.

- 현재 분기의 깊이가 허용된 최대 깊이를 초과하면 리프 노드를 할당한다.

- 노드에 추가 분할에 필요한 샘플이 충분하지 않으면 리프 노드를 할당한다.

- 그렇지 않으면 최적의 분할 지점에서 추가 분할을 진행한다.

다음 함수로 이 과정을 수행한다.

```python
>>> def split(node, max_depth, min_size, depth, criterion):
...     """
...     노드의 자식 노드 분할에 따라 새로운 노드를 구성하거나 터미널 노드 할당
...     @param node: dictionary, 자식 노드의 정보
...     @param max_depth: int, 트리의 최대 깊이
...     @param min_size: int, 자식 노드의 추가 분할에 필요한 최소 샘플 수
...     @param depth: int, 노드의 현재 깊이
...     @param criterion: 지니 또는 엔트로피
...     """
...     left, right = node['children']
...     del (node['children'])
...     if left[1].size == 0:
...         node['right'] = get_leaf(right[1])
...         return
...     if right[1].size == 0:
...         node['left'] = get_leaf(left[1])
...         return
...     # 현재의 깊이가 최대 깊이보다 큰지 확인한다.
...     if depth >= max_depth:
...         node['left'], node['right'] = get_leaf(left[1]), get_leaf(right[1])
...         return
...     # 왼쪽 자식에 충분한 샘플이 있는지 확인한다.
...     if left[1].size <= min_size:
...         node['left'] = get_leaf(left[1])
...     else:
...         # 충분한 샘플이 있다면, 추가적으로 분할한다.
...         result = get_best_split(left[0], left[1], criterion)
...         result_left, result_right = result['children']
...         if result_left[1].size == 0:
...             node['left'] = get_leaf(result_right[1])
...         elif result_right[1].size == 0:
...             node['left'] = get_leaf(result_left[1])
...         else:
...             node['left'] = result
...             split(node['left'], max_depth, min_size, depth + 1, criterion)
...     # 오른쪽 자식에 충분한 샘플이 있는지 확인한다.
...     if right[1].size <= min_size:
```

```
...             node['right'] = get_leaf(right[1])
...         else:
...             # 충분한 샘플이 있다면, 추가적으로 분할한다.
...             result = get_best_split(right[0], right[1], criterion)
...             result_left, result_right = result['children']
...             if result_left[1].size == 0:
...                 node['right'] = get_leaf(result_right[1])
...             elif result_right[1].size == 0:
...                 node['right'] = get_leaf(result_left[1])
...             else:
...                 node['right'] = result
...                 split(node['right'], max_depth, min_size, depth + 1, criterion)
```

마지막으로 트리를 훈련하는 함수의 진입점은 다음과 같다.

```
>>> def train_tree(x_train, y_train, max_depth, min_size, criterion='gini'):
...     """
...     트리 구성이 여기서 시작됨
...     @param X_train: 훈련 샘플의 리스트(특징)
...     @param y_train: 훈련 샘플의 리스트(목표)
...     @param max_depth: int, 트리의 최대 깊이
...     @param min_size: int, 자식 노드의 추가 분할에 필요한 최소 샘플 수
...     @param criterion: 지니 또는 엔트로피
...     """
...     X = np.array(X_train)
...     y = np.array(y_train)
...     root = get_best_split(X, y, criterion)
...     split(root, max_depth, min_size, 1, criterion)
...     return root
```

앞에서 손으로 계산한 예를 이용해서 테스트한다.

```
>>> X_train = [['tech', 'professional'],
...            ['fashion', 'student'],
...            ['fashion', 'professional'],
...            ['sports', 'student'],
...            ['tech', 'student'],
...            ['tech', 'retired'],
...            ['sports', 'professional']]
>>> y_train = [1, 0, 0, 0, 1, 0, 1]
>>> tree = train_tree(X_train, y_train, 2, 2)
```

의사결정 트리 모델의 결과와 손으로 구성한 것이 같은지 확인하기 위해서 트리를 시각화하는 함수를 구현한다.

```
>>> CONDITION = {'numerical': {'yes': '>=', 'no': '<'},
...              'categorical': {'yes': 'is', 'no': 'is not'}}
>>> def visualize_tree(node, depth=0):
...     if isinstance(node, dict):
...         if node['value'].dtype.kind in ['i', 'f']:
...             condition = CONDITION['numerical']
...         else:
...             condition = CONDITION['categorical']
...         print('{}|- X{} {} {}'.format(depth * '  ',
...             node['index'] + 1, condition['no'], node['value']))
...         if 'left' in node:
...             visualize_tree(node['left'], depth + 1)
...         print('{}|- X{} {} {}'.format(depth * '  ',
...             node['index'] + 1, condition['yes'], node['value']))
...         if 'right' in node:
...             visualize_tree(node['right'], depth + 1)
...     else:
...         print(f"{depth * '  '}[{node}]")
>>> visualize_tree(tree)
|- X1 is not fashion
 |- X2 is not professional
   [0]
 |- X2 is professional
   [1]
|- X1 is fashion
   [0]
```

다음과 같이 수치형 예로 테스트할 수 있다.

```
>>> X_train_n = [[6, 7],
...              [2, 4],
...              [7, 2],
...              [3, 6],
...              [4, 7],
...              [5, 2],
...              [1, 6],
...              [2, 0],
...              [6, 3],
...              [4, 1]]
>>> y_train_n = [0, 0, 0, 0, 0, 1, 1, 1, 1, 1]
>>> tree = train_tree(X_train_n, y_train_n, 2, 2)
```

```
>>> visualize_tree(tree)
|- X2 < 4
 |- X1 < 7
   [1]
 |- X1 >= 7
   [0]
|- X2 >= 4
 |- X1 < 2
   [1]
 |- X1 >= 2
   [0]
```

의사결정 트리 모델의 결과로 얻은 트리가 손으로 만든 것과 동일하다는 것을 알 수 있다.

지금까지 의사결정 트리를 밑바닥부터 구현했다. 이제 사이킷런을 이용해서 의사결정 트리를 구현해 보자.

4.5 사이킷런을 이용한 의사결정 트리 구현

이미 검증되고 최적화된 의사결정 트리 모듈[6]을 사용한다.

```
>>> from sklearn.tree import DecisionTreeClassifier
>>> tree_sk = DecisionTreeClassifier(criterion='gini', max_depth=2, min_samples_split=2)
>>> tree_sk.fit(X_train_n, y_train_n)
```

방금 만든 트리를 시각화하기 위해서 다음과 같이 내장 함수 export_graphviz를 활용한다.

```
>>> export_graphviz(tree_sk, out_file='tree.dot',
...              feature_names=['X1', 'X2'], impurity=False,
...              filled=True, class_names=['0', '1'])
```

이 함수를 실행하면 tree.dot라는 파일이 만들어지는데, 터미널에서 다음 명령을 실행하면 **Graphviz**[7]를 사용해서 해당 파일을 PNG 이미지 파일로 변환할 수 있다.

```
dot -Tpng tree.dot -o tree.png
```

---

6 https://scikit-learn.org/stable/modules/generated/sklearn.tree.DecisionTreeClassifier.html (옮긴이) https://bit.ly/3MYc4P2
7 이에 대한 소개와 설치 지침은 http://www.graphviz.org를 참조한다.

결과는 그림 4.11과 같다.

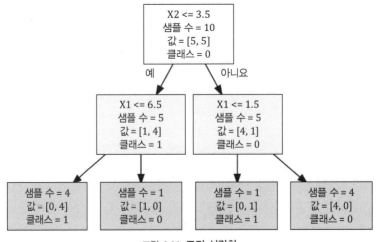

그림 4.11 **트리 시각화**

생성된 트리는 본질적으로 이전에 사용했던 것과 같다.

다음 절에서는 의사결정 트리를 이용해서 광고 클릭률을 예측해보자.

4.6 의사결정 트리를 이용한 광고 클릭률 예측

지금까지 몇 가지 예를 통해 의사결정 트리 알고리즘을 충분히 배우고 연습해봤으므로, 이제 광고 클릭률을 예측해보자. 캐글 머신러닝 대회에 공개된 클릭률 예측click-through rate prediction[8] 데이터셋을 사용하는데, 해당 데이터셋은 캐글 사이트[9]에서 다운로드할 수 있다.

> NOTE train.gz 파일에 레이블링된 샘플이 포함되므로, 이 파일만 다운로드하고 압축을 풀면 된다(파일의 크기가 커서 다운로드에 시간이 오래 걸린다). 이 절에서는 train.gz에서 압축을 푼 훈련 파일의 앞부분에 있는 300,000개의 샘플만 사용한다.

원시 파일의 필드는 다음과 같다.

---

8 https://www.kaggle.com/c/avazu-ctr-prediction (옮긴이) https://bit.ly/37rVJBM)

9 https://www.kaggle.com/c/avazu-ctr-prediction/data (옮긴이) https://bit.ly/3CP3Rbe)

필드	설명	예시
id	광고 식별자	'1000009418151094273', '10000169349117863715' 등
click	'0' – 클릭 안 함 '1' – 클릭함	0, 1
hour	형식 YYMMDDHH	'14102100'
C1	익명화된 범주형 변수	'1005', '1002'
banner_pos	배너 위치	1, 0
site_id	사이트 식별자	'1fbe01fe', 'fe8cc448', 'd6137915'
site_domain	해시된 사이트 도메인	'bblef334', 'f3845767'
site_category	해시된 사이트 범주	'28905ebd', '28905ebd'
app_id	모바일 앱 식별자	'ecad2386'
app_domain	모바일 앱 도메인	'7801e8d9'
app_category	앱 범주	'07d7df22'
device_id	모바일 기기 식별자	'a99f214a'
device_ip	IP 주소	'ddd2926e'
device_model	예: 아이폰 6, 삼성 갤럭시, 해시된 데이터값	'44956a24'
device_type	예: 태블릿, 스마트폰, 해시된 데이터값	1
device_conn_type	예: 와이파이, 3G, 해시된 데이터값	0, 2
C14-C21	익명화된 범주형 변수	

그림 4.12 데이터셋의 설명과 예시

다음 명령을 통해 파일 헤드를 살펴볼 수 있다.

```
head train | sed 's/,,/, ,/g;s/,,/, ,/g' | column -s, -t
```

옵션을 통해서 모든 열이 정렬되므로, 단순히 head train을 출력하는 것보다 출력이 더 깔끔해진다.

```
id                   click  hour      C1    banner_pos  site_id   site_domain  site_category  app_id
 app_domain  app_category  device_id  device_ip  device_model  device_type  device_conn_type  C14    C15
  C16  C17   C18  C19  C20     C21
1000009418151094273  0      14102100  1005  0           1fbe01fe  f3845767    28905ebd       ecad2386
 7801e8d9    07d7df22      a99f214a  ddd2926e  44956a24      1            2                 15706  320
 50   1722  0    35   -1      79
10000169349117863715  0      14102100  1005  0           1fbe01fe  f3845767    28905ebd       ecad2386
 7801e8d9    07d7df22      a99f214a  96809ac8  711ee120      1            0                 15704  320
 50   1722  0    35   100084  79
10000371904215119486  0      14102100  1005  0           1fbe01fe  f3845767    28905ebd       ecad2386
 7801e8d9    07d7df22      a99f214a  b3cf8def  8a4875bd      1            0                 15704  320
 50   1722  0    35   100084  79
10000640724480838376  0      14102100  1005  0           1fbe01fe  f3845767    28905ebd       ecad2386
 7801e8d9    07d7df22      a99f214a  e8275b8f  6332421a      1            0                 15706  320
 50   1722  0    35   100084  79
10000679056417042096  0      14102100  1005  1           fe8cc448  9166c161    0569f928       ecad2386
 7801e8d9    07d7df22      a99f214a  9644d0bf  779d90c2      1            0                 18993  320
 50   2161  0    35   -1      157
10000720757801103869  0      14102100  1005  0           d6137915  bb1ef334    f028772b       ecad2386
 7801e8d9    07d7df22      a99f214a  05241af0  8a4875bd      1            0                 16920  320
 50   1899  0    431  100077  117
10000724729988544911  0      14102100  1005  0           8fda644b  25d4cfcd    f028772b       ecad2386
 7801e8d9    07d7df22      a99f214a  b264c159  be6db1d7      1            0                 20362  320
 50   2333  0    39   -1      157
10000918755742328737  0      14102100  1005  1           e151e245  7e091613    f028772b       ecad2386
 7801e8d9    07d7df22      a99f214a  e6f67278  be74e6fe      1            0                 20632  320
 50   2374  3    39   -1      23
10000949271186029916  1      14102100  1005  0           1fbe01fe  f3845767    28905ebd       ecad2386
 7801e8d9    07d7df22      a99f214a  37e8da74  5db079b5      1            2                 15707  320
 50   1722  0    35   -1      79
```

그림 4.13 데이터의 처음 몇 행

그림 4.13에 보이는 익명화되고 해시된hashed 값에 겁먹을 필요는 없다. 이 값은 범주형 특징으로 각각 의미 있는 값을 갖지만, 여기서는 단지 개인정보 보호정책에 따라 이렇게 나타냈을 뿐이다. 아마 C1은 사용자 성별을 의미하고 1005와 1002는 각각 남성과 여성을 나타낼 것이다.

이제 팬더스를 이용해서 데이터셋을 읽는데, 팬더스는 테이블 형식의 데이터를 매우 잘 처리할 수 있다.

```
>>> import pandas as pd
>>> n_rows = 300000
>>> df = pd.read_csv("train.csv", nrows=n_rows)
```

파일의 처음 300,000줄을 로드해서 데이터프레임DataFrame[10]에 저장한다. 데이터프레임의 처음 5개 행을 간단히 살펴보면 다음과 같다.[11]

10 옮긴이 6.1.1절 참조

11 옮긴이 지면상 일부 열은 생략했다.

```
>>> print(df.head(5))
            id  click      hour    C1  banner_pos  ...  C15  C16   C17  C18  C19     C20  C21
0  1.000009e+18      0  14102100  1005           0  ...  320   50  1722    0   35      -1   79
1  1.000017e+19      0  14102100  1005           0  ...  320   50  1722    0   35  100084   79
2  1.000037e+19      0  14102100  1005           0  ...  320   50  1722    0   35  100084   79
3  1.000064e+19      0  14102100  1005           0  ...  320   50  1722    0   35  100084   79
4  1.000068e+19      0  14102100  1005           1  ...  320   50  2161    0   35      -1  157
```

click 열이 목표 변수에 해당한다.

```
>>> Y = df['click'].values
```

나머지 열 중에서 id, hour, device_id, device_ip 열에 해당하는 특징에는 유용한 정보가 많지 않으므로 해당 열은 다음과 같이 제거한다.

```
>>> X = df.drop(['click', 'id', 'hour', 'device_id', 'device_ip'], axis=1).values
>>> print(X.shape)
(300000, 19)
```

각 샘플에는 19개의 예측 속성이 있다는 것을 알 수 있다.

다음으로 데이터를 훈련셋과 테스트셋으로 분할해야 한다. 일반적으로는 샘플을 무작위로 선택해서 데이터를 분할한다. 이 경우에는 샘플이 시간 필드에 표시된 시간순으로 정렬되므로, 앞부분의 90%는 훈련 샘플로, 나머지는 테스트 샘플로 사용한다. 이는 직관적으로 봐도 타당한데, 과거 샘플 예측에 미래 샘플을 사용할 수는 없기 때문이다.

```
>>> n_train = int(n_rows * 0.9)
>>> X_train = X[:n_train]
>>> Y_train = Y[:n_train]
>>> X_test = X[n_train:]
>>> Y_test = Y[n_train:]
```

앞서 언급했듯이 의사결정 트리 모델은 범주형 특징을 사용할 수 있다. 단, 사이킷런의 트리 기반 알고리즘(2020년 기준 버전 0.22.0)은 수치형 입력만 허용하므로 범주형 특징을 수치형으로 변환해야 한다. 그러나 일반적으로는 이렇게 할 필요가 없다. 예를 들어 이전에 밑바닥부터 개발했던 의사결정 트리 분류기도 범주형 특징을 직접 사용할 수 있었다.

이제 사이킷런의 OneHotEncoder 모듈을 이용해서 문자열 기반 범주형 특징을 원-핫 인코딩된 벡터로 변환한다. 원-핫 인코딩은 1장에서 간략하게 언급했다. 요약하자면, 기본적으로 k개의 가능한 값이 있는 범주형 특징을 k개의 이진 특징으로 변환한다. 예를 들어 뉴스, 교육, 스포츠 이렇게 세 가지 값을 갖는 사이트의 범주 특징은 각각 1 또는 0의 값을 갖는 is_news, is_education, is_sports 같은 세 가지 이진 특징으로 인코딩한다.

OneHotEncoder 객체를 다음과 같이 초기화한다.

```
>>> from sklearn.preprocessing import OneHotEncoder
>>> enc = OneHotEncoder(handle_unknown='ignore')
```

다음과 같이 훈련셋으로 피팅한다.

```
>>> X_train_enc = enc.fit_transform(X_train)
>>> X_train_enc[0]
<1x8385 sparse matrix of type '<class 'numpy.float64'>'
with 19 stored elements in Compressed Sparse Row format>
>>> print(X_train_enc[0])
  (0, 2) 1.0
  (0, 6) 1.0
  (0, 30) 1.0
  (0, 1471) 1.0
  (0, 2743) 1.0
  (0, 3878) 1.0
  (0, 4000) 1.0
  (0, 4048) 1.0
  (0, 6663) 1.0
  (0, 7491) 1.0
  (0, 7494) 1.0
  (0, 7861) 1.0
  (0, 8004) 1.0
  (0, 8008) 1.0
  (0, 8085) 1.0
  (0, 8158) 1.0
  (0, 8163) 1.0
  (0, 8202) 1.0
  (0, 8383) 1.0
```

변환된 각 샘플은 희소 벡터가 된다.

훈련된 원-핫 인코더를 이용해서 테스트셋을 다음과 같이 변환한다.

```
>>> X_test_enc = enc.transform(X_test)
```

앞서 원-핫 인코더에서 handle_unknown 매개변수를 'ignore'로 지정했는데, 이는 유효하지 않은 범
줏값에 따른 예기치 못한 오류를 방지하려는 것이다. 이전에 봤던 사이트 범주 예에서 샘플값이 영
화인 경우 이를 변환하면 세 가지 이진 특징(is_news, is_education, is_sports)이 모두 0이 된다. 따라서
ignore로 지정하지 않으면 이 경우에 오류가 발생한다.

다음으로, 3장에서 배운 그리드 검색을 이용해서 의사결정 트리 모델을 훈련하는데, 시연할 때 편의
를 위해서 max_depth 초매개변수만 조정한다. 실제 환경에서는 추가로 min_samples_split와 class_
weight와 같은 다른 초매개변수도 조정한다. 불균형한 이진 사례(300,000개의 훈련 샘플 중 51,211개만 클
릭이고, 이는 긍정적 CTR의 17%에 해당함. 클래스 분포를 직접 파악하는 것이 좋음)에 해당하므로, 분류 측
정 지표는 ROC의 AUC를 사용한다.

```
>>> from sklearn.tree import DecisionTreeClassifier
>>> parameters = {'max_depth': [3, 10, None]}
```

최대 깊이는 3, 10, '무제한' 중에 하나를 선택한다. 지니 불순도를 측정 지표로 사용하고, 추가 분할
에 필요한 최소 샘플 수는 30으로 해서 의사결정 트리 모델을 초기화한다.

```
>>> decision_tree = DecisionTreeClassifier(criterion='gini', min_samples_split=30)
>>> from sklearn.model_selection import GridSearchCV
```

그리드 검색의 경우에는 (충분한 훈련 샘플이 있으므로) 3-폴드 교차 검증을 사용하고 최고 성능의
AUC에 해당하는 초매개변수를 선택한다.

```
>>> grid_search = GridSearchCV(decision_tree, parameters,
...                            n_jobs=-1, cv=3, scoring='roc_auc')
```

참고로 n_jobs=-1은 사용할 수 있는 모든 CPU 프로세서를 쓴다는 의미다.

```
>>> grid_search.fit(X_train_enc, Y_train)
>>> print(grid_search.best_params_)
{'max_depth': 10}
```

최적의 매개변수를 적용한 예측 모델로 다음과 같이 테스트한다.

```
>>> decision_tree_best = grid_search.best_estimator_
>>> pos_prob = decision_tree_best.predict_proba(X_test)[:, 1]
>>> from sklearn.metrics import roc_auc_score
>>> print(f'The ROC AUC on testing set is: {roc_auc_score(Y_test, pos_prob):.3f}')
The ROC AUC on testing set is: 0.719
```

최적의 의사결정 트리 모델의 AUC는 0.72다. 그다지 높은 것처럼 보이지 않지만, 클릭률에는 많은 복잡한 인적 요소가 포함되므로 예측이 쉬운 작업이 아니다. 초매개변수를 추가로 최적화할 수도 있지만 AUC가 0.72이면 상당히 좋은 편이다. 클릭할 샘플의 17%를 무작위로 선택[12]하면 AUC가 0.496이다.

```
>>> import numpy as np
>>> pos_prob = np.zeros(len(Y_test))
>>> click_index = np.random.choice(len(Y_test),
...                     int(len(Y_test) * 51211.0/300000),
...                     replace=False)
>>> pos_prob[click_index] = 1
>>> print(f'The ROC AUC on testing set is: {roc_auc_score(Y_test, pos_prob):.3f}')
The ROC AUC on testing set is: 0.496
```

다시 생각해보면, 의사결정 트리는 훈련 데이터셋으로 각 단계에서 최상의 분할 지점을 찾는 일련의 그리디 검색이라고 할 수 있다. 그러나 최적의 포인트가 훈련 샘플에 대해서만 잘 작동할 가능성이 있으므로 과적합을 일으키는 경향이 있다. 다행히 앙상블링ensembling 기법을 통해 이러한 과적합을 방지할 수 있는데, 일반적으로는 랜덤 포레스트가 단순한 의사결정 트리보다 성능이 우수한 앙상블 트리 모델이다.

4.7 의사결정 트리 앙상블: 랜덤 포레스트

1장에서 간단히 언급한 **앙상블** 기법의 하나인 **배깅**(부트스트랩 집계)을 통해 과적합을 효과적으로 극복할 수 있다. 요약하자면, 훈련 데이터 원본에서 서로 다른 훈련 샘플 셋을 무작위로 추출해서 각 데이터셋으로 개별 분류 모델을 피팅한다. 이렇게 개별적으로 훈련한 모델의 결과로부터 **다수결 투표** majority vote를 통해 최종 결정을 내린다. 트리 배깅은 앞에서 설명한 바와 같이 의사결정 트리 모델의 높은 분산을 줄여주므로 일반적으로 단일 트리보다 더 나은 성능을 보인다.

---

12 옮긴이 해당 모델의 기준선(baseline)으로 볼 수 있다.

그러나 한 개 또는 몇 개의 특징이 두드러지는 경우에는 대체로 개별 트리가 이러한 특징에 좌우되는 만큼 결과적으로 트리 간에 높은 상관관계가 발생한다. 상관관계가 있는 트리는 여러 개를 취합해도 성능에 큰 차이가 없다. 따라서 **랜덤 포레스트**는 각 트리 간에 상관관계를 없애기 위해, 각 노드에서 최상의 분할 지점을 검색할 때 무작위로 선택한 특징의 부분집합만 고려한다. 개별 트리는 이제 서로 다른 순차적 특징 셋으로 훈련하므로 더 많은 다양성과 더 나은 성능을 보장한다. 랜덤 포레스트는 **특징 기반 배깅**feature-based bagging이 추가된 트리 배깅 모델의 변형으로 볼 수 있다.

클릭률 예측 프로젝트에 랜덤 포레스트를 적용하기 위해서 사이킷런 패키지를 사용한다. 앞 절에서 의사결정 트리를 구현한 방식과 유사하게 max_depth 매개변수만 조정한다.

```
>>> from sklearn.ensemble import RandomForestClassifier
>>> random_forest = RandomForestClassifier(n_estimators=100,
...                     criterion='gini', min_samples_split=30,
...                     n_jobs=-1)
```

랜덤 포레스트(트리 집합)에는 단일 의사결정 트리의 중요한 초매개변수인 max_depth, min_samples_split, class_weight 외에 n_estimators와 같은 초매개변수도 중요하다.

다음과 같이 max_depth를 미세 조정한다.

```
>>> grid_search = GridSearchCV(random_forest, parameters,
...                     n_jobs=-1, cv=3, scoring='roc_auc')
>>> grid_search.fit(X_train_enc, Y_train)
>>> print(grid_search.best_params_)
{'max_depth': None}
```

새로운 사례에 대한 예측을 위해서 모델의 max_depth를 None으로 설정한다(다른 중지 기준이 충족될 때까지 노드가 확장된다).

```
>>> random_forest_best = grid_search.best_estimator_
>>> pos_prob = random_forest_best.predict_proba(X_test)[:, 1]
>>> print('The ROC AUC on testing set is:
...         {0:.3f}'.format(roc_auc_score(y_test, pos_prob)))
The ROC AUC on testing set is: 0.759
```

랜덤 포레스트 모델이 성능을 크게 높이는 것으로 나타났다.

조정이 필요한 몇 가지 중요한 초매개변수는 다음과 같다.

- **max_depth**: 개별 트리의 최대 깊이다. 너무 깊으면 과적합되고, 너무 얕으면 과소적합되는 경향이 있다.

- **min_samples_split**: 노드에서 추가 분할에 필요한 최소 샘플 수를 나타낸다. 값이 너무 작으면 과적합이 발생하는 경향이 있고, 값이 너무 크면 과소적합이 발생할 수 있다. 10, 30, 50 중 하나로 시작하는 것이 좋다.

앞에서 언급한 두 가지 초매개변수는 개별 의사결정 트리와 관련한 것이다. 반면 다음 두 매개변수는 랜덤 포레스트나 트리 집합과 더 관련이 있다.

- **max_features**: 각 최적 분할점 검색을 위해 고려해야 하는 특징의 수를 나타낸다. 일반적으로 m차원 데이터셋의 경우 $\sqrt{m}$ (반올림)을 max_features 값으로 사용하는 것이 좋다. 이것은 사이킷런에서 max_features="sqrt"로 지정할 수 있는데, 다른 옵션으로는 원래 특징의 log2, 20%, 50%가 있다.

- **n_estimators**: 다수결 투표를 할 때 고려하는 트리의 수를 나타낸다. 일반적으로 트리가 많을수록 성능은 향상하지만 계산 시간이 오래 걸린다. 보통 100, 200, 500 등으로 설정한다.

이제 그레이디언트 부스티드 트리에 관해 알아본다.

4.8 의사결정 트리 앙상블: 그레이디언트 부스티드 트리

또 다른 앙상블 기법인 **부스팅**은 여러 학습자learners를 병렬로 결합하는 대신 반복적iterative으로 적용한다. 부스티드 트리에서는 개별 트리를 더 이상 별도로 훈련하지 않는다. 특히 (**그레이디언트 부스팅 머신**gradient boosting machine이라고도 하는) **그레이디언트 부스티드 트리**gradient boosted tree, GBT에서는 이전 트리에서 발생한 오류를 수정할 수 있도록 개별 트리를 연속해서 훈련한다.

다음 두 다이어그램은 랜덤 포레스트와 GBT의 차이점을 보여준다. 랜덤 포레스트는 트리마다 데이터셋의 서로 다른 부분집합을 사용해서 각 트리를 서로 독립적으로 만든 다음, 최종적으로 모든 트리의 과반수 투표나 평균을 구해서 결과를 취합한다.

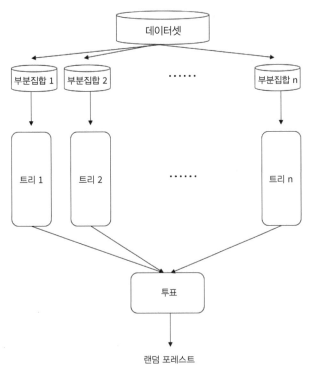

그림 4.14 **랜덤 포레스트 워크플로**

GBT 모델은 한 번에 하나의 트리를 만들고, 이렇게 반복적인 방식으로 결과를 취합한다.

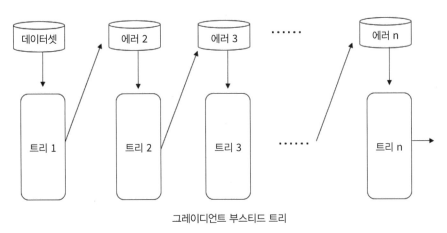

그레이디언트 부스티드 트리

그림 4.15 **GBT 워크플로**

XGBoost 패키지[13]를 이용해서 GBT를 구현한다. 우선 다음과 같이 XGBoost 파이썬 API를 설치한다.

```
pip install xgboost
```

설치 중에 문제가 발생하면 다음과 같이 CMake를 설치하거나 업그레이드한다.

```
pip install CMake
```

이제 다음 단계에 따라 GBT를 이용해서 클릭을 예측하는 방법을 볼 수 있다.

1. 먼저 레이블 변수를 2차원으로 변환한다. 즉, 0과 1은 각각 [1, 0], [0, 1]이 된다.

```
>>> from sklearn.preprocessing import LabelEncoder
>>> le = LabelEncoder()
>>> Y_train_enc = le.fit_transform(Y_train)
```

2. XGBoost를 임포트하고 GBT 모델을 초기화한다.

```
>>> import xgboost as xgb
>>> model = xgb.XGBClassifier(learning_rate=0.1, max_depth=10, n_estimators=1000)
```

각 단계(GBT의 각 트리)에서 학습을 얼마나 빠르게 또는 느리게 진행할지를 결정하는 학습률을 0.1로 설정한다. 학습률에 관해서는 5장에서 더 자세히 설명한다. 개별 트리의 max_depth는 10으로 설정한다. 또한 GBT 모델에서는 1,000개의 트리를 순차적으로 훈련한다.

3. 이전에 준비한 훈련셋으로 GBT 모델을 훈련한다.

```
>>> model.fit(X_train_enc, Y_train)
```

4. 훈련된 모델을 이용해서 테스트셋에 관해 예측하고, 그 결과에 따라 ROC AUC를 계산한다.

```
>>> pos_prob = model.predict_proba(X_test_enc)[:, 1]

>>> print(f'The ROC AUC on testing set is: {roc_auc_score(Y_test, pos_prob):.3f}')

The ROC AUC on testing set is: 0.771
```

---

13 https://xgboost.readthedocs.io/en/latest/

XGBoost GBT 모델을 이용해서 AUC 0.77을 얻었다.

이 절에서는 또 다른 유형의 트리 앙상블인 GBT에 관해 알아보고 이를 광고 클릭률 예측에 적용했다.

4.9 요약

4장에서는 일반적인 머신러닝 문제와 온라인 광고 클릭률 예측, 그리고 범주형 특징을 포함하는 이러한 예측에서의 어려운 문제에 대한 소개로 시작했다. 그런 다음 수치형 특징과 범주형 특징을 모두 사용할 수 있는 트리 기반 알고리즘을 살펴보았다.

다음으로 의사결정 트리 알고리즘의 작동 원리, 다양한 유형, 트리를 구성하는 방법, 노드에서 분할의 효율성을 측정하는 두 가지 측정 지표(지니 불순도와 엔트로피)에 관해 깊이 있게 논의했다. 수작업으로 트리를 구성한 후에 알고리즘을 밑바닥부터 구현했다.

또한 사이킷런에서 의사결정 트리 패키지를 사용하는 방법을 배웠고 CTR 예측에 적용했다. 특징 기반 랜덤 포레스트 배깅 알고리즘을 통해 성능을 지속해서 개선했고, 마지막으로 랜덤 포레스트 모델을 조정하는 몇 가지 방법을 살펴봤다. 4장 마지막의 보너스 절에서는 XGBoost를 이용해서 GBT 모델을 구현했다. 배깅과 부스팅은 학습 성능을 향상할 수 있도록 모델 앙상블을 구성하는 두 가지 방법이다.

더 많은 연습은 항상 기술을 연마하는 데 좋다. 다음 연습 문제를 풀어본 뒤, 다음 장에서 또 다른 알고리즘인 **로지스틱 회귀**logistic regression를 이용해서 광고 클릭률 예측 문제를 해결하기를 추천한다.

4.10 연습 문제

1. 의사결정 트리 클릭률 예측 프로젝트에서 min_samples_split, class_weight와 같은 다른 초매개변수도 조정해보고, 이를 통해 AUC를 얼마나 개선할 수 있는지 알아본다.

2. 랜덤 포레스트 기반 클릭률 예측 프로젝트를 사이킷런으로 구현할 때 min_samples_split, max_features, n_estimators와 같은 다른 초매개변수도 조정해본다. 달성할 수 있는 가장 높은 AUC는 얼마인가?

3. GBT 기반 클릭률 예측 프로젝트에서 어떤 초매개변수를 조정할 수 있는가? 달성할 수 있는 가장 높은 AUC는 얼마인가? 자세한 내용은 다음 사이트[14]를 참조한다.

---

14 https://xgboost.readthedocs.io/en/latest/python/python_api.html#module-xgboost.sklearn (옮긴이) https://bit.ly/3u8wps9

로지스틱 회귀를 이용한
온라인 광고 클릭률 예측

4장에서는 트리 알고리즘을 이용해서 광고 클릭률을 예측했다. 5장에서는 (아마도) 가장 확장할 수 있는 분류 모델인 로지스틱 회귀를 통해 이러한 10억 달러 규모의 문제를 해결하는 방법을 계속해서 알아본다. 로지스틱 함수가 무엇인지 살펴보고 로지스틱 회귀 모델을 훈련하는 방법, 모델에 정규화를 추가하는 방법, 매우 큰 데이터셋에 적용할 수 있는 로지스틱 회귀의 변형에 관해 알아본다. 분류에 적용하는 것 외에도 로지스틱 회귀와 랜덤 포레스트를 이용해서 중요한 특징을 선택하는 방법도 논의한다. 또한 사이킷런과 텐서플로를 이용해서 밑바닥부터 구현하는 많은 구현 예도 있으므로 지루하지 않을 것이다.

5장에서 다룰 주제는 다음과 같다.

- 범주형 특징 인코딩
- 로지스틱 함수
- 로지스틱 회귀란 무엇인가?
- 경사하강법과 확률적 경사하강법
- 로지스틱 회귀 구현
- 로지스틱 회귀를 이용한 클릭률 예측
- L1, L2 정규화를 이용한 로지스틱 회귀
- 특징 선택을 위한 로지스틱 회귀

- 온라인 학습
- 특징을 선택하는 또 다른 방법: 랜덤 포레스트

5.1 범주형 특징을 수치형으로 변환: 원-핫 인코딩과 순서 인코딩

4장에서는 트리 알고리즘에서 범주형 특징을 사용하기 위해, 사이킷런과 텐서플로를 이용해서 **원-핫 인코딩**으로 범주형 특징을 수치형 특징으로 변환하는 방법을 논의했다. 이처럼 원-핫 인코딩으로 범주형 특징을 수치형 특징으로 변환하면, 범주형 특징에 제한받지 않고 트리 기반 알고리즘을 사용할 수 있다.

k개의 가능한 값을 갖는 범주형 특징을 변환하는 가장 간단한 방법은 1에서 k까지의 값을 갖는 수치형 특징을 매핑하는 것이다. 예를 들어 [기술, 패션, 패션, 스포츠, 기술, 기술, 스포츠]는 [1, 2, 2, 3, 1, 1, 3]에 대응한다. 하지만 그 결과 스포츠가 기술보다 크고, 스포츠가 기술보다 패션에 더 가깝다는 것과 같은 순서ordinal 속성이 생긴다. 반면 원-핫 인코딩은 범주형 특징을 k개의 이진 특징으로 변환하는데, 각 이진 특징은 해당 가능한 값의 존재 여부를 나타낸다. 따라서 앞의 예는 다음과 같이 나타낼 수 있다.

사용자 관심	관심: 기술	관심: 패션	관심: 스포츠
기술	1	0	0
패션	0	1	0
패션	0	1	0
스포츠	0	0	1
기술	1	0	0
기술	1	0	0
스포츠	0	0	1

그림 5.1 원-핫 인코딩을 통해 사용자의 관심을 수치형 특징으로 변환

앞에서는 사이킷런의 OneHotEncoder를 이용해서 문자열 행렬을 이진 행렬로 변환했는데, 여기서는 효율적인 변환을 할 수 있는 또 다른 모듈인 DictVectorizer를 사용한다. DictVectorizer는 사전 객체(범주적 특징: 값)를 원-핫 인코딩된 벡터로 변환한다.

예를 들어 다음 코드를 살펴보자.

```
>>> from sklearn.feature_extraction import DictVectorizer
>>> X_dict = [{'interest': 'tech', 'occupation': 'professional'},
...           {'interest': 'fashion', 'occupation': 'student'},
...           {'interest': 'fashion','occupation':'professional'},
...           {'interest': 'sports', 'occupation': 'student'},
...           {'interest': 'tech', 'occupation': 'student'},
...           {'interest': 'tech', 'occupation': 'retired'},
...           {'interest': 'sports','occupation': 'professional'}]
>>> dict_one_hot_encoder = DictVectorizer(sparse=False)
>>> X_encoded = dict_one_hot_encoder.fit_transform(X_dict)
>>> print(X_encoded)
[[ 0.  0.  1.  1.   0.  0.]
 [ 1.  0.  0.  0.   0.  1.]
 [ 1.  0.  0.  1.   0.  0.]
 [ 0.  1.  0.  0.   0.  1.]
 [ 0.  0.  1.  0.   0.  1.]
 [ 0.  0.  1.  0.   1.  0.]
 [ 0.  1.  0.  1.   0.  0.]]
```

매핑된 결과는 다음과 같이 확인할 수 있다.

```
>>> print(dict_one_hot_encoder.vocabulary_)
{'interest=fashion': 0, 'interest=sports': 1,
'occupation=professional': 3, 'interest=tech': 2,
'occupation=retired': 4, 'occupation=student': 5}
```

새로운 데이터는 다음과 같이 변환할 수 있다.

```
>>> new_dict = [{'interest': 'sports', 'occupation': 'retired'}]
>>> new_encoded = dict_one_hot_encoder.transform(new_dict)
>>> print(new_encoded)
[[ 0. 1. 0. 0. 1. 0.]]
```

인코딩된 특징을 다음과 같이 원래 특징으로 역변환할 수도 있다.

```
>>> print(dict_one_hot_encoder.inverse_transform(new_encoded))
[{'interest=sports': 1.0, 'occupation=retired': 1.0}]
```

한 가지 유의할 점은, 새로운 데이터에서 훈련 데이터에서 보지 못한 새로운 범주를 발견하면 이를
무시해야 한다는 것이다(그렇지 않으면 인코더가 새로운 범줏값을 처리하지 못한다). OneHotEncoder의
ignore 매개변수를 지정하면 DictVectorizer가 이를 자동으로 처리해준다.

```
>>> new_dict = [{'interest': 'unknown_interest', 'occupation': 'retired'},
...             {'interest': 'tech', 'occupation': 'unseen_occupation'}]
>>> new_encoded = dict_one_hot_encoder.transform(new_dict)
>>> print(new_encoded)
[[ 0.  0.  0.  0.  1.  0.]
 [ 0.  0.  1.  0.  0.  0.]]
```

때로는 k개의 가능한 값을 갖는 범주형 특징을 1에서 k의 범윗값을 갖는 수치형 특징으로 변환하는 게 좋을 때도 있다. 이런 경우에는 학습할 때 순서나 순위ranking 지식을 사용하기 위해 **순서 인코딩** ordinal encoding을 한다. 예를 들어 대, 중, 소는 각각 3, 2, 1이 되고 좋고 나쁨은 1과 0이 된다. 반면 원-핫 인코딩은 이러한 유용한 정보를 보존하지 못한다. 팬더스로 순서 인코딩을 쉽게 구현할 수 있는데, 예를 들면 다음과 같다.

```
>>> import pandas as pd
>>> df = pd.DataFrame({'score': ['low',
...                              'high',
...                              'medium',
...                              'medium',
...                              'low']})
>>> print(df)
    score
0      low
1     high
2   medium
3   medium
4      low
>>> mapping = {'low':1, 'medium':2, 'high':3}
>>> df['score'] = df['score'].replace(mapping)
>>> print(df)
   score
0      1
1      3
2      2
3      2
4      1
```

미리 정의한 매핑을 기반으로 문자열 특징을 순서값으로 변환한다.

지금까지 범주형 특징을 수치형 특징으로 변환하는 방법을 다뤘다. 다음으로 수치형 특징만 다루는 분류기인 로지스틱 회귀에 관해 알아본다.

5.2 로지스틱 회귀를 이용한 데이터 분류

4장에서는 샘플 4천만 개 중에 처음 30만 개만 사용해서 트리 기반 모델을 훈련했다. 대규모 데이터셋에서 트리를 훈련할 때는 계산 비용이 많이 들고 시간이 오래 걸리기 때문이다. 이제 원-핫 인코딩 덕분에 범주형 특징을 다루는 알고리즘으로 제한되지 않으므로, 대규모 데이터셋에 확장성이 높은 새로운 알고리즘을 적용할 수 있다. 앞에서 언급했듯이 로지스틱 회귀는 확장성이 가장 높은 분류 알고리즘의 하나다.

5.2.1 로지스틱 함수 시작하기

알고리즘을 살펴보기 전에 알고리즘의 핵심이 되는 **로지스틱 함수**logistic function(더 일반적인 용어로는 **시그모이드 함수**sigmoid function라고 함)에 대한 소개부터 시작한다. 기본적으로 로지스틱 함수는 입력을 0과 1 사이의 값으로 출력하는데, 다음과 같이 정의한다.

$$y(z) = \frac{1}{1 + exp(-z)}$$

다음 단계에 따라 로지스틱 함수를 시각화할 수 있다.

1. 로지스틱 함수를 정의한다.

```
>>> import numpy as np
>>> def sigmoid(input):
...     return 1.0 / (1 + np.exp(-input))
```

2. −8에서 8까지의 입력 변수에 대한 출력은 다음과 같다.

```
>>> z = np.linspace(-8, 8, 1000)
>>> y = sigmoid(z)
>>> import matplotlib.pyplot as plt
>>> plt.plot(z, y)
>>> plt.axhline(y=0, ls='dotted', color='k')
>>> plt.axhline(y=0.5, ls='dotted', color='k')
>>> plt.axhline(y=1, ls='dotted', color='k')
>>> plt.yticks([0.0, 0.25, 0.5, 0.75, 1.0])
>>> plt.xlabel('z')
>>> plt.ylabel('y(z)')
>>> plt.show()
```

최종 결과는 다음 스크린숏과 같다.

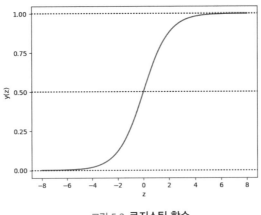

그림 5.2 **로지스틱 함수**

S자 곡선을 통해서 모든 입력은 0에서 1까지의 범윗값으로 변환된다. 입력이 양수일 때는 값이 클수록 출력이 1에 가까워진다. 입력이 음수일 때는 값이 작을수록 출력이 0에 가까워진다. 입력이 0이면 출력은 중간점인 0.5이 된다.

5.2.2 로지스틱 함수와 로지스틱 회귀

지금까지 살펴본 로지스틱 함수에 관한 이해를 바탕으로, 로지스틱 함수 기반의 알고리즘에 더 쉽게 접근할 수 있다. 로지스틱 회귀에서 함수 입력 z는 특징의 가중치 합이 된다. n개의 특징 $x_1, x_2, ..., x_n$을 가진 데이터 샘플 x(x는 특징 벡터를 나타내며 $x=(x_1, x_2, ..., x_n)$)와 모델 w(w는 벡터 $(w_1, w_2, ..., w_n)$로 나타냄)의 **가중치**weight(**계수**coefficient라고도 함)가 주어졌을 때, z는 다음과 같이 표현된다.

$$z = w_1 x_1 + w_2 x_2 + ... + w_n x_n = w^T x$$

또한 **절편**(편향이라고도 함) w_0이 있는 모델일 경우, 앞의 선형 관계는 다음과 같다.

$$z = w_0 + w_1 x_1 + w_2 x_2 + ... + w_n x_n = w^T x$$

알고리즘에서 출력 $y(z)$는 0에서 1 사이의 범위를 갖는데, 이는 목표가 1 또는 양성 클래스일 확률이 된다.

$$\hat{y} = P(y = 1 \,|\, x) = \frac{1}{1 + exp(-w^T x)}$$

따라서 로지스틱 회귀는 나이브 베이즈 분류기와 유사한 확률적 분류기라고 할 수 있다.

로지스틱 회귀 모델(더 구체적으로는 가중치 벡터 w)은 양성 샘플은 가능한 한 1에 가깝게 예측하고 음성 샘플은 가능한 한 0에 가깝게 예측하도록 훈련 데이터로 학습한다. 수학적 언어로는, 참값과 예측 값 차이의 제곱에 대한 평균으로 계산되는 **평균제곱오차**로 정의되는 비용을 최소화하도록 가중치를 훈련한다고 볼 수 있다.

m개의 훈련 샘플 $(x^{(1)}, y^{(1)}), (x^{(2)}, y^{(2)}), ..., (x^{(i)}, y^{(i)}), ..., (x^{(m)}, y^{(m)})$이 주어지고, 여기서 $y^{(i)}$는 1(양성 클래스) 또는 0(음성 클래스)의 값을 가질 때, 최적화할 가중치에 대한 비용 함수cost function $J(w)$는 다음과 같이 나타낸다.

$$J(w) = \frac{1}{m} \sum_{i=1}^{m} \frac{1}{2} (\hat{y}(x^{(i)}) - y^{(i)})^2$$

그러나 이 비용 함수는 볼록하지 않으므로, 최적의 w를 검색할 때 많은 국소(최적이 아닌suboptimal) 최적이 발견되고 함수가 전역 최적값으로 수렴하지 못할 수도 있다.

볼록convex과 **비볼록**non-convex 함수의 예는 각각 그림 5.3에 표시된 것과 같다.

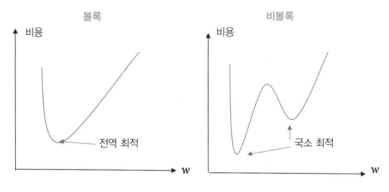

그림 5.3 **볼록 및 비볼록 함수의 예**

볼록 함수의 예에서는 전역 최적값이 하나뿐이지만 비볼록 함수의 예에서는 최적값이 두 개다. 볼록 함수와 비볼록 함수에 대한 자세한 내용은 위키피디아 사이트[1]와 스탠퍼드 대학교 교육자료[2]를 참조 하길 바란다.

이를 해결하기 위해서 실제로는 비용 함수를 다음과 같이 정의한다.

---

1   https://en.wikipedia.org/wiki/Convex_function (옮긴이) https://bit.ly/35rmAwR)

2   https://web.stanford.edu/class/ee364a/lectures/functions.pdf (옮긴이) https://stanford.io/3o7lUDi)

$$J(w) = \frac{1}{m}\sum_{i=1}^{m} -[y^{(i)}log(\hat{y}(x^{(i)})) + (1 - y^{(i)})log(1 - \hat{y}(x^{(i)}))]$$

하나의 훈련 샘플에 대한 비용을 자세히 살펴보면 다음과 같다.

$$j(\boldsymbol{w}) = -y^{(i)}\log\left(\hat{y}(\boldsymbol{x}^{(i)})\right) - (1 - y^{(i)})\log(1 - \hat{y}(\boldsymbol{x}^{(i)}))$$
$$= \begin{cases} -\log\left(\hat{y}(\boldsymbol{x}^{(i)})\right), if\ y^{(i)} = 1 \\ -\log(1 - \hat{y}(\boldsymbol{x}^{(i)})), if\ y^{(i)} = 0 \end{cases}$$

정답이 $y^{(i)} = 1$일 때, 모델이 완벽하게 예측하면(100% 확률로 양성 클래스) 샘플 비용 j는 0이다. 그리고 비용 j는 예측 확률 $\hat{y}$이 감소함에 따라 증가하다가, 모델이 양성 클래스의 가능성이 없다고 잘못 예측하면 무한히 커진다. 이는 다음과 같이 시각화할 수 있다.

```
>>> y_hat = np.linspace(0, 1, 1000)
>>> cost = -np.log(y_hat)
>>> plt.plot(y_hat, cost)
>>> plt.xlabel('Prediction')
>>> plt.ylabel('Cost')
>>> plt.xlim(0, 1)
>>> plt.ylim(0, 7)
>>> plt.show()
```

최종 결과는 다음 그래프와 같다.

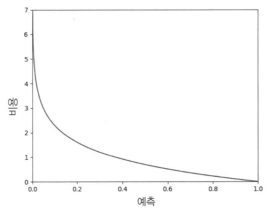

그림 5.4 y=1일 때 로지스틱 회귀의 비용 함수

반대로, 정답이 $y^{(i)}$ = 0일 때 모델이 완벽하게 예측하면(양성 클래스일 확률이 0이거나 음성 클래스일 확률이 100%) 샘플 비용 j는 0이다. 예측 확률 $\hat{y}$이 커지면 비용 j가 증가한다. 음성 클래스일 가능성이 없다고 잘못 예측하면 비용이 무한히 커진다. 이는 다음과 같이 시각화할 수 있다.

```python
>>> y_hat = np.linspace(0, 1, 1000)
>>> cost = -np.log(1 - y_hat)
>>> plt.plot(y_hat, cost)
>>> plt.xlabel('Prediction')
>>> plt.ylabel('Cost')
>>> plt.xlim(0, 1)
>>> plt.ylim(0, 7)
>>> plt.show()
```

다음은 결과를 출력한 그래프이다.

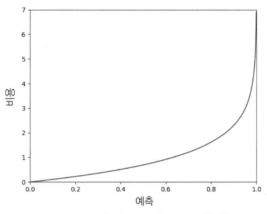

그림 5.5 y=0일 때 로지스틱 회귀의 비용 함수

이러한 대체 비용 함수를 최소화하는 것은 실제로 MSE 기반 비용 함수를 최소화하는 것과 같다. MSE 대신 이 비용 함수를 선택할 때의 이점은 다음과 같다.

• 볼록이므로 최적의 모델 가중치를 찾을 수 있다.

• 가중치에 대한 예측값 $\hat{y}(x^{(i)})$ 또는 $1 - \hat{y}(x^{(i)})$의 도함수는 간단하게 계산할 수 있는데, 이에 관해서는 나중에 논의한다.

로그 함수로 인한 비용 함수를 **로그 손실**logarithmic loss(또는 log loss)이라고 한다.

$$J(w) = \frac{1}{m} \sum_{i=1}^{m} -[y^{(i)} log(\hat{y}(x^{(i)})) + (1 - y^{(i)}) log(1 - \hat{y}(x^{(i)}))]$$

지금까지 비용 함수를 알아보았다. 이러한 비용 함수를 최소화하려면 로지스틱 회귀 모델을 어떻게 훈련할 수 있을까? 다음 절에서 살펴본다.

5.3 로지스틱 회귀 모델 훈련

이제 남은 문제는 $J(w)$가 최소화되도록 하는 최적의 w를 어떻게 얻을 수 있느냐 하는 것인데, 경사하강법gradient descent을 사용할 수 있다.

5.3.1 경사하강법을 이용한 로지스틱 회귀 모델 훈련

경사하강법(가장 가파른 하강법steepest descent이라고도 함)은 1차 반복 최적화first-order iterative optimization를 통해 목적 함수를 최소화하는 절차이다. 반복할 때마다 현재 지점에서 목적 함수의 음의 도함수에 비례하는 만큼 이동한다. 이것은 최적이 될 포인트가 목적 함수의 최솟값을 향해 반복적으로 아래로 이동한다는 의미다. 방금 언급한 비율을 **학습률**learning rate 또는 **단계 크기**step size라고 하는데, 다음과 같이 수학 방정식으로 표현할 수 있다.

$$w := w - \eta \Delta w$$

여기서 왼쪽 항의 w는 훈련 단계 후의 가중치 벡터이고, 오른쪽 항의 w는 이동 전의 가중치 벡터다. η는 학습률이고 Δw는 1차 도함수인 기울기를 나타낸다.

이 경우에는 w에 대한 비용 함수 $J(w)$의 도함수부터 시작한다. 미적분학에 관한 약간의 지식이 필요할 수 있지만, 걱정할 필요는 없다. 단계별로 하나씩 살펴본다.

1. 먼저 w에 대한 $\hat{y}(x)$의 도함수를 계산한다. 여기서는 j번째 가중치 w_j를 예로 사용한다($z = w^T x$이고, 표기상의 편의를 위해 $^{(i)}$를 생략한다).

$$\frac{\partial}{\partial w_j} \hat{y}(z) = \frac{\partial}{\partial w_j} \frac{1}{1 + \exp(-z)} = \frac{\partial}{\partial z} \frac{1}{1 + \exp(-z)} \frac{\partial}{\partial w_j} z$$
$$= \frac{1}{[1 + \exp(-z)]^2} \exp(-z) \frac{\partial}{\partial w_j} z$$
$$= \frac{1}{1 + \exp(-z)} \left[1 - \frac{1}{1 + \exp(-z)} \right] \frac{\partial}{\partial w_j} z = \hat{y}(z)(1 - \hat{y}(z)) \frac{\partial}{\partial w_j} z$$

2. 샘플의 비용 함수 $J(w)$의 도함수는 다음과 같이 계산한다.

$$\frac{\partial}{\partial w_j} J(\boldsymbol{w}) = -y \frac{\partial}{\partial w_j} \log\left(\hat{y}(z)\right) + (1-y) \frac{\partial}{\partial w_j} \log\left(1 - \hat{y}(z)\right)$$

$$= \left[-y \frac{1}{\hat{y}(z)} + (1-y) \frac{1}{1 - \hat{y}(z)} \right] \frac{\partial}{\partial w_j} \hat{y}(z)$$

$$= \left[-y \frac{1}{\hat{y}(z)} + (1-y) \frac{1}{1 - \hat{y}(z)} \right] \hat{y}(z)(1 - \hat{y}(z)) \frac{\partial}{\partial w_j} z$$

$$= (-y + \hat{y}(z)) x_j$$

3. m개 샘플에 대한 전체 비용은 다음과 같이 계산한다.

$$\Delta w_j = \frac{\delta}{\delta w_j} J(w) = \frac{1}{m} \sum_{i=1}^{m} -(y^{(i)} - \hat{y}(z^{(i)})) x_j^{(i)}$$

4. 그런 다음 Δw로 일반화한다.

$$\Delta w = \frac{1}{m} \sum_{i=1}^{m} -(y^{(i)} - \hat{y}(z^{(i)})) x^{(i)}$$

5. 앞에서 도출한 내용과 함께, 다음과 같이 가중치를 업데이트할 수 있다.

$$w := w + \eta \frac{1}{m} \sum_{i=1}^{m} (y^{(i)} - \hat{y}(z^{(i)})) x^{(i)}$$

여기서 w는 반복할 때마다 업데이트한다.

6. 충분히 반복한 뒤에 학습된 w와 b를 다음 방정식에 대입해서 새로운 샘플 x'를 분류하는 데 사용한다.

$$y' = \frac{1}{1 + \exp\left(-\boldsymbol{w}^T \boldsymbol{x}'\right)}$$

$$\begin{cases} 1, & \text{if } y' \geq 0.5 \\ 0, & \text{if } y' < 0.5 \end{cases}$$

결정 임곗값의 기본값은 0.5이지만, 다른 값으로 설정할 수도 있다. 예를 들어 화재 경보에서 화재 발생(양성 클래스)을 예측할 때 거짓음성false negative[3]을 반드시 피하고자 한다면, 경보를 잘못 울리는 것에 대한 우려의 정도와 얼마나 적극적으로 화재 발생 사건을 방지하려는지에 따라 결정 임곗값을 0.5

---

3   [옮긴이] 거짓음성과 거짓양성 등은 2.5절에서 이미 살펴봤다.

보다 낮게(예를 들면 0.3) 설정할 수 있다. 반면, 예를 들어 품질 보증을 위해 양품(양성 클래스)의 비율을 예측할 때 거짓양성false positive 클래스를 회피해야 한다면, 설정한 기준에 따라 결정 임곗값은 0.5보다 크게(예를 들어 0.7) 설정하거나 0.5보다 낮게 설정할 수도 있다.

지금까지 살펴본 경사하강 기반 학습과 예측 과정에 대한 이해를 바탕으로 로지스틱 회귀 알고리즘을 밑바닥부터 구현해본다.

1. 우선, 현재 가중치로 예측 $\hat{y}(x)$을 계산하는 함수를 정의한다.

```
>>> def compute_prediction(X, weights):
...     """
...     현재 가중치를 바탕으로 예측값 y_hat 계산
...     """
...     z = np.dot(X, weights)
...     predictions = sigmoid(z)
...     return predictions
```

2. 이 함수를 통해 경사하강 방식으로 한 단계씩 가중치 $w := w + \eta \frac{1}{m} \sum_{i=1}^{m} (y^{(i)} - \hat{y}(z^{(i)})) x^{(i)}$를 업데이트해나갈 수 있다. 다음 코드를 살펴보자.

```
>>> def update_weights_gd(X_train, y_train, weights, learning_rate):
...     """
...     가중치를 한 단계 업데이트
...     """
...     predictions = compute_prediction(X_train, weights)
...     weights_delta = np.dot(X_train.T, y_train - predictions)
...     m = y_train.shape[0]
...     weights += learning_rate / float(m) * weights_delta
...     return weights
```

3. 비용 $J(w)$를 계산하는 함수를 구현한다.

```
>>> def compute_cost(X, y, weights):
...     """
...     비용 J(w) 계산
...     """
...     predictions = compute_prediction(X, weights)
...     cost = np.mean(-y * np.log(predictions) - (1 - y) * np.log(1 - predictions))
...     return cost
```

4. 지금까지 구현한 모든 함수를 모델 훈련 함수에 통합한다.

- 반복할 때마다 가중치 벡터를 업데이트한다.

- 비용이 감소하고 훈련이 제대로 되고 있는지 확인하기 위해 100번(다른 값일 수 있음) 반복마다 현재 비용을 출력한다.

이 함수는 다음과 같이 구현한다.

```
>>> def train_logistic_regression(X_train, y_train, max_iter,
                                   learning_rate, fit_intercept=False):
...     """
...     로지스틱 회귀 모델 훈련
...     @param X_train, y_train: numpy.ndarray, 훈련 데이터셋
...     @param max_iter: int, 반복 횟수
...     @param learning_rate: float, 학습률
...     @param fit_intercept: bool, 절편(w0) 유무에 따라 True, False
...     @return weights: numpy.ndarray, 학습된 가중치
...     """
...     if fit_intercept:
...         intercept = np.ones((X_train.shape[0], 1))
...         X_train = np.hstack((intercept, X_train))
...     weights = np.zeros(X_train.shape[1])
...     for iteration in range(max_iter):
...         weights = update_weights_gd(X_train, y_train, weights, learning_rate)
...         # 100번 반복할 때마다 비용을 확인한다.
...         if iteration % 100 == 0:
...             print(compute_cost(X_train, y_train, weights))
...     return weights
```

5. 마지막으로, 훈련된 모델을 이용해서 다음과 같이 새로운 입력에 대한 결과를 예측한다.

```
>>> def predict(X, weights):
...     if X.shape[1] == weights.shape[0] - 1:
...         intercept = np.ones((X.shape[0], 1))
...         X = np.hstack((intercept, X))
...     return compute_prediction(X, weights)
```

방금 살펴본 것처럼 로지스틱 회귀를 구현하기란 매우 간단하다. 간단한 예를 들어 살펴보자.

```
>>> X_train = np.array([[6, 7],
...                     [2, 4],
...                     [3, 6],
...                     [4, 7],
```

```
...              [1, 6],
...              [5, 2],
...              [2, 0],
...              [6, 3],
...              [4, 1],
...              [7, 2]])
>>> y_train = np.array([0,
...              0,
...              0,
...              0,
...              0,
...              1,
...              1,
...              1,
...              1,
...              1])
```

편향이 포함된 가중치를 기반으로 하는 로지스틱 회귀 모델을 0.1의 학습률로 1,000회 반복 훈련한다.

```
>>> weights = train_logistic_regression(X_train, y_train,
            max_iter=1000, learning_rate=0.1, fit_intercept=True)
0.574404237166
0.0344602233925
0.0182655727085
0.012493458388
0.00951532913855
0.00769338806065
0.00646209433351
0.00557351184683
0.00490163225453
0.00437556774067
```

비용이 감소하는 것은 시간이 지남에 따라 모델이 최적화되고 있다는 의미다. 새로운 샘플에 대한 모델의 성능을 다음과 같이 확인할 수 있다.

```
>>> X_test = np.array([[6, 1],
...              [1, 3],
...              [3, 1],
...              [4, 5]])
>>> predictions = predict(X_test, weights)
>>> predictions
array([ 0.9999478 , 0.00743991, 0.9808652 , 0.02080847])
```

다음 코드를 실행해서 이를 시각화해 보여줄 수 있다.

```
>>> import matplotlib.pyplot as plt
>>> plt.scatter(X_train[:,0], X_train[:,1], c=['b']*5+['k']*5, marker='o')
```

그림 5.6의 파란색 점은 클래스 0의 훈련 샘플이고 검은색 점은 클래스 1의 훈련 샘플이다.[4] 분류 결정 임곗값으로 0.5를 사용한다.

```
>>> colours = ['k' if prediction >= 0.5 else 'b' for prediction in predictions]
>>> plt.scatter(X_test[:,0], X_test[:,1], marker='*', c=colours)
```

그림 5.6의 파란색 별은 클래스 0으로 예측된 테스트 샘플이고 검은색 별은 클래스 1로 예측된 테스트 샘플이다.

```
>>> plt.xlabel('x1')
>>> plt.ylabel('x2')
>>> plt.show()
```

최종 결과는 다음 스크린숏과 같다.

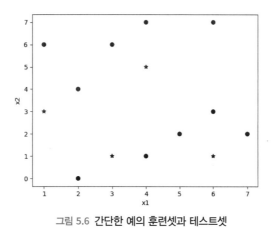

그림 5.6 간단한 예의 훈련셋과 테스트셋

앞에서 훈련한 모델이 새로운 샘플(별)의 클래스를 올바르게 예측했다는 것을 알 수 있다.

---

4 [옮긴이] 이하 색깔을 언급하는 부분은 원서 출판사 제공 컬러 이미지를 참고한다.

5.3.2 경사하강법 기반의 로지스틱 회귀를 이용한 광고 클릭률 예측

앞에서 간단한 예를 살펴보았으니, 이제 방금 개발한 알고리즘을 클릭률 예측 프로젝트에 적용해보자.

여기서는 샘플 10,000개를 훈련에 사용한다(4장에서와 같이 샘플 270,000개로 훈련하지 않는 이유는 곧 알게 될 것이다).

```
>>> import pandas as pd
>>> n_rows = 300000
>>> df = pd.read_csv("train.csv", nrows=n_rows)
>>> X = df.drop(['click', 'id', 'hour', 'device_id', 'device_ip'], axis=1).values
>>> Y = df['click'].values
>>> n_train = 10000
>>> X_train = X[:n_train]
>>> Y_train = Y[:n_train]
>>> X_test = X[n_train:]
>>> Y_test = Y[n_train:]
>>> from sklearn.preprocessing import OneHotEncoder
>>> enc = OneHotEncoder(handle_unknown='ignore')
>>> X_train_enc = enc.fit_transform(X_train)
>>> X_test_enc = enc.transform(X_test)
```

편향이 있는 로지스틱 회귀 모델을 0.01의 학습률로 10,000번 반복해서 훈련한다.

```
>>> import timeit
>>> start_time = timeit.default_timer()
>>> weights = train_logistic_regression(X_train_enc.toarray(),
           Y_train, max_iter=10000, learning_rate=0.01, fit_intercept=True)
0.6820019456743648
0.46086197130118896
0.4503715555130051
…
…
…
0.41485094023829017
0.41477416506724385
0.41469802145452467
>>> print(f"--- {(timeit.default_timer() - start_time)}.3fs seconds ---")
--- 232.756s seconds ---
```

모델을 최적화하는 데 232초가 걸렸다는 것을 알 수 있다. 훈련된 모델을 테스트셋에 다음과 같이 적용한다.

```
>>> pred = predict(X_test_enc.toarray(), weights)
>>> from sklearn.metrics import roc_auc_score
>>> print(f'Training samples: {n_train}, AUC on testing set: {roc_auc_score(Y_test, pred):.3f}')
Training samples: 10000, AUC on testing set: 0.703
```

이제 100,000개의 훈련 샘플(n_train = 100000)로 같은 과정을 반복하면 약 1.5시간에 해당하는 5240.4초가 소요된다. 10배 크기의 데이터를 피팅하는 데는 시간이 22배나 더 오래 걸린다. 5장의 시작 부분에서 로지스틱 회귀 분류기가 대규모 데이터셋에 대한 훈련에 유용하다고 했는데, 테스트 결과는 이와 모순되는 것 같다. 100,000개 샘플뿐만 아니라 수백만 개의 더 큰 훈련 데이터셋을 어떻게 효율적으로 처리할 수 있을까? 다음 절에서 로지스틱 회귀 모델을 더 효율적으로 훈련하는 방법을 살펴본다.

5.3.3 확률적 경사하강법을 이용한 로지스틱 회귀 모델 학습

경사하강법 기반의 로지스틱 회귀 모델에서는 반복마다 가중치를 업데이트하기 위해 **모든** 훈련 샘플을 사용한다. 따라서 훈련 샘플의 수가 많아지면, 마지막 예에서 본 것처럼 전체 훈련 과정에 시간이 오래 걸리고 계산 비용이 많이 든다.

다행히도 알고리즘을 조금만 수정해서 로지스틱 회귀를 대규모 데이터셋에 적용할 수 있다. 각 가중치를 업데이트할 때 **전체** 훈련셋 대신 **단 하나**의 훈련 샘플만 사용하는 것이다. 하나의 훈련 샘플로 계산한 오차를 기반으로 모델을 한 단계 이동하고, 모든 샘플을 사용하면 한 번 반복이 완료된다. 이렇게 변형한 버전의 경사하강법을 **확률적 경사하강법**stochastic gradient descent, SGD이라고 한다.

이를 수식으로 표현하면 반복할 때마다 다음을 수행한다.

$$\text{1에서 } m \text{까지 } i \text{에 대해}$$
$$w := w + \eta(y^{(i)} - \hat{y}(z^{(i)}))x^{(i)}$$

일반적으로 SGD는 경사하강법보다 훨씬 빠르게 수렴한다.

SGD 기반의 로지스틱 회귀를 구현하려면 update_weights_gd 함수를 약간만 수정하면 된다.

```
>>> def update_weights_sgd(X_train, y_train, weights, learning_rate):
...     """
...     가중치를 반복해서 업데이트: 각 개별 샘플을 기반으로 한 단계씩 가중치 조정
...     @param X_train, y_train: numpy.ndarray, 훈련 데이터셋
...     @param weights: numpy.ndarray, 가중치
...     @param learning_rate: float, 학습률
```

```
...         @return weights: numpy.ndarray, 업데이트된 가중치
...         """
...         for X_each, y_each in zip(X_train, y_train):
...             prediction = compute_prediction(X_each, weights)
...             weights_delta = X_each.T * (y_each - prediction)
...             weights += learning_rate * weights_delta
...         return weights
```

train_logistic_regression 함수에서 SGD는 다음과 같이 적용된다.

```
>>> def train_logistic_regression_sgd(X_train, y_train, max_iter,
...                             learning_rate, fit_intercept=False):
...         """
...         SGD를 통한 로지스틱 회귀 모델 훈련
...         @param X_train, y_train: numpy.ndarray, 훈련 데이터셋
...         @param max_iter: int, 최대 반복 횟수
...         @param learning_rate: float, 학습률
...         @param fit_intercept: bool, 절편(w0) 유무에 따라 True, False
...         @return weights: numpy.ndarray, 학습된 가중치
...         """
...         if fit_intercept:
...             intercept = np.ones((X_train.shape[0], 1))
...             X_train = np.hstack((intercept, X_train))
...         weights = np.zeros(X_train.shape[1])
...         for iteration in range(max_iter):
...             weights = update_weights_sgd(X_train, y_train, weights, learning_rate)
...             # 짝수 번째 반복할 때마다 비용을 확인한다.
...             if iteration % 2 == 0:
...                 print(compute_cost(X_train, y_train, weights))
...         return weights
```

이제 SGD가 얼마나 강력한지 살펴보자. 100,000개의 훈련 샘플로 작업하고 반복 횟수는 10회, 학습률은 0.01로 선택하고 반복할 때마다 현재 비용을 출력한다.

```
>>> start_time = timeit.default_timer()
>>> weights = train_logistic_regression_sgd(X_train_enc.toarray(),
...     Y_train, max_iter=10, learning_rate=0.01, fit_intercept=True)
0.4127864859625796
0.4078504597223988
0.40545733114863264
0.403811787845451
0.4025431351250833
>>> print(f"--- {(timeit.default_timer() - start_time)}.3fs seconds ---")
--- 40.690s seconds ---
```

```
>>> pred = predict(X_test_enc.toarray(), weights)
>>> print(f'Training samples: {n_train}, AUC on testing set: {roc_auc_score(Y_test, pred):.3f}')
Training samples: 100000, AUC on testing set: 0.732
```

훈련 과정은 단 40초 만에 끝난다.

이전과 같이 SGD 기반의 로지스틱 회귀 알고리즘을 밑바닥부터 구현한 다음, 사이킷런의 SGDClassifier 모듈을 이용해서 구현한다.

```
>>> from sklearn.linear_model import SGDClassifier
>>> sgd_lr = SGDClassifier(loss='log', penalty=None,
                fit_intercept=True, max_iter=10,
                learning_rate='constant', eta0=0.01)
```

함수의 인수 중에 loss 매개변수에 대한 'log'는 비용 함수가 로그 손실임을 나타내고, penalty는 과적합을 줄이기 위한 정규화(이에 관해서는 다음 절에서 더 논의함) 항을 나타낸다. max_iter는 반복 횟수이고 나머지 두 매개변수[5]는 학습률이 0.01으로, 이 값은 훈련 과정 중에 변경되지 않는다는 것을 의미한다. 참고로 learning_rate의 기본값은 'optimal'로, 이때 업데이트가 진행될수록 학습률이 약간 감소한다. 이는 대규모 데이터셋에서 최적의 솔루션을 찾는 데 조금 더 유용하다.

이제 모델을 훈련하고 테스트해보자.

```
>>> sgd_lr.fit(X_train_enc.toarray(), Y_train)
>>> pred = sgd_lr.predict_proba(X_test_enc.toarray())[:, 1]
>>> print(f'Training samples: {n_train}, AUC on testing set: {roc_auc_score(Y_test, pred):.3f}')
Training samples: 100000, AUC on testing set: 0.734
```

빠르고 쉽게 끝났다는 것을 알 수 있다.

5.3.4 정규화를 통한 로지스틱 회귀 모델 학습

앞 절에서 간략하게 언급했듯이, 로지스틱 회귀 SGDClassifier의 penalty 매개변수는 모델 **정규화**와 관련이 있다. 정규화에는 L1(**라소**Lasso라고도 함)과 L2(**리지**ridge라고도 함)의 두 가지 기본 형식이 있는데, 이 두 가지 정규화 모두 원래의 비용 함수에 추가되는 항이다.

---

5   [옮긴이] learning_rate와 eta0

$$J(w) = \frac{1}{m} \sum_{i=1}^{m} -[y^{(i)} log(\hat{y}(x^{(i)})) + (1 - y^{(i)}) log(1 - \hat{y}(x^{(i)}))] + \alpha ||w||^q$$

여기서 α는 정규화 항에 곱하는 상수이고 q는 1 또는 2인데 각각 L1 또는 L2 정규화를 나타낸다. 다음은 L1을 나타낸다.

$$||w||^1 = \sum_{j=1}^{n} |w_j|$$

로지스틱 회귀 모델을 훈련하는 것은 가중치 w의 함수인 비용을 줄여나가는 과정이다. 만약 w_i, w_j, w_k와 같은 일부 가중치가 상당히 커지면 이러한 큰 가중치가 전체 비용을 좌우한다. 이때 학습된 모델은 훈련셋만 기억하고 새로운 데이터로는 일반화하지 못할 수 있다.

이제 가중치도 최소화해야 하는 비용의 일부가 되므로, 큰 가중치에 벌칙을 주기 위한 정규화 항을 추가한다. 따라서 결과적으로 정규화는 과적합을 없애준다. 마지막으로 매개변수 α는 로그 손실과 일반화 간의 균형을 잡아준다. α가 너무 작으면 큰 가중치를 줄여줄 수 없고 모델의 분산이 커지거나 과적합으로 인해서 어려움을 겪을 수 있다. 반면에 α가 너무 크면 모델이 과도하게 일반화되어 데이터셋에 제대로 피팅되지 못해서 성능이 저하할 수 있는데, 이는 과소적합의 영향이다. α는 정규화를 통해 최상의 로지스틱 회귀 모델을 얻을 때 조정해야 하는 중요한 매개변수이다.

L1과 L2 정규화 중에서 어떤 방식을 선택할지에 관한 경험 법칙은 **특징 선택**과 관련이 있다. 머신러닝 분류에서 특징 선택은 더 나은 모델 구성에 중요한 특징의 부분집합을 선택하는 과정이다. 실제로 데이터셋의 모든 특징 중에 일부는 서로 중복되거나 관련이 없으므로, 샘플을 구별하는 데 유용한 정보를 전달하지 않는다. 따라서 이런 특징은 거의 손실 없이 버릴 수 있다. 로지스틱 회귀 분류기에서는 L1 정규화를 통해서만 특징 선택을 할 수 있다.

이를 이해하기 위해 두 가지 가중치 벡터 $w_1 = (1, 0)$과 $w_2 = (0.5, 0.5)$를 고려해보자. 두 가중치 벡터의 로그 손실이 동일하다고 할 때, 각 가중치 벡터의 L1 정규화 항과 L2 정규화 항은 다음과 같다.

$$|w_1|^1 = |1| + |0| = 1, |w_2|^1 = |0.5| + |0.5| = 1$$
$$|w_1|^2 = 1^2 + 0^2 = 1, |w_2|^2 = 0.5^2 + 0.5^2 = 0.5$$

두 벡터의 L1 항은 동일하지만 w_2의 L2 항은 w_1의 L2 항보다 작다. 이는 L2 정규화가 상당히 큰 값과 작은 값을 갖는 가중치에 L1 정규화보다 더 큰 벌칙을 준다는 것을 나타낸다. 즉, L2 정규화는 모든 가중치에 관해 상대적으로 작은 값을 선호하고 상당히 크거나 작은 가중치 값은 피하는 반면, L1 정규화는 상당히 작은 가중치와 상당히 큰 가중치를 일부 허용한다는 것이다. L1 정규화의 경우 특징을 선택할 수 있는데, 일부 가중치를 0에 가깝거나 정확히 0이 되도록 줄여줄 수 있기 때문이다.

사이킷런에서 정규화 유형은 penalty 매개변수로 지정할 수 있는데 none(정규화하지 않음), l1, l2, elasticnet (L1과 L2 혼합) 중에서 선택할 수 있다. 정규화 항에 곱해주는 상수 α는 alpha 매개변수로 지정할 수 있다.

5.3.5 L1 정규화를 통한 특징 선택

여기서는 특징 선택을 위한 L1 정규화를 검토한다. L1 정규화를 통해 SGD 로지스틱 회귀 모델을 초기화하고, 10,000개 샘플로 모델을 훈련한다.

```
>>> sgd_lr_l1 = SGDClassifier(loss='log', penalty='l1', alpha=0.0001,
...                           fit_intercept=True, max_iter=10,
...                           learning_rate='constant', eta0=0.01)
>>> sgd_lr_l1.fit(X_train_enc.toarray(), Y_train)
```

훈련된 모델을 이용해서 계수의 절댓값을 구한다.

```
>>> coef_abs = np.abs(sgd_lr_l1.coef_)
>>> print(coef_abs)
[[0. 0.09963329 0. ... 0. 0. 0.07431834]]
```

크기순으로 하위 10개 계수와 그에 해당하는 값을 출력하면 다음과 같다.

```
>>> print(np.sort(coef_abs)[0][:10])
[0. 0. 0. 0. 0. 0. 0. 0. 0. 0.]
>>> bottom_10 = np.argsort(coef_abs)[0][:10]
```

이와 같은 10가지 특징이 무엇인지 확인하는 코드는 다음과 같다.

```
>>> feature_names = enc.get_feature_names()
>>> print('10 least important features are:\n', feature_names[bottom_10])
10 least important features are:
['x0_1001' 'x8_851897aa' 'x8_85119990' 'x8_84ebbcd4' 'x8_84eb6b0e'
 'x8_84dda655' 'x8_84c2f017' 'x8_84ace234' 'x8_84a9d4ba' 'x8_84915a27']
```

예를 들면 X_train 0열(C1 열)의 '1001', 8열(device_model 열)의 '851897aa' 등이다.

마찬가지로, 상위 10개 계수와 그에 해당하는 값은 다음과 같이 구할 수 있다.

```
>>> print(np.sort(coef_abs)[0][-10:])
[0.67912376 0.70885933 0.79975917 0.8828797 0.98146351
 0.98275124 1.08313767 1.13261091 1.18445527 1.40983505]
>>> top_10 = np.argsort(coef_abs)[0][-10:]
>>> print('10 most important features are:\n', feature_names[top_10])
10 most important features are:
['x7_cef3e649' 'x3_7687a86e' 'x18_61' 'x18_15' 'x5_9c13b419'
 'x5_5e3f096f' 'x2_763a42b5' 'x2_d9750ee7' 'x3_27e3c518' 'x5_1779deee']
```

예를 들면 X_train 7열(app_category)의 'cef3e649', 3열(site_domain)의 '7687a86e' 등이다.

5.4 온라인 학습을 통한 대규모 데이터셋 훈련

지금까지는 300,000개 이하의 샘플에 관해 모델을 훈련했다. 이보다 샘플의 수가 많아지면 메모리 부족으로 프로그램이 다운될 수 있다. 이번 절에서는 **온라인 학습**online learning을 통해 대규모 데이터셋을 학습하는 방법을 살펴본다.

SGD는 한 번에 전체 훈련셋을 사용하는 경사하강법에 비해 개별 훈련 샘플로 모델을 순차적으로 업데이트할 수 있도록 개선한 방법이다. 온라인 학습 기술을 통해 이러한 SGD를 좀 더 확장할 수 있다. 한 번에 모든 훈련 데이터가 제공되는 오프라인 학습 환경과는 달리, 온라인 학습에서는 훈련을 위한 새로운 데이터가 순차적으로 또는 실시간으로 제공된다.

훈련할 때는 한 번에 비교적 작은 크기의 데이터 샘플 모음을 로드하고 전처리하므로, 전체 대규모 데이터셋을 처리하는 것에 비해 메모리가 적게 든다. 온라인 학습은 계산을 좀 더 효율적으로 할 수 있을 뿐만 아니라, 실시간 데이터를 다룰 수도 있고 최신 모델로 유지하는 데에도 필요하다. 예를 들어 주가 예측 모델은 최근의 시장 데이터로 온라인 학습 방식으로 업데이트해야 하고, 클릭률 예측 모델에는 사용자의 최신 행동과 취향을 반영하는 최신 데이터가 필요하다. 스팸 이메일 탐지기는 새롭게 악의적으로 변형한 특징을 고려해서 끊임없이 변화하는 스팸 발송자에 대응해야 한다.

오프라인 학습에서는 이전 데이터셋과 최근 데이터셋을 함께 사용해서 처음부터 다시 개발해야 하지만, 온라인 학습에서는 가장 최근의 가용 데이터셋만으로 업데이트할 수 있다.

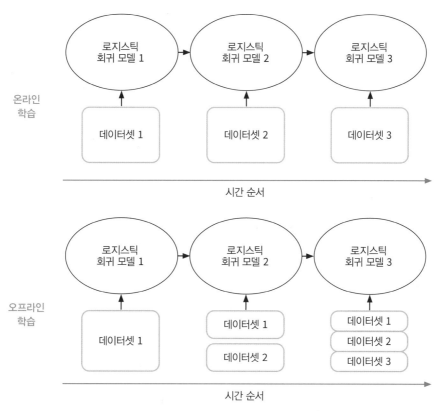

그림 5.7 **온라인 학습과 오프라인 학습 비교**

앞의 예에서, 온라인 학습에서는 새로운 데이터만 사용해서 모델을 훈련할 수 있지만, 오프라인 학습에서는 이전 데이터와 함께 새로운 데이터로 전체 모델을 재훈련해야 한다.

사이킷런의 SGDClassifier 모듈은 partial_fit 방법으로 온라인 학습을 구현한다(앞에서 본 것처럼 오프라인 학습에는 fit 방법이 적용된다). 모두 1,000,000개의 샘플로 모델을 훈련하는데, 한 번에 100,000개의 샘플을 사용해서 온라인 학습 환경을 시뮬레이션한다. 그리고 훈련된 모델은 또 다른 100,000개 샘플로 다음과 같이 테스트한다.

```
>>> n_rows = 100000 * 11
>>> df = pd.read_csv("train", nrows=n_rows)
>>> X = df.drop(['click', 'id', 'hour', 'device_id', 'device_ip'], axis=1).values
>>> Y = df['click'].values
>>> n_train = 100000 * 10
>>> X_train = X[:n_train]
>>> Y_train = Y[:n_train]
>>> X_test = X[n_train:]
>>> Y_test = Y[n_train:]
```

다음과 같이 전체 훈련셋에 인코더를 피팅한다.

```
>>> enc = OneHotEncoder(handle_unknown='ignore')
>>> enc.fit(X_train)
```

SGD 로지스틱 회귀 모델을 초기화하는데, 모델을 부분적으로 피팅하고 온라인 학습을 하기 위해 반복 횟수를 1로 설정한다.

```
>>> sgd_lr_online = SGDClassifier(loss='log', penalty=None,
                                  fit_intercept=True, max_iter=1,
                                  learning_rate='constant', eta0=0.01)
```

반복할 때마다 100,000개의 샘플을 사용해서 모델을 부분적으로 피팅한다.

```
>>> start_time = timeit.default_timer()
>>> for i in range(10):
...     x_train = X_train[i*100000:(i+1)*100000]
...     y_train = Y_train[i*100000:(i+1)*100000]
...     x_train_enc = enc.transform(x_train)
...     sgd_lr_online.partial_fit(x_train_enc.toarray(), y_train, classes=[0, 1])
```

다시 한번 말하지만 온라인 학습을 위해서는 partial_fit 방법을 사용해야 한다. 그리고 온라인 학습에 필요한 classes 매개변수도 지정한다.

```
>>> print(f"--- {(timeit.default_timer() - start_time)}.3fs seconds ---")
--- 167.399s seconds ---
```

훈련된 모델을 100,000개 샘플로 구성된 테스트셋에 다음과 같이 적용한다.

```
>>> x_test_enc = enc.transform(X_test)
>>> pred = sgd_lr_online.predict_proba(x_test_enc.toarray())[:, 1]
>>> print(f'Training samples: {n_train * 10}, AUC on testing set: {roc_auc_score(Y_test, pred):.3f}')
Training samples: 10000000, AUC on testing set: 0.761
```

온라인 학습을 통해서 총 100만 개의 샘플로 훈련하는 데 167초밖에 걸리지 않고 정확도 또한 개선되었다.

지금까지 이진 분류에 로지스틱 회귀를 적용했다. 그렇다면 다중 클래스의 경우에도 적용할 수 있을까? 물론 적용할 수는 있지만, 약간의 수정이 필요하다. 다음 절에서 이에 관해 살펴본다.

5.5 다중 클래스 분류

마지막으로 주목할 만한 것은 로지스틱 회귀 알고리즘으로 다중 클래스 분류를 처리하는 방법이다. 이진 분류와 같은 방식으로 다중 클래스 분류에 사이킷런 분류기를 적용해볼 텐데, 이는 다중 클래스 분류에서 로지스틱 회귀가 작동하는 방식을 이해하는 데 유용하다.

두 개 이상의 클래스에 대한 로지스틱 회귀를 **다항 로지스틱 회귀**multinomial logistic regression라고도 하는데, 이는 **소프트맥스 회귀**softmax regression로 더 잘 알려져 있다. 이진 사례에서 보았듯이 모델은 하나의 가중치 벡터 w로 표현하고, 이때 목표가 1일 확률 또는 양성 클래스일 확률은 다음과 같다.

$$\hat{y} = P(y = 1 \,|x) = \frac{1}{1 + exp(-w^T x)}$$

K개 클래스에 대한 모델은 K개의 가중치 벡터 $w_1, w_2, ..., w_K$로 표현하고, 목표가 클래스 k일 확률은 다음과 같다.

$$\widehat{y_k} = P(y = k \,|x) = \frac{exp(w_k{}^T x)}{\sum_{j=1}^{K} exp(w_j{}^T x)}$$

앞의 식에서 $\sum_{j=1}^{K} exp(w_j{}^T x)$ 항은 확률값 $\widehat{y_k}$(k의 범위는 1에서 K)의 합이 1이 되도록 정규화한다. 이진 클래스의 경우 비용 함수는 다음과 같다.

$$J(w) = \frac{1}{m} \sum_{i=1}^{m} -[y^{(i)} log(\hat{y}(x^{(i)})) + (1 - y^{(i)}) log(1 - \hat{y}(x^{(i)}))] + \alpha ||w||^q$$

마찬가지로, 다중 클래스일 경우의 비용 함수는 다음과 같다.

$$J(w) = \frac{1}{m} \sum_{i=1}^{m} -[\sum_{j=1}^{K} 1\{y^{(i)} = j\} log(\widehat{y_k}(x^{(i)}))]$$

여기서 함수 $1\{y^{(i)} = j\}$은 $y^{(i)} = j$가 참인 경우에만 1이고, 그렇지 않으면 0이다.

비용 함수가 정의되면, 이진 사례에서 단계 Δw를 유도한 것과 같은 방식으로 j 가중치 벡터에 대한 딘게 Δw_j를 구한다.

$$\Delta w_j = \frac{1}{m} \sum_{i=1}^{m} (-1\{y^{(i)} = j\} + \widehat{y_k}(x^{(i)}))x^{(i)}$$

유사한 방식으로 반복마다 모든 K 가중치 벡터를 업데이트한다. 충분히 반복한 후에, 학습된 가중치 벡터 $w_1, w_2, ..., w_K$는 다음 방정식을 통해 새로운 샘플 x'를 분류하는 데 사용한다.

$$y' = argmax_k \widehat{y_k} = argmax_k P(y = k \mid x')$$

더 잘 이해하기 위해, 분류를 위한 고전적인 데이터셋인 손으로 쓴 숫자로 실험한다.

```
>>> from sklearn import datasets
>>> digits = datasets.load_digits()
>>> n_samples = len(digits.images)
```

이미지 데이터가 8 × 8 행렬에 저장되므로 다음과 같이 평활화해야 한다.

```
>>> X = digits.images.reshape((n_samples, -1))
>>> Y = digits.target
```

그다음에는 데이터를 다음과 같이 분할한다.

```
>>> from sklearn.model_selection import train_test_split
>>> X_train, X_test, Y_train, Y_test = train_test_split(X, Y,
                                 test_size=0.2, random_state=42)
```

다음과 같이 그리드 검색과 교차 검증을 통해 최적의 다중 클래스 로지스틱 회귀 모델을 찾는다.

```
>>> from sklearn.model_selection import GridSearchCV
>>> parameters = {'penalty': ['l2', None],
...               'alpha': [1e-07, 1e-06, 1e-05, 1e-04],
...               'eta0': [0.01, 0.1, 1, 10]}
>>> sgd_lr = SGDClassifier(loss='log', learning_rate='constant',
                        eta0=0.01, fit_intercept=True, max_iter=10)
>>> grid_search = GridSearchCV(sgd_lr, parameters, n_jobs=-1, cv=3)
>>> grid_search.fit(term_docs_train, label_train)
>>> print(grid_search.best_params_)
{'alpha': 1e-07, 'eta0': 0.1, 'penalty': None}
```

다음과 같이 최적의 모델을 이용해서 예측한다.

```
>>> sgd_lr_best = grid_search.best_estimator_
>>> accuracy = sgd_lr_best.score(term_docs_test, label_test)
>>> print(f'The accuracy on testing set is: {accuracy*100:.1f}%')
The accuracy on testing set is: 94.2%
```

SGDClassifier가 내부적으로 다중 클래스를 처리하므로 이전 예와 크게 다르지 않다. 연습 삼아 혼동행렬을 계산해보고, 모델이 개별 클래스에 대해서 어떻게 수행되는지 살펴보는 것도 흥미로울 것이다.

다음 절에서는 보너스로 텐서플로를 이용해서 로지스틱 회귀를 구현하고 클릭률을 예측한다.

5.6 텐서플로를 이용한 로지스틱 회귀 구현

여기서는 300,000개 샘플 중 90%를 훈련에 사용하고 나머지 10%를 테스트에 사용한다. X_train_enc, Y_train, X_test_enc, Y_test에 데이터가 포함된다고 가정한다.

1. 먼저 텐서플로를 임포트하고 X_train_enc와 X_test_enc를 넘파이 배열로 변환한 뒤 X_train_enc, Y_train, X_test_enc, Y_test를 float32로 캐스팅cast한다.

```
>>> import tensorflow as tf
>>> X_train_enc = X_train_enc.toarray().astype('float32')
>>> X_test_enc = X_test_enc.toarray().astype('float32')
>>> Y_train = Y_train.astype('float32')
>>> Y_test = Y_test.astype('float32')
```

2. tf.data API를 이용해서 데이터를 섞고 배치 데이터로 만든다.

```
>>> batch_size = 1000
>>> train_data = tf.data.Dataset.from_tensor_slices((X_train_enc, Y_train))
>>> train_data = train_data.repeat().shuffle(5000).batch(batch_size).prefetch(1)
```

하나의 샘플이나 전체 훈련셋 대신 **하나의 샘플 배치**one batch만 사용해서 가중치를 업데이트한다. 모델은 샘플 배치로 계산한 오차를 기반으로 한 단계 이동한다. 이 예에서 배치 크기는 1,000이다.

3. 로지스틱 회귀 모델의 가중치와 편향은 다음과 같이 정의한다.

```
>>> n_features = int(X_train_enc.shape[1])
>>> W = tf.Variable(tf.zeros([n_features, 1]))
>>> b = tf.Variable(tf.zeros([1]))
```

4. 손실을 최소화하는 최적의 계수를 찾기 위한 경사하강법 옵티마이저optimizer를 만든다. 여기서는 아담Adam 옵티마이저를 사용하는데, 이는 기울기에 따라 학습률(초깃값은 0.0008)을 변경할 수 있도록 좀 더 개선한 경사하강법이다.

```
>>> learning_rate = 0.0008
>>> optimizer = tf.keras.optimizers.Adam(learning_rate)
```

5. 현재의 예측과 비용을 계산하고, 계산된 기울기에 따라 모델 계수를 업데이트하는 최적화 과정을 정의한다.

```
>>> def run_optimization(x, y):
...     with tf.GradientTape() as g:
...         logits = tf.add(tf.matmul(x, W), b)[:, 0]
...         cost =
          tf.reduce_mean(
          tf.nn.sigmoid_cross_entropy_with_logits(
            labels=y, logits=logits))
...     gradients = g.gradient(cost, [W, b])
...     optimizer.apply_gradients(zip(gradients, [W, b]))
```

여기서 tf.GradientTape로 텐서플로 계산을 추적하고 주어진 변수에 대한 기울기를 계산할 수 있다.

6. 6,000단계 동안 훈련을 실시한다(1단계는 무작위로 선택한 샘플의 한 배치로 진행한다).

```
>>> training_steps = 6000
>>> for step, (batch_x, batch_y) in
              enumerate(train_data.take(training_steps), 1):
...     run_optimization(batch_x, batch_y)
...     if step % 500 == 0:
...         logits = tf.add(tf.matmul(batch_x, W), b)[:, 0]
...         loss =
          tf.reduce_mean(
          tf.nn.sigmoid_cross_entropy_with_logits(
            labels=batch_y, logits=logits))
...         print("step: %i, loss: %f" % (step, loss))
```

```
step:  500, loss: 0.448672
step: 1000, loss: 0.389186
step: 1500, loss: 0.413012
step: 2000, loss: 0.445663
step: 2500, loss: 0.361000
step: 3000, loss: 0.417154
step: 3500, loss: 0.359435
step: 4000, loss: 0.393363
step: 4500, loss: 0.402097
step: 5000, loss: 0.376734
step: 5500, loss: 0.372981
step: 6000, loss: 0.406973
```

그리고 훈련 성능을 확인하기 위해서 500단계마다 현재 비용을 계산하고 결과를 출력한다. 보다시 피 훈련 손실이 전반적으로 감소한다는 것을 알 수 있다.

7. 모델을 훈련한 후, 이를 테스트셋에 관해 예측하고 AUC 지표를 계산한다.

```
>>> logits = tf.add(tf.matmul(X_test_enc, W), b)[:, 0]
>>> pred = tf.nn.sigmoid(logits)
>>> auc_metric = tf.keras.metrics.AUC()
>>> auc_metric.update_state(Y_test, pred)

>>> print(f'AUC on testing set: {auc_metric.result().numpy():.3f}')
AUC on testing set: 0.771
```

텐서플로 기반의 로지스틱 회귀 모델을 이용해서 0.771의 AUC를 얻을 수 있다. 학습률, 훈련 횟수, 기타 초매개변수를 조정해서 성능을 좀 더 개선할 수도 있다. 이것은 이번 5장의 마지막에서 흥미로운 연습 문제로 제공될 것이다.

앞서 5.3.5절에서 L1 정규화된 로지스틱 회귀로 특징을 선택하는 방법을 살펴보았는데, 중요하지 않은 특징의 가중치는 0에 가깝게 줄어들거나 0이 된다. L1 정규화된 로지스틱 회귀 외에도 특징 선택을 위해 자주 사용하는 또 다른 기술로 랜덤 포레스트가 있다. 다음 절에서 좀 더 자세히 살펴본다.

5.7 랜덤 포레스트를 이용한 특징 선택

요약하자면, 랜덤 포레스트는 개별 의사결정 트리의 집합이다. 각각의 트리는 각 노드에서 무작위로 선택한 특징의 부분집합에 대해서 최상의 분할 지점을 찾는다. 그리고 의사결정 트리에서 그러한 중요한 특징만 (특징의 분할값과 함께) 트리 노드를 구성하는 데 사용한다. 전체 트리 집합에 대해서 좀 더 자주 사용되는 트리 노드의 특징이 더 중요한 특징이다. 즉, 모든 트리에 걸쳐서 노드에서 분할에 사용하는 특징을 기준으로 중요도를 평가하고 가장 중요한 특징을 선택할 수 있다.

사이킷런에서 제공하는 RandomForestClassifier 모듈에는 특징의 중요도를 나타내는 feature_importances_ 속성이 있는데, 이는 트리 노드에서 발생하는 비율로 계산한다. 다시 한번 100,000개의 광고 클릭 샘플이 있는 데이터셋으로 랜덤 포레스트를 이용한 특징 선택을 검토한다.

```
>>> from sklearn.ensemble import RandomForestClassifier
>>> random_forest = RandomForestClassifier(n_estimators=100,
                   criterion='gini', min_samples_split=30, n_jobs=-1)
>>> random_forest.fit(X_train_enc.toarray(), Y_train)
```

랜덤 포레스트 모델을 피팅한 후, 특징 중요도 점수를 다음과 같이 구한다.

```
>>> feature_imp = random_forest.feature_importances_
>>> print(feature_imp)
[1.60540750e-05 1.71248082e-03 9.64485853e-04 ...
 5.41025913e-04 7.78878273e-04 8.24041944e-03]
```

하위 10개의 특징 점수와 이에 해당하는 10개의 가장 중요하지 않은 특징을 살펴본다.

```
>>> feature_names = enc.get_feature_names()
>>> print(np.sort(feature_imp)[:10])
[0. 0. 0. 0. 0. 0. 0. 0. 0. 0.]
>>> bottom_10 = np.argsort(feature_imp)[:10]
>>> print('10 least important features are:\n', feature_names[bottom_10])
10 least important features are:
 ['x8_ea4912eb' 'x8_c2d34e02' 'x6_2d332391' 'x2_ca9b09d0' 'x2_0273c5ad'
 'x8_92bed2f3' 'x8_eb3f4b48' 'x3_535444a1' 'x8_8741c65a' 'x8_46cb77e5']
```

이제 상위 10개의 특징 점수와 이에 해당하는 10개의 가장 중요한 특징을 살펴본다.

```
>>> print(np.sort(feature_imp)[-10:])
[0.00809279 0.00824042 0.00885188 0.00897925 0.01080301
 0.01088246 0.01270395 0.01392431 0.01532718 0.01810339]
>>> top_10 = np.argsort(feature_imp)[-10:]
>>> print('10 most important features are:\n', feature_names[top_10])
10 most important features are:
 ['x17_-1' 'x18_157' 'x12_300' 'x13_250' 'x3_98572c79'
 'x8_8a4875bd' 'x14_1993' 'x15_2' 'x2_d9750ee7' 'x18_33']
```

이 절에서는 랜덤 포레스트로 특징 선택에 사용하는 방법을 알아보았다.

5.8 요약

5장에서는 4장에 이어 온라인 광고 클릭률 예측 프로젝트를 다뤘다. 이번에는 원-핫 인코딩 기법을 통해서 범주형 특징 문제를 해결하고, 대규모 데이터셋에 대한 높은 확장성을 위해 새로운 분류 알고리즘인 로지스틱 회귀를 적용했다. 로지스틱 함수의 도입부터 알고리즘의 작동 원리에 이르기까지, 로지스틱 회귀 알고리즘에 관해 깊게 논의했다. 이어서 경사하강법을 통해 로지스틱 회귀 모델을 훈련하는 방법을 살펴보았다.

로지스틱 회귀 분류기를 손으로 직접 구현해보고 클릭률 데이터셋으로 테스트한 후, SGD를 이용해서 좀 더 개선된 방식으로 로지스틱 회귀 모델을 훈련하는 방법을 배웠고 이에 따라 알고리즘을 수정했다. 또한 사이킷런의 SGD 기반 로지스틱 회귀 분류기를 사용하는 방법을 실습하고 프로젝트에 적용했다.

그다음으로 과적합을 없애기 위한 L1 정규화와 L2 정규화, 대규모 데이터셋에 대한 훈련을 위한 온라인 학습 기술, 다중 클래스 시나리오 처리를 포함해서 로지스틱 회귀를 사용할 때 직면할 수 있는 문제를 해결했다. 또한 부가적으로 텐서플로를 이용해서 로지스틱 회귀를 구현하는 방법도 배웠다.

마지막으로, L1-정규화된 로지스틱 회귀에 대한 대안으로 랜덤 포레스트 모델을 특징 선택에 적용했다.

아마 샘플 4천만 개 정도의 대규모 데이터셋에서는 모델을 어떻게 효율적으로 훈련하는지 궁금할 것이다. 다음 6장에서는 스파크Spark와 파이스파크PySpark 모듈과 같은 도구를 활용해서 솔루션을 확장해본다.

5.9 연습 문제

1. 로지스틱 회귀 기반 클릭률 예측 프로젝트에서 SGDClassifier 모델의 penalty, eta0, alpha와 같은 초매개변수를 조정한다. 달성할 수 있는 가장 높은 테스트 AUC는 얼마인가?

2. 1,000만 개 정도 되는 더 많은 훈련 샘플을 사용해서 온라인 학습을 해보자.

3. 텐서플로 기반 솔루션에서 학습률, 훈련 횟수, 기타 초매개변수를 조정해서 더 나은 성능을 얻을 수 있는지 확인해보자.

6

테라바이트 규모의
클릭 로그 예측

5장에서는 로지스틱 회귀 분류기를 이용해서 광고 클릭률 예측기를 개발했다. 최대 100만 개의 클릭 로그 샘플을 효율적으로 학습하고 알고리즘의 확장성이 높다는 것을 입증했다. 6장에서는 아파치 스파크Apache Spark라는 강력한 병렬 컴퓨팅(더 구체적으로는 분산 컴퓨팅) 도구를 활용해서 광고 클릭률 예측기의 확장성을 더욱 높인다.

6장에서는 단일 머신에서 모델을 학습하는 대신 아파치 스파크를 통해 대규모 데이터로 학습을 확장하는 방법을 살펴본다. 또한 파이썬 API인 파이스파크PySpark를 이용해서 클릭 로그 데이터를 탐색하고, 전체 클릭 로그 데이터셋을 기반으로 분류 솔루션을 개발하고 성능을 평가하는 모든 작업을 분산 방식으로 수행한다. 이와는 별도로, 범주형 특징을 다루는 두 가지 방법을 소개한다. 하나는 컴퓨터 과학의 해싱hashing과 관련한 것이고 또 다른 하나는 여러 특징을 융합하는 것이다. 이는 스파크에서도 구현해볼 것이다.

6장에서 다룰 주제는 다음과 같다.

- 아파치 스파크의 주요 구성 요소
- 스파크 설치
- 스파크 애플리케이션 배포
- 파이스파크의 기본 데이터 구조
- 파이스파크의 핵심 프로그래밍

- 파이스파크에서 광고 클릭률 예측 구현

- 파이스파크에서 데이터 탐색 분석

- 스파크에서의 캐싱과 지속성

- 특징 해싱과 파이스파크에서의 구현

- 특징 상호작용과 파이스파크에서의 구현

6.1 아파치 스파크의 핵심 배우기

아파치 스파크는 고속의 범용 계산을 위해 설계된 분산 클러스터 컴퓨팅 프레임워크이다. 캘리포니아 대학교 버클리 AMPLab에서 개발한 오픈소스 기술로, 대화형 쿼리와 스트림 데이터 처리를 위한 프로그래밍에 편리한 인터페이스를 제공한다. 아파지 스파크가 인기 있는 빅데이터 분석 도구로 자리잡는 데는 자체적인 데이터 병렬 처리의 도움이 컸는데, 이를 통해 컴퓨팅 클러스터의 프로세서 사이에 데이터 병렬 작업을 자동화한다.

사용자는 모든 컴퓨팅 노드에 데이터를 골고루 분산하는 방식이나, 어떤 노드가 해당 데이터 부분을 처리할지에 대해서 걱정할 필요 없이 데이터를 다루는 방식에만 신경 쓰면 된다. 다만 이 책은 머신러닝이 주요 내용이므로, 스파크의 기본 사항만 간략하게 다룬다.

다음 절에서는 스파크의 구성 요소, 설치, 배포, 데이터 구조, 핵심 프로그래밍을 알아본다.

6.1.1 스파크 상세 설명

다음 다이어그램에 표시된 스파크의 주요 구성 요소부터 살펴보자.

그림 6.1 **스파크의 주요 구성 요소**

각 구성 요소를 더 자세히 살펴본다.

- **스파크 코어**Spark Core: 플랫폼 전체의 기반이 되는 실행 엔진이다. 작업 분배, 스케줄링, 인메모리 컴퓨팅을 제공한다. 이름에서 알 수 있듯이 다른 모든 기능이 스파크 코어 위에 구축된다. 또한 파이썬, 자바, 스칼라Scala, R을 비롯한 여러 언어의 API를 제공한다.

- **스파크 SQL**Spark SQL: 스파크 코어를 기반으로 구축된 구성 요소로 **데이터프레임**DataFrame이라는 높은 수준의 데이터 추상화를 제공한다. 이를 포함한 스파크의 데이터 구조는 나중에 좀 더 살펴본다. 스파크 SQL은 파이썬, 자바, 스칼라에서 SQL과 유사하게 데이터를 조작할 수 있도록 하고, 이는 정형 및 반정형 데이터에 대해서도 잘 작동한다. 이번 6장에서는 스파크 SQL 모듈을 사용한다.

- **스파크 스트리밍**Spark Streaming: 스파크 코어의 빠른 스케줄링과 인메모리in-memory 컴퓨팅 기능을 활용해서 실시간(또는 거의 실시간에 가까운) 데이터 분석을 수행한다.

- **MLlib: 머신러닝 라이브러리**machine learning library의 줄임말로, 스파크 코어를 기반으로 구축된 분산 머신러닝 프레임워크다. 분산 아키텍처와 인메모리 컴퓨팅 기능 덕분에 대규모 데이터를 효율적으로 학습할 수 있다. 메모리가 충분하면 인메모리 계산에서는 데이터를 디스크가 아니라 램random access memory, RAM에 저장한다. 이를 통해 반복 프로세스 동안의 메모리 비용과 데이터를 로드하고 다시 저장하는 데 따른 비용을 줄일 수 있다. 기본적으로 머신러닝 모델 훈련은 반복적인 학습 과정이므로, 스파크의 인메모리 컴퓨팅 기능은 머신러닝 모델링에 매우 적합하다. 주요 성능 벤치마크에 따르면, MLlib를 사용한 학습은 디스크 기반 솔루션보다 거의 10배 빠른 성능을 보여준다. 이번 6장에서는 스파크 MLlib의 모듈을 사용한다.

- **GraphX**: 분산 그래프 기반 처리를 위해 스파크 코어 위에 구축된 또 다른 기능이다. 두 가지 대표적인 사용 사례로 페이지랭크PageRank와 **Pregel**[1] 추상화가 있다.

> NOTE 이 절의 주요 목표는 데이터 분석과 반복 학습을 쉽게 하는 고속 연산을 위해 설계된 분산 클러스터 컴퓨팅 프레임워크인 스파크를 이해하는 것이다. 스파크에 대한 더 자세한 정보를 찾으려면 스파크 사이트[2]의 유용한 온라인 문서와 튜토리얼을 참조한다.

6.1.2 스파크 설치

학습 목적으로 로컬 컴퓨터에 스파크를 설치해보자(실제로는 서버 클러스터에서 더 자주 사용된다). 전체적인 설치 지침은 스파크 사이트[3]에서 찾아볼 수 있다. 여러 버전이 있는데, 아파치 하둡Apache

---

1 옮긴이 대용량 그래프 처리 시스템이다.
2 https://spark.apache.org/docs/latest/quick-start.html (옮긴이 https://bit.ly/3KRYJ8V)
3 https://spark.apache.org/downloads.html (옮긴이 https://bit.ly/36xWXLR)

Hadoop 2.7용으로 미리 빌드된 버전 2.4.5(2020년 2월 5일자)를 예로 든다.

> **NOTE** 이 책의 집필 시점에서 최신 안정 버전은 2.4.5이다. 프리뷰 버전인 3.0.0이 있긴 하지만, 안정적인 버전으로 시작해도 충분하다.[4] 사실 3.0.0과 2.4.5 사이에 큰 차이는 없다. 미리 보기 버전(v3.0.0 이상)의 경우 pyspark.ml.feature.OneHotEncoderEstimator 모듈은 제거되어 더는 쓰이지 않는다. 해당 기능은 pyspark.ml.feature.OneHotEncoder가 제공한다.

다음 스크린숏과 같이 1단계에서 **2.4.5**를 선택한 후 2단계에서 **Pre-built for Apache Hadoop 2.7** 옵션을 선택한다. 그다음 3단계에서 링크를 클릭해서 **spark 2.4.5-bin-hadoop2.7.tgz** 파일을 다운로드한다.

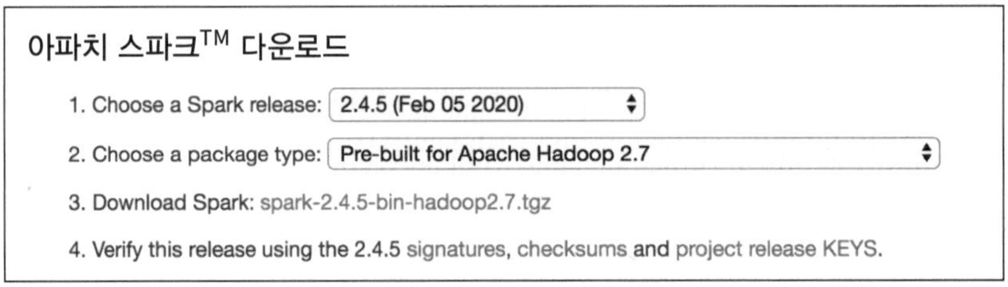

아파치 스파크™ 다운로드

1. Choose a Spark release: 2.4.5 (Feb 05 2020)
2. Choose a package type: Pre-built for Apache Hadoop 2.7
3. Download Spark: spark-2.4.5-bin-hadoop2.7.tgz
4. Verify this release using the 2.4.5 signatures, checksums and project release KEYS.

그림 6.2 스파크 다운로드 단계

다운로드한 파일의 압축을 푼다. 압축이 풀린 파일을 저장한 폴더에 전체 스파크 패키지가 있으므로, 추가로 설치할 것은 없다.

스파크 프로그램을 실행하기 전에 다음과 같은 종속성이 있는 패키지가 설치되었는지 확인한다.

- 자바 8+과 시스템 환경 변수에 포함된 것
- 스칼라 버전 2.11

스파크가 제대로 설치되었는지 확인하려면 다음과 같이 테스트한다.

1. 터미널에 다음 명령을 입력해서 스파크로 π의 값을 근사화한다(bin은 spark-2.4.5 binhadoop2.7의 폴더이므로 이 폴더 내에서 다음 명령을 실행해야 한다).

```
./bin/run-example SparkPi 10
```

---

4   [옮긴이] 번역 시점인 2022년 6월 기준 스파크 최신 버전은 3.2.1이다.

2. 다음과 유사한 값이 출력된다(실젯값은 다를 수 있다).

```
Pi is roughly 3.141851141851142
```

이 테스트는 실제로 다음과 같다.

```
./bin/spark-submit examples/src/main/python/pi.py 10
```

3. 다음 명령으로 대화형 셸을 테스트한다.

```
./bin/pyspark --master local[2]
```

다음과 같이 파이썬 인터프리터가 열린다.

그림 6.3 셸에서 스파크 실행

이제 스파크 프로그램이 제대로 설치되었다. 다음 절에서는 pyspark, spark-submit 명령을 설명한다.

6.1.3 스파크 프로그램 시작 및 배포

스파크 프로그램을 직접 실행하거나 클러스터 관리자cluster managers를 통해 실행할 수 있다. 첫 번째 옵션은 여러 스레드로 로컬에서 프로그램을 실행하는 것과 유사하다. 이때 하나의 스레드는 하나의 스파크 작업 워커worker에 해당한다. 물론 병렬성은 전혀 없지만, 이는 스파크 애플리케이션을 빠르고 쉽게 시작하는 방법이다. 시연을 위해서 6장에서는 이 모드로 배포한다. 예를 들어 다음 스크립트를 실행해서 스파크 애플리케이션을 시작할 수 있다.

```
./bin/spark-submit examples/src/main/python/pi.py
```

이것은 바로 이전 절에서 수행한 작업과 같다. 하지만 스레드 수는 지정할 수 있다.

```
./bin/spark-submit --master local[4] examples/src/main/python/pi.py
```

이전 코드에서는 4개의 워커 스레드를 실행하는데, 다음 명령으로 로컬 머신의 코어 수만큼 스파크를 실행할 수 있다.

```
./bin/spark-submit --master local[*] examples/src/main/python/pi.py
```

마찬가지로, spark-submit을 pyspark로 교체해서 대화형 셸을 시작할 수 있다.

```
./bin/pyspark --master local[2] examples/src/main/python/pi.py
```

클러스터 모드(버전 2.4.5)에서는 다음 접근 방식을 지원한다.

- **독립 실행형**standalone: 스파크 애플리케이션을 시작하는 가장 간단한 모드로, 마스터와 워커가 같은 머신에 있다. 독립형 클러스터 모드에서 스파크 애플리케이션을 시작하는 방법에 관한 자세한 내용은 스파크 사이트[5]에서 확인할 수 있다.

- **아파치 메소스**Apache Mesos: 메소스는 중앙 집중식 내결함성fault-tolerance이 있는 클러스터 관리자로 분산 컴퓨팅 환경을 관리하도록 설계되었다. 스파크에서 예약을 위해 작업을 제출하면 메소스가 어떤 시스템이 해당 작업을 처리할지를 결정한다. 자세한 내용은 스파크 사이트[6]를 참조한다.

- **아파치 하둡 얀**Apache Hadoop YARN: 이전 방식과는 달리, 이 접근 방식의 작업 스케줄러는 메소스가 아니라 얀이다. **얀**YARN은 Yet Another Resource Negotiator의 줄임말로 하둡의 리소스 관리자이다. 얀을 통해 스파크를 하둡 에코시스템(예: 맵리듀스MapReduce, 하이브Hive, 파일 시스템)에 좀 더 쉽게 통합할 수 있다. 자세한 내용은 스파크 사이트[7]의 링크를 참조한다.

- **쿠버네티스**Kubernetes: 컨테이너 중심의 인프라를 제공하는 오픈소스 시스템이다. 작업 배포와 관리 자동화의 편의성 덕분에 최근 몇 년 동안 큰 인기를 얻었다. 스파크용 쿠버네티스는 아직 나온 지 얼마 되지 않았지만, 관심이 있다면 스파크 사이트[8]의 링크를 참조하길 바란다.

스파크 애플리케이션은 쉽게 시작하고 배포할 수 있는데, 파이스파크에서의 프로그래밍은 어떨까?

---

5   https://spark.apache.org/docs/latest/spark-standalone.html (옮긴이) https://bit.ly/3rg9Q4R)

6   https://spark.apache.org/docs/latest/running-on-mesos.html (옮긴이) https://bit.ly/3inBxmJ)

7   https://spark.apache.org/docs/latest/running-on-yarn.html (옮긴이) https://bit.ly/3whWgkf)

8   https://spark.apache.org/docs/latest/running-on-kubernetes.html (옮긴이) https://bit.ly/36pjIRF)

다음 절에서 살펴본다.

6.2 파이스파크 프로그래밍

스파크에서의 파이썬 프로그래밍을 간단히 소개한다. 스파크의 기본 데이터 구조부터 살펴보자.

스파크의 기본 데이터 구조는 **탄력적 분산 데이터셋**resilient distributed dataset, RDD이라는 분산된 객체 모음으로, 다음과 같은 주요 특징 세 가지를 갖는다.

- **탄력성**resilient: 노드에 장애가 발생하면 영향을 받는 파티션이 정상 노드에 재할당되어 스파크가 내결함성을 갖는다.
- **분산형**distributed: 데이터를 클러스터의 하나 이상의 노드에 저장해서 병렬로 운영할 수 있다.
- **데이터셋**dataset: 여기에는 값이나 메타데이터와 함께 분할된 데이터 모음collection이 포함된다.

버전 2.0까지는 RDD가 스파크의 주요 데이터 구조였지만, 그 후에는 데이터프레임으로 대체되었다. 데이터프레임 역시 분산된 데이터의 모음이지만 열 이름named columns으로 구성된다. 데이터프레임은 스파크 SQL의 최적화된 실행 엔진을 사용하므로, 관계형 데이터베이스의 테이블이나 파이썬 팬더스 라이브러리의 데이터프레임 객체와 개념적으로 유사하다.

NOTE 스파크의 현재 버전은 여전히 RDD를 지원하지만, 데이터프레임으로 프로그래밍하는 것이 좋다. 따라서 RDD로 프로그래밍하는 내용은 많이 다루지 않는다. 관심이 있다면 스파크 문서[9]을 참조하기를 바란다.

스파크 프로그램의 진입점이 되는 스파크 세션은 다음과 같이 구현한다.

```
>>> from pyspark.sql import SparkSession
>>> spark = SparkSession \
...     .builder \
...     .appName("test") \
...     .getOrCreate()
```

파이스파크 셸에서 실행할 때는 이 작업이 필요하지 않다. 파이스파크 셸(./bin/pyspark을 사용)을 실행한 직후 스파크 세션이 자동으로 생성된다. 실행 중인 스파크 애플리케이션은 localhost:4040/jobs/에서 확인할 수 있다. 결과는 다음 스크린숏과 같다.

---

9 https://spark.apache.org/docs/latest/rdd-programming-guide.html (옮긴이) https://bit.ly/3ssliKR

그림 6.4 스파크 애플리케이션 UI

스파크 세션인 spark를 통해 파일을 읽거나(이 방법이 일반적임), 수동으로 입력해서 데이터프레임 객체를 생성할 수 있다. 다음 예에서는 CSV 파일을 읽어서 데이터프레임 객체 df를 생성한다.

```
>>> df = spark.read.csv("examples/src/main/resources/people.csv", header=True, sep=';')
```

people.csv은 CSV 파일이고 각 열은 세미콜론(:)으로 구분된다. 이 작업이 완료되면 localhost:4040/jobs/에서 다음과 같이 완료된 작업을 볼 수 있다.

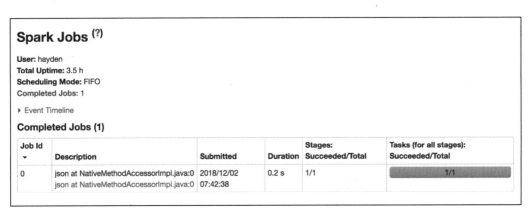

그림 6.5 스파크 애플리케이션의 완료된 작업 목록

다음 명령으로 df 객체의 내용을 표시할 수 있다.

```
>>> df.show()
+-----+---+---------+
| name|age|      job|
+-----+---+---------+
|Jorge| 30|Developer|
|  Bob| 32|Developer|
+-----+---+---------+
```

다음 명령으로 행 수를 계산할 수 있다.

```
>>> df.count()
2
```

df 객체의 스키마는 다음 명령을 사용하여 표시할 수 있다.

```
>>> df.printSchema()
root
 |-- name: string (nullable = true)
 |-- age: string (nullable = true)
 |-- job: string (nullable = true)
```

다음과 같이 하나 이상의 열을 선택할 수 있다.

```
>>> df.select("name").show()
+-----+
| name|
+-----+
|Jorge|
|  Bob|
+-----+
>>> df.select(["name", "job"]).show()
+-----+---------+
| name|      job|
+-----+---------+
|Jorge|Developer|
|  Bob|Developer|
+-----+---------+
```

조건에 따라 행을 필터링할 수 있다. 예를 들어 열의 값을 기준으로 다음과 같이 행을 필터링할 수 있다.

```
>>> df.filter(df['age'] > 31).show()
+----+---+---------+
|name|age|      job|
+----+---+---------+
| Bob| 32|Developer|
+----+---+---------+
```

다음 절에서는 파이스파크 프로그래밍을 통해 스피그를 이용한 광고 클릭률 문제 해결 방법을 살펴본다.

6.3 스파크를 통한 대규모 클릭 로그 학습

일반적으로 스파크를 활용하려면 **하둡 분산 파일 시스템**Hadoop Distributed File System, HDFS을 이용해서 데이터를 저장한다. HDFS는 대용량 데이터를 저장하도록 설계된 분산 파일 시스템으로, 클러스터의 여러 노드에서 연산이 이루어진다. 시연을 위해 데이터를 로컬 머신에 보관하고 스파크를 로컬에서 실행하지만, 이는 분산 컴퓨팅 클러스터에서 실행하는 것과 다르지 않다.

6.3.1 클릭 로그 데이터 로드하기

대규모 클릭 로그로 모델을 훈련하려면 우선 스파크로 데이터를 로드해야 한다. 다음 단계에 따라 진행한다.

1. 다음 명령을 입력해서 파이스파크 셸을 실행한다.

```
./bin/pyspark --master local[*] --driver-memory 20G
```

6GB 이상의 데이터셋을 처리해야 하므로 대용량 드라이버 메모리를 지정한다.

> [NOTE] 드라이버 프로그램은 실행기executor에서 처리된 결과를 수집하고 저장하는 역할을 한다. 따라서 대용량 드라이버 메모리는 많은 데이터를 처리하는 작업에 도움이 된다.

2. CTR이라는 애플리케이션으로 스파크 세션을 시작한다.

```
>>> spark = SparkSession\
...     .builder\
...     .appName("CTR")\
...     .getOrCreate()
```

3. train 파일에서 클릭 로그 데이터를 데이터프레임 객체로 로드한다. 데이터 로드 함수인 spark. read.csv의 사용자 정의 스키마를 통해 데이터를 의도한 대로 로드할 수 있다. 따라서 먼저 스키마를 정의한다.

```
>>> from pyspark.sql.types import StructField, StringType, StructType, IntegerType
>>> schema = StructType([
```

```
...         StructField("id", StringType(), True),
...         StructField("click", IntegerType(), True),
...         StructField("hour", IntegerType(), True),
...         StructField("C1", StringType(), True),
...         StructField("banner_pos", StringType(), True),
...         StructField("site_id", StringType(), True),
...         StructField("site_domain", StringType(), True),
...         StructField("site_category", StringType(), True),
...         StructField("app_id", StringType(), True),
...         StructField("app_domain", StringType(), True),
...         StructField("app_category", StringType(), True),
...         StructField("device_id", StringType(), True),
...         StructField("device_ip", StringType(), True),
...         StructField("device_model", StringType(), True),
...         StructField("device_type", StringType(), True),
...         StructField("device_conn_type", StringType(), True),
...         StructField("C14", StringType(), True),
...         StructField("C15", StringType(), True),
...         StructField("C16", StringType(), True),
...         StructField("C17", StringType(), True),
...         StructField("C18", StringType(), True),
...         StructField("C19", StringType(), True),
...         StructField("C20", StringType(), True),
...         StructField("C21", StringType(), True),
... ])
```

스키마의 각 필드에는 열 이름(예를 들어 id, click, hour), 데이터 유형(정수 또는 문자열), 결측값 허용 여부(이 경우 허용됨)가 포함된다.

4. 정의한 스키마로 데이터프레임 객체 **df**를 생성한다.

```
>>> df = spark.read.csv("file://path_to_file/train", schema=schema, header=True)
```

NOTE path_to_file을 train 데이터 파일이 있는 절대 경로(absolute path)로 변경해야 한다. file:// 접두사는 로컬 파일에서 데이터를 읽는다는 것을 나타낸다. 또 다른 접두사인 dbfs://는 HDFS에 저장된 데이터를 읽을 때 사용한다.

5. 다음과 같이 스키마를 다시 확인한다.

```
>>> df.printSchema()
root
 |-- id: string (nullable = true)
 |-- click: integer (nullable = true)
 |-- hour: integer (nullable = true)
```

```
|-- C1: string (nullable = true)
|-- banner_pos: string (nullable = true)
|-- site_id: string (nullable = true)
|-- site_domain: string (nullable = true)
|-- site_category: string (nullable = true)
|-- app_id: string (nullable = true)
|-- app_domain: string (nullable = true)
|-- app_category: string (nullable = true)
|-- device_id: string (nullable = true)
|-- device_ip: string (nullable = true)
|-- device_model: string (nullable = true)
|-- device_type: string (nullable = true)
|-- device_conn_type: string (nullable = true)
|-- C14: string (nullable = true)
|-- C15: string (nullable = true)
|-- C16: string (nullable = true)
|-- C17: string (nullable = true)
|-- C18: string (nullable = true)
|-- C19: string (nullable = true)
|-- C20: string (nullable = true)
|-- C21: string (nullable = true)
```

6. 데이터 크기를 다음과 같이 확인한다.

```
>>> df.count()
40428967
```

7. 정보가 거의 없는 열은 다음 코드를 통해 삭제한다.

```
>>> df = df.drop('id').drop('hour').drop('device_id').drop('device_ip')
```

8. 훈련을 마친 모델은 다운스트림downstream 작업[10]에서 더 자주 사용하므로 열 이름을 click에서 label로 변경한다.

```
>>> df = df.withColumnRenamed("click", "label")
```

---

10 [옮긴이] 구체적으로 해결하고 싶은 문제를 말한다.

9. 데이터프레임 객체의 현재 열을 살펴보면 다음과 같다.

```
>>> df.columns
['label', 'C1', 'banner_pos', 'site_id', 'site_domain', 'site_category', 'app_id',
'app_domain', 'app_category', 'device_model', 'device_type', 'device_conn_type',
'C14', 'C15', 'C16', 'C17', 'C18', 'C19', 'C20', 'C21']
```

입력 데이터를 검사한 뒤에 데이터를 분할하고 이를 캐시_{cache}해야 한다.

6.3.2 데이터 분할과 캐싱

여기서는 다음과 같이 데이터를 훈련셋과 테스트셋으로 분할한다.

```
>>> df_train, df_test = df.randomSplit([0.7, 0.3], 42)
```

이 경우 샘플의 70%는 훈련에 사용하고 나머지 샘플은 테스트에 사용한다. 그리고 같은 실험을 할 수 있도록 랜덤 시드를 고정값으로 지정한다.

훈련셋으로 모델 학습(df_train)을 수행하기 전에 객체를 캐시하는 것이 좋다. 스파크에서 **캐싱**caching 과 **영속화(지속성)**persistence은 계산 오버헤드를 줄일 수 있는 최적화 기술이다. 이는 RDD나 데이터 프레임 작업의 중간 결과를 메모리나 디스크에 저장한다. 캐싱이나 영속화가 없으면 중간 데이터프레임이 필요할 때마다 다시 계산해야 한다. 저장소 레벨에 따라 영속화는 다르게 작동한다.

- **MEMORY_ONLY**: 객체를 메모리에만 저장한다. 메모리에 저장하지 못하는 나머지 부분은 필요할 때마다 다시 계산한다.
- **DISK_ONLY**: 객체를 디스크에만 저장한다. 영속 객체는 다시 계산하지 않고 저장소에서 직접 추출할 수 있다.
- **MEMORY_AND_DISK**: 객체를 메모리나 디스크에 저장할 수 있다. 전체 객체의 크기가 메모리보다 크면, 메모리에 저장하지 못하는 나머지 파티션은 필요할 때마다 다시 계산하지 않고 디스크에 저장한다. 스파크의 캐싱과 영속화의 기본 모드이다. 인메모리 저장소의 빠른 검색과 디스크 스토리지의 높은 접근성과 용량을 모두 활용할 수 있다는 장점이 있다.

파이스파크에서 캐싱은 간단하다. 캐시 방법만 알면 된다.

훈련 데이터프레임과 테스트 데이터프레임을 모두 캐시하는 방법은 다음과 같다.

```
>>> df_train.cache()
DataFrame[label: int, C1: string, banner_pos: string, site_id: string, site_domain:
string, site_category: string, app_id: string, app_domain: string, app_category: string,
device_model: string, device_type: string, device_conn_type: string, C14: string,
C15: string, C16: string, C17: string, C18: string, C19: string, C20: string, C21: string]
>>> df_train.count()
28297027
>>> df_test.cache()
DataFrame[label: int, C1: string, banner_pos: string, site_id: string, site_domain:
string, site_category: string, app_id: string, app_domain: string, app_category: string,
device_model: string, device_type: string, device_conn_type: string, C14: string,
C15: string, C16: string, C17: string, C18: string, C19: string, C20: string, C21: string]
>>> df_test.count()
12131940
```

이제 다운스트림 분석을 위한 훈련 데이터와 테스트 데이터가 준비되었다.

6.3.3 범주형 특징의 원-핫 인코딩

5장과 마찬가지로, 범주형 특징을 다음과 같이 다수의 이진 특징 집합으로 인코딩한다.

1. 여기서 다루게 될 범주형 특징은 다음과 같다.

```
>>> categorical = df_train.columns
>>> categorical.remove('label')
>>> print(categorical)
['C1', 'banner_pos', 'site_id', 'site_domain', 'site_category', 'app_id',
'app_domain', 'app_category', 'device_model', 'device_type', 'device_conn_type',
'C14', 'C15', 'C16', 'C17', 'C18', 'C19', 'C20', 'C21']
```

파이스파크에서의 원-핫 인코딩은 사이킷런(특히 OneHotEncoder 모듈을 사용하는 경우)처럼 간단하지 않다.

2. StringIndexer 모듈을 이용해서 각 범주형 열을 인덱싱한다.

```
>>> from pyspark.ml.feature import StringIndexer
>>> indexers = [
...        StringIndexer(inputCol=c, outputCol=
...            "{0}_indexed".format(c)).setHandleInvalid("keep")
...                                 for c in categorical
... ]
```

setHandleInvalid("keep") 핸들은 새로운 범줏값이 발생하더라도 애플리케이션이 충돌하지 않도록 해준다. 만약 이를 생략하면, 알 수 없는 값과 관련된 오류 메시지가 표시된다.

3. OneHotEncoderEstimator 모듈을 통해 개별 인덱싱된 범주형 열을 원-핫 인코딩한다.

```
>>> from pyspark.ml.feature import OneHotEncoderEstimator
>>> encoder = OneHotEncoderEstimator(
...     inputCols=[indexer.getOutputCol() for indexer in indexers],
...     outputCols=["{0}_encoded".format(indexer.getOutputCol())
                                    for indexer in indexers]
... )
```

4. VectorAssembler 모듈로 생성한 모든 이진 벡터 셋을 하나로 연결한다.

```
>>> from pyspark.ml.feature import VectorAssembler
>>> assembler = VectorAssembler(
...                 inputCols=encoder.getOutputCols(),
...                 outputCol="features"
... )
```

이렇게 해서 최종 인코딩된 벡터 열 features가 생성된다.

5. 파이스파크의 Pipeline 모듈로 이 세 단계를 모두 파이프라인으로 연결해서 원-핫 인코딩 워크플로를 좀 더 쉽게 구성할 수 있다.

```
>>> stages = indexers + [encoder, assembler]
>>> from pyspark.ml import Pipeline
>>> pipeline = Pipeline(stages=stages)
```

stages 변수는 인코딩에 필요한 작업 목록이다.

6. 마지막으로, 훈련셋으로 원-핫 인코딩 모델 pipeline을 피팅한다.

```
>>> one_hot_encoder = pipeline.fit(df_train)
```

7. 이 작업을 완료하면 훈련된 인코더를 이용해서 훈련셋과 테스트셋을 모두 변환한다. 훈련셋의 경우 다음 코드를 사용한다.

```
>>> df_train_encoded = one_hot_encoder.transform(df_train)
>>> df_train_encoded.show()
```

8. df_train에는 수십 개의 열이 있으므로, 원-핫 인코딩된 결과가 포함된 features 열만 선택해서 목
   표 변수와 함께 출력한다.

```
>>> df_train_encoded = df_train_encoded.select(["label", "features"])
>>> df_train_encoded.show()
+-----+--------------------+
|label|            features|
+-----+--------------------+
|    0|(31458,[5,7,3527,...|
|    0|(31458,[5,7,788,4...|
|    0|(31458,[5,7,788,4...|
|    0|(31458,[5,7,788,4...|
|    0|(31458,[5,7,788,4...|
|    0|(31458,[5,7,788,4...|
|    0|(31458,[5,7,788,4...|
|    0|(31458,[5,7,788,4...|
|    0|(31458,[5,7,788,4...|
|    0|(31458,[5,7,788,4...|
|    0|(31458,[5,7,788,4...|
|    0|(31458,[5,7,788,4...|
|    0|(31458,[5,7,1271,...|
|    0|(31458,[5,7,1271,...|
|    0|(31458,[5,7,1271,...|
|    0|(31458,[5,7,1532,...|
|    0|(31458,[5,7,4366,...|
|    0|(31458,[5,7,14,45...|
+-----+--------------------+
only showing top 20 rows
```

feature 열에는 크기가 31,458인 희소 벡터가 포함된다.

9. 분류 모델을 반복적으로 훈련하기 위해서 df_train_encoded를 캐싱한다.

```
>>> df_train_encoded.cache()
DataFrame[label: int, features: vector]
```

10. 불필요한 공간을 해제하기 위해서 더는 필요하지 않은 **df_train**을 캐시 해제한다.

```
>>> df_train.unpersist()
DataFrame[label: int, C1: string, banner_pos: string, site_id: string, site_domain:
string, site_category: string, app_id: string, app_domain: string, app_category: string,
device_model: string, device_type: string, device_conn_type: string, C14: string,
C15: string, C16: string, C17: string, C18: string, C19: string, C20: string, C21: string]
```

11. 테스트셋에서도 이전 단계를 반복한다.

```
>>> df_test_encoded = one_hot_encoder.transform(df_test)
>>> df_test_encoded = df_test_encoded.select(["label", "features"])
>>> df_test_encoded.show()
+-----+--------------------+
|label|            features|
+-----+--------------------+
|    0|(31458,[5,7,788,4...|
|    0|(31458,[5,7,788,4...|
|    0|(31458,[5,7,788,4...|
|    0|(31458,[5,7,788,4...|
|    0|(31458,[5,7,788,4...|
|    0|(31458,[5,7,14,45...|
|    0|(31458,[5,7,14,45...|
|    0|(31458,[5,7,14,45...|
|    0|(31458,[5,7,14,45...|
|    0|(31458,[5,7,14,45...|
|    0|(31458,[5,7,14,45...|
|    0|(31458,[5,7,14,45...|
|    0|(31458,[5,7,14,45...|
|    0|(31458,[5,7,14,45...|
|    0|(31458,[5,7,14,45...|
|    0|(31458,[5,7,14,45...|
|    0|(31458,[5,7,14,45...|
|    0|(31458,[5,7,14,45...|
|    0|(31458,[5,7,2859,...|
|    0|(31458,[1,7,651,4...|
+-----+--------------------+
only showing top 20 rows
>>> df_test_encoded.cache()
DataFrame[label: int, features: vector]
>>> df_test.unpersist()
DataFrame[label: int, C1: string, banner_pos: string, site_id: string, site_domain:
string, site_category: string, app_id: string, app_domain: string, app_category: string,
device_model: string, device_type: string, device_conn_type: string, C14: string,
C15: string, C16: string, C17: string, C18: string, C19: string, C20: string, C21: string]
```

12. 브라우저에서 Spark UI localhost:4040/jobs/를 확인하면 다음과 같은 몇 가지 작업이 완료된 것을 볼 수 있다.

10	countByValue at StringIndexer.scala:140 countByValue at StringIndexer.scala:140	2018/12/03 18:59:12	4 s	2/2	96/96
9	countByValue at StringIndexer.scala:140 countByValue at StringIndexer.scala:140	2018/12/03 18:59:08	4 s	2/2	96/96
8	countByValue at StringIndexer.scala:140 countByValue at StringIndexer.scala:140	2018/12/03 18:59:04	4 s	2/2	96/96
7	countByValue at StringIndexer.scala:140 countByValue at StringIndexer.scala:140	2018/12/03 18:58:59	5 s	2/2	96/96
6	countByValue at StringIndexer.scala:140 countByValue at StringIndexer.scala:140	2018/12/03 18:58:55	4 s	2/2	96/96
5	countByValue at StringIndexer.scala:140 countByValue at StringIndexer.scala:140	2018/12/03 18:58:50	5 s	2/2	96/96
4	countByValue at StringIndexer.scala:140 countByValue at StringIndexer.scala:140	2018/12/03 18:58:46	4 s	2/2	96/96
3	countByValue at StringIndexer.scala:140 countByValue at StringIndexer.scala:140	2018/12/03 18:58:43	3 s	2/2	96/96
2	countByValue at StringIndexer.scala:140 countByValue at StringIndexer.scala:140	2018/12/03 18:58:28	15 s	2/2	96/96

그림 6.6 **인코딩 후 완료된 작업 목록**

인코딩된 훈련셋과 테스트셋이 준비되었으므로, 이제 분류 모델을 훈련할 수 있다.

6.3.4 로지스틱 회귀 모델 훈련 및 테스트

로지스틱 회귀를 예로 들었지만, 파이스파크에서는 의사결정 트리 분류기, 랜덤 포레스트, 신경망(8장에서 다룸), 선형 SVM, 나이브 베이즈와 같은 또 다른 많은 분류 모델을 지원한다. 더 자세한 내용은 스파크 문서[11]를 참조한다.

다음 단계에 따라 로지스틱 회귀 모델을 훈련하고 테스트한다.

1. 먼저 로지스틱 회귀 모듈을 임포트하고 모델을 초기화한다.

```
>>> from pyspark.ml.classification import LogisticRegression
>>> classifier = LogisticRegression(maxIter=20, regParam=0.001, elasticNetParam=0.001)
```

여기서 최대 반복 횟수를 20으로 설정하고 정규화 매개변수는 0.001로 설정한다.

---

11 https://spark.apache.org/docs/latest/ml-classification-regression.html#classification (옮긴이) https://bit.ly/34eF3MR

2. 인코딩된 훈련셋으로 모델을 피팅한다.

```
>>> lr_model = classifier.fit(df_train_encoded)
```

이 과정은 시간이 좀 오래 걸릴 수 있으니, 기다리는 동안 스파크 UI에서 실행 중이거나 완료된 작업을 확인해도 좋다. 완료된 일부 작업은 다음 스크린숏과 같다.

33	treeAggregate at RDDLossFunction.scala:61 treeAggregate at RDDLossFunction.scala:61	2018/12/03 19:49:50	20 s	2/2	54/54
32	treeAggregate at RDDLossFunction.scala:61 treeAggregate at RDDLossFunction.scala:61	2018/12/03 19:49:28	21 s	2/2	54/54
31	treeAggregate at RDDLossFunction.scala:61 treeAggregate at RDDLossFunction.scala:61	2018/12/03 19:49:07	20 s	2/2	54/54
30	treeAggregate at RDDLossFunction.scala:61 treeAggregate at RDDLossFunction.scala:61	2018/12/03 19:48:48	19 s	2/2	54/54
29	treeAggregate at RDDLossFunction.scala:61 treeAggregate at RDDLossFunction.scala:61	2018/12/03 19:48:24	23 s	2/2	54/54
28	treeAggregate at RDDLossFunction.scala:61 treeAggregate at RDDLossFunction.scala:61	2018/12/03 19:48:01	23 s	2/2	54/54
27	treeAggregate at RDDLossFunction.scala:61 treeAggregate at RDDLossFunction.scala:61	2018/12/03 19:47:38	23 s	2/2	54/54
26	treeAggregate at RDDLossFunction.scala:61 treeAggregate at RDDLossFunction.scala:61	2018/12/03 19:47:11	26 s	2/2	54/54
25	treeAggregate at LogisticRegression.scala:518 treeAggregate at LogisticRegression.scala:518	2018/12/03 19:28:25	19 min	2/2	54/54

그림 6.7 **훈련 후 완료된 작업 목록**

각 RDDLossFunction은 로지스틱 회귀 분류기를 반복해서 최적화한다.

3. 모든 반복을 마치면 테스트셋에 훈련된 모델을 적용한다.

```
>>> predictions = lr_model.transform(df_test_encoded)
```

4. 예측 성능을 계산할 때 예측 결과를 캐싱한다.

```
>>> predictions.cache()
DataFrame[label: int, features: vector, rawPrediction: vector,
probability: vector, prediction: double]
```

예측 데이터프레임은 다음과 같다.

```
>>> predictions.show()
+-----+------------------+--------------------+--------------------+----------+
|label|          features|       rawPrediction|         probability|prediction|
+-----+------------------+--------------------+--------------------+----------+
|    0|(31458,[5,7,788,4...|[2.80267740289335...|[0.94282033454271...|       0.0|
|    0|(31458,[5,7,788,4...|[2.72243908463177...|[0.93833781006061...|       0.0|
|    0|(31458,[5,7,788,4...|[2.72243908463177...|[0.93833781006061...|       0.0|
|    0|(31458,[5,7,788,4...|[2.82083664358057...|[0.94379146612755...|       0.0|
|    0|(31458,[5,7,788,4...|[2.82083664358057...|[0.94379146612755...|       0.0|
|    0|(31458,[5,7,14,45...|[4.44920221201642...|[0.98844714081261...|       0.0|
|    0|(31458,[5,7,14,45...|[4.44920221201642...|[0.98844714081261...|       0.0|
|    0|(31458,[5,7,14,45...|[4.44920221201642...|[0.98844714081261...|       0.0|
|    0|(31458,[5,7,14,45...|[4.54759977096521...|[0.98951842852058...|       0.0|
|    0|(31458,[5,7,14,45...|[4.54759977096521...|[0.98951842852058...|       0.0|
|    0|(31458,[5,7,14,45...|[4.38991492595212...|[0.98775013592573...|       0.0|
|    0|(31458,[5,7,14,45...|[4.38991492595212...|[0.98775013592573...|       0.0|
|    0|(31458,[5,7,14,45...|[4.38991492595212...|[0.98775013592573...|       0.0|
|    0|(31458,[5,7,14,45...|[4.38991492595212...|[0.98775013592573...|       0.0|
|    0|(31458,[5,7,14,45...|[5.58870435258071...|[0.99627406423617...|       0.0|
|    0|(31458,[5,7,14,45...|[5.66066729150822...|[0.99653187592454...|       0.0|
|    0|(31458,[5,7,14,45...|[5.66066729150822...|[0.99653187592454...|       0.0|
|    0|(31458,[5,7,14,45...|[5.61336061100621...|[0.99636447866332...|       0.0|
|    0|(31458,[5,7,2859,...|[5.47553763410082...|[0.99582948965297...|       0.0|
|    0|(31458,[1,7,651,4...|[1.33424801682849...|[0.79154243844810...|       0.0|
+-----+------------------+--------------------+--------------------+----------+
only showing top 20 rows
```

여기에는 예측 특징, 정답, 두 클래스의 확률, 최종 예측(결정 임곗값이 0.5인 경우)이 포함된다.

5. BinaryClassificationEvaluator 함수와 areaUnderROC 평가 측정 지표로 테스트셋에 대해서 수신기 작동 특성(이후 ROC)의 곡선아래면적(이후 AUC)을 평가한다.

```
>>> from pyspark.ml.evaluation import BinaryClassificationEvaluator
>>> ev = BinaryClassificationEvaluator(rawPredictionCol =
                "rawPrediction", metricName = "areaUnderROC")
>>> print(ev.evaluate(predictions))
0.7488839207716323
```

이렇게 해서 74.89%의 AUC를 얻었는데, 좀 더 개선할 수는 없을까? 다음 절에서 살펴보자.

6.4 스파크를 이용한 범주형 변수의 특징 공학

6장에서는 스파크를 이용해서 대규모 클릭 로그 데이터를 통해 학습하는 광고 클릭 예측기를 구축하는 방법을 시연했다. 지금까지는 범주형 입력을 쓰기 위해 원-핫 인코딩을 사용했다. 이 절에서는 두 가지 인기 있는 특징 공학 기술인 특징 해싱feature hashing과 특징 상호작용feature interaction[12]에 관해 살펴본다.

특징 해싱은 원-핫 인코딩의 대안이지만, 특징 상호작용은 원-핫 인코딩의 변형이다. **특징 공학**은 기존 특징 공간에서의 학습 성능을 향상하기 위해 도메인 지식이나 정의된 규칙을 기반으로 새로운 특징을 생성하는 것이다.

6.4.1 범주형 특징 해싱

머신러닝에서 **특징 해싱**(해싱 트릭hashing trick이라고도 함)은 범주형 특징을 인코딩하는 효율적인 방법이다. 이것은 가변 크기의 데이터를 (보통 더 작은) 고정 크기의 데이터에 매핑하는 컴퓨터 과학의 해싱 함수를 기반으로 한다. 예를 통해서 특징 해싱을 이해하면 더 쉽다.

여기에 **성별**gender, **사이트_도메인**site_domain, **단말_모델**device_model이라는 세 가지 특징이 있다고 가정해보자.

표 6.1 **범주형 특징 3가지를 갖는 데이터 예**

성별	사이트_도메인	단말_모델
남성	cnn	삼성
여성	abc	아이폰
남성	nbc	화웨이
남성	facebook	샤오미
여성	abc	아이폰

특징 세 가지를 원-핫 인코딩하면 각각 크기가 2(성별), 4(사이트_도메인), 3(단말_모델)이 되고, 결과적으로 크기가 2 + 4 + 3 = 9인 특징 벡터를 얻는다. 특징 해싱을 통해 크기가 4인 특징 벡터를 만들기 위해서, 해시 함수를 각 문자에 대한 유니코드값의 합으로 정의하고 결과를 4로 나눈 나머지를 해시 출력으로 취한다. 첫 번째 행을 예로 들면 다음과 같다.

---

12 [옮긴이] 교호 작용이라고도 한다.

$$ord(m) + ord(a) + ord(l) + ord(e) + \ldots + ord(s) + ord(u) + ord(n) + ord(g) =$$

$$109 + 97 + 108 + 101 + \ldots + 115 + 117 + 110 + 103 = 1500$$

1500 % 4 = 0, 즉 이 샘플은 [1 0 0 0]으로 인코딩할 수 있다. 마찬가지로 나머지가 1, 2, 3인 샘플은 각각 [0 1 0 0], [0 0 1 0], [0 0 0 1]으로 해시된다.

마찬가지로 다른 행의 경우 해시 결과는 다음과 같다.

표 6.2 예시 데이터의 해시 결과

성별	사이트_도메인	단말_모델	해시 결과
남성	cnn	삼성	[1 0 0 0]
여성	abc	아이폰	[0 0 0 1]
남성	nbc	화웨이	[0 1 0 0]
남성	facebook	샤오미	[1 0 0 0]
여성	abc	아이폰	[0 0 0 1]

결국 9차원의 원-핫 인코딩 데이터 대신, 4차원 해시 벡터를 이용해서 원본 데이터를 나타낼 수 있다.

특징 해싱에 대해서 주의해야 할 사항이 몇 가지 있는데, 구체적으로는 다음과 같다.

- 예를 들어 두 번째 행과 다섯 번째 행처럼, 같은 입력은 항상 같은 출력으로 변환된다.
- 첫 번째 행과 네 번째 행처럼, 두 개의 서로 다른 입력이 같은 출력으로 변환될 수 있다. 이러한 현상을 **해싱 충돌**hashing collision이라고 한다.
- 따라서 특징 해싱의 결과 벡터 크기를 선택하는 게 중요하다. 크기가 너무 작으면 과도한 충돌과 정보 손실이 발생한다. 반면 크기가 너무 크면 원-핫 인코딩과 큰 차이가 없다. 적절한 크기를 선택하면 중요한 정보를 보존하면서 해싱을 공간 효율적으로 만들어서 다운스트림 작업에 더 많은 이점을 제공할 수 있다.
- 해싱은 단방향이므로 출력을 입력으로 되돌릴 수 없지만, 원-핫 인코딩은 양방향으로 매핑할 수 있다.

이제 클릭 예측 프로젝트에 특징 해싱을 적용한다. 원-핫 인코딩된 벡터의 크기가 31,458인데, 고정된 해싱 크기로 10,000을 선택하면 공간을 3분의 1 이하로 줄일 수 있고, 분류 모델 훈련에 필요한 메모리도 줄일 수 있다. 또한 모든 열에 걸쳐 모든 고윳값을 추적할 필요가 없으므로 원-핫 인코딩과 비교했을 때 특징 해싱이 얼마나 빠른지 확인할 수 있다.

내부 해시 함수를 통해 문자열값의 개별 행을 다음과 같이 희소 벡터에 매핑한다.

1. 파이스파크에서 특징 해싱 모듈을 임포트하고 특징 해시의 출력 크기를 10,000으로 초기화한다.

```
>>> from pyspark.ml.feature import FeatureHasher
>>> hasher = FeatureHasher(numFeatures=10000,
                inputCols=categorical, outputCol="features")
```

2. 정의된 해셔hasher를 사용해서 입력 데이터프레임을 변환한다.

```
>>> hasher.transform(df_train).select("features").show()
+--------------------+
|            features|
+--------------------+
|(10000,[1228,1289...|
|(10000,[1228,1289...|
|(10000,[1228,1289...|
|(10000,[1228,1289...|
|(10000,[1228,1289...|
|(10000,[1228,1289...|
|(10000,[29,1228,1...|
|(10000,[1228,1289...|
|(10000,[1228,1289...|
|(10000,[1228,1289...|
|(10000,[1228,1289...|
|(10000,[1228,1289...|
|(10000,[1228,1289...|
|(10000,[1228,1289...|
|(10000,[1228,1289...|
|(10000,[1228,1289...|
|(10000,[1228,1289...|
|(10000,[746,1060,...|
|(10000,[675,1228,...|
|(10000,[1289,1695...|
+--------------------+
only showing top 20 rows
```

보다시피 변환된 features 열의 크기는 10,000이다. 다시 말하지만, 특징 해싱은 훈련을 하거나 적합을 하는 것이 아니라 매핑 방식을 미리 정의해놓은 것이다.

3. 전체 워크플로를 좀 더 좋게 구성하기 위해서 해셔와 분류 모델을 파이프라인으로 연결한다.

```
>>> classifier = LogisticRegression(maxIter=20, regParam=0.000, elasticNetParam=0.000)
```

```
>>> stages = [hasher, classifier]
>>> pipeline = Pipeline(stages=stages)
```

4. 다음과 같이 훈련셋으로 파이프라인 모델을 피팅한다.

```
>>> model = pipeline.fit(df_train)
```

5. 훈련된 모델을 테스트셋에 적용하고 예측 결과를 기록한다.

```
>>> predictions = model.transform(df_test)
>>> predictions.cache()
```

6. ROC의 AUC로 성능을 평가한다.

```
>>> ev = BinaryClassificationEvaluator(rawPredictionCol =
                    "rawPrediction", metricName = "areaUnderROC")
>>> print(ev.evaluate(predictions))
0.7448097180769776
```

AUC는 74.48%로, 이전에 구한 원-핫 인코딩의 74.89%에 가까운 값이다. 상당한 양의 계산 리소스를 절약하고도 비슷한 예측 정확도를 얻었으므로 원-핫 인코딩보다 이점이 있다.

NOTE   특징 해싱을 사용하면 해석 가능성은 떨어지지만, 계산상의 이점을 얻을 수 있다.

6.4.2 여러 변수의 결합: 특징 상호작용

클릭 로그 데이터의 특징 중에는 그 자체만으로는 큰 의미가 없는 특징도 있다. 예를 들어 성별 특징만으로는 누가 광고를 클릭할지 여부를 알 수 없고, 기기 모델 특징도 단독으로는 많은 정보를 제공하지 않는다.

그러나 **특징 상호작용**(**특징 교차**feature crossing라고도 함)을 통해 이러한 특징을 여러 개 결합함으로써 더 강력한 합성 특징을 만들 수 있다. 수치형 특징의 경우에는 보통 이들의 배수를 곱해서 새로운 특징을 만들 수 있다.

또한 원하는 대로 통합 규칙을 정의할 수도 있다. 예를 들어 **가계소득**과 **가족 구성원 수**라는 두 가지 특징으로부터 **가구원별 소득**과 같은 추가 특징을 새로 만들 수 있다.

표 6.3 기존 수치형 특징에 기반한 새로운 수치형 특징 생성 예

가계소득	가족 구성원 수	가구원별 소득
300,000	2	150,000
100,000	1	100,000
400,000	4	100,000
300,000	5	60,000
200,000	2	100,000

범주형 특징의 경우 특징 상호작용은 둘 이상의 특징에 대한 AND 연산이다. 다음 예는 **성별** 특징과 **사이트_도메인** 특징으로부터 추가 특징인 **성별:사이트_도메인**을 생성하는 것을 보여준다.

표 6.4 기존 범주형 특징에 기반한 새로운 범주형 특징 생성 예

성별	사이트_도메인	성별:사이트_도메인
남성	cnn	남성:cnn
여성	abc	여성:abc
남성	nbc	남성:nbc
남성	facebook	남성:facebook
여성	abc	여성:abc

그다음 원-핫 인코딩을 통해 문자열값을 변환한다. 6개의 원-핫 인코딩된 특징(**성별**에서 2개, **사이트_도메인**에서 4개) 외에 **성별** 특징과 **사이트_도메인** 특징 간의 상호작용을 통해 8(2 × 4)개의 새로운 특징을 추가한다.

이제 클릭 예측 프로젝트에 특징 상호작용을 적용해보자. C14와 C15 두 가지 특징에 대한 AND 상호작용을 예로 든다.

1. 먼저 파이스파크에서 특징 상호작용 모듈인 RFormula를 임포트한다.

```
>>> from pyspark.ml.feature import RFormula
```

RFormula 모델에 특징이 상호작용하는 방식을 설명하는 공식formula을 인수로 전달한다. 예를 들어 $y \sim a + b$는 특징 a와 b를 기반으로 y를 예측한다는 의미다. $y \sim a + b + a{:}b$는 특징 a, b와 반복 항iteration term인 a AND b를 기반으로 y를 예측한다는 의미다. $y \sim a + b + c + a{:}b$는 특징 a, b, c와 반복 항인 a AND b를 기반으로 y를 예측한다는 의미다.

2. 앞의 내용에 대한 상호작용 공식을 정의한다.

```
>>> cat_inter = ['C14', 'C15']
>>> cat_no_inter = [c for c in categorical if c not in cat_inter]
>>> concat = '+'.join(categorical)
>>> interaction = ':'.join(cat_inter)
>>> formula = "label ~ " + concat + '+' + interaction
>>> print(formula)
label ~ C1+banner_pos+site_id+site_domain+site_category+app_
id+app_domain+app_category+device_model+device_type+device_conn_
type+C14+C15+C16+C17+C18+C19+C20+C21+C14:C15
```

3. 이 공식으로 특징 인터랙터interactor를 초기화한다.

```
>>> interactor = RFormula(
...     formula=formula,
...     featuresCol="features",
...     labelCol="label").setHandleInvalid("keep")
```

여기서 setHandleInvalid("keep") 핸들은 새로운 범줏값이 발생하면 에러 처리를 해준다.

4. 정의한 특징 인터랙터를 통해 입력 데이터프레임을 피팅하고 변환한다.

```
>>> interactor.fit(df_train).transform(df_train).select("features").show()
+--------------------+
|            features|
+--------------------+
|(54930,[5,7,3527,...|
|(54930,[5,7,788,4...|
|(54930,[5,7,788,4...|
|(54930,[5,7,788,4...|
|(54930,[5,7,788,4...|
|(54930,[5,7,788,4...|
|(54930,[5,7,788,4...|
|(54930,[5,7,788,4...|
|(54930,[5,7,788,4...|
|(54930,[5,7,788,4...|
|(54930,[5,7,788,4...|
|(54930,[5,7,788,4...|
|(54930,[5,7,788,4...|
|(54930,[5,7,1271,...|
|(54930,[5,7,1271,...|
|(54930,[5,7,1271,...|
|(54930,[5,7,1271,...|
```

```
|(54930,[5,7,1532,...|
|(54930,[5,7,4366,...|
|(54930,[5,7,14,45...|
+-------------------+
only showing top 20 rows
```

C14와 C15의 상호작용 항 때문에 20,000개 이상의 특징이 특징 공간에 추가되었다.

5. 특징 인터랙터와 분류 모델을 파이프라인으로 연결해서 전체 워크플로를 구성한다.

```
>>> classifier = LogisticRegression(maxIter=20, regParam=0.000,
                                     elasticNetParam=0.000)
>>> stages = [interactor, classifier]
>>> pipeline = Pipeline(stages=stages)
>>> model = pipeline.fit(df_train)
>>> predictions = model.transform(df_test)
>>> predictions.cache()
>>> from pyspark.ml.evaluation import BinaryClassificationEvaluator
>>> ev = BinaryClassificationEvaluator(rawPredictionCol =
                    "rawPrediction", metricName = "areaUnderROC")
>>> print(ev.evaluate(predictions))
0.7490392990518315
```

특징 C14와 C15 간의 추가 상호작용을 통해, AUC가 상호작용이 없을 때의 74.89%에 비해 74.90%로 개선되었다. 따라서 특징 상호작용을 통해 모델의 성능을 약간 향상할 수 있었다.

6.5 요약

5장에 이어 6장에서도 온라인 광고 클릭률 예측 프로젝트를 살펴보았다. 앞 장과는 달리, 이 장에서는 병렬 컴퓨팅 도구인 아파치 스파크의 도움으로 수백만 개의 레코드가 있는 전체 데이터셋에 대한 분류기를 훈련할 수 있었다. 스파트의 주요 구성 요소, 스파크 프로그램의 배포, 파이스파크의 프로그래밍 필수 요소, 스파크의 파이썬 인터페이스 등 스파크의 기본 사항을 논의했다. 그다음으로 파이스파크 프로그래밍을 통해 클릭 로그 데이터를 살펴보았다.

원-핫 인코딩 방법, 중간 결과 캐시 방법, 전체 클릭 로그 데이터셋을 기반으로 분류 솔루션을 개발하고 성능을 평가하는 방법을 배웠다. 또한 예측 성능을 개선하는 특징 공학 기법 두 가지(특징 해싱과 특징 상호작용)를 소개하고, 파이스파크로 구현했다.

2장부터 6장에 걸쳐, 머신러닝에서 강력하고 인기 있는 분류 모델을 모두 다뤘다. 7장부터는 회귀 문제를 살펴본다. 지도학습에서 회귀와 분류는 때려야 뗄 수 없는 밀접한 관계다. 선형회귀, 회귀 의사결정 트리, 서포트 벡터 회귀를 포함해서 다양한 회귀 모델에 관해 학습한다.

6.6 연습 문제

1. 원-핫 인코딩 솔루션에서 의사결정 트리, 랜덤 포레스트 같은 로지스틱 회귀나 선형 SVM 대신 파이스파크에서 지원하는 분류기를 적용한다.

2. 특징 해싱 솔루션에서 다른 해시 크기, 예를 들어 5,000이나 20,000을 적용해보고 어떤 차이점이 있는지 관찰해본다.

3. 특징 상호작용 솔루션에서 C1과 C20과 같은 다른 특징에 상호작용을 적용한다.

4. 확장된 차원을 낮추기 위해 특징 상호작용을 먼저 사용한 다음, 특징 해싱을 사용할 수 있는지 확인해본다. 더 높은 AUC를 얻을 수 있는가?

CHAPTER 7

회귀 알고리즘을 이용한
주가 예측

6장에서는 스파크를 이용해서 대규모 클릭 데이터셋에 대한 분류기를 훈련했다. 7장에서는 모두가 관심을 가질 만한 문제인 주가 예측에 관해 알아본다. 현명한 투자로 부자가 될 수 있다면 누가 관심을 두지 않겠는가? 주식시장의 움직임과 주가 예측은 수많은 금융, 트레이딩, 심지어 기술 기업에서도 활발히 연구되어 왔다. 지금까지 머신러닝 기술을 이용해서 주가를 예측하는 다양한 방법이 개발되었다. 여기서는 선형회귀, 회귀 트리, 회귀 트리를 포함한 몇 가지 인기 있는 회귀 알고리즘과 서포트 벡터 회귀를 학습하고 이러한 수십억 달러 이상의 주가 문제를 해결하는 데 적용한다.

이 장에서 다룰 주제는 다음과 같다.

- 주식시장과 주가 소개
- 회귀란 무엇인가?
- 주식 데이터 수집과 특징 공학
- 선형회귀의 작동 원리
- 선형회귀 구현: 사이킷런과 텐서플로를 사용해서 밑바닥부터 구현
- 회귀 트리의 작동 원리
- 회귀 트리 구현: 사이킷런으로 밑바닥부터 구현
- 회귀 트리와 회귀 포레스트
- 서포트 벡터 회귀의 작동 원리와 사이킷런을 통한 구현

- 회귀 성능 평가
- 회귀 알고리즘을 통한 주가 예측

7.1 주식시장과 주가의 개요

주식은 해당 기업의 소유권을 의미하는데, 주식 총수 대비 보유 주식 수에 비례해서 그 회사의 자산과 이익에 대해 청구할 수 있다. 예를 들어 투자자가 총 1,000주의 유통 주식을 보유한 회사의 주식 50주를 소유하고 있다면, 해당 투자자(또는 주주)는 회사 자산과 이익의 5%를 소유하고 이에 대한 청구권을 가진다.

회사의 주식은 증권거래소와 중계기관을 통해 주주와 다른 당사자 간에 거래할 수 있다. 주요 증권거래소에는 뉴욕 증권거래소, 나스닥NASDAQ, 런던 증권거래소, 상하이 증권거래소, 홍콩 증권거래소가 있다. 주식의 거래가는 본질적으로 수요와 공급의 법칙에 따라 변동한다. 어느 시점에서, 공급은 투자자가 보유한 주식의 수이고, 수요는 투자자가 사려는 주식의 수이다. 주식 가격, 즉 주가는 수요와 공급에 따라 오르락내리락하면서 균형을 유지한다.

일반적으로 투자자들은 싸게 사서 비싸게 팔기를 원한다. 간단해 보이지만, 주가가 오를지 내릴지를 예측하기란 매우 어려운 일이다.

이러한 가격 변화 요인과 조건을 이해하고 미래의 주가를 예측하는 두 가지 주요 연구 방법으로 **기본 분석**fundamental analysis과 **기술 분석**technical analysis이 있다.

- **기본 분석**: 거시적 관점에서의 전반적인 경제와 산업 상황, 미시적 관점에서의 회사 재무 상태, 경영진과 경쟁업체를 포함한 회사의 가치와 비즈니스에 영향을 미치는 기본 요소에 중점을 둔다.
- **기술 분석**: 가격 움직임, 거래량과 시장 데이터를 포함한 과거 거래 활동에 대한 통계적 연구를 통해서 미래가 움직임을 예측한다. 오늘날 머신러닝 기법을 통한 가격 예측은 기술 분석의 중요한 주제이다.

수많은 정량적 퀀트quant 매매 회사에서는 자동화된 알고리즘 거래를 위해 머신러닝을 이용한다. 이번 7장에서는 퀀트 분석가와 연구원 관점에서 몇 가지 대표적인 **머신러닝 회귀**machine learning regression 알고리즘으로 주가를 예측하는 방법을 살펴본다.

7.2 회귀란 무엇인가?

회귀regression는 머신러닝에서 지도학습의 주요 유형 중 하나이다. 회귀에서 훈련셋에는 관측값(특징이라고도 함)과 이와 관련된 **연속적인**continuous 목푯값이 포함된다. 회귀 과정은 다음과 같은 두 단계로 구성된다.

- 첫 번째는 훈련 단계로, 관측값과 목표 간의 관계를 나타내는 패턴을 찾는다.
- 두 번째는 예측 단계로, 첫 번째 단계에서 구한 패턴을 통해 새로운 관측에 대한 목표를 생성한다.

전체 과정은 다음 다이어그램과 같다.

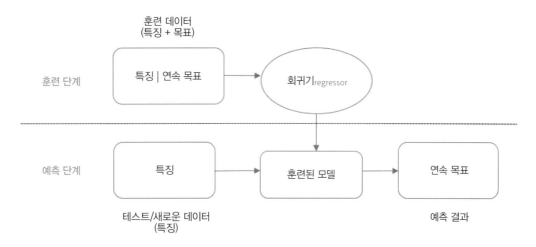

그림 7.1 **회귀에서 훈련 단계와 예측 단계**

회귀와 분류의 주요 차이점은 회귀와 분류의 출력값이 각각 연속적continuous, 이산적discrete이라는 것이다. 그에 따라 이 두 가지 지도학습 방법의 적용 영역이 서로 달라진다. 기본적으로 분류는 앞 장에서 본 것처럼 이메일이 스팸인지 아닌지를 구분하거나, 뉴스그룹 주제 또는 광고 클릭률과 같이 소속 집합이나 특성을 결정하는 데 사용된다. 한편 회귀는 주로 결과를 추정하거나 응답을 예측하는 데 사용된다.

선형회귀로 연속적인 값을 갖는 목표를 추정하는 예는 다음과 같은데, 여기서는 2차원 데이터 포인트 셋으로 선line을 피팅한다.

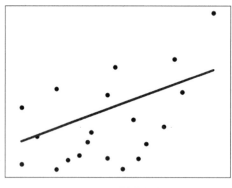

그림 7.2 **선형회귀 예**

대표적인 머신러닝 회귀 문제는 다음과 같다.

- 위치, 평수, 침실과 욕실 수를 기초로 주택가 예측
- 시스템의 프로세스와 메모리 정보를 바탕으로 전력 소비 추정
- 소매 수요 예측
- 주가 예측

이 절에서는 회귀에 관해 논의했다. 다음 절에서는 주식시장과 매매에 적용하는 방법을 간략하게 소개한다.

7.3 주가 데이터 수집

이론적으로는 회귀 기법을 통해서 어느 특정 종목의 주가를 예측할 수 있다. 하지만 이때 선택한 주식 종목이 학습 목적에 적합하다는 것을 보장하기는 어렵다. 즉, 해당 종목의 주가가 학습 가능한 패턴을 따라야 하며, 전례 없는 사례나 불규칙한 사건의 영향을 받아서는 안 된다. 따라서 여기서는 가격 회귀 접근법을 좀 더 잘 설명하고 일반화하기 위해서 가장 인기 있는 **주가지수**stock index 중 하나를 주로 살펴본다.

먼저 지수가 무엇인지 알아보자. **주가지수**는 전체 주식시장 중 일부분에 대한 가치의 통계적 척도이다. 지수는 전체 시장 중에서 한 부분을 대표하는 다양한 종목을 포함한다. 그리고 지수 가격은 일반적으로 지수에 포함된 종목에 대한 주가의 가중 평균으로 계산한다.

다우 존스 산업평균지수 Dow Jones Industrial Average, DJIA는 세계에서 가장 오래되었으며 가장 대표적인 지수의 하나다. 마이크로소프트, 애플, 제너럴 일렉트릭, 월트디즈니 등 미국에서 가장 중요한 30개

주식으로 구성되고, 전체 미국 시장 가치의 약 4분의 1을 차지한다. 야후 파이낸스[1]에서 일별 주가와 실적을 볼 수 있다.

Date	Open	High	Low	Close*	Adj Close**	Volume
Apr 06, 2020	21,693.63	22,176.79	21,693.63	22,139.61	22,139.61	222,041,710
Apr 03, 2020	21,285.93	21,447.81	20,863.09	21,052.53	21,052.53	450,010,000
Apr 02, 2020	20,819.46	21,477.77	20,735.02	21,413.44	21,413.44	529,540,000
Apr 01, 2020	21,227.38	21,487.24	20,784.43	20,943.51	20,943.51	506,680,000
Mar 31, 2020	22,208.42	22,480.37	21,852.08	21,917.16	21,917.16	571,210,000
Mar 30, 2020	21,678.22	22,378.09	21,522.08	22,327.48	22,327.48	545,540,000
Mar 27, 2020	21,898.47	22,327.57	21,469.27	21,636.78	21,636.78	588,830,000
Mar 26, 2020	21,468.38	22,595.06	21,427.10	22,552.17	22,552.17	705,180,000
Mar 25, 2020	21,050.34	22,019.93	20,538.34	21,200.55	21,200.55	796,320,000
Mar 24, 2020	19,722.19	20,737.70	19,649.25	20,704.91	20,704.91	799,340,000
Mar 23, 2020	19,028.36	19,121.01	18,213.65	18,591.93	18,591.93	787,970,000
Mar 20, 2020	20,253.15	20,531.26	19,094.27	19,173.98	19,173.98	872,290,000

그림 7.3 **야후 파이낸스의 일별 주가와 실적 스크린숏**

거래일마다 주가가 변동하며 실시간으로 기록된다. 관심 기간(보통 하루, 그러나 한 주 또는 한 달이 될 수도 있음)의 가격 움직임을 보여주는 5가지 주요 거래 지표가 있는데, 다음과 같다.

- **시가**open: 지정 거래일의 시작가(시초가)
- **종가**close: 거래일의 최종가
- **고가**high: 거래일에 해당 주식이 거래된 최고가
- **저가**low: 거래일에 주식이 거래된 최저가
- **거래량**volume: 거래일 장 마감 전에 거래된 주식 총수

DJIA 외 다른 주요 지수는 다음과 같다.

- **S&P 500**Standard & Poor's 500 **지수**: 미국에서 가장 많이 거래되는 500개 주식으로 구성되며, 전체 미국 시장 가치의 80%를 차지한다.[2]

---

1   https://finance.yahoo.com/quote/%5EDJI/history?p=%5EDJI (옮긴이) https://yhoo.it/33aA3Z8)
2   https://finance.yahoo.com/quote/%5EGSPC/history?p=%5EGSPC (옮긴이) https://yhoo.it/3sAsDHp)

- **나스닥 종합주가지수**NASDAQ Composite: NASDAQ에서 거래되는 모든 주식으로 구성된다.[3]

- **러셀 2000**Russell 2000, RUT **지수:** 미국에서 가장 큰 상장 기업 3,000개 중 가장 작은 소형주 2,000 개를 모아놓은 것이다.[4]

- **런던 FTSE-100**London FTSE-100 **지수:** 런던 증권거래소에 상장된 시가총액 상위 100대 기업으로 구성된다.[5]

이 책에서는 DJIA의 과거 가격과 실적을 통해 미래 주가를 예측한다. 다음 절에서는 가격 예측 모델, 특히 회귀 모델을 개발하는 방법과 지표나 예측 특징으로 사용할 수 있는 항목을 살펴본다.

7.3.1 특징 공학

머신러닝 알고리즘과 관련해서 일반적으로 가장 먼저 하는 질문은 어떤 특징을 사용할 수 있는지와 예측 변수가 무엇인지이다.

DJIA의 미래 거래일의 **종가**를 예측하는 데 사용되는 주요 요소로는 과거 실적(**고가, 저가, 거래량**)뿐만 아니라 과거와 현재 **시가**가 있다. 당일의 현재 실적(고가, 저가, 거래량)을 포함해서는 안 된다. 왜냐하면 해당 종목이 거래된 최고가와 최저가나 당일 장 마감 전 거래된 주식 총수는 예측할 수 없기 때문이다.

다만 이 네 가지 지표만으로 종가를 예측하기란 쉽지 않고 과소적합으로 이어질 수 있다. 따라서 예측력을 높이려면 더 많은 특징을 생성해야 한다. 요약하자면, 머신러닝에서의 **특징 공학**은 머신러닝 알고리즘의 성능을 향상하기 위해 기존 특징을 기반으로 도메인별domain-specific 특징을 생성하는 과정이다.

일반적으로 특징 공학에는 충분한 도메인 지식이 필요한데, 매우 어려울뿐더러 시간이 많이 소요될 수 있다. 실제로 머신러닝 문제를 해결하는 데 사용되는 특징은 바로 눈에 보이지 않는 만큼, 스팸 이메일 탐지와 뉴스그룹 분류에서의 용어 빈도나 tf-idf 특징과 같이 구체적으로 설계하고 구성해야 한다. 따라서 머신러닝에서 특징 공학은 필수 요소이면서 실제 문제를 해결하기 위해 가장 큰 노력을 쏟는 부분이다.

투자 결정을 내릴 때 투자자는 보통 전날 가격뿐만 아니라 일정 기간의 과거 가격을 살펴본다. 따라

---

3   https://finance.yahoo.com/quote/%5EIXIC/history?p=%5EIXIC ([옮긴이] https://yhoo.it/3IjjKYr)

4   https://finance.yahoo.com/quote/%5ERUT/history?p=%5ERUT ([옮긴이] https://yhoo.it/3whG0Qn)

5   https://finance.yahoo.com/quote/%5EFTSE/ ([옮긴이] https://yhoo.it/36bHzV7)

서 주가 예측에서는 지난주(5거래일), 지난달, 지난 1년 동안의 평균 종가의 3가지 요소를 새로운 특징으로 사용한다. 또한 지난 분기나 지난 6개월처럼 원하는 기간을 사용자가 지정할 수도 있다. 이러한 세 가지의 평균가 특징 외에도, 또 다른 기간 중 각 평균가 쌍의 비율(예를 들어 지난주 평균가와 지난 1년 평균가 간 비율)을 3가지 계산해서 가격 동향에 관한 새로운 특징을 만들 수 있다.

가격 외에 거래량도 투자자가 분석하는 또 다른 중요한 요소다. 마찬가지로, 여러 다른 시간 구간에서의 평균 거래량과 각 평균값 쌍의 비율로 새로운 거래량 기반의 특징을 만들 수 있다.

투자자는 과거의 시간 평균값 외에 주식 변동성도 크게 고려한다. 변동성은 시간 경과에 따른 특정 주식이나 지수의 가격 변동 정도를 나타낸다. 통계적 용어로는 종가의 표준편차이다. 특정 기간의 종가 표준편차와 거래량 표준편차를 계산해서 새로운 특징 셋을 쉽게 생성할 수 있다. 비슷한 방식으로, 각 표준편찻값 쌍의 비율을 특징 공학 풀에 포함할 수 있다.

마지막으로 **수익률**return은 투자자들이 주의 깊게 지켜보는 중요한 재무지표다.

수익률은 특정 기간 동안의 주식/지수에 대한 종가의 손익 비율이다. 예를 들어 일일 수익률과 연간 수익률은 자주 듣는 금융 용어로 다음과 같이 계산한다.

$$return_{i:i-1} = \frac{price_i - price_{i-1}}{price_{i-1}}$$

$$return_{i:i-365} = \frac{price_i - price_{i-365}}{price_{i-365}}$$

여기서 $price_i$는 i번째 날의 가격이고 $price_{i-1}$은 그 전날의 가격이다. 주간 수익률과 월간 수익률도 비슷한 방식으로 계산할 수 있다. 일일 수익률을 기반으로 특정 기간의 이동평균moving average을 산출할 수 있다.

예를 들어 지난주 일일 수익률로 $return_{i:i-1}$, $return_{i-1:i-2}$, $return_{i-2:i-3}$, $return_{i-3:i-4}$, $return_{i-4:i-5}$이 주어지면, 다음과 같이 지난주의 이동평균을 계산할 수 있다.

$$MovingAvg_{i\_5} = \frac{return_{i:i-1} + return_{i-1:i-2} + return_{i-2:i-3} + return_{i-3:i-4} + return_{i-4:i-5}}{5}$$

요약하자면 특징 공학 기술을 통해 다음과 같은 예측 변수를 생성할 수 있다.

$AvgPrice_5$	지난 5일간 평균 종가
$AvgPrice_{30}$	지난달 평균 종가
$AvgPrice_{365}$	지난 1년간 평균 종가
$AvgPrice_5 / AvgPrice_{30}$	지난주 평균가와 지난달 평균가 간의 비율
$AvgPrice_5 / AvgPrice_{365}$	지난주 평균가와 지난 1년 평균가 간의 비율
$AvgPrice_{30} / AvgPrice_{365}$	지난달 평균가와 지난 1년 평균가 간의 비율
$AvgVolume_5$	지난 5일간 평균 거래량
$AvgVolume_{30}$	지난달 평균 거래량
$AvgVolume_{365}$	지난 1년간 평균 거래량
$AvgVolume_5 / AvgVolume_{30}$	지난주 평균 거래량과 지난달 평균 거래량의 비율
$AvgVolume_5 / AvgVolume_{365}$	지난주 평균 거래량과 지난 1년간 평균 거래량의 비율
$AvgVolume_{30} / AvgVolume_{365}$	지난달 평균 거래량과 지난 1년간 평균 거래량의 비율
$StdPrice_5$	지난 5일간 종가의 표준편차
$StdPrice_{30}$	지난달 종가의 표준편차
$StdPrice_{365}$	지난 1년간 종가의 표준편차

그림 7.4 **생성된 특징(1)**

$StdPrice_5 / StdPrice_{30}$	지난주 가격의 표준편차와 지난달 가격의 표준편차 간의 비율
$StdPrice_5 / StdPrice_{365}$	지난주 가격의 표준편차와 지난 1년간의 표준편차 간의 비율
$StdPrice_{30} / StdPrice_{365}$	지난달 가격의 표준편차와 지난달 가격의 표준편차 간의 비율
$StdVolume_5$	지난 5일간 거래량의 표준편차
$StdVolume_{30}$	지난달 거래량의 표준편차
$StdVolume_{365}$	지난 1년간 거래량의 표준편차
$StdVolume_5 / StdVolume_{30}$	지난주와 지난 1개월간 거래량의 표준편차 간의 비율
$StdVolume_5 / StdVolume_{365}$	지난주와 지난 1년간 거래량의 표준편차 간의 비율
$StdVolume_{30} / StdVolume_{365}$	지난달과 지난 1년간 거래량의 표준편차 간의 비율
$return_{i:i-1}$	전날 수익률
$return_{i:i-5}$	지난주 수익률
$return_{i:i-30}$	지난달 수익률
$return_{i:i-365}$	작년 연간 수익률
$MovingAvg_{i,5}$	지난주 일일 수익률의 이동평균
$MovingAvg_{i,30}$	지난달 일일 수익률의 이동평균
$MovingAvg_{i,365}$	지난 1년간 일일 수익률의 이동평균

그림 7.5 **생성된 특징(2)**

결과적으로, 다음과 같은 기존의 6가지 특징으로부터 총 31개의 새로운 특징 셋을 생성할 수 있다.

- **OpenPrice$_i$**: 시가를 나타내는 특징

- **OpenPrice$_{i-1}$**: 전날 시가를 나타내는 특징

- **ClosePrice$_{i-1}$**: 전날 종가를 나타내는 특징

- **HighPrice$_{i-1}$**: 전날 최고가를 나타내는 특징

- **LowPrice$_{i-1}$**: 전날 최저가를 나타내는 특징

- **Volume$_{i-1}$**: 전날 거래량을 나타내는 특징

7.3.2 데이터 수집과 특징 생성

특징을 생성하는 코드를 지금 바로 구현한다. 우선 프로젝트에 필요한 데이터셋부터 확보한다.

프로젝트 전반에 걸쳐 야후 파이낸스로부터 주가지수 가격과 실적 데이터를 확보한다. 예를 들어 과거 데이터Historical Data 페이지[6]에서 기간을 2005년 12월 1일 ~ 2005년 12월 10일로 변경하고 [Show] 항목에서 과거 가격, 빈도를 일간 단위로 선택[7]한 뒤 [Apply] 버튼을 클릭한다. [Download data] 버튼을 클릭해서 데이터를 다운로드하고 파일 이름을 20051201_20051210.csv로 지정한다.

방금 다운로드한 데이터를 다음과 같이 로드할 수 있다.

```
>>> mydata = pd.read_csv('20051201_20051210.csv', index_col='Date')
>>> mydata
               Open          High          Low          Close
Date
2005-12-01 10806.030273 10934.900391 10806.030273 10912.570312
2005-12-02 10912.009766 10921.370117 10861.660156 10877.509766
2005-12-05 10876.950195 10876.950195 10810.669922 10835.009766
2005-12-06 10835.410156 10936.200195 10835.410156 10856.860352
2005-12-07 10856.860352 10868.059570 10764.009766 10810.910156
2005-12-08 10808.429688 10847.250000 10729.669922 10755.120117
2005-12-09 10751.759766 10805.950195 10729.910156 10778.580078


                Volume  Adjusted Close
Date
2005-12-01 256980000.0 10912.570312
```

---

6   https://finance.yahoo.com/quote/%5EDJI/history?p=%5EDJI (옮긴이 https://yhoo.it/33aA3Z8)

7   바로 접속하려면 다음 주소를 이용한다. https:///finance.yahoo.com/quote/%5EDJI/history?period1=1133395200&period2=1134172800&interval=1d&filter=history&frequency=1d&includeAdjustedClose=true (옮긴이 https://yhoo.it/3sBNBFO)

```
2005-12-02 214900000.0 10877.509766
2005-12-05 237340000.0 10835.009766
2005-12-06 264630000.0 10856.860352
2005-12-07 243490000.0 10810.910156
2005-12-08 253290000.0 10755.120117
2005-12-09 238930000.0 10778.580078
```

팬더스의 데이터프레임 객체를 출력한다. Date 열은 인덱스 열이고 나머지 열은 이에 해당하는 재무 변수다. 다음 코드를 보면 팬더스가 **관계형**relational(또는 테이블 형태) 데이터에 대한 데이터 분석과 변환을 단순화하는 데 얼마나 강력한지 알 수 있다.

먼저 다음과 같이 기존의 특징 6개로부터 새로운 특징을 생성하는 함수를 구현한다.

```
>>> def add_original_feature(df, df_new):
...     df_new['open'] = df['Open']
...     df_new['open_1'] = df['Open'].shift(1)
...     df_new['close_1'] = df['Close'].shift(1)
...     df_new['high_1'] = df['High'].shift(1)
...     df_new['low_1'] = df['Low'].shift(1)
...     df_new['volume_1'] = df['Volume'].shift(1)
```

그다음으로 평균 종가와 관련한 특징 6개를 생성하는 함수를 구현한다.

```
>>> def add_avg_price(df, df_new):
...     df_new['avg_price_5'] =
                df['Close'].rolling(5).mean().shift(1)
...     df_new['avg_price_30'] =
                df['Close'].rolling(21).mean().shift(1)
...     df_new['avg_price_365'] =
                df['Close'].rolling(252).mean().shift(1)
...     df_new['ratio_avg_price_5_30'] =
                df_new['avg_price_5'] / df_new['avg_price_30']
...     df_new['ratio_avg_price_5_365'] =
                df_new['avg_price_5'] / df_new['avg_price_365']
...     df_new['ratio_avg_price_30_365'] =
                df_new['avg_price_30'] / df_new['avg_price_365']
```

마찬가지로 평균 거래량과 관련한 특징 6개를 생성하는 함수는 다음과 같다.

```
>>> def add_avg_volume(df, df_new):
...     df_new['avg_volume_5'] =
```

```
                    df['Volume'].rolling(5).mean().shift(1)
...     df_new['avg_volume_30'] =
                    df['Volume'].rolling(21).mean().shift(1)
...     df_new['avg_volume_365'] =
                    df['Volume'].rolling(252).mean().shift(1)
...     df_new['ratio_avg_volume_5_30'] =
                    df_new['avg_volume_5'] / df_new['avg_volume_30']
...     df_new['ratio_avg_volume_5_365'] =
                    df_new['avg_volume_5'] / df_new['avg_volume_365']
...     df_new['ratio_avg_volume_30_365'] =
                    df_new['avg_volume_30'] / df_new['avg_volume_365']
```

가격 관련 특징의 표준편차를 계산하는 함수는 다음과 같다.

```
>>> def add_std_price(df, df_new):
...     df_new['std_price_5'] =
                df['Close'].rolling(5).std().shift(1)
...     df_new['std_price_30'] =
                df['Close'].rolling(21).std().shift(1)
...     df_new['std_price_365'] =
                df['Close'].rolling(252).std().shift(1)
...     df_new['ratio_std_price_5_30'] =
                df_new['std_price_5'] / df_new['std_price_30']
...     df_new['ratio_std_price_5_365'] =
                df_new['std_price_5'] / df_new['std_price_365']
...     df_new['ratio_std_price_30_365'] =
                df_new['std_price_30'] / df_new['std_price_365']
```

마찬가지로 6개의 거래량 기반 표준편차 특징을 생성하는 함수는 다음과 같다.

```
>>> def add_std_volume(df, df_new):
...     df_new['std_volume_5'] =
                df['Volume'].rolling(5).std().shift(1)
...     df_new['std_volume_30'] =
                df['Volume'].rolling(21).std().shift(1)
...     df_new['std_volume_365'] =
                df['Volume'].rolling(252).std().shift(1)
...     df_new['ratio_std_volume_5_30'] =
                df_new['std_volume_5'] / df_new['std_volume_30']
...     df_new['ratio_std_volume_5_365'] =
                df_new['std_volume_5'] / df_new['std_volume_365']
...     df_new['ratio_std_volume_30_365'] =
                df_new['std_volume_30'] / df_new['std_volume_365']
```

다음 함수로 수익률 기반 특징을 7개 생성한다.

```
>>> def add_return_feature(df, df_new):
...     df_new['return_1'] = ((df['Close'] - df['Close'].shift(1))
                              / df['Close'].shift(1)).shift(1)
...     df_new['return_5'] = ((df['Close'] - df['Close'].shift(5))
                              / df['Close'].shift(5)).shift(1)
...     df_new['return_30'] = ((df['Close'] -
            df['Close'].shift(21)) / df['Close'].shift(21)).shift(1)
...     df_new['return_365'] = ((df['Close'] -
            df['Close'].shift(252)) / df['Close'].shift(252)).shift(1)
...     df_new['moving_avg_5'] =
                    df_new['return_1'].rolling(5).mean().shift(1)
...     df_new['moving_avg_30'] =
                    df_new['return_1'].rolling(21).mean().shift(1)
...     df_new['moving_avg_365'] =
                    df_new['return_1'].rolling(252).mean().shift(1)
```

마지막으로, 지금까지 정의한 모든 함수를 호출해서 주요 특징 생성 함수를 다음과 같이 구현한다.

```
>>> def generate_features(df):
...     """
...     과거 가격과 실적을 기반으로 주식/지수에 대한 특징 생성
...     @param df: dataframe, "Open", "Close", "High", "Low", "Volume",
...                "Adjusted Close" 열을 갖는 데이터프레임
...     @return df_new: dataframe, 새로운 특징을 갖는 데이터셋
...     """
...     df_new = pd.DataFrame()
...     # 6개 원본 특징
...     add_original_feature(df, df_new)
...     # 31개 생성 특징
...     add_avg_price(df, df_new)
...     add_avg_volume(df, df_new)
...     add_std_price(df, df_new)
...     add_std_volume(df, df_new)
...     add_return_feature(df, df_new)
...     # 목표
...     df_new['close'] = df['Close']
...     df_new = df_new.dropna(axis=0)
...     return df_new
```

여기서 창 크기는 주간, 월간, 연간을 나타내는 7, 30, 365 대신 5, 21, 252로 설정한다. 주식시장 기준으로 연간 252(반올림했을 경우) 거래일, 월간 21 거래일, 주간 5 거래일이 있기 때문이다.

1988년부터 2019년까지의 DJIA 데이터에 다음과 같이 특징 공학 전략을 적용할 수 있다(또는 야후 페이지[8]에서 해당 데이터를 직접 다운로드할 수 있다).

```
>>> data_raw = pd.read_csv('19880101_20191231.csv', index_col='Date')
>>> data = generate_features(data_raw)
```

이제 새로운 특징이 포함된 데이터가 어떻게 보이는지 살펴보자.

```
>>> print(data.round(decimals=3).head(5))
```

이 명령을 실행했을 때 출력 결과는 다음과 같다.

```
            open   open_1  close_1   high_1    low_1  volume_1  avg_price_5  ...    return_5
return_30 return_365 moving_avg_5 moving_avg_30 moving_avg_365   close                        ...
Date                                                                                          ...
1989-01-04 2153.75  2163.21  2144.64  2168.39  2127.14 17310000.0    2165.000  ...      -0.011
   0.020     0.056       0.001         0.001          0.000  2177.68
1989-01-05 2184.29  2153.75  2177.68  2183.39  2146.61 15710000.0    2168.000  ...       0.007
   0.041     0.069      -0.002         0.001          0.000  2190.54
1989-01-06 2195.89  2184.29  2190.54  2205.18  2173.04 20310000.0    2172.822  ...       0.011
   0.031     0.068       0.001         0.002          0.000  2194.29
1989-01-09 2194.82  2195.89  2194.29  2213.75  2182.32 16500000.0    2175.144  ...       0.005
   0.021     0.148       0.002         0.001          0.000  2199.46
1989-01-10 2205.36  2194.82  2199.46  2209.11  2185.00 18420000.0    2181.322  ...       0.014
   0.021     0.131       0.001         0.001          0.001  2193.21

[5 rows x 38 columns]
```

그림 7.6 데이터프레임의 처음 5개 행을 인쇄했을 때의 스크린숏

모든 특징과 필요한 요소가 준비되었으므로, 이제 이러한 예측 특징을 기반으로 연속 목표 변수를 추정하는 회귀 알고리즘을 중점적으로 살펴본다.

---

8 https://finance.yahoo.com/quote/%5EDJI/history?period1=567993600&period2=1577750400&interval=1d&filter=history&frequency=1
   (옮긴이) https://yhoo.it/34RSuTt

7.4 선형회귀를 이용한 추정

가장 기본이 되는 회귀 모델은 **선형회귀**linear regression다. 이름에서 알 수 있듯이 선형함수를 사용해서 데이터 포인트를 피팅한다. 지금부터 자세히 살펴보자.

7.4.1 선형회귀는 어떻게 작동할까?

선형회귀에서는 2차원 공간의 직선이나 3차원 공간의 평면에 가능한 한 많은 데이터 포인트를 피팅하려고 한다. 관측값과 목푯값 사이의 선형 관계를 찾고, 이러한 관계를 선형 방정식linear equation이나 가중합 함수weighted sum function로 표현한다. n개의 특징 $x_1, x_2, ..., x_n$을 갖는 데이터 샘플 x(x는 특징 벡터이고 $x = (x_1, x_2, ..., x_n)$과 같이 나타냄)와 선형회귀 모델 w(w는 벡터 $(w_1, w_2, ..., w_n)$를 나타냄)의 가중치(**계수**라고도 함)가 주어졌을 때, 목표 y는 다음과 같이 표현된다.

$$y = w_1 x_1 + w_2 x_2 + ... + w_n x_n = w^T x$$

또한 선형회귀 모델에 **절편**(편향이라고도 함) w_0이 있을 경우, 앞의 선형 관계는 다음과 같이 나타낼 수 있다.

$$y = w_0 + w_1 x_1 + w_2 x_2 + ... + w_n x_n = w^T x$$

어딘가 익숙해 보일 것이다. 사실 5장에서 배운 **로지스틱 회귀** 알고리즘은 선형회귀 결과에 로지스틱 변환을 추가해서, 연속 가중합계를 0(음성) 또는 1(양성) 클래스에 매핑한 것이다. 마찬가지로, 선형회귀 모델의 가중치 벡터 w는 훈련 데이터를 통해 **평균제곱오차**MSE로 정의한 추정 오차를 최소화하도록 학습하는데, MSE는 참값과 예측값 사이의 차이의 제곱의 평균을 측정한다. m개의 훈련 샘플 $(x^{(1)}, y^{(1)}), (x^{(2)}, y^{(2)}), ..., (x^{(i)}, y^{(i)}) ..., (x^{(m)}, y^{(m)})$이 주어졌을 때, 최적화할 가중치에 대한 비용함수 $J(w)$는 다음과 같이 표현한다.

$$J(w) = \frac{1}{m} \sum_{i=1}^{m} \frac{1}{2} (\hat{y}(x^{(i)}) - y^{(i)})^2$$

여기서 $\hat{y}(x^{(i)}) = w^T x^{(i)}$는 예측값이다.

다시 한번 말하지만, 경사하강법을 통해서 $J(w)$가 최소가 되도록 하는 최적의 w를 얻을 수 있다. 1차 도함수인 기울기 Δw는 다음과 같이 유도한다.

$$\Delta w = \frac{1}{m} \sum_{i=1}^{m} -(y^{(i)} - \hat{y}(x^{(i)})) x^{(i)}$$

기울기와 학습률 η가 주어졌을 때, 가중치 벡터 w는 각 단계에서 다음과 같이 업데이트할 수 있다.

$$w := w + \eta \frac{1}{m} \sum_{i=1}^{m} \left(y^{(i)} - \hat{y}(x^{(i)}) \right) x^{(i)}$$

충분히 반복해서 학습한 뒤에 w를 이용해서 새로운 샘플 x'에 대해 예측한다.

$$y' = w^T x'$$

다음 절에서는 선형회귀에 대한 수학적 이론을 배운 뒤 밑바닥부터 구현해본다.

7.4.2 밑바닥부터 구현하는 선형회귀

경사하강법 기반의 선형회귀를 충분히 살펴보았으므로, 선형회귀를 밑바닥부터 구현해본다. 먼저, 현재의 가중치로 예측을 하는 함수 $\hat{y}(x)$를 정의한다.

```
>>> def compute_prediction(X, weights):
...     """
...     현재 가중치를 바탕으로 예측값 y_hat 계산
...     """
...     predictions = np.dot(X, weights)
...     return predictions
```

다음과 같이 경사하강법으로 가중치 w를 한 단계씩 업데이트하는 함수를 구현한다.

```
>>> def update_weights_gd(X_train, y_train, weights, learning_rate):
...     """
...     가중치를 한 단계 업데이트하고 업데이트된 가중치 반환
...     """
...     predictions = compute_prediction(X_train, weights)
...     weights_delta = np.dot(X_train.T, y_train - predictions)
...     m = y_train.shape[0]
...     weights += learning_rate / float(m) * weights_delta
...     return weights
```

비용 $J(w)$를 계산하는 함수를 추가한다.

```
>>> def compute_cost(X, y, weights):
...     """
...     비용 J(w) 계산
```

```
...        """
...        predictions = compute_prediction(X, weights)
...        cost = np.mean((predictions - y) ** 2 / 2.0)
...        return cost
```

이제 다음 작업을 수행하도록 모델 훈련 함수에 모든 함수를 통합한다.

1. 반복할 때마다 가중치 벡터를 업데이트한다.

2. 비용이 감소하고 올바른 방향으로 학습이 진행되고 있는지 확인하기 위해서, 100회(또는 임의의 숫자)를 반복할 때마다 현재 비용을 출력한다.

```
>>> def train_linear_regression(X_train, y_train, max_iter, learning_rate,
fit_intercept=False):
...        """
...        경사하강법으로 선형회귀 모델을 훈련하고, 훈련된 모델 반환
...        """
...        if fit_intercept:
...            intercept = np.ones((X_train.shape[0], 1))
...            X_train = np.hstack((intercept, X_train))
...        weights = np.zeros(X_train.shape[1])
...        for iteration in range(max_iter):
...            weights = update_weights_gd(X_train, y_train, weights, learning_rate)
...            # 100번 반복할 때마다 비용을 확인한다.
...            if iteration % 100 == 0:
...                print(compute_cost(X_train, y_train, weights))
...        return weights
```

마지막으로, 훈련된 모델을 이용해서 새로운 입력값의 결과를 다음과 같이 예측한다.

```
>>> def predict(X, weights):
...        if X.shape[1] == weights.shape[0] - 1:
...            intercept = np.ones((X.shape[0], 1))
...            X = np.hstack((intercept, X))
...        return compute_prediction(X, weights)
```

방금 보았듯이 선형회귀를 구현하는 것은 로지스틱 회귀와 매우 유사하다. 간단한 예를 들어 살펴보자.

```
>>> X_train = np.array([[6], [2], [3], [4], [1],
                        [5], [2], [6], [4], [7]])
>>> y_train = np.array([5.5, 1.6, 2.2, 3.7, 0.8,
```

```
                        5.2, 1.5, 5.3, 4.4, 6.8])
```

0.01의 학습률로 100회 반복해서 편향이 포함된 가중치를 갖는 선형회귀 모델을 훈련한다.

```
>>> weights = train_linear_regression(X_train, y_train,
        max_iter=100, learning_rate=0.01, fit_intercept=True)
```

다음과 같이 새로운 샘플로 모델 성능을 확인한다.

```
>>> X_test = np.array([[1.3], [3.5], [5.2], [2.8]])
>>> predictions = predict(X_test, weights)
>>> import matplotlib.pyplot as plt
>>> plt.scatter(X_train[:, 0], y_train, marker='o', c='b')
>>> plt.scatter(X_test[:, 0], predictions, marker='*', c='k')
>>> plt.xlabel('x')
>>> plt.ylabel('y')
>>> plt.show()
```

최종 결과는 다음 스크린숏과 같다.

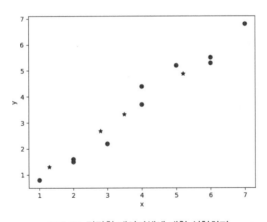

그림 7.7 간단한 데이터셋에 대한 선형회귀

훈련한 모델이 (별 모양으로 표시되는) 새로운 샘플을 올바르게 예측한다는 것을 알 수 있다.

또 다른 데이터셋인 사이킷런의 당뇨병 데이터셋에 대해서도 다음과 같이 예측해보자.

```
>>> from sklearn import datasets
```

```
>>> diabetes = datasets.load_diabetes()
>>> print(diabetes.data.shape)
(442, 10)
>>> num_test = 30
>>> X_train = diabetes.data[:-num_test, :]
>>> y_train = diabetes.target[:-num_test]
```

편향을 포함하는 가중치를 갖는 선형회귀 모델의 학습률을 1로 설정하고 5,000회 반복해서 훈련한다
(500회 반복마다 비용을 표시한다).

```
>>> weights = train_linear_regression(X_train, y_train,
            max_iter=5000, learning_rate=1, fit_intercept=True)
2960.1229915
1539.55080927
1487.02495658
1480.27644342
1479.01567047
1478.57496091
1478.29639883
1478.06282572
1477.84756968
1477.64304737
>>> X_test = diabetes.data[-num_test:, :]
>>> y_test = diabetes.target[-num_test:]
>>> predictions = predict(X_test, weights)
>>> print(predictions)
[ 232.22305668 123.87481969 166.12805033 170.23901231
  228.12868839 154.95746522 101.09058779 87.33631249
  143.68332296 190.29353122 198.00676871 149.63039042
  169.56066651 109.01983998 161.98477191 133.00870377
  260.1831988 101.52551082 115.76677836 120.7338523
  219.62602446 62.21227353 136.29989073 122.27908721
  55.14492975 191.50339388 105.685612 126.25915035
  208.99755875 47.66517424]
>>> print(y_test)
[ 261. 113. 131. 174. 257. 55. 84. 42. 146. 212. 233.
  91. 111. 152. 120. 67. 310. 94. 183. 66. 173. 72.
  49. 64. 48. 178. 104. 132. 220. 57.]
```

예측값은 정답에 매우 가깝다.

이제 사이킷런으로 선형회귀를 구현해보겠다.

7.4.3 사이킷런을 이용한 선형회귀 구현

지금까지 경사하강법을 통해 가중치를 최적화했지만, 로지스틱 회귀와 마찬가지로 선형회귀도 **확률적 경사하강법**stochastic gradient descent, SGD을 적용할 수 있다. 이를 적용하려면 update_weights_gd 함수를 5장에서 만든 update_weights_sgd 함수로 대체한다.

사이킷런에서는 SGD 기반의 회귀 알고리즘인 SGDRegressor를 다음과 같이 임포트해서 사용할 수도 있다.

```
>>> from sklearn.linear_model import SGDRegressor
>>> regressor = SGDRegressor(loss='squared_loss', penalty='l2',
  alpha=0.0001, learning_rate='constant', eta0=0.01, max_iter=1000)
```

SGDRegressor 함수에는 여러 매개변수가 있다. loss 매개변수의 'squared_loss'는 비용 함수가 MSE임을 나타낸다. penalty는 과적합을 줄이는 정규화 항으로 None, l1, l2 중에 하나를 선택할 수 있는데, 이는 5장의 SGDClassifier와 유사하다. max_iter는 반복 횟수이고, 나머지 두 매개변수는 각각 학습률이 0.01이고 훈련 과정에서 변경되지 않음을 의미한다. 모델 훈련과 테스트셋에 대한 출력 예측은 다음과 같다.

```
>>> regressor.fit(X_train, y_train)
>>> predictions = regressor.predict(X_test)
>>> print(predictions)
[ 231.03333725 124.94418254 168.20510142 170.7056729
  226.52019503 154.85011364 103.82492496 89.376184
  145.69862538 190.89270871 197.0996725 151.46200981
  170.12673917 108.50103463 164.35815989 134.10002755
  259.29203744 103.09764563 117.6254098 122.24330421
  219.0996765 65.40121381 137.46448687 123.25363156
  57.34965405 191.0600674 109.21594994 128.29546226
  207.09606669 51.10475455]
```

텐서플로를 이용해서 선형회귀를 구현하는 방법은 다음 절에서 살펴본다.

7.4.4 텐서플로를 이용한 선형회귀 구현

먼저 텐서플로를 임포트하고 모델을 구성한다.

```
>>> import tensorflow as tf
>>> layer0 = tf.keras.layers.Dense(units=1, input_shape=[X_train.shape[1]])
```

```
>>> model = tf.keras.Sequential(layer0)
```

모델을 구성하는 선형층linear layer(선형함수로 생각할 수 있음)의 입력은 X_train.shape[1]차원이고 출력은 1차원이다.

손실 함수를 설정하기 위해 loss는 MSE, optimizer는 학습률이 1인 Adam으로 지정한다.

```
>>> model.compile(loss='mean_squared_error', optimizer=tf.keras.optimizers.Adam(1))
```

이제 100회 반복해서 모델을 훈련한다.

```
>>> model.fit(X_train, y_train, epochs=100, verbose=True)
Epoch 1/100
412/412 [==============================] - 1s 2ms/sample - loss: 27612.9129
Epoch 2/100
412/412 [==============================] - 0s 44us/sample - loss: 23802.3043
Epoch 3/100
412/412 [==============================] - 0s 47us/sample - loss: 20383.9426
Epoch 4/100
412/412 [==============================] - 0s 51us/sample - loss: 17426.2599
Epoch 5/100
412/412 [==============================] - 0s 44us/sample - loss: 14857.0057
......
Epoch 96/100
412/412 [==============================] - 0s 55us/sample - loss: 2971.6798
Epoch 97/100
412/412 [==============================] - 0s 44us/sample - loss: 2970.8919
Epoch 98/100
412/412 [==============================] - 0s 52us/sample - loss: 2970.7903
Epoch 99/100
412/412 [==============================] - 0s 47us/sample - loss: 2969.7266
Epoch 100/100
412/412 [==============================] - 0s 46us/sample - loss: 2970.4180
```

훈련이 제대로 진행되고 있는지를 확인하기 위해서 반복할 때마다 손실을 출력한다. 마지막으로는 훈련된 모델을 이용해서 테스트 데이터에 대해 예측한다.

```
>>> predictions = model.predict(X_test)[:, 0]
>>> print(predictions)
[231.52155 124.17711 166.71492 171.3975  227.70126 152.02522
 103.01532  91.79277 151.07457 190.01042 190.60373 152.52274
```

```
168.92166 106.18033 167.02473 133.37477 259.24756 101.51256
119.43106 120.893005 219.37921 64.873634 138.43217 123.665634
 56.33039 189.27441 108.67446 129.12535 205.06857  47.99469 ]
```

다음으로 배울 회귀 알고리즘은 의사결정 트리 회귀이다.

7.5 의사결정 트리 회귀를 이용한 추정

의사결정 트리 회귀는 **회귀 트리**regression tree라고도 한다. 앞에서 배운 분류 트리classification tree와 회귀 트리를 비교해보면 좀 더 쉽게 이해할 수 있다.

7.5.1 분류 트리와 회귀 트리

분류에서는 각 노드를 재귀적으로 이진 분할하고 왼쪽 자식 노드와 오른쪽 자식 노드를 추가해나가면서 의사결정 트리를 구성한다. 그리디 방식으로 각 파티션에서 가장 중요한 특징과 해당 값의 조합으로 최적의 분할 지점을 찾는다. 이러한 분할의 품질은 생성된 두 자식 노드에 대한 레이블의 가중치를 적용한 순도로 측정하는데, 이러한 측정 지표에는 지니 불순도나 정보 이득이 있다. 회귀에서의 트리 구성 과정은 분류와 거의 같지만, 목표가 연속적이므로 다음과 같은 두 가지 차이점이 있다.

* 분할점의 품질은 두 자식 노드의 가중 MSE로 측정한다. 자식 노드의 MSE는 모든 목푯값의 분산과 같으며 가중 MSE가 작을수록 잘 분할된 것이다.
* 분류 트리의 경우에는 다수를 차지하는 레이블이 리프값이 되지만, 회귀 트리에서는 터미널 노드에 대한 목표의 **평균**이 리프의 값이 된다.

회귀 트리를 확실하게 이해하기 위해서 **주택 유형**과 **침실 수** 특징을 기초로 주택가를 추정하는 간단한 예를 살펴보자.

유형	침실 수	가격 (1,000달러)
벽이 붙은 주택(semi)	3	600
단독주택(detached)	2	700
단독주택(detached)	3	800
벽이 붙은 주택(semi)	2	400
벽이 붙은 주택(semi)	4	700

그림 7.8 **간단한 주택가 데이터셋**

먼저 계산에 사용할 MSE 계산 함수를 정의한다.

```
>>> def mse(targets):
...     # 공집합의 경우
...     if targets.size == 0:
...         return 0
...     return np.var(targets)
```

그다음에는 노드를 분할한 뒤의 가중 MSE 함수를 정의한다.

```
>>> def weighted_mse(groups):
...     """
...     분할 후 자식 노드의 가중 MSE 계산
...     """
...     total = sum(len(group) for group in groups)
...     weighted_sum = 0.0
...     for group in groups:
...         weighted_sum += len(group) / float(total) * mse(group)
...     return weighted_sum
```

다음 명령을 실행해서 테스트한다.

```
>>> print(f'{mse(np.array([1, 2, 3])):.4f}')
0.6667
>>> print(f'{weighted_mse([np.array([1, 2, 3]), np.array([1, 2])]):.4f}')
0.5000
```

주택가 회귀 트리를 구축하기 위해서, 가능한 한 모든 특징과 가격 쌍에 대한 MSE를 먼저 계산한다.

```
MSE(type, semi) = weighted_mse([[600, 400, 700], [700, 800]]) = 10333
MSE(bedroom, 2) = weighted_mse([[700, 400], [600, 800, 700]]) = 13000
MSE(bedroom, 3) = weighted_mse([[600, 800], [700, 400, 700]]) = 16000
MSE(bedroom, 4) = weighted_mse([[700], [600, 700, 800, 400]]) = 17500
```

(유형(type), 벽이 붙은 주택(semi)) 쌍의 MSE가 가장 낮으므로 루트 노드가 분할 지점이 된다. 분할의 결과는 다음과 같다.

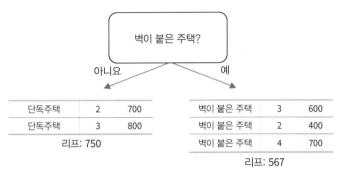

그림 7.9 **(유형=벽이 붙은 주택) 쌍을 사용한 분할**

1-레벨 회귀 트리로 만족하면, 양쪽 분기에 포함된 샘플에 대한 목표의 평균값을 리프 노드에 할당하고 여기서 중지할 수 있다. 또는 오른쪽 분기에서 두 번째 레벨을 구성하고 더 아래로 이동할 수 있다(왼쪽 분기는 더 이상 분할할 수 없다).

```
MSE(bedroom, 2) = weighted_mse([[], [600, 400, 700]]) = 15556
MSE(bedroom, 3) = weighted_mse([[400], [600, 700]]) = 1667
MSE(bedroom, 4) = weighted_mse([[400, 600], [700]]) = 6667
```

침실 수 기준으로 3쌍 중에서 (침실이 3개 이상 있는지에 따라) MSE가 가장 낮은 분할 지점에서 두 번째 분할한 트리는 다음 다이어그램과 같다.

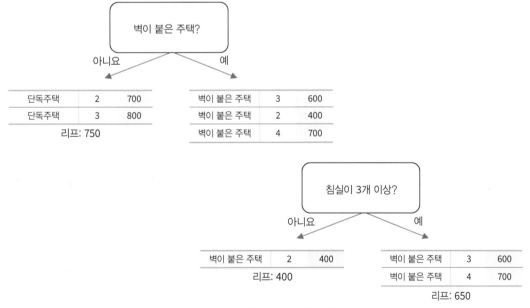

그림 7.10 **(침실>=3)을 사용한 분할**

두 리프 노드에 평균값을 할당하고 트리를 완성한다.

7.5.2 의사결정 트리 회귀 구현

지금까지 살펴본 회귀 트리 생성 과정에 대한 이해를 바탕으로 이제부터 직접 코드를 작성한다. 이 절에서 정의할 노드 분할 유틸리티 함수는 4장에서 특징과 값 쌍에 따라 노드의 샘플을 왼쪽과 오른쪽 분기로 분할하기 위해 사용한 것과 같다.

```
>>> def split_node(X, y, index, value):
...     """
...     특징과 값에 따라 데이터셋 X, y 분할
...     @param index: 분할에 사용한 특징의 인덱스
...     @param value: 분할에 사용한 특징의 값
...     @return left: 왼쪽 자식 노드, 각 자식 노드의 형식은 [X, y]
...     @return right: 오른쪽 자식 노드, 각 자식 노드의 형식은 [X, y]
...     """
...     x_index = X[:, index]
...     # 수치형 특징인 경우
...     if type(X[0, index]) in [int, float]:
...         mask = x_index >= value
...     # 범주형 특징인 경우
...     else:
...         mask = x_index == value
...     # 왼쪽 자식과 오른쪽 자식으로 분할한다.
...     left = [X[~mask, :], y[~mask]]
...     right = [X[mask, :], y[mask]]
...     return left, right
```

다음으로, 가능한 모든 분할을 시도해보고 그중 가중치가 가장 낮은 MSE를 반환하는 그리디 검색 함수를 정의한다.

```
>>> def get_best_split(X, y):
...     """
...     데이터셋 X, y에 대한 최상의 분할점과 이때의 자식 노드 구하기
...     @param X: 훈련 데이터셋
...     @param y: 목표 데이터셋
...     @return: dictionary, {index: 특징의 인덱스, value: 특징의 값,
...         children: 왼쪽 자식과 오른쪽 자식}
...     """
...     best_index, best_value, best_score, children = None, None, 1e10, None
...     for index in range(len(X[0])):
...         for value in np.sort(np.unique(X[:, index])):
...             groups = split_node(X, y, index, value)
```

```
...            impurity = weighted_mse([groups[0][1], groups[1][1]])
...            if impurity < best_score:
...                best_index, best_value, best_score, children
...                                = index, value, impurity, groups
...    return {'index': best_index, 'value': best_value, 'children': children}
```

선택과 분할 과정은 각각의 후속 자식 노드에서 재귀적 방식으로 진행된다. 중지 기준이 충족되면 해당 노드에서 분할 과정이 중지되고 샘플 목표의 평균값을 이 터미널 노드에 할당한다.

```
>>> def get_leaf(targets):
...    # 목표의 평균을 리프 노드에 할당한다.
...    return np.mean(targets)
```

마지막으로, 재귀 함수 split에 모든 것을 통합한다. 중지 기준이 충족되면 리프 노드를 할당하고 그렇지 않으면 추가적인 분할을 진행한다.

```
>>> def split(node, max_depth, min_size, depth):
...    """
...    노드의 자식 노드를 분할해서 새 노드를 구성하거나 터미널 노드를 할당
...    @param node: dictionary, 자식 노드
...    @param max_depth: 트리의 최대 깊이
...    @param min_size: 추가적인 자식 노드 분할에 필요한 최소 샘플 수
...    @param depth: 노드의 현재 깊이
...    """
...    left, right = node['children']
...    del (node['children'])
...    if left[1].size == 0:
...        node['right'] = get_leaf(right[1])
...        return
...    if right[1].size == 0:
...        node['left'] = get_leaf(left[1])
...        return
...    # 현재 깊이가 최대 깊이보다 큰지 확인한다.
...    if depth >= max_depth:
...        node['left'], node['right'] = get_leaf(left[1]), get_leaf(right[1])
...        return
...    # 왼쪽 자식에 샘플이 충분한지 확인한다.
...    if left[1].size <= min_size:
...        node['left'] = get_leaf(left[1])
...    else:
...        # 샘플이 충분하면, 추가적으로 분할한다.
...        result = get_best_split(left[0], left[1])
...        result_left, result_right = result['children']
```

```
...         if result_left[1].size == 0:
...             node['left'] = get_leaf(result_right[1])
...         elif result_right[1].size == 0:
...             node['left'] = get_leaf(result_left[1])
...         else:
...             node['left'] = result
...             split(node['left'], max_depth, min_size, depth + 1)
...     # 오른쪽 자식에 샘플이 충분한지 확인한다.
...     if right[1].size <= min_size:
...         node['right'] = get_leaf(right[1])
...     else:
...         # 샘플이 충분하면, 추가적으로 분할한다.
...         result = get_best_split(right[0], right[1])
...         result_left, result_right = result['children']
...         if result_left[1].size == 0:
...             node['right'] = get_leaf(result_right[1])
...         elif result_right[1].size == 0:
...             node['right'] = get_leaf(result_left[1])
...         else:
...             node['right'] = result
...             split(node['right'], max_depth, min_size, depth + 1)
```

회귀 트리 구성의 진입점은 다음과 같다.

```
>>> def train_tree(X_train, y_train, max_depth, min_size):
...     root = get_best_split(X_train, y_train)
...     split(root, max_depth, min_size, 1)
...     return root
```

이제 앞에서 손으로 계산한 예를 사용해서 테스트한다.

```
>>> X_train = np.array([['semi', 3],
...                     ['detached', 2],
...                     ['detached', 3],
...                     ['semi', 2],
...                     ['semi', 4]], dtype=object)
>>> y_train = np.array([600, 700, 800, 400, 700])
>>> tree = train_tree(X_train, y_train, 2, 2)
```

트리를 시각화하는 함수로 훈련을 마친 트리가 손으로 만든 것과 같은지 확인한다.

```
>>> CONDITION = {'numerical': {'yes': '>=', 'no': '<'},
```

```
...                   'categorical': {'yes': 'is', 'no': 'is not'}}
>>> def visualize_tree(node, depth=0):
...     if isinstance(node, dict):
...         if type(node['value']) in [int, float]:
...             condition = CONDITION['numerical']
...         else:
...             condition = CONDITION['categorical']
...         print('{}|- X{} {} {}'.format(depth * ' ',
...                 node['index'] + 1, condition['no'],
...                 node['value']))
...         if 'left' in node:
...             visualize_tree(node['left'], depth + 1)
...         print('{}|- X{} {} {}'.format(depth * ' ',
...                 node['index'] + 1, condition['yes'],
...                 node['value']))
...         if 'right' in node:
...             visualize_tree(node['right'], depth + 1)
...     else:
...         print('{}[{}]'.format(depth * ' ', node))

>>> visualize_tree(tree)
|- X1 is not detached
  |- X2 < 3
    [400.0]
  |- X2 >= 3
    [650.0]
|- X1 is detached
  [750.0]
```

지금까지 회귀 트리를 밑바닥부터 구현했다. 이제 사이킷런의 DecisionTreeRegressor 패키지[9]를 이용해서 구현해보자. 다음과 같이 보스턴 집값을 예측하는 예에 적용한다.

```
>>> boston = datasets.load_boston()
>>> num_test = 10 # 마지막 샘플 10개를 테스트셋으로 사용
>>> X_train = boston.data[:-num_test, :]
>>> y_train = boston.target[:-num_test]
>>> X_test = boston.data[-num_test:, :]
>>> y_test = boston.target[-num_test:]
>>> from sklearn.tree import DecisionTreeRegressor
>>> regressor = DecisionTreeRegressor(max_depth=10, min_samples_split=3)
>>> regressor.fit(X_train, y_train)
>>> predictions = regressor.predict(X_test)
```

---

9   https://scikit-learn.org/stable/modules/generated/sklearn.tree.DecisionTreeRegressor.html (옮긴이) https://bit.ly/3s34bj0)

```
>>> print(predictions)
[12.7 20.9 20.9 20.2 20.9 30.8
 20.73076923 24.3 28.2 20.73076923]
```

예측한 값과 정답을 다음과 같이 비교한다.

```
>>> print(y_test)
[ 19.7 18.3 21.2 17.5 16.8 22.4 20.6 23.9 22. 11.9]
```

이 절에서는 회귀 트리를 구현했다. 회귀 트리의 앙상블 버전은 다음 절에서 살펴본다.

7.5.3 회귀 포레스트 구현

4장에서는 개별적으로 훈련한 여러 의사결정 트리를 결합하고, 트리의 각 노드에서 훈련 특징의 부분집합을 무작위로 선택하는 앙상블 학습 방법인 **랜덤 포레스트**를 살펴보았다.

분류를 위한 랜덤 포레스트에서는 모든 트리 결정의 과반수 투표로 최종 결정을 내린다. 반면, 회귀에 적용하는 **랜덤 포레스트 회귀 모델**random forest regression model(**회귀 포레스트**regression forest라고도 함)은 모든 의사결정 트리의 회귀 결과의 평균으로 최종 결정을 한다.

사이킷런의 회귀 포레스트 패키지인 RandomForestRegressor를 다음과 같이 보스턴 주택가 예측 예에 적용하고 배포한다.

```
>>> from sklearn.ensemble import RandomForestRegressor
>>> regressor = RandomForestRegressor(n_estimators=100, max_depth=10, min_samples_split=3)
>>> regressor.fit(X_train, y_train)
>>> predictions = regressor.predict(X_test)
>>> print(predictions)
[ 19.34404351 20.93928947 21.66535354 19.99581433 20.873871
  25.52030056 21.33196685 28.34961905 27.54088571 21.32508585]
```

이제 세 번째 회귀 알고리즘인 서포트 벡터 회귀support vector regression, SVR를 살펴보자.

7.6 서포트 벡터 회귀를 이용한 추정

이름에서 알 수 있듯이 SVR은 서포트 벡터 계열이고, 3장에서 배운 분류를 위한 서포트 벡터 머신 support vector machine for classification, SVC과 밀접한 관계에 있다.

요약하자면, SVC는 서로 다른 클래스의 관측값을 가장 잘 분리할 수 있는 최적의 초평면을 찾는다. 초평면의 기울기 벡터가 w이고 절편이 b라고 할 때, 최적의 초평면은 분리된 각 공간의 가장 가까운 점으로부터 초평면까지의 거리($1 / \|w\|$로 표현할 수 있음)가 최대가 되도록 선택한다. 최적의 w와 b는 다음과 같은 최적화 문제를 학습해서 해결할 수 있다.

- $\|w\|$를 최소화
- 훈련셋 $(x^{(1)}, y^{(1)}), (x^{(2)}, y^{(2)}), \ldots (x^{(i)}, y^{(i)})\ldots, (x^{(m)}, y^{(m)})$에 대해서 $y^{(i)}(wx^{(i)} + b) \geq 1$ 만족

SVR의 목표는 두 개의 초평면 $wx + b = -\varepsilon$(음의 초평면)와 $wx + b = \varepsilon$(양의 초평면)가 대부분의 훈련 데이터를 포함할 수 있도록 결정 초평면(기울기 벡터 w와 절편 b로 정의됨)을 찾는 것이다. 다시 말해서, 대부분의 데이터 포인트가 최적 초평면의 ε 밴드에 포함되고, 최적의 초평면은 가능한 한 평평하다. 즉, 다음 다이어그램에서 볼 수 있듯이 w가 가능한 한 작다는 뜻이다.

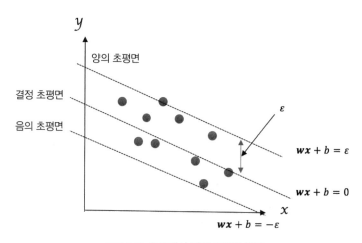

그림 7.11 **SVR에서 결정 초평면 찾기**

이것은 다음 최적화 문제로부터 최적의 w와 b를 도출하는 것과 같다.

- $\|w\|$을 최소화
- 훈련셋 $(x^{(1)}, y^{(1)}), (x^{(2)}, y^{(2)}), \ldots (x^{(i)}, y^{(i)})\ldots, (x^{(m)}, y^{(m)})$에 대해서 $|y^{(i)} - wx^{(i)} + b)| \leq \varepsilon$ 만족

SVR의 근간이 되는 이론은 SVM과 매우 유사하다. 다음 절에서는 SVR을 구현한다.

7.6.1 SVR 구현

다시 말하지만, 앞의 최적화 문제를 해결하려면 이차 계획법 기법이 필요한데 이 책의 범위를 벗어나는 내용이다. 따라서 계산 방법을 자세히 다루지는 않고, 사이킷런의 SVR 패키지[10]를 이용해서 회귀 알고리즘을 구현한다.

편향과 분산 간의 절충으로 정의되는 벌칙과 선형 비분리성linear non-separation을 처리하는 커널(예를 들어 RBF)과 같이 SVM에서 사용하는 중요한 기술은 SVR에도 적용할 수 있다. 사이킷런의 SVR 패키지도 물론 이러한 기술을 지원한다.

이번에는 이전에 다뤘던 집값 예측 문제를 SVR로 해결해보자.

```
>>> from sklearn.svm import SVR
>>> regressor = SVR(C=0.1, epsilon=0.02, kernel='linear')
>>> regressor.fit(X_train, y_train)
>>> predictions = regressor.predict(X_test)
>>> print(predictions)
[ 14.59908201 19.32323741 21.16739294 18.53822876 20.1960847
  23.74076575 22.65713954 26.98366295 25.75795682 22.69805145]
```

지금까지 회귀 알고리즘 세 가지를 배웠다. 그렇다면 회귀 성능은 어떻게 평가해야 할까? 다음 절에서 이에 관해 알아본다.

7.7 회귀 성능 평가

지금까지 세 가지의 인기 있는 회귀 알고리즘을 깊이 있게 다루고, 몇 가지 유명한 라이브러리를 이용해서 이를 밑바닥부터 구현했다.

예측 결과를 출력해서 테스트셋에서 모델이 얼마나 잘 작동하는지 판단할 수도 있다. 하지만 다음과 같은 측정 지표를 통해서 성능을 평가하면 더 나은 통찰력을 얻을 수 있다.

* 앞에서 언급했듯이 MSE는 기댓값에 대한 손실의 제곱으로 측정한다. 때로는 추정하려고 하는 목표 변수의 원래 크기 척도로 다시 변환하기 위해서 MSE의 제곱근을 취하는데, 이를 **평균제곱**

---

10 https://scikit-learn.org/stable/modules/generated/sklearn.svm.SVR.html (옮긴이) https://bit.ly/3vltHqI)

근오차root mean squared error, RMSE라고 한다. 한편, RMSE는 오차의 제곱을 먼저 계산하므로 큰 오차에 더 많은 벌칙을 주는 이점이 있다.

- 반면에 **평균절대오차**mean absolute error, MAE는 손실의 절댓값을 측정한다. 목표 변수와 같은 크기 척도를 사용하고 예측값이 실젯값에 얼마나 가까운지 알 수 있다.

> NOTE MSE와 MAE의 값이 작을수록 회귀 모델이 더 좋다는 것을 나타낸다.

- R^2(아르 스퀘어드r squared라고 읽음)는 회귀 모델의 적합도를 나타낸다. 회귀 모델로 종속 변수의 변동 비율을 나타낼 수 있다. 이는 0에서 1까지의 범윗값을 갖는데, '피팅하지 못함'부터 '완벽히 예측함'까지를 나타낸다. **조정된**adjusted R^2라고 하는 R^2의 변형이 있는데, 이때는 데이터 포인트 개수로 모델의 특징 수를 조정한다.

사이킷런의 해당 함수를 이용해서 선형회귀 모델에서 이 세 가지 측정값을 계산해보자.

1. 앞에서 사용한 당뇨병 데이터셋으로 그리드 검색을 통해 선형회귀 모델의 매개변수를 미세 조정한다.

```
>>> diabetes = datasets.load_diabetes()
>>> num_test = 30 # 마지막 샘플 30개를 테스트셋으로 사용
>>> X_train = diabetes.data[:-num_test, :]
>>> y_train = diabetes.target[:-num_test]
>>> X_test = diabetes.data[-num_test:, :]
>>> y_test = diabetes.target[-num_test:]
>>> param_grid = {
...     "alpha": [1e-07, 1e-06, 1e-05],
...     "penalty": [None, "l2"],
...     "eta0": [0.03, 0.05, 0.1],
...     "max_iter": [500, 1000]
... }
>>> from sklearn.model_selection import GridSearchCV
>>> regressor = SGDRegressor(loss='squared_loss', learning_rate='constant', random_state=42)
>>> grid_search = GridSearchCV(regressor, param_grid, cv=3)
```

2. 최적의 매개변수 셋을 구한다.

```
>>> grid_search.fit(X_train, y_train)
>>> print(grid_search.best_params_)
{'alpha': 1e-07, 'eta0': 0.05, 'max_iter': 500, 'penalty': None}
>>> regressor_best = grid_search.best_estimator_
```

3. 최적의 모델로 테스트셋에 대해 예측한다.

```
>>> predictions = regressor_best.predict(X_test)
```

4. MSE, MAE, R^2 측정 지표를 이용해서 테스트셋의 성능을 평가한다.

```
>>> from sklearn.metrics import mean_squared_error, mean_absolute_error, r2_score
>>> mean_squared_error(y_test, predictions)
1933.3953304460413
>>> mean_absolute_error(y_test, predictions)
35.48299900764652
>>> r2_score(y_test, predictions)
0.6247444629690868
```

지금까지 일반적으로 사용되는 강력한 회귀 알고리즘 3가지와 성능 평가 지표를 배웠다. 각 알고리즘을 이용해서 주가 예측 문제를 해결해보자.

7.8 회귀 알고리즘 세 가지를 이용한 주가 예측

주가를 예측하는 단계는 다음과 같다.

1. 앞서 1988년부터 2019년까지의 데이터를 기반으로 특징을 생성했는데, 그중 1988년부터 2018년까지의 데이터는 훈련셋으로 사용하고 2019년 데이터는 테스트셋으로 사용한다.

```
>>> data_raw = pd.read_csv('19880101_20191231.csv', index_col='Date')
>>> data = generate_features(data_raw)
>>> start_train = '1988-01-01'
>>> end_train = '2018-12-31'
>>> start_test = '2019-01-01'
>>> end_test = '2019-12-31'
>>> data_train = data.loc[start_train:end_train]
>>> X_train = data_train.drop('close', axis=1).values
>>> y_train = data_train['close'].values
>>> print(X_train.shape)
(7558, 37)
>>> print(y_train.shape)
(7558,)
```

'close'를 제외한 dataframe 데이터의 모든 필드는 특징 열이고 'close'는 목표 열이다. 7,558개의 훈련 샘플이 있고 각 샘플은 37차원이다. 그리고 테스트 샘플은 251개이다.

```
>>> print(X_test.shape)
(251, 37)
```

2. 먼저 SGD 기반 선형회귀 실험을 한다. 모델을 훈련하기 전에 SGD 기반 알고리즘이 데이터를 나타내는 특징의 크기에 민감하다는 점에 유의해야 한다. 예를 들어 'open' 특징의 평균값은 약 8,856이고 'moving_avg_365' 특징의 평균값은 0.00037 정도다. 따라서 특징을 동일하거나 유사한 규모로 정규화하려면 특징의 평균을 빼주고 분산이 1이 되도록 크기를 조정한다.

```
>>> from sklearn.preprocessing import StandardScaler
>>> scaler = StandardScaler()
```

3. 훈련셋으로 학습한 스케일러scaler를 사용해서 두 셋의 크기를 재조정한다.

```
>>> X_scaled_train = scaler.fit_transform(X_train)
>>> X_scaled_test = scaler.transform(X_test)
```

4. SGD 기반 선형회귀를 위한 최적의 매개변수 셋을 찾는다. 그러려면 l2 정규화, 1,000회 반복을 설정하고 정규화 승수multiplier, 알파alpha, 초기 학습률 eta0을 조정한다.

```
>>> param_grid = {
...     "alpha": [1e-4, 3e-4, 1e-3],
...     "eta0": [0.01, 0.03, 0.1],
... }
>>> lr = SGDRegressor(penalty='l2', max_iter=1000, random_state=42)
>>> grid_search = GridSearchCV(lr, param_grid, cv=5, scoring='r2')
>>> grid_search.fit(X_scaled_train, y_train)
```

5. 최적의 선형회귀 모델을 선택하고, 테스트 샘플에 대해서 예측한다.

```
>>> print(grid_search.best_params_)
{'alpha': 0.0001, 'eta0': 0.03}
>>> lr_best = grid_search.best_estimator_
>>> predictions_lr = lr_best.predict(X_scaled_test)
```

6. MSE, MAE, R^2를 통해 예측 성능을 측정한다.

```
>>> print(f'MSE: {mean_squared_error(y_test, predictions_lr):.3f}')
MSE: 41631.128
```

```
>>> print(f'MAE: {mean_absolute_error(y_test, predictions_lr):.3f}')
MAE: 154.989
>>> print(f'R^2: {r2_score(y_test, predictions_lr):.3f}')
R^2: 0.964
```

선형회귀 모델을 미세 조정해서 R^2 값으로 0.964를 얻었다.

7. 마찬가지로 랜덤 포레스트를 실험해본다. 100개 트리로 앙상블을 구성하고 트리의 최대 깊이인 max_depth, 노드를 추가로 분할하는 데 필요한 최소 샘플 수 min_samples_split, 각 트리에 사용된 특징 수를 조정한다.

```
>>> param_grid = {
...     'max_depth': [30, 50],
...     'min_samples_split': [2, 5, 10],
...     'min_samples_leaf': [3, 5]
...
... }
>>> rf = RandomForestRegressor(n_estimators=100, n_jobs=-1,
                               max_features='auto', random_state=42)
>>> grid_search = GridSearchCV(rf, param_grid, cv=5,
                               scoring='r2', n_jobs=-1)
>>> grid_search.fit(X_train, y_train)
```

시간이 오래 걸릴 수 있으므로, 쓸 수 있는 모든 CPU 코어를 훈련에 사용한다.

8. 최상의 회귀 포레스트 모델을 선택하고 테스트 샘플에 대해 예측한다.

```
>>> print(grid_search.best_params_)
{'max_depth': 30, 'min_samples_leaf': 3, 'min_samples_split': 2}
>>> rf_best = grid_search.best_estimator_
>>> predictions_rf = rf_best.predict(X_test)
```

9. 다음과 같이 예측 성능을 측정한다.

```
>>> print(f'MSE: {mean_squared_error(y_test, predictions_rf):.3f}')
MSE: 404310.522
>>> print(f'MAE: {mean_absolute_error(y_test, predictions_rf):.3f}')
MAE: 419.398
>>> print(f'R^2: {r2_score(y_test, predictions_rf):.3f}')
R^2: 0.647
```

회귀 분석기를 조정해서 R^2 값으로 0.647을 얻는다.

10. 선형 커널과 RBF 커널이 있는 SVR을 적용하는데, 벌칙 초매개변수 C와 ε, RBF의 커널 계수는 미세 조정을 위해 남겨둔다. SGD 기반 알고리즘과 마찬가지로 특징의 크기 차이가 있는 데이터에서는 SVR도 잘 작동하지 않는다.

```
>>> param_grid = [
...     {'kernel': ['linear'], 'C': [100, 300, 500],
          'epsilon': [0.00003, 0.0001]},
...     {'kernel': ['rbf'], 'gamma': [1e-3, 1e-4],
          'C': [10, 100, 1000], 'epsilon': [0.00003, 0.0001]}
... ]
```

11. 이 문제를 해결하기 위해서, 크기 조정한 데이터로 SVR 모델을 훈련한다.

```
>>> svr = SVR()
>>> grid_search = GridSearchCV(svr, param_grid, cv=5, scoring='r2')
>>> grid_search.fit(X_scaled_train, y_train)
```

12. 최상의 SVR 모델을 선택하고 테스트 샘플에 대해 예측한다.

```
>>> print(grid_search.best_params_)
{'C': 500, 'epsilon': 0.0001, 'kernel': 'linear'}
>>> svr_best = grid_search.best_estimator_
>>> predictions_svr = svr_best.predict(X_scaled_test)
>>> print(f'MSE: {mean_squared_error(y_test, predictions_svr):.3f}')
MSE: 29999.827
>>> print(f'MAE: {mean_absolute_error(y_test, predictions_svr):.3f}')
MAE: 123.566
>>> print(f'R^2: {r2_score(y_test, predictions_svr):.3f}')
R^2: 0.974
```

SVR을 통해 테스트셋에 대해서 R^2 값으로 0.974를 얻을 수 있다.

13. 알고리즘 세 가지의 예측 결과를 정답과 함께 표시하면 다음과 같다.

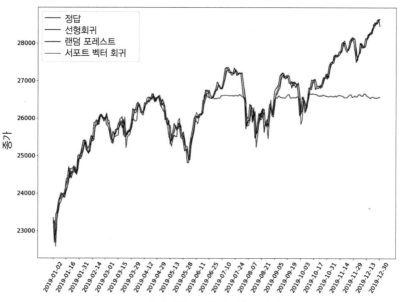

그림 7.12 세 가지 알고리즘의 예측 결과와 정답

다음 코드를 이용해서 시각화해 보여줄 수 있다.

```
>>> import matplotlib.pyplot as plt
>>> plt.plot(data_test.index, y_test, c='k')
>>> plt.plot(data_test.index, predictions_lr, c='b')
>>> plt.plot(data_test.index, predictions_rf, c='r')
>>> plt.plot(data_test.index, predictions_svr, c='g')
>>> plt.xticks(range(0, 252, 10), rotation=60)
>>> plt.xlabel('Date')
>>> plt.ylabel('Close price')
>>> plt.legend(['Truth', 'Linear regression', 'Random Forest', 'SVR'])
>>> plt.show()
```

이 절에서는 세 가지 회귀 알고리즘을 기반으로 주식 예측기를 구축했는데, 전반적으로 SVR의 성능이 가장 좋다는 것을 확인할 수 있었다.

7.9 요약

7장에서는 머신러닝 회귀 기술을 이용해서 이 책의 마지막 프로젝트인 주식(특히 주가지수) 가격을 예측했다. 주식시장과 거래가에 영향을 미치는 요인을 간략히 소개하고, 이러한 수십억 달러 규모의 문제를 해결하기 위해서 이산값을 출력하는 분류와는 달리 연속적인 목표 변수를 추정하는 머신러닝 회귀를 살펴보았다. 인기 있는 세 가지 회귀 알고리즘인 선형회귀, 회귀 트리와 회귀 포레스트, SVR을 깊이 있게 살펴보았다. 사이킷런과 텐서플로 같은 인기 있는 프레임워크를 이용해서 간단한 데이터셋을 이용한 애플리케이션을 통해 이러한 알고리즘의 정의, 작동 원리를 알아보고 밑바닥부터 구현했다. 또한 회귀 모델을 평가하는 데 사용하는 측정 지표도 살펴보았다. 마지막으로 7장 전체에서 다룬 내용을 바탕으로 주가 예측 문제를 해결했다.

다음 8장에서는 좀 더 강력한 신경망neural network을 이용한 주가 예측 프로젝트를 살펴본다. 이 장에서 다룬 세 가지 회귀 모델보다 더 나은 결과를 얻을 수 있는지 알아본다.

7.10 연습 문제

1. 앞에서 언급한 바와 같이, 주식 예측 시스템에 다른 주요 지수의 실적과 같은 더 많은 신호를 추가해서 예측이 향상하는지 알아보자.

2. DJIA 외에 몇 가지 주요 주가지수에 관해 간략히 언급한 내용을 상기해보자. 이러한 주요 지수의 과거 가격과 실적을 고려해서 방금 개발한 DJIA 가격 예측 모델을 개선해보자. 그럴 가능성이 큰데, 그 이면에 있는 아이디어는 주식이나 지수가 고립되지 않고 주식과 다른 금융 시장 사이에 약하거나 강한 영향을 미친다는 것이다. 이것을 탐구해보는 일은 매우 흥미로울 것이다.

3. 선형회귀와 SVR을 앙상블해서 예측을 개선해보자. 예를 들어 선형회귀와 SVR의 예측 결과를 평균화한다.

인공 신경망을 이용한
주가 예측

7장에 이어서 주가 예측 프로젝트를 계속 다루는데, 8장에서는 신경망 모델을 소개하고 깊이 있게 설명한다. 우선 가장 간단한 신경망을 구축하고 여기에 좀 더 많은 층을 추가하면서 더 자세히 살펴본다. 신경망의 구성 요소와 활성화 함수activation function, 순방향feedforward, 역전파backpropagation를 포함해서 여러 중요한 개념을 다룬다. 또한 사이킷런과 텐서플로를 이용해서 밑바닥부터 신경망을 구현한다. 드롭아웃dropout과 조기 중지early stopping 기술을 활용해서 과적합 없이 효율적으로 신경망으로 학습하는 방법에도 주목한다. 마지막으로, 신경망을 훈련해서 주가를 예측하고 7장에서 세 가지 회귀 알고리즘으로 구한 결과를 능가할 수 있는지도 알아본다.

8장에서 다룰 주제는 다음과 같다.

- 신경망의 이해
- 얕은 신경망에서 딥러닝까지
- 밑바닥부터 신경망 구현
- 사이킷런을 이용한 신경망 구현
- 텐서플로를 이용한 신경망 구현
- 활성화 함수
- 드롭아웃
- 조기 중지

- 신경망으로 주가 예측

- 신경망 미세 조정

8.1 신경망의 이해

미디어에서 가장 자주 언급되는 모델이 **인공 신경망**artificial neural network, ANN인데, 더 일반적으로는 **신경망**neural network이라고 부른다. 일반 대중은 흥미롭게도 신경망을 머신러닝이나 인공지능과 동등한 것으로 (잘못) 간주한다.

NOTE ANN은 머신러닝의 많은 알고리즘 중 한 유형일 뿐이다. 그리고 머신러닝은 인공지능의 한 분야다. 따라서 ANN은 일반적인 인공지능을 구현하는 방법 중 하나다.

신경망은 가장 중요한 머신러닝 모델의 하나로, **딥러닝**deep learning, DL의 화려한 등장과 함께 빠르게 진화하고 있다. 그럼 먼저 신경망이 어떻게 작동하는지 이해해보자.

8.1.1 단일층 신경망으로 시작하기

먼저 네트워크의 다양한 층과 활성화 함수를 설명하고, 역전파를 통한 네트워크 훈련에 관해서 살펴본다.

1 신경망의 층

간단한 신경망은 다음 다이어그램과 같이 **입력층**input layer, **은닉층**hidden layer, **출력층**output layer의 세 가지 층으로 구성된다.

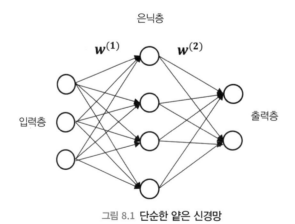

그림 8.1 **단순한 얕은 신경망**

층은 생물학적 뇌의 뉴런neuron을 흉내 내는 **노드**(단위unit라고도 함)의 개념적 집합이다. 입력층은 입력 특징 x[1]를 나타내고 은닉층의 각 노드는 예측 특징 h_i[2]를 나타낸다. 출력층은 목표 변수를 나타낸다.

이진 분류에서는 출력층의 노드가 한 개이고 해당 노드는 양성 클래스일 확률값을 갖는다. 반면 다중 클래스 분류에서는 출력층이 n개의 노드로 구성된다. 여기서 n은 클래스의 수이고 각 노드의 값은 해당 클래스에 속할 확률이다. 회귀에서는 출력층의 노드가 한 개이고 그 값은 예측 결과이다.

은닉층은 이전 층에서 추출한 잠재 정보latent information의 합성이라고 볼 수 있다. 하나 이상의 은닉층이 있을 수 있는데, 일반적으로 딥러닝에서는 두 개 이상의 은닉층이 있는 신경망을 사용한다. 이장에서는 우선 하나의 은닉층을 갖는 신경망을 살펴본다.

두 개의 인접한 층은 한 층의 뉴런에서 다음 층의 다른 뉴런으로 신호를 전송하는 (생물학적 뇌의 시냅스와 같은) 개념적 **에지**edge로 연결된다. 에지는 모델의 가중치 W로 매개변수화한다.

예를 들어 앞의 다이어그램에서 $W^{(1)}$은 입력층과 은닉층을 연결하고 $W^{(2)}$는 은닉층과 출력층을 연결한다.

표준적인 신경망에서 데이터는 은닉층을 통해 입력층에서 출력층으로만 전달된다. 따라서 이러한 종류의 네트워크를 **순방향**feedforward **신경망**이라고 한다. 기본적으로 로지스틱 회귀는 출력층이 입력층과 직접 연결되는 은닉층이 없는 순방향 신경망이다. 입력층과 출력층 사이에 하나 이상의 은닉층이 있는 신경망은 입력 데이터와 목표 간의 근본적인 관계를 더 많이 학습할 수 있다.

8.1.2 활성화 함수

입력 x가 n차원이고 은닉층이 H개의 은닉 단위로 구성된다고 가정한다. 입력과 은닉층을 연결하는 가중치 행렬weight matrix $W^{(1)}$의 크기는 $n \times H$이며, 여기서 각 열 $w_h^{(1)}$은 입력과 h번째 은닉 단위를 연결하는 계수를 나타낸다. 은닉층의 출력(**활성화**activation라고도 함)은 수학적으로 다음과 같이 표현할 수 있다.

$$a^{(2)} = f(z^{(2)}) = f(W^{(1)}x)$$

여기서 $f(z)$는 활성화 함수다. 이름에서 알 수 있듯이 활성화 함수는 각 뉴런이 얼마나 활성화되었는지 나타내는데, 이는 뇌가 작동하는 방식을 모방한 것이다. 대표적인 활성화 함수에는 **로지스틱** 함수

---

1   [옮긴이] $x = [x_1, x_2, ..., x_n]$으로 볼 수 있다(n은 입력층 노드의 개수).
2   [옮긴이] $h = [h_1, h_2, ..., h_i, ..., h_H]$로 볼 수 있다($h$는 은닉층 노드의 개수).

(보통 신경망에서는 **시그모이드** 함수라고 함), 로지스틱 함수에서 크기를 조정한re-scaled 버전이라고 볼 수 있는 **tanh** 함수, DL에서 자주 사용되는 **ReLU**Rectified Linear Unit 함수가 있다.

$$sigmoid(z) = \frac{1}{1 + e^{-z}}$$

$$tanh(z) = \frac{e^z - e^{-z}}{e^z + e^{-z}} = \frac{2}{1 + e^{-2z}} - 1$$

$$relu(z) = z^+ = max(0, z)$$

이러한 활성화 함수 세 가지를 그래프로 시각화하면 다음과 같다.

• 출력값이 (0, 1) 범위에 있는 **로지스틱(시그모이드)** 함수

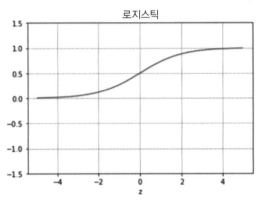

그림 8.2 **로지스틱 함수**

• 출력값이 (-1, 1) 범위에 있는 **tanh** 함수

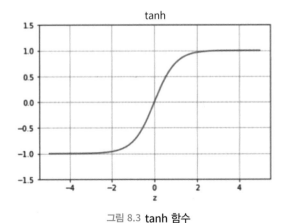

그림 8.3 **tanh 함수**

↑ • 출력값이 (0, +inf) 범위에 있는 ReLU 함수

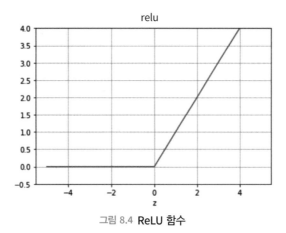

그림 8.4 ReLU 함수

출력층에는 하나의 출력 단위(회귀 또는 이진 분류)가 있고 은닉층과 출력층을 연결하는 가중치 행렬 $W^{(2)}$의 크기가 $H \times 1$이라고 가정한다. 회귀에서 출력은 수학적으로 다음과 같이 표현할 수 있다(표현의 일관성을 위해 여기서는 y 대신 $a^{(3)}$로 표시한다).

$$a^{(3)} = f(z^{(3)}) = W^{(2)}a^{(2)}$$

8.1.3 역전파

그렇다면 모델의 최적 가중치 $W = \{W^{(1)}, W^{(2)}\}$를 어떻게 얻을 수 있을까? 로지스틱 회귀와 마찬가지로, 경사하강법을 통해 **평균제곱오차** 비용 $J(W)$를 최소화하도록 모든 가중치를 학습할 수 있다. 차이점은 **역전파**backpropagation를 통해 기울기 ΔW를 계산한다는 것이다. 네트워크의 각 순방향 패스를 통과한 후에 모델의 매개변수를 조정하기 위해 역방향 패스를 수행한다.

이름에 있는 역back이라는 단어가 암시하듯이 기울기 계산을 역방향으로 진행한다. 즉, 마지막 층의 기울기를 먼저 계산하고 첫 번째 층의 기울기를 마지막으로 계산한다. 전파propagation의 경우에는 한 층에서의 기울기에 대한 부분 계산을 이전 층의 기울기 계산에 재사용하는 것을 의미한다. 오차 정보는 별도로 계산하지 않고 층별로 전파된다.

단일층 네트워크에서 역전파의 세부 단계는 다음과 같다.

1. 입력에서 출력까지 네트워크를 통과하면서 은닉층의 출력값 $a^{(2)}$와 출력층의 출력값 $a^{(3)}$를 계산한다. 이것은 순방향 단계이다.

2. 마지막 층의 경우, 출력층의 입력에 대한 비용 함수의 도함수를 계산한다.

$$\delta^{(3)} = \frac{\partial}{\partial z^{(3)}} J(W) = -(y - a^{(3)}) \cdot f'(z^{(3)}) = a^{(3)} - y$$

3. 은닉층의 경우, 은닉층의 입력에 대한 비용 함수의 도함수를 계산한다.

$$\delta^{(2)} = \frac{\partial}{\partial z^{(2)}} J(W) = \frac{\partial z^{(3)}}{\partial z^{(2)}} \frac{\partial}{\partial z^{(3)}} J(W) = ((W^{(2)})\delta^{(3)}) \cdot f'(z^{(2)})$$

4. **연쇄 법칙**chain rule을 적용해서 기울기를 계산한다.

$$\Delta W^{(2)} = \frac{\partial J(W)}{\partial z^{(3)}} \frac{\partial z^{(3)}}{\partial W^{(2)}} = \delta^{(3)} a^{(2)}$$

$$\Delta W^{(1)} = \frac{\partial J(W)}{\partial z^{(2)}} \frac{\partial z^{(2)}}{\partial W^{(1)}} = \delta^{(2)} x$$

5. 계산한 기울기와 학습률 α로 가중치를 업데이트한다.

$$W^{(1)} := W^{(1)} - \frac{1}{m} \alpha \Delta W^{(1)}$$

$$W^{(2)} := W^{(2)} - \frac{1}{m} \alpha \Delta W^{(2)}$$

여기서 m은 샘플의 개수이다. 비용 함수가 수렴하거나 모델 훈련을 충분히 반복할 때까지 이러한 단계를 수행하고, 모든 가중치를 최신 가중치로 반복해서 업데이트한다.

지금까지 설명한 세부 단계를 이해하기 쉽지 않을 수 있다. 신경망을 더 잘 이해할 수 있도록 8.2절에서 신경망을 밑바닥부터 구현한다.

8.1.4 여러 은닉층이 있는 신경망: 딥러닝

실제 애플리케이션에서는 보통 여러 개의 은닉층이 있는 신경망을 사용한다. 이것이 딥러닝deep learning이라는 이름을 얻게 된 이유인데, 딥러닝에서는 여러 층으로 '쌓은' 은닉층이 있는 신경망을 이용해서 학습한다. 딥러닝 모델의 예는 다음과 같다.

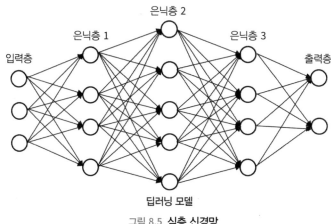

딥러닝 모델

그림 8.5 **심층 신경망**

그림 8.5에서 볼 수 있듯이 여러 개의 은닉층 스택에서 어느 은닉층의 입력은 이전 층의 출력이다. 각 은닉층에서는 특징(신호)을 추출하는데, 다른 층의 특징은 각각 서로 다른 수준의 패턴을 나타낸다. (보통 하나의 은닉층만 있는) 얕은 신경망에 비해서, 적절한 네트워크 구조와 매개변수를 갖는 딥러닝 모델(보통 두 개 이상의 은닉층 포함)은 데이터에서 복잡한 비선형 관계를 더 잘 학습할 수 있다.

향후 딥러닝 프로젝트를 수행하는 동기를 부여할 수 있도록, 딥러닝의 몇 가지 대표적인 애플리케이션을 살펴본다.

컴퓨터 비전은 딥러닝을 통해 엄청난 혁신을 가져온 분야로, 이에 대한 자세한 내용은 12장에서 배운다. 그 전에 우선 컴퓨터 비전의 일반적인 애플리케이션 목록을 살펴보면 다음과 같다.

- 얼굴 인식과 필기 숫자 인식과 같은 이미지 인식. 공통 평가 데이터셋 MNIST[3]와 함께 필기 숫자 인식은 딥러닝 프로젝트의 'Hello, World!'가 되었다.

- 이미지 기반 검색 엔진은 이미지 분류와 이미지 유사성 인코딩 구성 요소에서 딥러닝 기술을 많이 사용한다.

- 자율주행차의 핵심 부분인 머신 비전machine vision은 카메라 뷰를 인식해서 실시간으로 결정을 내린다.

- 흑백 사진의 색상 복원과 서로 다른 스타일의 두 이미지를 독창적으로 혼합하는 화풍 이전art transfer이 있다. Google Arts & Culture[4]에서 이러한 화풍 이전으로 만든 인상적인 명작을 볼 수 있다.

---

3   http://yann.lecun.com/exdb/mnist/
4   https://artsandculture.google.com/

자연어 처리natural language processing, NLP 분야에서도 최신 딥러닝 솔루션을 볼 수 있는데, 이에 대한 자세한 내용은 13장에서 살펴본다. 그 전에 우선 몇 가지 예를 간단히 살펴보면 다음과 같다.

- 기계번역machine translation도 딥러닝을 통해서 정확성과 만족도가 크게 향상했는데, 이러한 예로 문장 기반 **구글 신경 기계번역**Google neural machine translation, GNMT 시스템이 있다.

- 텍스트 생성text generation에서는 심층 신경망을 이용해서 문장과 단락에 있는 단어 사이의 복잡한 관계를 학습해서 텍스트를 생성한다. J. K. 롤링이나 셰익스피어의 작품으로 모델을 훈련하면 가상의 조앤 롤링이나 가상의 셰익스피어가 될 수 있다.

- 이미지로부터 텍스트를 출력하는 이미지 캡션image captioning은 심층 신경망을 활용해서 이미지 객체를 감지하고 이를 인식한 후 해당 객체를 사람이 이해할 수 있는 수준의 문장으로 '설명'한다. 이는 컴퓨터 비전과 NLP 분야에서의 최근의 혁신적인 결과를 결합해서 가능해진 것이다. 이러한 예는 스탠퍼드 대학교의 안드레이 카파시Andrej Karpathy가 개발한 결과물[5]에서 찾아볼 수 있다.

- 감정 분석, 정보 검색과 추출과 같은 다른 일반적인 NLP 작업에서 딥러닝 모델은 최고 성능을 달성했다.

얕은 네트워크와 마찬가지로, 경사하강법을 통해 MSE 비용, 즉 $J(W)$를 최소화하도록 심층 신경망의 모든 가중치를 학습한다. 그리고 역전파를 통해 기울기 ΔW를 계산한다. 얕은 네트워크와의 차이점은 하나 이상의 은닉층을 역전파한다는 것인데, 다음 절에서는 얕은 네트워크로부터 시작해서 심층 신경망을 구현한다.

8.2 신경망 구축

이 절에서는 실제 신경망 구현을 다루는데, 우선 얕은 네트워크를 밑바닥부터 구현한 다음 사이킷런을 이용해서 두 개의 층이 있는 심층 네트워크를 구현한다. 그다음 텐서플로와 케라스Keras를 이용해서 심층 네트워크를 구현한다.

8.2.1 밑바닥부터 신경망 구현하기

이 예에서는 시그모이드 활성화 함수를 사용한다. 먼저 시그모이드 함수와 그 미분 함수를 정의한다.

```
>>> def sigmoid(z):
...     return 1.0 / (1 + np.exp(-z))
```

---

5   http://cs.stanford.edu/people/karpathy/deepimagesent/generationdemo/ (옮긴이) https://stanford.io/3LPwusQ)

```
>>> def sigmoid_derivative(z):
...     return sigmoid(z) * (1.0 - sigmoid(z))
```

도함수를 확인하고 싶으면 직접 미분을 유도해볼 수 있다.

그다음으로 훈련 데이터셋, 은닉층의 노드 수(예에서는 하나의 은닉층만 사용), 반복 횟수를 입력으로 받는 훈련 함수를 정의한다.

```
>>> def train(X, y, n_hidden, learning_rate, n_iter):
...     m, n_input = X.shape
...     W1 = np.random.randn(n_input, n_hidden)
...     b1 = np.zeros((1, n_hidden))
...     W2 = np.random.randn(n_hidden, 1)
...     b2 = np.zeros((1, 1))
...     for i in range(1, n_iter+1):
...         Z2 = np.matmul(X, W1) + b1
...         A2 = sigmoid(Z2)
...         Z3 = np.matmul(A2, W2) + b2
...         A3 = Z3
...         dZ3 = A3 - y
...         dW2 = np.matmul(A2.T, dZ3)
...         db2 = np.sum(dZ3, axis=0, keepdims=True)
...         dZ2 = np.matmul(dZ3, W2.T) * sigmoid_derivative(Z2)
...         dW1 = np.matmul(X.T, dZ2)
...         db1 = np.sum(dZ2, axis=0)
...         W2 = W2 - learning_rate * dW2 / m
...         b2 = b2 - learning_rate * db2 / m
...         W1 = W1 - learning_rate * dW1 / m
...         b1 = b1 - learning_rate * db1 / m
...         if i % 100 == 0:
...             cost = np.mean((y - A3) ** 2)
...             print('Iteration %i, training loss: %f' % (i, cost))
...     model = {'W1': W1, 'b1': b1, 'W2': W2, 'b2': b2}
...     return model
```

모델에는 가중치 W 외에도 편향 b가 있는데, 훈련하기 전에 먼저 가중치와 편향을 무작위의 값으로 초기화한다. 반복할 때마다 네트워크의 모든 층에 최신 가중치와 편향을 대입하고 역전파 알고리즘을 통해서 기울기를 계산한 다음, 최종 결과로 얻은 기울기로 가중치와 편향을 업데이트한다. 훈련 성능을 확인하기 위해서 100회 반복마다 손실을 출력한다.

간단한 데이터셋인 보스턴 주택가로 모델을 테스트한다. 다시 한번 말하지만, 경사하강법을 적용할 때는 데이터를 정규화normalization하는 것이 좋다. 즉 입력 데이터에서 평균을 빼주고 분산이 1이 되도록 크기를 조정해서 표준화한다.

```
>>> boston = datasets.load_boston()
>>> num_test = 10 # 마지막 샘플 10개를 테스트셋으로 사용
>>> from sklearn import preprocessing
>>> scaler = preprocessing.StandardScaler()
>>> X_train = boston.data[:-num_test, :]
>>> X_train = scaler.fit_transform(X_train)
>>> y_train = boston.target[:-num_test].reshape(-1, 1)
>>> X_test = boston.data[-num_test:, :]
>>> X_test = scaler.transform(X_test)
>>> y_test = boston.target[-num_test:]
```

이제 정규화한 데이터셋으로 20개 은닉 노드가 있는 단일층 신경망을 학습률 0.1로 2,000번 반복해서 훈련한다.

```
>>> n_hidden = 20
>>> learning_rate = 0.1
>>> n_iter = 2000
>>> model = train(X_train, y_train, n_hidden, learning_rate, n_iter)
Iteration 100, training loss: 13.500649
Iteration 200, training loss: 9.721267
Iteration 300, training loss: 8.309366
Iteration 400, training loss: 7.417523
Iteration 500, training loss: 6.720618
Iteration 600, training loss: 6.172355
Iteration 700, training loss: 5.748484
Iteration 800, training loss: 5.397459
Iteration 900, training loss: 5.069072
Iteration 1000, training loss: 4.787303
Iteration 1100, training loss: 4.544623
Iteration 1200, training loss: 4.330923
Iteration 1300, training loss: 4.141120
Iteration 1400, training loss: 3.970357
Iteration 1500, training loss: 3.814482
Iteration 1600, training loss: 3.673037
Iteration 1700, training loss: 3.547397
Iteration 1800, training loss: 3.437391
Iteration 1900, training loss: 3.341110
Iteration 2000, training loss: 3.255750
```

그다음으로 모델을 이용해서 회귀 결과를 구하는 예측 함수를 정의한다.

```
>>> def predict(x, model):
...     W1 = model['W1']
...     b1 = model['b1']
...     W2 = model['W2']
...     b2 = model['b2']
...     A2 = sigmoid(np.matmul(x, W1) + b1)
...     A3 = np.matmul(A2, W2) + b2
...     return A3
```

마지막으로, 훈련한 모델을 테스트셋에 적용한다.

```
>>> predictions = predict(X_test, model)
```

예측 결과와 정답을 출력해서 서로 비교한다.

```
>>> print(predictions)
[[16.28103034]
 [19.98591039]
 [22.17811179]
 [19.37515137]
 [20.5675095 ]
 [24.90457042]
 [22.92777643]
 [26.03651277]
 [25.35493394]
 [23.38112184]]
>>> print(y_test)
[19.7 18.3 21.2 17.5 16.8 22.4 20.6 23.9 22.  11.9]
```

지금까지 신경망 모델을 밑바닥부터 구축했다. 이제 사이킷런을 이용해서 구현해보자.

8.2.2 사이킷런을 이용한 신경망 구현

MLPRegressor 클래스를 이용해서 구현한다(MLP는 신경망의 별칭인 **다층 퍼셉트론**multi-layer perceptron
을 나타낸다).

```
>>> from sklearn.neural_network import MLPRegressor
>>> nn_scikit = MLPRegressor(hidden_layer_sizes=(16, 8),
...                          activation='relu', solver='adam',
...                          learning_rate_init=0.001,
...                          random_state=42, max_iter=2000)
```

초매개변수인 hidden_layer_sizes는 은닉 뉴런의 수를 나타낸다. 이 예에서는 네트워크에 각각 16개와 8개의 노드가 있는 두 개의 은닉층이 있다. 그리고 ReLU 활성화 함수를 사용한다.

훈련셋으로 신경망 모델을 피팅하고 테스트 데이터에 대해 예측한다.

```
>>> nn_scikit.fit(X_train, y_train)
>>> predictions = nn_scikit.predict(X_test)
>>> print(predictions)
[16.79582331 18.55538023 21.07961496 19.21362606 18.50955771
 23.5608387  22.27916529 27.11909153 24.70251262 22.05522035]
```

그리고 예측 결과에 대한 MSE를 계산한다.

```
>>> print(np.mean((y_test - predictions) ** 2))
13.933482332708781
```

지금까지 사이킷런으로 신경망을 구현했다. 다음 절에서는 텐서플로를 이용해서 구현한다.

8.2.3 텐서플로를 이용한 신경망 구현

업계에서는 텐서플로를 이용해서 신경망을 구현하는 경우가 많다. 다른 인기 있는 딥러닝(다층 신경망) 프레임워크로는 파이토치[6]가 있는데, 이 프레임워크는 14장에서 사용한다. 또한 케라스[7]도 있는데, 이미 텐서플로 2.x에 포함된다. 이제 다음 단계에 따라 텐서플로를 이용해서 신경망을 구현한다.

1. 필요한 모듈을 임포트하고 재현 가능한 모델링을 위해 랜덤 시드를 고정값으로 설정한다.

```
>>> import tensorflow as tf
>>> from tensorflow import keras
>>> tf.random.set_seed(42)
```

2. 각각 20개와 8개의 노드가 있는 두 개의 완전연결fully connected 은닉층을 갖는 케라스 Sequential 모델의 객체를 생성한다. 이번에도 ReLU 활성화 함수를 사용한다.

```
>>> model = keras.Sequential([
...     keras.layers.Dense(units=20, activation='relu'),
```

---

6   https://pytorch.org/

7   https://keras.io/

```
...           keras.layers.Dense(units=8, activation='relu'),
...           keras.layers.Dense(units=1)
... ])
```

3. 학습률과 손실 함수를 각각 0.02와 MSE로 설정한 다음, 아담 옵티마이저로 모델을 컴파일한다.

```
>>> model.compile(loss='mean_squared_error',
...               optimizer=tf.keras.optimizers.Adam(0.02))
```

아담 옵티마이저는 확률적 경사하강법 알고리즘을 대체하는데, 훈련 데이터를 기반으로 기울기를 점진적으로 업데이트한다. 아담 옵티마이저의 더 자세한 내용은 관련 문서[8]를 참조한다.

4. 모델을 정의한 뒤에 훈련셋으로 훈련한다.

```
>>> model.fit(X_train, y_train, epochs=300)
Train on 496 samples
Epoch 1/300
496/496 [==============================] - 1s 2ms/sample - loss: 459.1884
Epoch 2/300
496/496 [==============================] - 0s 76us/sample - loss: 102.3990
Epoch 3/300
496/496 [==============================] - 0s 62us/sample - loss: 35.7367
......

......
Epoch 298/300
496/496 [==============================] - 0s 60us/sample - loss: 2.8095
Epoch 299/300
496/496 [==============================] - 0s 60us/sample - loss: 3.0976
Epoch 300/300
496/496 [==============================] - 0s 56us/sample - loss: 3.3194
```

300번 반복 훈련으로 모델을 피팅하는데, 반복할 때마다 훈련 손실(MSE)을 표시한다.

---

8   https://arxiv.org/abs/1412.6980

5. 훈련된 모델을 이용해서 테스트하고 예측 결과와 MSE를 출력한다.

```
>>> predictions = model.predict(X_test)[:, 0]
>>> print(predictions)
[18.078342 17.279167 19.802671 17.54534 16.193192 24.769335
 22.12822 30.43017 26.262056 20.982824]

>>> print(np.mean((y_test - predictions) ** 2))
15.72498178190508
```

보다시피 텐서플로 케라스 API의 신경망 모델에 층을 하나씩 추가한다. 즉, 첫 번째 은닉층(20개 노드 포함), 두 번째 은닉층(8개 노드 포함), 마지막으로 출력층(노드 1개, 목표 변수 포함) 순으로 추가하는데, 이는 레고를 조립하는 것과 매우 유사하다. 다음으로는 적절한 활성화 함수를 선택하는 방법을 살펴본다.

8.3 적절한 활성화 함수 선택

지금까지는 ReLU와 시그모이드 활성화 함수를 사용했다. 신경망에 적합한 활성화 함수를 선택하는 방법이 궁금할 수 있는데, 언제 어떤 활성화 함수를 선택해야 하는지에 관한 상세 지침은 다음과 같다.

- **선형**linear: $f(z) = z$이다. 활성화 함수가 없다고 볼 수도 있다. 출력에 대한 변환이 필요하지 않으므로 일반적으로 회귀 네트워크의 출력층에서 사용한다.

- **시그모이드(로지스틱):** 층의 출력을 0과 1 사이의 범위로 변환하므로, 출력의 예측값을 확률로 해석할 수 있다. 따라서 일반적으로 **이진 분류** 네트워크의 출력층에서 사용한다. 그 외에도 때때로 은닉층에서도 사용한다. 시그모이드 함수는 단조함수이지만 그 도함수는 그렇지 않다는 점에 유의해야 한다. 따라서 신경망이 최적의 성능에 도달하지 못할 수도 있다.

- **소프트맥스:** 5장에서 언급했듯이 소프트맥스는 **다중 클래스 분류**에 사용하는 일반화된 로지스틱 함수이다. 따라서 다중 클래스 분류 네트워크의 출력층에서 사용한다.

- **tanh:** 시그모이드 함수보다 기울기가 좀 더 가파르도록 개선한 버전이다. 그래프에서 볼 수 있듯이 tanh 함수의 도함수는 시그모이드 함수의 도함수보다 가파르고, -1에서 1까지의 범위를 갖는다. 일반적으로 은닉층에서는 tanh 함수를 사용한다.

- **ReLU:** 오늘날 가장 많이 사용하는 활성화 함수일 것이다. 순방향 네트워크의 은닉층 활성화 함수의 '기본' 값이다. 그 범위는 0에서 무한대이며, 함수 자체와 그 도함수는 모두 단조함수이다. ReLU 함수의 한 가지 단점은 모든 음수 입력을 0으로 변환하기 때문에 입력의 음수 부분을 적절

하게 매핑할 수 없다는 것이다. ReLU의 이러한 '다잉 네거티브dying negative' 문제를 해결하기 위해 **Leaky ReLU**는 음수 부분에 작은 기울기를 도입한다. 즉, $z < 0$일 때 $f(z) = az$인데 여기서 a는 일반적으로 0.01과 같은 작은 값이다.

요약하자면, 일반적으로 ReLU는 은닉층의 활성화 함수로 사용한다. ReLU가 제대로 작동하지 않으면 Leaky ReLU를 사용해볼 수 있다. 시그모이드와 tanh는 은닉층에서 사용할 수 있지만, 층이 많은 심층 네트워크에서는 추천하지 않는다. 출력층의 경우 회귀 네트워크에서는 선형 활성화(또는 활성화 없음)를 사용한다. 시그모이드는 이진 분류 네트워크용이고 소프트맥스는 다중 분류를 위한 것이다.

적절한 활성화 함수를 선택해서 신경망의 과적합을 피하는 것이 중요하다. 다음 절에서는 과적합을 피하는 방법을 살펴본다.

8.4 신경망의 과적합 방지

적절한 구조(적절한 수의 은닉층과 은닉 노드)를 갖는 신경망은 데이터로부터 계층형 특징hierarchical feature을 도출할 수 있으므로 성능이 뛰어나다. 뛰어난 유연성을 바탕으로 복잡한 데이터셋도 피팅할 수 있다. 그러나 네트워크의 학습 과정을 충분히 통제하지 못하면, 이러한 이점이 오히려 약점이 될 수 있다. 특히 네트워크가 훈련셋에만 잘 피팅되고 새로운 데이터로 일반화하지 못할 때는 과적합으로 이어질 수 있다. 따라서 과적합을 방지하는 것은 성공적인 신경망 모델 개발에 필수적이다.

신경망에 제한을 가하는 방법은 크게 세 가지가 있는데, L1/L2 정규화, 드롭아웃, 조기 중지가 이에 해당한다. 첫 번째 방법은 5장에서 다뤘으므로, 이 절에서는 나머지 두 가지 방법에 관해서 알아본다.

8.4.1 드롭아웃

드롭아웃dropout은 신경망의 학습 단계에서 특정 은닉 노드 부분을 무시하는 것이다. 그리고 무시할 은닉 노드는 주어진 확률에 따라 무작위로 선택한다. 훈련하는 동안, 순방향 패스에서는 무작위로 선택된 노드는 손실 계산에 사용하지 않는다. 그리고 역방향 패스에서는 무작위로 선택된 노드를 업데이트하지 않는다.

다음 다이어그램에서는 훈련 중에 무시할 네트워크의 노드 세 개를 선택한다.

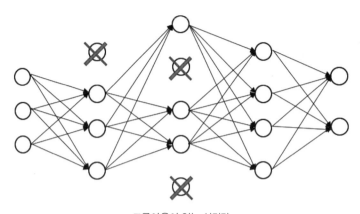

드롭아웃이 있는 신경망

그림 8.6 **훈련 중에 무시할 노드 세 개**

일반적인 층_{regular layer}에는 이전 층과 다음 층의 모든 노드와 완전연결한_{fully connected} 노드가 있다. 대규모 네트워크가 개별 노드 쌍 간의 상호 의존성을 찾아내고 이를 기억해버리면 과적합이 발생한다. 드롭아웃은 반복할 때마다 특정 노드를 일시적으로 비활성화해서 이러한 상호 의존성을 없앤다. 따라서 학습에 지장을 주지 않으면서 과적합을 효과적으로 줄일 수 있다.

반복할 때마다 무작위로 선택하는 노드의 비율을 드롭아웃 비율_{dropout rate}이라고 한다. 실제로는 드롭아웃 비율을 보통 50% 이하로 설정한다. 텐서플로에서는 tf.keras.layers.Dropout 모듈을 이용해서 층에 드롭아웃을 추가하는데, 이러한 예는 다음과 같다.

```
>>> model = keras.Sequential([
...     keras.layers.Dense(units=32, activation='relu'),
...     tf.keras.layers.Dropout(0.5)
...     keras.layers.Dense(units=1)
```

앞의 예에서 16개 노드를 갖는 층에서 무작위로 선택된 50%의 노드는 훈련 중에 무시된다.

NOTE 드롭아웃은 훈련 단계에서만 적용한다. 예측 단계에서는 모든 노드가 다시 완전연결된다.

8.4.2 조기 중지

이름에서 알 수 있듯이, **조기 중지**를 적용한 네트워크에서는 일정 횟수를 반복하는 동안 모델의 성능이 개선되지 않으면 훈련이 종료된다. 일반화 정도를 평가하기 위해서 훈련셋과 검증 셋으로 모델 성능을 측정한다. 일정 횟수(예를 들어 50회)의 훈련을 반복한 후에 성능이 저하되면, 모델이 과적합되어더는 일반화할 수 없다는 의미다. 따라서 이때는 조기에 학습을 중지하는 것이 과적합을 방지하는

데 도움이 된다.

텐서플로에서는 tf.keras.callbacks.EarlyStopping 모듈을 이용해서 조기 중지를 적용한다. 이 장의 뒷부분에서 적용하는 방법을 살펴본다.

신경망과 그 구현 방법에 관해 배웠으므로, 이제 신경망을 이용해서 주가 예측 문제를 해결해보자.

8.5 신경망을 이용한 주가 예측

이 절에서는 텐서플로를 이용해서 주가 예측기를 개발한다. 먼저 특징 생성과 데이터를 준비하고, 이어서 네트워크 구축과 훈련을 진행한다. 그다음으로 주가 예측기의 성능을 개선하기 위해서 네트워크를 미세 조정하고 조기 중지를 적용한다.

8.5.1 간단한 신경망 훈련

다음 단계에 따라 데이터를 준비하고 간단한 신경망을 훈련한다.

1. 주식 데이터를 로드하고, 특징을 생성하고, 7장에서 개발한 generate_features 함수에 레이블을 지정한다.

```
>>> data_raw = pd.read_csv('19880101_20191231.csv', index_col='Date')
>>> data = generate_features(data_raw)
```

2. 1988년부터 2018년까지의 데이터를 훈련셋으로 사용하고, 2019년 데이터를 테스트셋으로 사용한다.

```
>>> start_train = '1988-01-01'
>>> end_train = '2018-12-31'
>>> start_test = '2019-01-01'
>>> end_test = '2019-12-31'
>>> data_train = data.loc[start_train:end_train]
>>> X_train = data_train.drop('close', axis=1).values
>>> y_train = data_train['close'].values
>>> data_test = data.loc[start_test:end_test]
>>> X_test = data_test.drop('close', axis=1).values
>>> y_test = data_test['close'].values
```

3. 서로 같거나 비슷한 크기로 특징을 정규화한다. 평균을 빼주고 분신이 1이 되도록 재조정해서 정
규화한다.

```
>>> from sklearn.preprocessing import StandardScaler
>>> scaler = StandardScaler()
```

훈련셋으로 학습한 스케일러를 이용해서 두 셋의 크기를 재조정한다.

```
>>> X_scaled_train = scaler.fit_transform(X_train)
>>> X_scaled_test = scaler.transform(X_test)
```

4. 케라스의 Sequential API를 이용해서 신경망 모델을 구축한다.

```
>>> from tensorflow.keras import Sequential
>>> from tensorflow.keras.layers import Dense
>>> model = Sequential([
...     Dense(units=32, activation='relu'),
...     Dense(units=1)
... ])
```

네트워크에는 32개의 노드가 있는 하나의 은닉층과 ReLU 함수가 있다.

5. 학습률이 0.1이고 학습 목표가 MSE인 아담 옵티마이저로 모델을 컴파일한다.

```
>>> model.compile(loss='mean_squared_error',
...               optimizer=tf.keras.optimizers.Adam(0.1))
```

6. 모델을 정의한 후 훈련셋으로 모델을 훈련한다.

```
>>> model.fit(X_scaled_train, y_train, epochs=100, verbose=True)
Train on 7558 samples
Epoch 1/100
7558/7558 [==============================] - 1s 175us/sample - loss: 31078305.1905
Epoch 2/100
7558/7558 [==============================] - 0s 58us/sample - loss: 2062612.2298
Epoch 3/100
7558/7558 [==============================] - 0s 56us/sample - loss: 474157.7456
......
......
Epoch 98/100
7558/7558 [==============================] - 0s 56us/sample - loss: 21777.9346
```

```
Epoch 99/100
7558/7558 [==============================] - 0s 55us/sample - loss: 19343.1628
Epoch 100/100
7558/7558 [==============================] - 0s 52us/sample - loss: 20780.1686
```

7. 마지막으로, 훈련된 모델을 이용해서 테스트 데이터에 대해 예측하고 측정 지표를 표시한다.

```
>>> from sklearn.metrics import mean_squared_error, mean_absolute_error, r2_score
>>> print(f'MSE: {mean_squared_error(y_test,predictions):.3f}')
MSE: 43212.312
>>> print(f'MAE: {mean_absolute_error(y_test, predictions):.3f}')
MAE: 160.936
>>> print(f'R^2: {r2_score(y_test, predictions):.3f}')
R^2: 0.962
```

간단한 신경망 모델로 0.962의 R^2 값을 얻었다.

8.5.2 신경망(초매개변수) 미세 조정

성능을 좀 더 개선할 수 있을까? 초매개변수를 미세 조정하면 된다. 다음 단계에 따라 텐서플로에서 모델 미세 조정을 수행한다.

1. 텐서플로의 hparams 모듈을 임포트한다.

```
>>> from tensorboard.plugins.hparams import api as hp
```

2. 은닉층의 은닉 노드 수(이 예에서는 하나의 은닉층을 사용), 훈련 반복 횟수, 학습률을 조정하는 실험을 하기 위해 다음과 같이 초매개변수를 설정한다.

```
>>> HP_HIDDEN = hp.HParam('hidden_size', hp.Discrete([64, 32, 16]))
>>> HP_EPOCHS = hp.HParam('epochs', hp.Discrete([300, 1000]))
>>> HP_LEARNING_RATE = hp.HParam('learning_rate', hp.RealInterval(0.01, 0.4))
```

은닉 노드 수는 16, 32, 64의 세 가지 옵션에 대해서, 그리고 반복 횟수는 300, 1000의 두 가지 옵션에 대해서 실험한다. 학습률은 0.01에서 0.4의 범위의 연속값을 사용한다.

3. 최적화할 초매개변수를 초기화한 후, 모델을 훈련하고 검증하는 함수를 구현한다. 이 함수는 최적화할 초매개변수를 인수로 받고 모델의 성능을 출력한다.

```
>>> def train_test_model(hparams, logdir):
...     model = Sequential([
...         Dense(units=hparams[HP_HIDDEN], activation='relu'),
...         Dense(units=1)
...     ])
...     model.compile(loss='mean_squared_error',
...                   optimizer=tf.keras.optimizers.Adam(hparams[HP_LEARNING_RATE]),
...                   metrics=['mean_squared_error'])
...     model.fit(X_scaled_train, y_train,
...               validation_data=(X_scaled_test, y_test),
...               epochs=hparams[HP_EPOCHS], verbose=False,
...         callbacks=[
...             tf.keras.callbacks.TensorBoard(logdir),
...             hp.KerasCallback(logdir, hparams),
...             tf.keras.callbacks.EarlyStopping(
...                 monitor='val_loss', min_delta=0,
...                 patience=200, verbose=0, mode='auto',
...             )
...         ],
...         )
...     _, mse = model.evaluate(X_scaled_test, y_test)
...     pred = model.predict(X_scaled_test)
...     r2 = r2_score(y_test, pred)
...     return mse, r2
```

은닉 노드 수, 학습률, 훈련 반복 횟수와 같은 초매개변수가 주어지면, 이를 기반으로 신경망 모델을 구축하고 컴파일하고 피팅한다. 모델을 훈련할 때 여러 콜백 함수callback function를 실행한다는 점을 빼면 이전에 했던 것과 크게 다른 점은 없다. 이때 실행하는 콜백 함수로는 텐서보드 TensorBoard를 업데이트하는 tf.keras.callbacks.TensorBoard(logdir), 초매개변수와 측정 지표를 로깅하는 hp.KerasCallback(logdir, hparams), 조기 중지를 위한 tf.keras.callbacks.EarlyStopping()이 있다.

간단히 말해서, 텐서보드 콜백 함수는 훈련과 검증 중에 모델 그래프와 측정 지표에 대한 시각화를 제공한다. 로깅 콜백logging callback은 초매개변수와 측정 지표를 기록한다. 조기 중지 콜백early stopping callback은 테스트에 사용하는 검증 셋의 성능을 모니터링한다. 200에픽epoch[9] 후에도 MSE가 감소하지 않으면 훈련 과정을 중단한다.

이 함수는 테스트셋에 대한 예측 결과의 MSE와 R^2를 출력한다.

---

9   옮긴이 배치, 에픽, 반복 등의 용어 설명은 10.3.2절의 옮긴이 각주를 참고한다.

4. 평가할 초매개변수의 조합으로 훈련을 시작하고, train_test_model 함수에서 반환한 MSE와 R^2에 대한 측정 지표를 요약하는 함수를 구현한다.

```
>>> def run(hparams, logdir):
...     with tf.summary.create_file_writer(logdir).as_default():
...         hp.hparams_config(
...             hparams=[HP_HIDDEN, HP_EPOCHS, HP_LEARNING_RATE],
...             metrics=[hp.Metric('mean_squared_error', display_name='mse'),
...                     hp.Metric('r2', display_name='r2')],
...         )
...         mse, r2 = train_test_model(hparams, logdir)
...         tf.summary.scalar('mean_squared_error', mse, step=1)
...         tf.summary.scalar('r2', r2, step=1)
```

5. 서로 다른 조합의 초매개변수에 대해서 그리드 검색 방식으로 모델을 훈련한다.

```
>>> for hidden in HP_HIDDEN.domain.values:
...     for epochs in HP_EPOCHS.domain.values:
...         for learning_rate in
...           tf.linspace(HP_LEARNING_RATE.domain.min_value,
...                       HP_LEARNING_RATE.domain.max_value,
...                       5):
...             hparams = {
...                 HP_HIDDEN: hidden,
...                 HP_EPOCHS: epochs,
...                 HP_LEARNING_RATE: float("%.2f"%float(learning_rate)),
...             }
...             run_name = "run-%d" % session_num
...             print('--- Starting trial: %s' % run_name)
...             print({h.name: hparams[h] for h in hparams})
...             run(hparams, 'logs/hparam_tuning/' + run_name)
...             session_num += 1
```

실험마다 은닉 노드 수와 반복 횟수는 사전에 정의한 이산값 중에서 선택하고, 학습률은 0.01에서 0.4까지 구간에서 균일한 간격으로 5개의 값을 선택한다. 이 실험을 실행하는 데는 몇 분 정도 걸리고, 다음과 같은 출력이 표시된다.

```
--- Starting trial: run-0
{'hidden_size': 16, 'epochs': 300, 'learning_rate': 0.01}
2020-04-29 08:06:43.149021: I tensorflow/core/profiler/lib/
profiler_session.cc:184] Profiler session started.
......
=============================================] - 0s 42us/
```

```
sample - loss: 62625.1632 - mean_squared_error: 55865.6680
......
......
......
--- Starting trial: run-29
{'hidden_size': 64, 'epochs': 1000, 'learning_rate': 0.4}
2020-04-29 08:28:03.036671: I tensorflow/core/profiler/lib/
profiler_session.cc:184] Profiler session started.
......
============================================] - 0s 54us/
sample - loss: 51182.3352 - mean_squared_error: 59099.1250
```

6. 실험이 시작되면 폴더명이 logs인 새로운 폴더가 생성되는데, 여기에는 각 실험에 대한 훈련 성능
   과 검증 성능이 저장된다. 30번의 실험이 끝나면 다음 명령을 통해서 텐서보드를 실행한다.

```
tensorboard --logdir ls/hparam_tuning
Serving TensorBoard on localhost; to expose to the network, use a proxy or pass --bind_all
TensorBoard 2.0.0 at http://localhost:6006/ (Press CTRL+C to quit)
```

텐서보드가 실행되면 http://localhost:6006/에서 일목요연한 대시보드를 볼 수 있는데, 대시보드의
스크린숏은 다음과 같다.

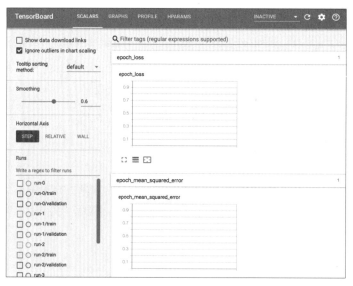

그림 8.7 텐서보드의 스크린숏

초매개변수에 대한 로그를 보려면 **HPARAMS** 탭을 클릭한다. 모든 초매개변수 조합과 해당 측정 지표(MSE와 R^2)를 다음과 같이 테이블 형식으로 볼 수 있다.

Trial ID	Show Metrics	hidden_size	epochs	learning_rate	mse	r2
040324d52ab617...	☐	64.000	300.00	0.21000	36284	0.96836
0979d01d62d519...	☐	16.000	300.00	0.40000	36948	0.96778
1a60de513b2319...	☐	32.000	300.00	0.21000	34755	0.96969
485f4ee17ecb588...	☐	64.000	1000.0	0.11000	95550	0.91668
6552154cd58ee14...	☐	32.000	1000.0	0.21000	40258	0.96489
6cb44a3856f106e...	☐	32.000	1000.0	0.30000	61809	0.94610
7040706da3e91e...	☐	16.000	300.00	0.30000	38412	0.96650
75440855f618f11...	☐	16.000	1000.0	0.21000	33007	0.97122
795049416b5fa81...	☐	64.000	1000.0	0.40000	59099	0.94846
7b5f9905ea11db8...	☐	16.000	1000.0	0.010000	34735	0.96971
80a1dbb4fb82af9...	☐	64.000	1000.0	0.30000	65738	0.94267
82fecc9de850858...	☐	32.000	300.00	0.40000	35779	0.96880
8791a9be31c112...	☐	16.000	1000.0	0.40000	58809	0.94872
8b4385335083a2f...	☐	16.000	300.00	0.11000	45370	0.96044
8d27faae826dcd9...	☐	64.000	300.00	0.40000	37284	0.96749
8f89d44a41663e3...	☐	16.000	1000.0	0.11000	84439	0.92637
982dce79d07f59d...	☐	32.000	1000.0	0.11000	66802	0.94175
a13f6d949f5727b...	☐	64.000	300.00	0.30000	55400	0.95169
a5b9a7e44d9012...	☐	32.000	1000.0	0.010000	38066	0.96680
bf45446cad23c5e...	☐	16.000	1000.0	0.30000	42437	0.96299
d28a4bbb534c83f...	☐	16.000	300.00	0.21000	36929	0.96780
d4a2a530db443d...	☐	16.000	300.00	0.010000	55866	0.95128
d8b1aea9727190...	☐	32.000	300.00	0.30000	34349	0.97005
df1fd0e02334141...	☐	64.000	1000.0	0.010000	45241	0.96055

그림 8.8 **초매개변수 조정을 위한 텐서보드 스크린숏**

여러 조합 중에 (**hidden_size=16, epochs=1000, learning_rate=0.21**) 조합의 성능이 가장 좋은데, 이때 R^2는 0.97122이다.

7. 마지막으로 최적의 모델을 이용해서 예측한다.

```
>>> model = Sequential([
...     Dense(units=16, activation='relu'),
...     Dense(units=1)
... ])
>>> model.compile(loss='mean_squared_error', optimizer=tf.keras.optimizers.Adam(0.21))
>>> model.fit(X_scaled_train, y_train, epochs=1000, verbose=False)
>>> predictions = model.predict(X_scaled_test)[:, 0]
```

8. 정답과 예측 결과를 다음과 같이 그래프로 보여준다.

```
>>> import matplotlib.pyplot as plt
>>> plt.plot(data_test.index, y_test, c='k')
>>> plt.plot(data_test.index, predictions, c='b')
>>> plt.plot(data_test.index, predictions, c='r')
>>> plt.plot(data_test.index, predictions, c='g')
>>> plt.xticks(range(0, 252, 10), rotation=60)
>>> plt.xlabel('Date')
>>> plt.ylabel('Close price')
>>> plt.legend(['Truth', 'Neural network prediction'])
>>> plt.show()
```

최종 결과에 대한 스크린숏은 다음과 같다.

그림 8.9 **주가의 예측과 정답**

신경망 미세 조정을 통해서 좀 더 정확한 주가를 예측할 수 있다.

이 절에서는 텐서플로의 hparams 모듈을 활용해서 신경망 주가 예측기의 성능을 좀 더 개선했다. 더 많은 은닉층을 추가하고 모델 미세 조정을 다시 실행해서 더 나은 결과를 얻을 수 있는지 확인해보자.

8.6 요약

8장에서는 신경망을 이용해서 주가 예측 프로젝트를 다시 살펴보았다. 신경망의 필수 구성 요소(층, 활성화 함수, 순방향, 역전파)를 자세히 살펴보고, 딥러닝을 알아보았다. 신경망을 밑바닥부터 구현한 다음에 사이킷런과 텐서플로를 이용해서 구현했다. 드롭아웃과 조기 중지와 같은 과적합을 피하는 방법도 배웠다. 마지막으로는 이번 장에서 다룬 내용을 적용해서 주가 예측 문제를 해결했다.

9장에서는 NLP 기법과 비지도학습을 알아본다.

8.7 연습 문제

1. 앞에서 언급했듯이 신경망 주가 예측기에서 더 많은 은닉층을 사용해서 모델 미세 조정을 다시 해보자. 드롭아웃과 조기 중지를 사용하여 더 나은 결과를 얻을 수 있을까?

텍스트 분석 기법을 이용한
20개 뉴스그룹 데이터셋 분석

앞에서는 머신러닝의 기본 개념과 지도학습 알고리즘을 살펴보았다. 9장부터는 학습 여정의 두 번째 단계로 몇 가지 중요한 비지도학습 알고리즘과 기술을 자세히 다룬다. 좀 더 흥미로운 학습 여정을 위해 뉴스그룹 데이터를 탐색하는 **자연어 처리**natural language processing, NLP 문제로 시작한다. 텍스트 데이터 작업, 특히 단어word와 문구phrase를 기계가 읽을 수 있는 값으로 변환하는 방법과, 의미가 거의 없는 단어를 처리하는 방법에 관한 실습 경험을 쌓을 수 있다. 또한 비지도학습 방식으로 텍스트 데이터를 2차원 공간에 매핑해서 시각화한다.

다음 각 주제에 관해 자세히 알아본다.

* NLP 기초와 응용
* 파이썬 NLP 라이브러리 둘러보기
* 토큰화tokenization, 어간 추출stemming, 표제어 추출lemmatization
* 뉴스그룹 데이터 가져오기와 탐색
* 시본과 맷플롯립을 이용한 데이터 시각화
* **단어 가방**bag of words, BoW 모델
* 텍스트 전처리
* 차원 축소
* t-SNE와 텍스트 시각화를 위한 t-SNE

9.1 컴퓨터가 언어를 이해하는 방법: NLP

1장에서 머신러닝 기반 프로그램이나 컴퓨터가 데이터 처리 작업을 통해서 패턴을 잘 발견할 수 있다는 점을 설명했다. 마이크로소프트 엑셀 스프레드시트 테이블이나 관계형 데이터베이스 테이블처럼 데이터가 잘 구조화되거나 잘 정의되면, 머신러닝을 통해 사람보다 데이터를 더 잘 처리할 수 있으리라는 것은 직관적으로도 자명하다. 그와 같은 데이터는 컴퓨터가 인간과 같은 방식으로, 예를 들면 '수익: 5,000,000'은 '수익이 5백만'으로, '나이: 30'은 '나이가 30세'와 같이 읽을 수 있다. 이를 통해 컴퓨터는 인간보다 더 빠른 방법으로 다양한 데이터를 처리하고 통찰력을 얻는다. 그러나 인간이 의사소통하는 데 사용하는 단어, 뉴스 기사, 누군가의 프랑스어 연설과 같은 비정형 데이터의 경우에는 컴퓨터가 (아직은) 사람만큼 단어를 이해하지 못하는 상황이다.

9.1.1 NLP란 무엇인가?

세상에는 단어나 원문 텍스트, 좀 더 범위를 넓히면 **자연어**natural language 형태의 많은 정보가 있다. 이것은 인간이 서로 의사소통하는 데 사용하는 모든 언어를 나타내는데, 자연어에는 다음과 같은 다양한 형식이 있다.

- 웹페이지, SMS, 이메일, 메뉴와 같은 텍스트
- 음성과 시리Siri 명령과 같은 오디오
- 기호와 제스처
- 노래, 악보, 모스 부호와 같은 다양한 형식

이러한 목록의 전체 리스트에 끝이 없을 만큼 우리는 항상 자연어를 사용한다(이 책을 읽는 바로 지금도 그렇다). 이러한 비정형 데이터 유형에 속하는 자연어 데이터의 중요성을 감안할 때, 컴퓨터가 자연어를 이해하고 추론해서 의미 있는 정보를 추출할 방법이 필요하다. 기술 전반에 걸쳐서 NLP 프로그램이 적용되고 있으며, 이미 특정 영역에서는 마법처럼 여겨질 만큼 뛰어난 성과를 보인다.

NLP는 기계(컴퓨터)와 인간(자연) 언어 간의 상호작용을 다루는 머신러닝의 중요한 세부 분야로, 다양한 형식의 데이터, 예를 들어 소셜미디어 게시물, 웹페이지, 의료 처방전의 텍스트, 음성 메일의 오디오, 시스템 제어 명령, 좋아하는 노래나 영화에 적용할 수 있다. 오늘날 NLP는 일상생활에서 광범위하게 사용된다. 이제는 기계 번역 없이는 살 수 없을 정도로 우리 삶에서 많이 사용되며, 일기 예보 스크립트도 자동으로 생성된다. 음성 검색으로 삶의 편의성이 높아졌고, 지능형 질문 응답 시스템intelligent question-answering systems 덕분에 다양한 질문(예를 들어 캐나다 인구는 얼마인가?)에 대한 답변을 빠르게 얻을 수 있다. 또한 음성을 텍스트로 변환speech-to-text하는 기술은 특별한 도움이 필요한 사람을 보조한다.

9.1.2 NLP의 역사

만약 기계가 인간처럼 언어를 이해할 수 있다면, 그러한 기계는 지능이 있다고 생각할 수 있다. 1950년 유명한 수학자 앨런 튜링Alan Turing은 〈Computing Machinery and Intelligence(컴퓨팅 기계와 지능)〉이라는 논문[1]에서 기계 지능의 기준이 되는 테스트를 제안했다. 이것은 현재 **튜링 테스트**Turing test[2]라고 하는데, 튜링 테스트의 목표는 인간이 이 기계를 또 다른 인간이라고 여길 만큼 컴퓨터가 언어를 적절하게 이해할 수 있는지를 검사하는 것이다. 아직 튜링 테스트를 통과한 컴퓨터가 없다는 것은 놀라운 일이 아니지만, NLP의 역사는 이미 1950년에 시작되었다.

언어를 이해하는 것은 어려울 수 있다. 그렇다면 한 언어로 된 텍스트를 다른 언어로 자동 번역하는 작업은 좀 더 쉬울까? 예전 프로그래밍 과정 실습 소책자에는 조악한 기계 번역 알고리즘이 있었다. 이 번역 알고리즘은 사전을 참조해서 새로운 언어로 텍스트를 생성하는 것이었다. 실질적으로 더 현실적인 방법은 이미 인간이 번역한 텍스트를 수집하고, 이러한 텍스트로 컴퓨터 프로그램을 훈련하는 것이다. 1954년 조지타운-IBM 실험[3]에서 과학자들은 기계 번역이 3~5년 안에 해결될 것이라고 주장했다. 하지만 안타깝게도 인간 전문 번역가를 능가하는 기계 번역 시스템은 아직 나오지 않았다. 그러나 기계 번역은 딥러닝 도입 이후 크게 발전했으며, 소셜 미디어(페이스북[4]은 신경망 기계 번역 시스템을 오픈소스로 공개했음[5]), 실시간 대화(스카이프skype, 스위프트키SwiftKey 키보드, 구글 픽셀 버즈), 구글 번역과 같은 이미지 기반 번역 분야에서 놀라운 성과를 거두었다.

대화형 에이전트, 즉 챗봇은 NLP의 또 다른 뜨거운 주제다. 컴퓨터가 인간과 대화할 수 있다는 사실이 기업 운영 방식을 새롭게 만들었다. 2016년에는 **마이크로소프트의 인공지능 챗봇**인 **테이**Tay[6]가 출시되어 10대 소녀를 흉내 내고 트위터에서 사용자와 실시간으로 대화하는 모습을 공개했다. 테이는 사용자가 트위터에 게시한 것과 여기에 달린 댓글을 통해 말하는 법을 배웠다. 그러나 테이는 악의적인 사용자의 트윗 때문에 그들의 나쁜 언어를 배우고 부적절한 응답을 하기 시작했다. 결국 테이 서비스는 24시간 만에 종료했다.

---

1   [옮긴이] 논문 원본은 https://bit.ly/3JMwyHZ를 참조한다.

2   https://plato.stanford.edu/entries/turing-test/

3   https://en.wikipedia.org/wiki/Georgetown%E2%80%93IBM_experiment [옮긴이] https://bit.ly/3JOEHf1)

4   [옮긴이] 사명을 메타로 변경했다.

5   https://ai.facebook.com/tools/translate/

6   https://blogs.microsoft.com/blog/2016/03/25/learning-tays-introduction/ ([옮긴이] https://bit.ly/3LVZXBl)

9.1.3 NLP 애플리케이션

컴퓨터 프로그램이 지식과 개념을 쉽게 조작하도록 해주는 작업이 몇 가지 있다. 개념을 구성하고 표현하는 방식을 **온톨로지**ontology라고 하는데, 온톨로지는 개념과 개념 간의 관계를 정의한다. 예를 들어 ('파이썬', '언어', '이다')와 같은 트리플을 통해 '파이썬은 언어다'와 같은 두 개념 간의 관계를 나타낼 수 있다.

이전 사례에 비해 훨씬 낮은 수준에서의 NLP의 중요한 사용 사례로는 **품사 태깅**PoS tagging이 있다. 품사는 명사나 동사와 같은 문법적인 단어 범주를 나타내는데, 품사 태깅은 문장이나 더 큰 문서에 있는 각 단어의 적절한 태그를 결정하는 것이다. 다음 표는 영어 품사의 예를 보여준다.

표 9.1 **품사의 예**

품사	예
명사	David, machine
대명사	they, her
형용사	awesome, amazing
동사	read, write
부사	very, quite
전치사	out, at
접속사	and, but
감탄사	phew, oops
관사	a, the

앞서 언급한 품사 태깅과 같이, 지도학습과 관련한 다양한 실제 NLP 애플리케이션이 있다. 대표적인 예로는 뉴스 심리news sentiment 분석이 있는데, 이진 분류에서는 긍정적, 부정적으로, 다중 클래스 분류에서는 긍정적, 중립적, 부정적으로 판별한다. 이러한 뉴스 심리 분석은 주식시장 거래에도 중요한 신호를 제공한다.

또 다른 예로는 뉴스 주제 분류news topic classification가 있는데, 이 경우 클래스는 상호 배타적일 수도 있고 아닐 수도 있다. 앞에서 논의한 뉴스그룹 예에서 기술, 스포츠, 종교와 같은 클래스는 (약간 겹치기는 하지만) 상호 배타적이다. 그러나 뉴스 기사는 때때로 여러 범주(다중 레이블 분류)로 할당될 수 있다. 예를 들어 예기치 않은 정치적 개입이 있을 때, 올림픽 게임에 대한 기사는 스포츠와 정치 양쪽으로 분류될 수 있다.

마지막으로, 뜻밖의 흥미로운 애플리케이션은 **개체명 인식**named entity recognition, NER이다. 개체명은 사람, 회사, 지리적 위치, 날짜와 시간, 수량과 화폐 가치의 이름과 같이 명확한 범주를 나타내는 문구이다. NER은 정보 추출 분야에 속하는 중요한 세부 기술로 이러한 개체를 찾고 식별한다. 예를 들어 NER을 수행하면 다음과 같은 결과를 얻을 수 있다.

'유명한 기술 기업가 일론 머스크[사람]가 설립한 캘리포니아[지명]에 기반을 둔 SpaceX[조직]는 2020년[날짜] 첫 궤도 비행을 위한 9[수량]미터 직경의 차세대 발사체와 우주선을 제작한다고 발표했다.'

다음 10장에서는 군집화와 주제 모델링을 포함한 비지도학습을 텍스트 데이터에 적용하는 방법을 논의한다. 우선 다음 절에서는 NLP의 기본에 관해서 살펴본다.

9.2 인기 있는 NLP 라이브러리와 NLP 기초

NLP 관련 실제 애플리케이션 목록을 간략히 살펴보았으므로, 이제 파이썬 NLP 라이브러리의 필수 스택을 살펴본다. 이러한 패키지는 감정 분석, 텍스트 분류, NER를 포함해서 앞서 언급한 광범위한 NLP 작업을 처리한다.

9.2.1 인기 있는 NLP 라이브러리 설치

파이썬에서 가장 인기 있는 NLP 라이브러리로는 **자연어 툴킷**Natural Language Toolkit, NLTK, **스페이시** spaCy, **젠심**Gensim, **TextBlob**이 있다. 사이킷런 라이브러리에도 좋은 NLP 관련 라이브러리가 있는데, 좀 더 자세히 살펴보자.

- **NLTK**: 이 라이브러리[7]는 원래 교육용으로 개발되었는데, 현재는 산업계에서도 널리 쓰인다. NLTK를 언급하지 않고는 NLP에 관해 이야기할 수 없다고 할 만큼, 파이썬 기반 NLP 애플리케이션 개발에 많이 사용되는 가장 유명하고 선도적인 플랫폼의 하나다. 터미널에서 다음 명령을 실행해서 간단히 설치할 수 있다.

```
sudo pip install -U nltk
```

콘다Conda를 사용할 때는 다음 명령을 실행한다.

```
conda install nltk
```

---

7 http://www.nltk.org/

- **스페이시**spaCy: 이 라이브러리[8]는 다음 두 가지 이유로 NLTK보다 더 강력한 툴킷이다. 첫째, 스페이시는 훨씬 더 메모리가 최적화되고 NLP 작업에 뛰어난 사이썬Cython으로 작성되었다(이제 spaCy의 Cy가 어디에서 왔는지 알 수 있다). 둘째, 스페이시는 핵심 NLP 문제를 해결하려고 최신 고급 알고리즘을 적용하는데, 예를 들어 태깅과 NER에 합성곱 신경망convolutional neural network, CNN 모델을 적용한다. 하지만 고급 기술이라서 초보자에게는 조금 어려울 수 있다. 관심 있는 독자는 터미널에서 다음 명령을 실행해서 설치할 수 있다.

  ```
  pip install -U spacy
  ```

  콘다를 사용하는 경우에는 다음 명령을 실행한다.

  ```
  conda install -c conda-forge spacy
  ```

- **젠심**Gensim: 이 라이브러리[9]는 라딤 레우렉Radim Rehurek이 개발했으며 최근 인기를 얻고 있다. 원래는 주어진 기사와 유사한 기사 목록을 생성하고자 2008년에 처음 설계되었는데, 이런 이유로 라이브러리의 이름이 젠심(유사한 기사 생성generate similar → 젠심Gensim)이 되었다. 나중에 라딤 레우렉이 효율성과 확장성을 크게 개선했다. 다음 명령을 실행해서 **pip**를 통해 쉽게 설치할 수 있다.

  ```
  pip install --upgrade gensim
  ```

  콘다의 경우 터미널에서 다음 명령을 실행한다.

  ```
  conda install -c conda-forge gensim
  ```

  [NOTE] 젠심은 넘파이와 사이파이에 종속성을 가지므로, 젠심 설치 전에 넘파이와 사이파이가 이미 설치되었는지 확인해야 한다.

- **TextBlob**: 이 라이브러리[10]는 NLTK 기반으로 구축된, 비교적 최근에 발표된 라이브러리다. 사용하기 쉬운 내장 함수와 메서드뿐만 아니라 공통 작업에 대한 래퍼wrapper를 이용해서 NLP와 텍스트 분석을 단순하게 해준다. 터미널에서 다음 명령을 실행해서 TextBlob을 설치할 수 있다.

---

8 https://spacy.io/
9 https://radimrehurek.com/gensim/
10 https://textblob.readthedocs.io/en/dev/

```
pip install -U textblob
```

TextBlob에는 맞춤법 검사와 수정, 언어 감지와 번역과 같이 NLTK에서 현재 제공하지 않는 몇 가지 유용한 기능이 있다.

9.2.2 말뭉치

2018년 기준으로 NLTK에는 대규모의 잘 구조화된 텍스트 데이터셋이 100개 이상 있는데, NLP에서는 이를 **말뭉치**corpora라고 한다. 말뭉치는 단어가 포함되는지를 확인하는 사전 용도나 모델 학습 및 검증을 위한 훈련 풀pool로 사용할 수 있다. 유용하고 흥미로운 말뭉치로는 웹 텍스트 말뭉치, 트위터 샘플, 셰익스피어 말뭉치, 감성 극성sentiment polarity, 이름 말뭉치(인기 있는 이름 목록이 포함되며, 이는 곧 살펴볼 예정임), WordNet, 로이터 벤치마크Reuters benchmark 말뭉치가 있다. 전체 목록은 NLTK 사이트[11]에서 찾아볼 수 있다. 이러한 말뭉치를 사용하려면 먼저 파이썬 인터프리터에서 다음 코드를 실행해서 다운로드해야 한다.

```
>>> import nltk
>>> nltk.download()
```

새 창이 열리고 다운로드할 컬렉션(다음 스크린숏의 **Collections** 탭)이나 말뭉치(다음 스크린숏의 **Corpora** 탭)와 데이터 보관 위치를 묻는 메시지가 표시된다.

Collections	Corpora	Models	All Packages			
Identifier		**Name**			**Size**	**Status**
all		All packages			n/a	out of date
all-corpora		All the corpora			n/a	out of date
all-nltk		All packages available on nltk_data gh-pages branch			n/a	out of date
book		Everything used in the NLTK Book			n/a	out of date
popular		Popular packages			n/a	out of date
tests		Packages for running tests			n/a	out of date
third-party		Third-party data packages			n/a	not installed

```
Download                                                                    Refresh
Server Index:       https://raw.githubusercontent.com/nltk/nltk_data/gh-pages/index.xml
Download Directory: /Users/hayden/nltk_data
```

그림 9.1 **NLTK 설치 컬렉션 탭**

---

11 http://www.nltk.org/nltk_data

인기 있는 전체 패키지를 선택하면, 현재의 연구와 향후 연구에 필요한 모든 중요한 말뭉치를 쉽고 간단하게 설치할 수 있다. 물론 다음 스크린숏과 같이 특정 말뭉치를 설치할 수도 있다.

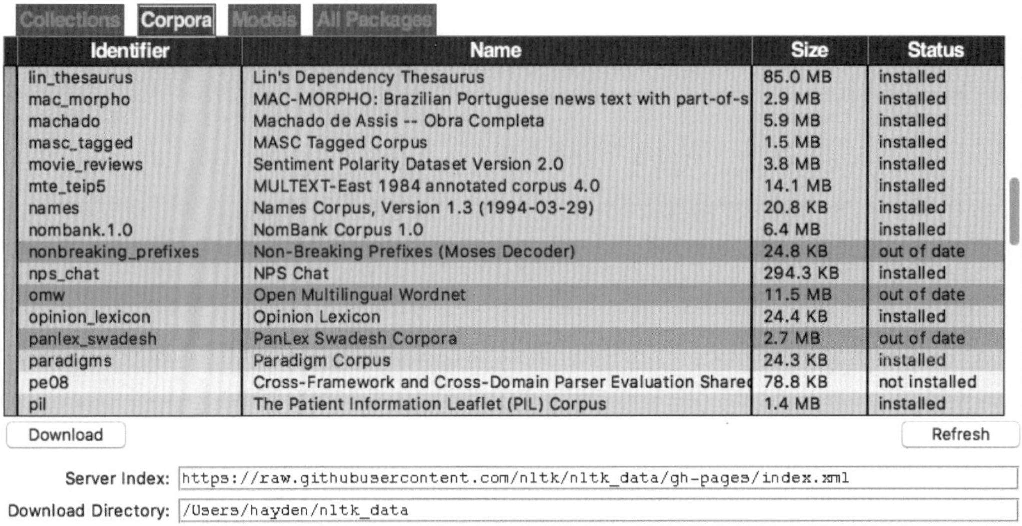
Collections
Corpora
Models
All Packages
Identifier
Name
Size
Status
lin_thesaurus
Lin's Dependency Thesaurus
85.0 MB
installed
mac_morpho
MAC-MORPHO: Brazilian Portuguese news text with part-of-s
2.9 MB
installed
machado
Machado de Assis -- Obra Completa
5.9 MB
installed
masc_tagged
MASC Tagged Corpus
1.5 MB
installed
movie_reviews
Sentiment Polarity Dataset Version 2.0
3.8 MB
installed
mte_teip5
MULTEXT-East 1984 annotated corpus 4.0
14.1 MB
installed
names
Names Corpus, Version 1.3 (1994-03-29)
20.8 KB
installed
nombank.1.0
NomBank Corpus 1.0
6.4 MB
installed
nonbreaking_prefixes
Non-Breaking Prefixes (Moses Decoder)
24.8 KB
out of date
nps_chat
NPS Chat
294.3 KB
installed
omw
Open Multilingual Wordnet
11.5 MB
out of date
opinion_lexicon
Opinion Lexicon
24.4 KB
installed
panlex_swadesh
PanLex Swadesh Corpora
2.7 MB
out of date
paradigms
Paradigm Corpus
24.3 KB
installed
pe08
Cross-Framework and Cross-Domain Parser Evaluation Share
78.8 KB
not installed
pil
The Patient Information Leaflet (PIL) Corpus
1.4 MB
installed
Download
Refresh
Server Index:
https://raw.githubusercontent.com/nltk/nltk_data/gh-pages/index.xml
Download Directory:
/Users/hayden/nltk_data

그림 9.2 NLTK 설치 말뭉치 탭

필요한 패키지나 말뭉치가 설치되면 이제 Names 말뭉치를 볼 수 있다(names 말뭉치가 설치되었는지 확인한다).

먼저 names 말뭉치를 임포트한다.

```
>>> from nltk.corpus import names
```

목록에서 처음 10개의 이름을 출력하면 다음과 같다.

```
>>> print(names.words()[:10])
['Abagael', 'Abagail', 'Abbe', 'Abbey', 'Abbi', 'Abbie',
'Abby', 'Abigael', 'Abigail', 'Abigale']
```

다음 명령을 실행하면 총 7,944개의 이름이 있다는 것을 알 수 있다.

```
>>> print(len(names.words()))
7944
```

사용하기 쉽고 풍부한 말뭉치 풀 외에 또 다른 재미있는 말뭉치도 많다. NLTK는 토큰화, 품사 태깅, NER, 어간 추출, 표제어 추출과 같은 많은 NLP와 텍스트 분석 작업에도 효과적이다.

9.2.3 토큰화

토큰화tokenization는 주어진 텍스트 시퀀스를 단어, 문자, 문장 조각으로 나누는 작업이다. 일반적으로 구두점, 숫자, 이모티콘과 같은 특정 문자를 제거하고 남는 부분이 **토큰**token이 된다. 계산 언어학computational linguistics에서는 한 단어로 구성된 토큰을 **유니그램**unigram이라고 하고, 두 개와 세 개의 연속 단어로 구성된 토큰을 각각 **바이그램**bigram과 **트라이그램**trigram이라고 한다. 마찬가지로 n개의 연속 단어는 **n-그램**n-gram이라고 한다. 토큰화의 예는 다음과 같다.

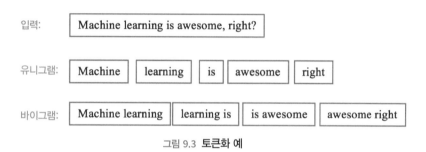

그림 9.3 **토큰화 예**

NLTK의 **word_tokenize** 함수를 이용해서 단어 기반 토큰을 구할 수 있다. 다음 명령을 통해서 입력 문장 'I am reading a book. It is Python Machine Learning By Example, 3rd edition.'에 대한 단어 토큰을 얻을 수 있다.

```
>>> from nltk.tokenize import word_tokenize
>>> sent = '''I am reading a book.
...          It is Python Machine Learning By Example,
...          3rd edition.'''
>>> print(word_tokenize(sent))
['I', 'am', 'reading', 'a', 'book', '.', 'It', 'is', 'Python',
'Machine', 'Learning', 'By', 'Example', ',', '3rd', 'edition', '.']
```

NOTE   word_tokenize 함수는 구두점과 숫자는 유지하고 공백과 줄 바꿈만 무시한다.

단어 토큰화word tokenization는 단순히 공백과 구두점으로 문장을 나누는 것으로 생각할 수도 있지만, 다음은 토큰화가 생각보다 복잡하다는 사실을 보여주는 흥미로운 예다.

```
>>> sent2 = 'I have been to U.K. and U.S.A.'
```

```
>>> print(word_tokenize(sent2))
['I', 'have', 'been', 'to', 'U.K.', 'and', 'U.S.A', '.']
```

토크나이저는 'U', '.', 'K'가 아니라 'U.K.'와 'U.S.A'라는 단어로 정확하게 인식한다.

스페이시에도 뛰어난 토큰화 기능이 있다. 지속적인 업데이트를 통해 정확하게 훈련된 모델을 사용하는데, 다음 명령을 실행해서 설치할 수 있다.

```
python -m spacy download en_core_web_sm
```

스페이시를 임포트한 다음 en_core_web_sm 모델을 로드하고 이 모델을 이용해서 문장 구문을 분석한다.

```
>>> import spacy
>>> nlp = spacy.load('en_core_web_sm')
>>> tokens2 = nlp(sent2)
>>> print([token.text for token in tokens2])
['I', 'have', 'been', 'to', 'U.K.', 'and', 'U.S.A.']
```

문장을 기준으로 텍스트를 분할할 수도 있다. 예를 들어 다음과 같이 NLTK의 sent_tokenize 함수를 이용해서 같은 입력 텍스트를 분할한다.

```
>>> from nltk.tokenize import sent_tokenize
>>> print(sent_tokenize(sent))
['I am reading a book.',
 'It's Python Machine Learning By Example,\n    3nd edition.']
```

입력 텍스트에 두 개의 문장이 있는데, 두 개의 문장 기반 토큰을 반환하는 것을 확인할 수 있다.

9.2.4 품사 태깅

NLTK의 내장 태거tagger를 적용하거나 여러 태거를 결합해서 태깅 과정을 사용자가 정의할 수 있다. 예를 들어 내장 태깅 함수 pos_tag를 사용해서 pos_tag(input_tokens)처럼 쉽게 태깅할 수 있다. 하지만 내부적으로는 사전 구축된 지도학습 모델을 호출해서 예측하는데, 해당 모델은 정답 태그가 지정된 단어로 구성된 대규모 말뭉치로 미리 훈련한 것이다.

다시 이전의 예를 들어 다음과 같이 품사 태깅을 할 수 있다.

```
>>> import nltk
>>> tokens = word_tokenize(sent)
>>> print(nltk.pos_tag(tokens))
[('I', 'PRP'), ('am', 'VBP'), ('reading', 'VBG'), ('a', 'DT'), ('book',
'NN'), ('.', '.'), ('It', 'PRP'), ('is', 'VBZ'), ('Python', 'NNP'),
('Machine', 'NNP'), ('Learning', 'NNP'), ('By', 'IN'), ('Example',
'NNP'), (',', ','), ('2nd', 'CD'), ('edition', 'NN'), ('.', '.')]
```

각 토큰 뒤에 품사 태그를 반환한다. 도움말 기능을 이용해서 태그의 의미를 확인할 수 있다. 예를 들어 PRP와 VBP를 조회하면 다음과 같은 결과를 얻을 수 있다.

```
>>> nltk.help.upenn_tagset('PRP')
PRP: pronoun, personal
    hers herself him himself hisself it itself me myself one oneself
ours ourselves ownself self she thee theirs them themselves they thou
thy us
>>> nltk.help.upenn_tagset('VBP')
VBP: verb, present tense, not 3rd person singular
    predominate wrap resort sue twist spill cure lengthen brush
terminate appear tend stray glisten obtain comprise detest tease
attract emphasize mold postpone sever return wag ...
```

스페이시에서도 품사 태그를 쉽게 얻을 수 있다. 입력 문장을 구문 분석한 토큰 객체에는 pos_라는 속성 태그가 있는데, 다음과 같이 각 토큰에 대한 pos_를 출력할 수 있다.

```
>>> print([(token.text, token.pos_) for token in tokens2])
[('I', 'PRON'), ('have', 'VERB'), ('been', 'VERB'), ('to', 'ADP'),
('U.K.', 'PROPN'), ('and', 'CCONJ'), ('U.S.A.', 'PROPN')]
```

지금까지 NLP 패키지로 품사를 태깅했다. 다음 절에서는 NER를 살펴본다.

9.2.5 NER

개체명 인식named entity recognition, NER 작업은 주어진 텍스트 시퀀스에서 사람, 회사, 위치, 날짜의 이름과 같이 명확한 범주의 단어나 문구를 찾는 것이다. 스페이시를 이용해서 NER을 하는 예를 살펴본다.

우선, 입력 문장인 '헤이든 류가 2020년에 쓴 책은 미국에서 $30에 판매되었다(The book written by Hayden Liu in 2020 was sold at $30 in America)'를 다음과 같이 토큰화한다.

```
>>> tokens3 = nlp('The book written by Hayden Liu in 2020 was sold at $30 in America')
```

토큰 객체 결과에는 ents로 명명된 개체명 속성이 포함된다. 다음과 같이 각 개체명에 대한 태깅을 추출할 수 있다.

```
>>> print([(token_ent.text, token_ent.label_) for token_ent in tokens3.ents])
[('Hayden Liu', 'PERSON'), ('2018', 'DATE'), ('30', 'MONEY'), ('America', 'GPE')]
```

이 결과에서 Hayden Liu는 사람(PERSON), 2018은 날짜(DATE), 30은 돈(MONEY), America는 국가(GPE)임을 알 수 있다. 개체명 태그의 전체 목록은 스페이시 사이트[12]를 참조한다.

9.2.6 어간 추출과 표제어 추출

어간 추출stemming은 활용되거나 파생된 단어의 원형root form을 찾는 과정이다. 예를 들어 machines의 어간stem은 machin이고, learning과 learned는 어간 learn에서 파생된 것들이다. **표제어 추출**lemmatization은 어간 추출보다 개선된 버전이다. 어간 추출을 수행할 때 단어의 품사까지 고려하고, 단어의 기본형(표제어)lemma까지 찾는다.

두 가지 텍스트 전처리 기술인 어간 추출과 표제어 추출에 관해서는 곧이어 더 자세히 논의한다. 우선 NLTK로 이를 각각 구현하는 방법을 간단히 살펴본다.

1. 세 가지 내장 어간 추출 알고리즘 중 하나인 porter를 임포트하고(또 다른 두 가지 어간 추출 알고리즘은 LancasterStemmer와 SnowballStemmer다), 다음과 같이 어간 추출기를 초기화한다.

   ```
   >>> from nltk.stem.porter import PorterStemmer
   >>> porter_stemmer = PorterStemmer()
   ```

2. 다음과 같이 machines과 learning에 대한 형태소를 분석한다.

   ```
   >>> porter_stemmer.stem('machines')
   'machin'
   >>> porter_stemmer.stem('learning')
   'learn'
   ```

---

12   https://spacy.io/api/annotation#section-named-entities (옮긴이) https://bit.ly/3LiAtgr)

앞의 명령줄 출력의 machin에서 볼 수 있는 것처럼, 어간 추출을 할 때 필요하다면 문자 자르기를 한다.

3. 이제 WordNet 말뭉치에 기반한 내장 표제어 추출 알고리즘을 임포트하고 표제어 추출기 (lemmatizer)를 초기화한다.

```
>>> from nltk.stem import WordNetLemmatizer
>>> lemmatizer = WordNetLemmatizer()
```

어간 추출과 마찬가지로 machines과 learning의 표제어를 추출한다.

```
>>> lemmatizer.lemmatize('machines')
'machine'
>>> lemmatizer.lemmatize('learning')
'learning'
```

이 결과에서 왜 learning의 결과는 변하지 않았을까? 이 알고리즘은 기본적으로 명사에 대해서만 표제어를 추출하기 때문이다.

9.2.7 의미론과 주제 모델링

젠심은 강력하고 인기 있는 의미와 주제 모델링 알고리즘이다. 주제 모델링topic modeling은 문서의 숨겨진 의미 구조를 발견하는 대표적인 텍스트 마이닝text mining[13] 작업이다. 평이한 영어의 의미 구조는 문서에 등장하는 단어의 분포라고 볼 수 있다.[14] 이것은 비지도학습에 속하는데, 일반 텍스트를 입력으로 해서 모델이 추상적인 주제를 파악하도록 하는 것이다. 주제 모델링은 10장에서 더 자세히 살펴본다.

젠심은 강력한 의미 모델링 방법이며, 동시에 다음과 같은 기능도 제공한다.

* **단어 임베딩**word embedding: **단어 벡터화**word vectorization라고도 하는데, 단어의 동시 발생co-occcurrence 특징을 유지하면서 단어를 표현하는 혁신적인 방법이다. 11장에서 좀 더 자세히 알아본다.
* **유사성 쿼리**similarity querying: 주어진 쿼리 객체와 유사한 객체를 검색하는 기능이다. 단어 임베딩을 기반으로 구축된다.

---

13 옮긴이 텍스트에서 유익한 정보를 발견하고 추출해서 시각화하거나 정보를 생성하는 분석 기법이다.
14 옮긴이 이런 이유로 단어 가방(BoW) 방법이 텍스트 데이터에 대해서 나름 좋은 성능을 발휘한다.

- **분산 컴퓨팅**distributed computing: 수백만 개의 문서를 효율적으로 학습할 수 있다.

마지막으로, 1장에서 언급했듯이 이 책 전체에 걸쳐 사이킷런을 주요 패키지로 사용하는데, 다행히도 일반적인 머신러닝 기능과 함께 토큰화 같은 텍스트 처리에 필요한 모든 기능도 제공한다. 또한 20개의 뉴스그룹 데이터셋을 위한 내장 로더도 함께 제공한다.

사용할 도구를 설치했으니 이번에는 데이터를 준비해보자.

9.3 뉴스그룹 데이터 가져오기

9장의 프로젝트에서는 20개의 뉴스그룹 데이터셋을 다루는데, 이 데이터는 이름에서 알 수 있듯이 뉴스그룹 기사에서 가져온 텍스트로 구성된다. 이는 원래 켄 랑Ken Lang이 수집했는데, 현재는 머신러닝 기술, 특히 NLP 기술의 텍스트 응용 실험에 널리 사용된다.

이 데이터에는 20개 온라인 뉴스그룹의 약 20,000개 문서가 포함된다. 뉴스그룹은 사람들이 특정 주제에 관해 질문하고 답변하는 인터넷상의 공유 장소이다. 데이터는 이미 어느 정도 정제되고, 훈련셋과 테스트셋으로 분할되며, 기준점은 특정 날짜로 구성된다.

원본 데이터는 다음 사이트[15]에 있으며 20가지 주제를 나열하면 다음과 같다.

- comp.graphics
- comp.os.ms-windows.misc
- comp.sys.ibm.pc.hardware
- comp.sys.mac.hardware
- comp.windows.x
- rec.autos
- rec.motorcycles
- rec.sport.baseball
- rec.sport.hockey
- sci.crypt

- sci.electronics
- sci.med
- sci.space
- misc.forsale
- talk.politics.misc
- talk.politics.guns
- talk.politics.mideast
- talk.religion.misc
- alt.atheism
- soc.religion.christian

데이터셋의 모든 문서는 영어이고, 뉴스그룹의 이름에서 주제를 쉽게 추론할 수 있다. 데이터셋은 레이블링이 되어 있고 각 문서는 텍스트 데이터와 그룹 레이블로 구성되므로, 이 데이터셋은 텍스트 분

---

15 http://qwone.com/~jason/20Newsgroups/ (옮긴이) https://bit.ly/3JpJzHQ)

류와 같은 지도학습에 적합하다. 이번 9장의 끝부분에서는 배운 내용을 이용해서 이 데이터셋에 대한 분류를 연습해볼 수 있다.

이 중 일부 뉴스그룹, 예를 들어 5개의 컴퓨터 그룹(comp.graphics, comp.os.ms-windows.misc, comp.sys.ibm.pc.hardware, comp.sys.mac.hardware, comp.windows.x)은 밀접하게 관련되거나 겹치기도 한다. 반면에 기독교(soc.religion.christian)와 야구(rec.sport.baseball)는 서로 밀접한 관련이 없다.

따라서 이는 군집화 같은 비지도학습의 대표적인 사용 사례인데, 유사한 주제는 함께 그룹화하고 관련 없는 주제는 멀리 떨어져 있는지 확인할 수 있다. 또한 주제 모델링 기술을 이용해서 기존의 20개 레이블을 포괄하는 추상적인 주제를 발견할 수도 있다.

지금은 텍스트 데이터를 탐색하고 분석하는 데 집중해서 우선 데이터 수집을 시작한다. 원본 웹사이트나 또 다른 많은 온라인 저장소에서 데이터셋을 수동으로 다운로드할 수 있다.

이때 일부는 특정 방식으로 정제되고 또 다른 일부는 원시 형식으로 된 여러 버전의 데이터셋이 있으므로, 혼동을 피하려면 같은 버전의 데이터셋을 사용하는 것이 가장 좋다. 사이킷런 라이브러리는 데이터셋을 로드하는 유틸리티 함수를 제공한다. 데이터셋이 다운로드되면 자동으로 캐싱되므로, 같은 데이터셋을 두 번 다운로드할 필요가 없다.

NOTE 대부분의 경우, 특히 비교적 작은 데이터셋의 경우 데이터셋을 캐싱하는 것이 좋다. 다른 파이썬 라이브러리도 데이터 다운로드 유틸리티를 제공하지만, 모든 라이브러리가 자동 캐싱automatic caching 기능을 제공하지는 않는다. 이것이 사이킷런이 인기 있는 또 하나의 이유다.

먼저 다음과 같이 20개의 뉴스그룹 데이터에 대한 로더 함수를 임포트한다.

```
>>> from sklearn.datasets import fetch_20newsgroups
```

그다음에 모든 매개변수를 기본값으로 설정하고 데이터셋을 다운로드한다.

```
>>> groups = fetch_20newsgroups()
Downloading 20news dataset. This may take a few minutes.
Downloading dataset from https://ndownloader.figshare.com/files/5975967 (14 MB)
```

또한 하나 이상의 특정 주제 그룹과 특정 섹션(교육, 테스트 또는 둘 다)을 지정하고 프로그램에서 이러한 데이터 하위 집합을 로드할 수도 있다. 로더 함수의 매개변수와 옵션에 대한 전체 목록은 다음 표와 같다.

표 9.2 fetch_20newsgroups() 함수의 매개변수 목록

매개변수	기본값	예	개요
subset	'train'	'train', 'test', 'all'	로드할 데이터셋: 훈련셋, 테스트셋, 훈련셋과 테스트셋
data_home	~/scikit_learn_data	~/myfolder	파일이 저장되고 캐시되는 디렉터리
categories	None	['sci.space', 'alt.atheism']	로드할 뉴스그룹 목록. None이면 모든 뉴스그룹이 로드된다.
shuffle	True	True, False	데이터 셔플 여부를 나타내는 불리언Boolean 변수
random_state	42	7, 43	데이터를 섞는 데 사용되는 임의의 시드 정수
remove	0	('header', 'footers', 'quotes')	각 뉴스그룹 게시물의 머리글, 바닥글, 인용문 중 삭제할 부분을 나타내는 튜플. 기본값은 아무것도 삭제하지 않는 것이다.
download_if_missing	True	True, False	로컬에서 데이터를 찾을 수 없는 경우 데이터를 다운로드할지를 나타내는 불리언 변수

random_state는 훈련 재현성에 필요한 매개변수인데, 시드를 고정값으로 설정하면 스크립트를 실행할 때마다 같은 데이터셋을 얻을 수 있다. 그렇지 않으면 훈련할 때마다 서로 다른 순서로 섞인 데이터셋을 사용하게 된다.

이 절에서는 뉴스그룹 데이터 로드를 다뤘다. 이제 다음 단계를 살펴보자.

9.4 뉴스그룹 데이터 탐색

각자 선호하는 방법으로 20개의 뉴스그룹 데이터셋을 다운로드하면, 뉴스그룹의 데이터 객체는 이제 메모리에 캐시된다. 데이터 객체는 키-값 사전key-value dictionary 형식인데, 키는 다음과 같다.

```
>>> groups.keys()
dict_keys(['data', 'filenames', 'target_names', 'target', 'DESCR'])
```

target_names 키는 뉴스그룹 이름을 제공한다.

```
>>> groups['target_names']
   ['alt.atheism', 'comp.graphics', 'comp.os.ms-windows.misc', 'comp.
sys.ibm.pc.hardware', 'comp.sys.mac.hardware', 'comp.windows.x',
'misc.forsale', 'rec.autos', 'rec.motorcycles', 'rec.sport.baseball',
'rec.sport.hockey', 'sci.crypt', 'sci.electronics', 'sci.med', 'sci.
space', 'soc.religion.christian', 'talk.politics.guns', 'talk.politics.
mideast', 'talk.politics.misc', 'talk.religion.misc']
```

target 키는 뉴스그룹을 나타내는데, 이는 정수로 인코딩한다.

```
>>> groups.target
array([7, 4, 4, ..., 3, 1, 8])
```

이 정수에 대한 고윳값은 넘파이의 unique 함수를 통해 알아낼 수 있다.

```
>>> import numpy as np
>>> np.unique(groups.target)
array([ 0, 1, 2, 3, 4, 5, 6, 7, 8, 9, 10, 11, 12, 13, 14, 15, 16, 17, 18, 19])
```

정숫값의 범위는 0에서 19까지이고, 이는 각각 groups['target_names']의 1, 2, 3, …, 20번째 뉴스그룹의 주제를 나타낸다.

여러 주제나 범주의 맥락에서 주제가 어떻게 분포하는지를 알아야 한다. 균형 분포balanced distribution를 따르는 클래스의 경우, 제대로 표현되지 않거나 과도하게 표현된 범주가 없기 때문에 가장 다루기가 쉽다. 그러나 종종 하나 또는 몇 개의 범주가 우세해서 편향된 분포를 보일 때도 있다.

시본 패키지[16]를 이용해서 각 범주의 히스토그램을 계산하고 맷플롯립 패키지[17]로 그래프로 나타낸다. 다음과 같이 pip를 통해 두 패키지를 설치한다.

```
python -m pip install -U matplotlib
pip install seaborn
```

콘다를 사용하는 경우에는 다음 명령을 실행한다.

---

16 https://seaborn.pydata.org/
17 https://matplotlib.org/

```
conda install -c conda-forge matplotlib
conda install seaborn
```

시본 패키지는 맷플롯립에 종속성을 가지므로 시본을 설치하기 전에 맷플롯립을 먼저 설치해야 한다.

이제 다음과 같이 클래스의 분포를 시각화한다.

```
>>> import seaborn as sns
>>> import matplotlib.pyplot as plt
>>> sns.distplot(groups.target)
<matplotlib.axes._subplots.AxesSubplot object at 0x108ada6a0>
>>> plt.show()
```

최종 결과는 다음 스크린숏과 같다.

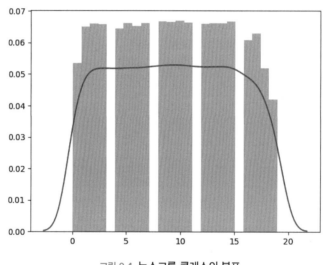

그림 9.4 **뉴스그룹 클래스의 분포**

보다시피 분포는 거의 균일하므로 편향을 걱정할 필요는 없다.

NOTE 데이터를 시각화해서 데이터의 구조화, 발생할 수 있는 문제, 처리해야 할 불규칙성이 있는지를 대략 파악하는 것이 좋다.

다른 키는 별도의 설명이 필요 없을 만큼 쉽게 의미를 알 수 있다. data에는 모든 뉴스그룹 문서가 포함되고 filenames에는 파일 시스템에서 각 문서가 있는 경로가 저장된다.

이제 다음 명령을 실행해서 첫 번째 문서와 해당 항목 번호와 이름을 살펴보자.

```
>>> groups.data[0]
"From: lerxst@wam.umd.edu (where's my thing)\nSubject: WHAT car is
this!?\nNntp-Posting-Host: rac3.wam.umd.edu\nOrganization: University
of Maryland, College Park\nLines: 15\n\n I was wondering if anyone out
there could enlighten me on this car I saw\nthe other day. It was a
2-door sports car, looked to be from the late 60s/\nearly 70s. It was
called a Bricklin. The doors were really small. In addition,\nthe front
bumper was separate from the rest of the body. This is \nall I know.
If anyone can tellme a model name, engine specs, years\nof production,
where this car is made, history, or whatever info you\nhave on this
funky looking car, please e-mail.\n\nThanks,\n- IL\n ---- brought to
you by your neighborhood Lerxst ----\n\n\n\n\n"
>>> groups.target[0]
7
>>> groups.target_names[groups.target[0]]
'rec.autos'
```

[NOTE] random_state를 42로 설정하지 않으면 앞의 스크립트 실행 결과와 다를 수 있다.

보다시피 첫 번째 문서는 rec.autos 뉴스그룹에서 가져온 것으로 번호 7이 할당되었다. 이 게시물을 읽어보면 자동차에 관한 내용임을 쉽게 알 수 있다. 실제로 car라는 단어가 문서에 여러 번 등장한다. bumper와 같은 단어도 자동차와 매우 관련이 높아 보인다. 그러나 doors와 같은 단어는 주택 개조나 다른 주제와도 연관될 수 있으므로 반드시 자동차와 관련이 있는 것은 아니다.

참고로 doors와 door는 서로 구분하지 않는 것이 좋고, Doors와 같이 첫 번째 대소문자만 다른 경우도 따로 구분하지 않는 것이 좋다. 다만 드물게 대문자가 중요한 경우가 있는데, 예를 들어 문서가 The Doors라는 밴드에 관한 것인지 아니면 더 일반적인 doors(목재로 된) 개념에 관한 것인지를 알아내려 할 때가 그렇다.

9.5 텍스트 데이터의 특징 고려

앞의 분석으로부터, 문서의 출처가 rec.autos 뉴스그룹인지 알아내고자 할 때는 car, doors, bumper와 같은 단어의 유무가 매우 유용한 특징이 될 수 있다는 것을 알 수 있다. 어떤 단어의 유무는 불리언 변수로 나타내고, 특정 단어의 개수도 살펴볼 수 있다. 예를 들어 car는 문서에 여러 번 나타나는데, 텍스트에서 그러한 단어가 더 많이 발견될수록 해당 문서가 자동차와 관련이 있을 가능성이 더 크다.

9.5.1 각 단어 토큰의 등장 횟수 계산

텍스트에 등장하는 특정 단어의 순서가 아닌 해당 단어의 등장 여부, 총 등장 횟수나 또 다른 측정방법에 관심이 있다. 따라서 텍스트를 단어 모음으로 볼 수 있는데, 이를 **단어 가방**bag-of-words, BoW 모델이라고 한다. 이것은 매우 기본적인 모델이지만 실제로는 꽤 잘 작동한다. 단어 순서와 품사 태그 순서를 고려해서 더 복잡한 모델을 정의할 수도 있지만, 그러한 모델은 계산 비용이 더 많이 들고 프로그래밍하기 더 어렵다. 실제로 대부분의 경우 기본적인 BoW 모델이면 충분하다. BoW 모델을 적용해보고 의미가 있는지를 확인한다.

우선 문서를 행과 열이 각각 뉴스그룹 문서와 유니그램 형태의 단어 토큰을 나타내는 행렬로 변환하는데, 이때 행렬의 각 요소는 문서(행)에서 단어(열)가 등장한 횟수를 나타낸다. 이 작업은 사이킷런의 CountVectorizer 클래스를 이용해서 수행한다.

```
>>> from sklearn.feature_extraction.text import CountVectorizer
```

카운트 변환 함수의 중요한 매개변수와 옵션은 다음 표와 같다.

표 9.3 **CountVectorizer() 함수의 매개변수 목록**

생성자 매개변수	기본값	예	개요
ngram_range	(1,1)	(1,2), (1,2)	입력 텍스트에서 추출할 n-gram의 하한과 상한. 예를 들어 (1,1)은 유니그램을 의미하고, (1,2)는 유니그램과 바이그램을 의미한다.
stop_words	None	'english', or list ['a', 'the', 'of'] or None	사용할 불용어 목록. 내장 목록을 나타내는 'english'는 사용자 정의 입력 목록도 될 수 있다. None이면 제거하는 단어가 없다.
lowercase	True	True, False	모든 문자를 소문자로 변환할지 여부
max_features	None	None, 200, 500	고려 대상이 되는 상위(가장 빈번한) 토큰 수. None일 경우에는 모든 토큰을 고려한다.
binary	False	True, False	true인 경우, 0이 아닌 모든 카운트는 1이다.

먼저 500개의 상위 특징(가장 자주 사용하는 토큰 500개)으로 카운트 벡터기count vectorizer를 초기화한다.

```
>>> count_vector = CountVectorizer(max_features=500)
```

다음과 같이 원시 텍스트 데이터 피팅에 적용한다.

```
>>> data_count = count_vector.fit_transform(groups.data)
```

이제 카운트 벡터기가 상위 500개 특징을 찾고, 원본 텍스트 입력에서 토큰 카운트 행렬token count matrix을 생성한다.

```
>>> data_count
<11314x500 sparse matrix of type '<class 'numpy.int64'>'
    with 798221 stored elements in Compressed Sparse Row format>
>>> data_count[0]
<1x500 sparse matrix of type '<class 'numpy.int64'>'
    with 53 stored elements in Compressed Sparse Row format>
```

생성된 카운트 행렬은 각 행이 0이 아닌 요소만 저장하기 때문에 희소행렬이 된다(따라서 요소의 개수가 5,657,000이 아니라 798,221개이다). 예를 들어 첫 번째 문서는 0이 아닌 53개의 요소로 구성된 희소 벡터로 변환된다. 다음을 실행하면 전체 행렬을 볼 수 있다.

```
>>> data_count.toarray()
```

첫 번째 행만 보려면 다음을 실행한다.

```
>>> data_count.toarray()[0]
```

이전 명령의 출력은 다음과 같다.

```
array([0, 0, 0, 0, 0, 0, 0, 0, 0, 0, 0, 1, 0, 0, 0, 0, 0, 0, 0, 0, 0, 0,
       0, 0, 0, 0, 0, 0, 0, 0, 0, 0, 0, 0, 0, 0, 0, 0, 0, 0, 0, 0, 0, 0,
       0, 0, 0, 0, 0, 0, 0, 0, 0, 0, 0, 0, 0, 0, 0, 0, 0, 0, 0, 0, 0, 0,
       0, 0, 0, 0, 0, 0, 0, 0, 0, 0, 0, 0, 0, 0, 0, 0, 0, 0, 0, 0, 1, 0,
       0, 0, 0, 0, 1, 0, 0, 5, 0, 0, 0, 0, 0, 0, 0, 0, 0, 0, 0, 0, 0, 0,
       0, 0, 0, 0, 0, 0, 0, 0, 1, 0, 0, 0, 0, 0, 0, 0, 0, 0, 0, 0, 0, 0,
       0, 0, 0, 0, 0, 0, 0, 0, 0, 0, 1, 0, 0, 0, 0, 0, 0, 0, 0, 0, 0, 0,
       0, 0, 0, 0, 0, 0, 0, 0, 0, 0, 0, 0, 0, 2, 0, 0, 0, 0, 0, 0, 0, 0,
       0, 0, 0, 0, 0, 0, 0, 0, 0, 0, 0, 0, 0, 0, 0, 0, 0, 0, 0, 0, 0, 0,
       0, 0, 0, 0, 0, 0, 0, 0, 0, 0, 0, 0, 0, 0, 0, 0, 0, 0, 0, 0, 0, 1,
       0, 0, 0, 1, 0, 0, 0, 0, 0, 0, 0, 0, 0, 1, 0, 0, 0, 0, 0, 0, 0, 0,
       0, 0, 0, 0, 0, 0, 0, 0, 0, 0, 0, 0, 0, 1, 0, 0, 0, 0, 0, 0, 0, 0,
       0, 0, 0, 1, 0, 0, 0, 0, 0, 1, 0, 0, 0, 0, 0, 0, 1, 0, 0, 0, 0, 0,
       0, 0, 0, 0, 0, 0, 0, 0, 0, 0, 0, 0, 0, 0, 0, 0, 0, 0, 0, 0, 0, 0,
       0, 0, 0, 0, 0, 0, 1, 0, 0, 0, 0, 0, 0, 0, 0, 0, 0, 0, 0, 0, 1, 0,
       0, 0, 0, 0, 0, 0, 0, 0, 0, 0, 0, 0, 0, 0, 0, 0, 0, 0, 1, 0, 0, 0,
       0, 0, 0, 0, 0, 0, 0, 0, 0, 0, 0, 0, 0, 0, 0, 0, 1, 0, 0, 0, 0,
       0, 0, 0, 0, 0, 0, 0, 0, 1, 0, 0, 0, 0, 0, 0, 0, 0, 0, 0, 0, 0, 0,
       0, 0, 0, 0, 0, 0, 0, 1, 0, 0, 0, 0, 0, 0, 0, 0, 0, 0, 0, 0, 0, 0,
       0, 0, 0, 0, 0, 0, 1, 0, 0, 0, 0, 0, 0, 0, 0, 0, 0, 0, 0, 0, 1, 1, 0,
       0, 0, 0, 0, 0, 0, 0, 0, 0, 0, 0, 0, 0, 0, 0, 0, 0, 0, 1, 0, 0, 0,
       0, 0, 0, 0, 0, 0, 0, 0, 0, 0, 0, 0, 0, 0, 0, 0, 0, 0, 0, 0, 0, 0,
       0, 0, 0, 0, 0, 0, 0, 0, 0, 0, 0, 0, 0, 1, 0, 0], dtype=int64)
```

그림 9.5 **카운트 벡터화 출력**

상위 500개 특징은 다음과 같이 출력해서 찾아볼 수 있다.

```
>>> print(count_vector.get_feature_names())
['00', '000', '0d', '0t', '10', '100', '11', '12', '13', '14', '145',
'15', '16', '17', '18', '19', '1993', '1d9', '20', '21', '22', '23',
'24', '25', '26', '27', '28', '29', '30', '31', '32', '33', '34',
'34u', '35', '40', '45', '50', '55', '80', '92', '93', '__', '___',
'a86', 'able', 'ac', 'access', 'actually', 'address', 'ago', 'agree',
'al', 'american
......
......
......
'user', 'using', 'usually', 'uucp', 've', 'version', 'video', 'view',
'virginia', 'vs', 'want', 'wanted', 'war', 'washington', 'way', 'went',
'white', 'win', 'window', 'windows', 'won', 'word', 'words', 'work',
'working', 'works', 'world', 'wouldn', 'write', 'writes', 'wrong',
```

```
'wrote', 'year', 'years', 'yes', 'york']
```

이 출력 결과를 보면 첫 번째 시도가 완벽해 보이지는 않는다. 중요한 정보를 전달하지 않는 숫자나 a86과 같이 숫자가 있는 문자가 가장 자주 사용되는 토큰이기 때문이다. 게다가 you, them, then과 같이 실제 의미가 없는 단어가 많다. 또한 일부 단어는 예를 들어 tell과 told, use와 used, time과 times와 같이 동일한 정보를 포함한다. 이제 이러한 문제를 해결해보자.

9.5.2 텍스트 전처리

우선 문자로만 구성된 단어만 남기고 00과 000 같은 숫자와 b8f 같은 문자와 숫자의 조합을 제거한다. 이를 위한 필터 함수는 다음과 같이 정의한다.

```
>>> data_cleaned = []
>>> for doc in groups.data:
...     doc_cleaned = ' '.join(word for word in doc.split() if word.isalpha())
...     data_cleaned.append(doc_cleaned)
```

이렇게 하면 정제된 뉴스그룹 데이터가 생성된다.

9.5.3 불용어 삭제

CountVectorizer의 중요한 매개변수인 stop_words에 대해서는 아직 언급하지 않았다. **불용어**stop word는 문서를 구별하는 데 거의 도움이 되지 않는 일반적인 단어다. 일반적으로 불용어는 단어 가방 모델에 잡음으로 작용하므로 제거한다.

보편적인 불용어 목록은 없다. 따라서 사용하는 도구나 패키지에 따라 제거하는 불용어 셋은 서로 다르다. 사이킷런을 예로 들어 불용어 목록을 살펴보면 다음과 같다.

```
>>> from sklearn.feature_extraction import stop_words
>>> print(stop_words.ENGLISH_STOP_WORDS)
frozenset({'most', 'three', 'between', 'anyway', 'made', 'mine',
'none', 'could', 'last', 'whenever', 'cant', 'more', 'where',
'becomes', 'its', 'this', 'front', 'interest', 'least', 're', 'it',
'every', 'four', 'else', 'over', 'any', 'very', 'well', 'never',
'keep', 'no', 'anything', 'itself', 'alone', 'anyhow', 'until',
'therefore', 'only', 'the', 'even', 'so', 'latterly', 'above',
'hereafter', 'hereby', 'may', 'myself', 'all', 'those', 'down',
......
......
```

```
'him', 'somehow', 'or', 'per', 'nowhere', 'fifteen', 'via', 'must',
'someone', 'from', 'full', 'that', 'beyond', 'still', 'to', 'get',
'himself', 'however', 'as', 'forty', 'whatever', 'his', 'nothing',
'though', 'almost', 'become', 'call', 'empty', 'herein', 'than',
'while', 'bill', 'thru', 'mostly', 'yourself', 'up', 'former', 'each',
'anyone', 'hundred', 'several', 'others', 'along', 'bottom', 'one',
'five', 'therein', 'was', 'ever', 'beside', 'everyone'})
```

뉴스그룹 데이터에서 불용어를 삭제하려면 stop_words 매개변수만 지정하면 된다.

```
>>> count_vector_sw = CountVectorizer(stop_words="english", max_features=500)
```

불용어 외에도 andrew 같은 이름이 상위 특징에 포함되는데, 방금 다뤘던 NLTK의 Name 말뭉치로 이름을 필터링할 수 있다.

9.5.4 굴절어와 파생어 줄이기

앞서 언급했듯이, 같은 어근에서 나온 단어를 처리하는 두 가지 기본 전략으로 어간 추출과 표제어 추출이 있다. 어간 추출이 좀 더 빠른 접근 방식으로 필요할 때는 글자를 잘라내기도 한다. 예를 들어 words는 어간 추출 후에 word가 된다. 또한 어간 추출의 결과가 꼭 유효한 단어일 필요는 없는데, 예를 들어 trying과 try를 어간 추출하면 tri가 된다. 반면 표제어 추출은 느리지만 더 정확하다. 사전 조회dictionary lookup를 통해 유효한 단어의 반환을 보장한다. 앞 절에서 NLTK를 이용해서 어간 추출과 표제어 추출을 구현해보았으니, 필요하면 이를 참조한다.

지금까지 다룬 모든 내용(전처리, 불용어 삭제, 표제어 추출, 카운트 벡터화)을 통합하면 다음과 같다.

```
>>> from nltk.corpus import names
>>> all_names = set(names.words())
>>> count_vector_sw = CountVectorizer(stop_words="english", max_features=500)
>>> from nltk.stem import WordNetLemmatizer
>>> lemmatizer = WordNetLemmatizer()
>>> data_cleaned = []
>>> for doc in groups.data:
...     doc = doc.lower()
...     doc_cleaned = ' '.join(lemmatizer.lemmatize(word)
                               for word in doc.split()
                               if word.isalpha() and word not in all_names)
...     data_cleaned.append(doc_cleaned)
>>> data_cleaned_count = count_vector_sw.fit_transform(data_cleaned)
```

이제 훨씬 더 의미 있는 특징을 얻을 수 있다.

```
>>> print(count_vector_sw.get_feature_names())
['able', 'accept', 'access', 'according', 'act', 'action', 'actually',
 'add', 'address', 'ago', 'agree', 'algorithm', 'allow', 'american',
 'anonymous', 'answer', 'anybody', 'apple', 'application', 'apr',
 'april', 'arab', 'area', 'argument', 'armenian', 'article', 'ask',
 'asked', 'assume', 'atheist', 'attack', 'attempt', 'available', 'away',
 'bad', 'based', 'belief', 'believe', 'best', 'better', 'bible', 'big',
 'bike', 'bit', 'black', 'board', 'body', 'book', 'box', 'build',
 'bus', 'buy', 'ca', 'california', 'called', 'came', 'canada', 'car',
 'card', 'care', 'carry', 'case', 'cause', 'center', 'certain',
 'certainly', 'chance', 'change', 'check', 'child', 'chip', 'christian',
 'church', 'city', 'claim', 'clear', 'clinton', 'clipper', 'code',
 'college', 'color', 'come', 'coming', 'command', 'comment', 'common',
 'communication', 'company', 'computer', 'consider', 'considered',
 'contact', 'control', 'copy',
 ......
 ......
 'short', 'shot', 'similar', 'simple', 'simply', 'single', 'site',
 'situation', 'size', 'small', 'software', 'sort', 'sound', 'source',
 'space', 'special', 'specific', 'speed', 'standard', 'start',
 'started', 'state', 'statement', 'steve', 'stop', 'strong', 'study',
 'stuff', 'subject', 'sun', 'support', 'sure', 'taken', 'taking',
 'talk', 'talking', 'tape', 'tax', 'team', 'technical', 'technology',
 'tell', 'term', 'test', 'texas', 'text', 'thanks', 'thing', 'think',
 'thinking', 'thought', 'time', 'tin', 'today', 'told', 'took',
 'total', 'tried', 'true', 'truth', 'try', 'trying', 'turkish', 'turn',
 'type', 'understand', 'united', 'university', 'unix', 'unless',
 'usa', 'use', 'used', 'user', 'using', 'usually', 'value', 'various',
 'version', 'video', 'view', 'wa', 'want', 'wanted', 'war', 'water',
 'way', 'weapon', 'week', 'went', 'western', 'white', 'widget', 'win',
 'window', 'woman', 'word', 'work', 'working', 'world', 'worth',
 'write', 'written', 'wrong', 'year', 'york', 'young']
```

지금까지 각 원시raw 뉴스그룹 문서의 텍스트를 크기가 500인 희소 벡터로 변환했다. 문서 벡터의 각 요소는 해당 문서에서 단어 토큰이 발생하는 횟수를 나타낸다. 또한 이러한 500-단어 토큰은 텍스트 전처리, 불용어 제거, 표제어 추출 후에 전체적으로 얼마나 많이 발생하는지에 따라 선택한다. 그런데 이러한 발생 벡터occurrence vector가 충분히 대표성이 있는지, 또는 해당 문서를 다른 주제 관련 문서와 구별할 수 있을 만큼 충분한 정보를 담고 있는지 궁금할 수 있다. 다음 절에서 그 답을 찾아보자.

9.6 t-SNE를 이용한 뉴스그룹 데이터 시각화

표현 벡터representation vector를 시각화해서 이러한 질문에 쉽게 답할 수 있다. 같은 주제의 문서 벡터가 군집을 형성한다면 문서를 벡터로 제대로 매핑한 것이다. 하지만 **기껏 해봐야** 3차원까지만 데이터를 시각화할 수 있는데, 500차원 문서 벡터를 어떻게 시각화할 수 있을까? 이때는 t-SNE를 이용한 차원 축소를 통해 시각화할 수 있다.

9.6.1 차원 축소란?

차원 축소는 가능한 한 많은 정보를 유지하면서 특징의 수를 줄이는 중요한 머신러닝 기술이다. 보통 새로운 주요 특징principal feature을 구하고 이를 이용해서 차원을 축소한다.

앞서 언급했듯이 고차원 데이터를 시각화하기란 어렵다. 10, 100, 1,000차원은 말할 것도 없고, 3차원 그림이 주어졌을 때조차도 어떤 의미 있는 결과를 관찰하기란 그리 녹록지 않을 때가 있다. 또한 고차원 데이터의 일부 특징은 서로 상관관계가 있을 수 있고, 그 결과 중복이 발생할 수 있다. 이것이 바로 차원 축소가 필요한 이유다.

차원 축소는 단순히 원래 특징 공간에서 한 쌍의 특징을 제거하는 것이 아니다. 원래의 특징 공간을 더 적은 차원의 새로운 공간으로 변환하는 것이다. 데이터 변환은 선형적일 수도 있고 비선형적일 수도 있다. 3장에서 언급한 **주성분 분석**은 고차원 공간에서 데이터의 분산이 최대화되는 저차원 공간으로 데이터를 선형적으로 매핑하는 방법이고, 신경망과 곧이어 살펴볼 t-SNE는 비선형 방법이다. 또 다른 강력한 알고리즘으로 **비음수 행렬 분해**non-negative matrix factorization, NMF가 있는데, 10장에서 더 자세히 살펴본다.

대부분의 차원 축소 알고리즘은 목표나 레이블 정보(사용할 수 있는 경우)를 데이터 변환에 사용하지 않기 때문에 **비지도학습** 계열에 속한다.

9.6.2 차원 축소를 위한 t-SNE

t-SNE는 t-분포를 갖는 확률적 이웃 임베딩t-distributed stochastic neighbor embedding의 약자로, 로렌스 반데르 마튼Laurens van der Maaten과 제프리 힌턴Geoffrey Hinton이 개발한 비선형 차원 축소 기법이다. t-SNE는 컴퓨터 비전, NLP, 생물정보학, 전산유전체학 등 다양한 영역에서 데이터 시각화에 널리 사용되어왔다.

이름에서 알 수 있듯이 t-SNE는 데이터 샘플(이웃 정보) 간의 유사성이 유지되는 저차원(보통 2차원 또는 3차원) 공간에 고차원 데이터를 임베딩한다. 먼저 유사한 데이터 포인트에 높은 확률을 할당하고,

유사하지 않은 데이터 포인트에 극히 작은 확률을 할당해서 데이터 포인트 주변의 이웃에 대한 확률 분포를 모델링한다. 유사도_{similarity}와 인접 거리_{neighbor distance}는 유클리드 거리_{Euclidean distance}나 또 다른 측정 지표로 측정한다. 그다음으로 t-SNE는 입력 분포와 출력 분포 사이의 발산_{divergence}이 최소화되는 저차원 공간으로 투영한다. 원래의 고차원 공간은 가우스 분포_{Gaussian distribution}로 모델링되고, 투영된 저차원 공간은 t-분포로 모델링된다.

여기서는 사이킷런의 TSNE 클래스를 이용해서 t-SNE를 구현한다.

```
>>> from sklearn.manifold import TSNE
```

이제 t-SNE를 이용해서 카운트 벡터 표현을 검증한다.

서로 다른 세 가지 주제인 talk.religion.misc와 comp.graphics 그리고 sci.space를 선택한 뒤, 이들 주제에 대해서 문서 벡터를 시각화한다.

먼저 다음과 같이 레이블 세 개를 갖는 문서를 로드한다.

```
>>> categories_3 = ['talk.religion.misc', 'comp.graphics', 'sci.space']
>>> groups_3 = fetch_20newsgroups(categories=categories_3)
```

같은 과정을 거쳐서 입력 groups_3으로부터 500개의 특징이 있는 카운트 행렬 data_cleaned_count_3을 생성한다. 앞 절의 단계를 참조해서 같은 코드를 반복 수행하면 된다.

다음으로 t-SNE를 적용해서 500차원 행렬을 2차원 행렬로 줄인다.

```
>>> tsne_model = TSNE(n_components=2, perplexity=40,
                      random_state=42, learning_rate=500)
>>> data_tsne = tsne_model.fit_transform(data_cleaned_count_3.toarray())
```

TSNE 객체에서 지정하는 매개변수는 다음과 같다.

* **n_components**: 출력의 차원
* **perplexity**: 보통 5에서 50 사이의 값으로, 알고리즘에서 이웃으로 간주하는 가장 가까운 데이터 포인트의 수
* **random_state**: 프로그램 재현성을 위한 랜덤 시드

- **learning_rate**: 보통 10 ~ 1,000 사이의 값으로 최적의 매핑 공간을 찾는 과정에 영향을 미치는 요인

TSNE 객체는 밀집행렬dense matrix만 입력으로 받을 수 있으므로, toarray()를 이용해서 희소행렬 data_cleaned_count_3을 밀집행렬로 변환한다.

이렇게 해서 입력 차원을 500에서 2로 성공적으로 줄였다. 이제 마지막으로, x축과 y축이 각각 첫 번째와 두 번째 차원이고 색상 c가 각 원본 문서의 주제 레이블을 나타내도록 하는 2차원 산점도scatter plot로 쉽게 시각화할 수 있다.

```
>>> import matplotlib.pyplot as plt
>>> plt.scatter(data_tsne[:, 0], data_tsne[:, 1], c=groups_3.target)
>>> plt.show()
```

최종 결과는 다음 스크린숏과 같다.

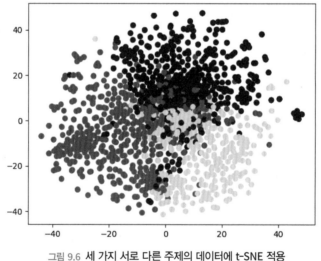

그림 9.6 세 가지 서로 다른 주제의 데이터에 t-SNE 적용

세 가지 주제에 대한 서로 다른 데이터 포인트는 각각 녹색, 보라색, 노란색과 같이 서로 다른 색상으로 표시되므로, 세 개의 명확한 군집을 관찰할 수 있다. 같은 주제의 데이터 포인트는 서로 가깝지만, 다른 주제의 데이터 포인트는 서로 멀리 떨어져 있다는 것을 알 수 있다. 카운트 벡터는 세 가지로 구별되는 서로 다른 주제를 보여주므로 원본 텍스트 데이터에 대한 훌륭한 표현이 된다.

또한 매개변수를 조정해서 군집 세 개가 좀 더 잘 분리되는지를 시각화해서 확인할 수 있다.

카운트 벡터화count vectorization는 문서간의 차이를 나타내는 데 효과적이다. 그렇다면 유사성을 나타내는 데는 어떨까? 5개의 서로 중복되는 주제의 문서[18]를 이용해서 확인할 수 있다.

```
>>> categories_5 = ['comp.graphics', 'comp.os.ms-windows.misc',
'comp.sys.ibm.pc.hardware', 'comp.sys.mac.hardware', 'comp.windows.x']
>>> groups_5 = fetch_20newsgroups(categories=categories_5)
```

유사한 과정(텍스트 정제, 카운트 벡터화, t-SNE 포함)을 통해서 얻은 결과를 시각화해보면 다음과 같다.

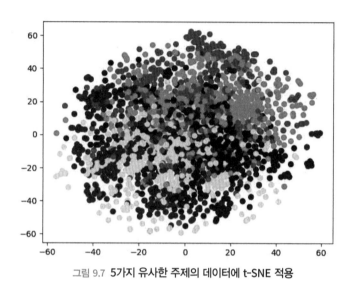

그림 9.7 **5가지 유사한 주제의 데이터에 t-SNE 적용**

컴퓨터에 관한 5가지 주제의 데이터 포인트가 서로 섞여 있는데, 이는 서로 문맥상 유사하다는 의미다. 결론적으로 카운트 벡터는 관련 주제 간 유사성을 보존하는 데도 뛰어난 만큼 원본 텍스트 데이터를 잘 표현한다고 할 수 있다.

9.7 요약

9장에서는 머신러닝의 중요한 세부 분야 중 하나인 NLP의 기본 개념(토큰화, 어간 추출, 표제어 추출, 품사 태깅)을 배웠다. 또한 세 가지 강력한 NLP 패키지를 살펴보고, NLTK와 스페이시를 이용해서 몇 가지 대표적인 실습을 했다. 그다음에는 9장의 주요 프로젝트인 뉴스그룹 데이터 탐색을 위해, 토큰화 기술을 이용한 특징 추출, 텍스트 전처리, 불용어 제거, 어간 추출과 표제어 추출을 살펴보았다.

---

18 comp.graphics, comp.os.ms-windows.misc, comp.sys.ibm.pc.hardware, comp.sys.mac.hardware, comp.windows.x

마지막으로는 t-SNE를 이용해서 차원 축소와 시각회를 하고 카운트 벡터화가 텍스트 데이터에 대한 좋은 표현이라는 것을 확인했다.

9장에서는 비지도 방법으로 차원을 축소하고 뉴스그룹 데이터 마이닝을 했다. 계속해서 10장에서는 비지도학습에 속하는 주제 모델링과 군집화를 중점적으로 살펴본다.

9.8 연습 문제

1. 상위 500-단어 토큰에 모두 의미 있는 정보가 포함되는지 확인한다. 그렇지 않다면 다른 불용어 목록을 적용한다.

2. 표제어 추출 대신 어간 추출을 이용해서 뉴스그룹 데이터를 처리한다.

3. CountVectorizer의 max_features를 500에서 5,000으로 키우면 t-SNE 시각화에 어떤 영향이 있는지 확인한다.

4. 6가지 주제(유사하거나 유사하지 않음)의 문서를 시각화해보고, 매개변수를 조정해서 군집이 잘 구분되어 보이도록 해보자.

군집화와 주제 모델링을 이용한 뉴스그룹 데이터셋의 기본 주제 찾기

9장에서는 t-SNE를 이용한 텍스트 시각화를 살펴보았다. t-SNE를 포함한 모든 차원 축소 알고리즘은 일종의 비지도학습인데, 10장에서는 특히 군집화clustering와 주제 모델링topic modeling을 중점적으로 살펴본다. 우선 비지도학습 방법을 살펴보고, 비지도학습이 데이터 이면에 숨겨진 정보를 어떻게 잘 찾을 수 있는지 알아본다.

비지도학습의 중요한 세부 분야 중 하나로 데이터에서 다양한 그룹을 판별하는 군집화에 관해 논의한다. 예를 들어 군집화는 마케팅 목적으로 유사한 행동 패턴을 보이는 소비자를 하나의 세그먼트로 그룹화되는 시장 세분화에 유용한다. 20개의 뉴스그룹 텍스트 데이터셋에 대한 군집화를 수행하고 어떤 군집이 생성되는지 확인한다.

이어서 살펴볼 또 다른 비지도학습은 데이터셋에 숨겨진 주제를 추출하는 주제 모델링이다. 20개의 뉴스그룹 데이터셋에서 얼마나 많은 흥미로운 주제를 찾아낼 수 있는지도 매우 흥미로울 것이다.

10장에서 다룰 주제는 다음과 같다.

- 비지도학습이란 무엇인가?
- 비지도학습의 유형
- k-평균 군집화k-means clustering란 무엇이고 어떻게 작동하는가?
- 밑바닥부터 k-평균 군집화 구현하기
- 사이킷런을 이용한 k-평균 군집화 구현

- k-평균 군집화 모델 최적화
- 용어 빈도-역 문서 빈도term frequency-inverse document frequency, td-idf
- k-평균 군집을 이용한 뉴스그룹 데이터 군집화
- 주제 모델링이란 무엇인가?
- 주제 모델링을 위한 비음수 행렬 분해
- 주제 모델링을 위한 잠재 디리클레 할당latent Dirichlet allocation, LDA
- 뉴스그룹 데이터에 대한 주제 모델링

10.1 선생님 없이 학습하기: 비지도학습

9장에서는 t-SNE를 이용해서 뉴스그룹 텍스트 데이터를 2차원으로 축소하고 시각화했다. 일반적으로 t-SNE뿐만 아니라 차원 축소는 일종의 **비지도학습**에 속한다. 비지도학습은, 어떤 특정한 클래스나 멤버십(분류) 또는 연속값(회귀)을 출력할지 가르쳐주는 '선생님' 같은 존재 없이 입력 데이터의 고유한 구조나 공통점을 찾아낸다. '선생님'의 지도가 없기 때문에 무엇이 옳고 그른 결과인지에 대한 명확한 답이 없다. 대신 입력 데이터 이면에 숨겨진 정보를 찾아낸다.

시험 준비를 위해 많은 연습 문제를 풀어보는 것을 떠올려보면 비지도학습을 쉽게 이해할 수 있다. 지도학습에서는 이러한 연습 문제의 정답이 제공되는데, 기본적으로 질문과 정답 간 관계를 파악하고 질문으로부터 정답을 구하는 방법을 배운다. 이런 과정을 거쳐서, 실제 시험에서 정답을 찾아서 좋은 결과를 얻을 수 있다. 반면 비지도학습에서는 이러한 연습 문제에 대한 정답이 제공되지 않는다. 따라서 이 경우에 할 수 있는 것은 다음과 같다.

- 나중에 관련 문제를 한 번에 함께 공부할 수 있도록 유사한 연습 문제를 그룹화
- 시간을 낭비하지 않도록 반복성이 높은 질문 찾기
- 희귀한 질문을 찾아내서 이러한 질문에 더 잘 준비함
- 요점을 찾아낼 수 있도록 중요하지 않은 상용구를 제거하고 각 질문의 핵심 부분 추출

이 모든 작업 결과의 형태는 매우 다양한데, 데이터 이면의 공통점과 구조를 설명할 수만 있다면 괜찮다.

앞에서 비유로 든 연습 문제는 머신러닝의 **특징**에 해당하며 종종 **속성, 관측값, 예측 변수**predictive variable라고도 한다. 질문에 대한 정답은 머신러닝의 레이블에 해당하며 **목표**target, **목표 변수**target variable라고도 한다. 정답이 있는 연습 문제는 **레이블링된 데이터**labeled data이고 정답이 없는 연습 문제는 **레이블링되지 않은 데이터**unlabeled data이다. 비지도학습은 레이블링되지 않은 데이터로 훈련하고 지도 없이 해당 정보를 찾아낸다.

비지도학습의 유형은 다음과 같다.

- **군집화**: 공통성을 기반으로 데이터를 그룹화하는 것으로, 탐색적 데이터 분석exploratory data analysis에 자주 사용된다. 앞에서 언급했듯이 유사한 연습 문제를 그룹화하는 것은 군집화의 한 예다. 군집화 기술은 고객 세분화나 마케팅 캠페인을 위한 유사한 온라인 활동을 그룹화하는 데 널리 사용된다.
- **연관**: 두 개 이상의 특징에 대해서 특정한 값이 동시에 발생co-occurrence하는지를 탐색한다. 이상치 탐지outlier detection(이상 탐지anomaly detection라고도 함)는 정상 범위를 벗어나는 관측값을 식별하는 대표적인 경우다. 앞의 예에서 이상치 탐지 기술을 이용해서 특이한 질문을 찾아낼 수 있다.
- **투영**: 이것은 원래의 특징 공간을 축소된 차원 공간에 매핑하는데, 이를 통해 중요 변수principal variable 셋을 유지하거나 추출할 수 있다. 연습 문제의 핵심 부분을 추출하는 것은 예제 투영example projection 또는 차원 축소에 해당한다.

NLP 영역에서는 레이블링된 텍스트 데이터를 얻기가 어렵기 때문에 비지도학습이 주로 사용된다. 집값, 주식 데이터, 온라인 클릭 스트림 같은 수치 데이터와는 달리 텍스트 레이블링은 수작업으로 해야 하므로 지루하고 레이블링 결과가 주관적일 수 있다. 따라서 레이블이 필요하지 않은 비지도학습 알고리즘이 텍스트 데이터 수집에 효과적이다.

9장에서는 t-SNE를 이용해서 텍스트 데이터의 차원을 축소했다. 이제 군집화 알고리즘과 주제 모델링 기술을 이용한 텍스트 마이닝을 살펴본다. 우선 뉴스그룹 데이터 군집화부터 알아보자.

10.2 k-평균을 이용한 뉴스그룹 데이터 군집화

뉴스그룹 데이터에는 뉴스그룹의 범주를 나타내는 레이블이 있는데, 이러한 레이블은 서로 밀접하게 관련되거나 심지어 겹치는 경우도 많다. 예를 들어 다음과 같은 컴퓨터 그룹 5개(comp.graphics, comp.os.ms-windows.misc, comp.sys.ibm.pc.hardware, comp.sys.mac.hardware, comp.windows.x)와 종교 관련 그룹 두 개(alt.atheism, talk.religion.misc)가 있다.

해당 레이블을 모르거나 존재하지 않는다고 가정해보자. 서로 관련이 있는 주제의 샘플을 함께 군집화할 수 있을까? 지금부터 k-평균k-means 군집화 알고리즘을 알아보자.

10.2.1 k-평균 군집화의 작동 원리

k-평균 알고리즘의 목표는 특징 유사성을 기반으로 데이터를 k개의 그룹으로 분할하는 것이다. 여기서 k는 k-평균 군집화 모델의 사전 정의된 속성이다. 각각의 k개 군집에는 중심점centroid(군집의 중심)이 있고, 각 데이터 샘플은 가장 가까운 거리에 있는 중심점에 해당하는 군집에 할당된다. 훈련하는 동안 알고리즘은 제공된 데이터를 기초로 k개의 중심점을 반복해서 업데이트한다. 구체적인 세부 업데이트 단계는 다음과 같다.

1. **k 값 지정**: 알고리즘의 최종 결과로 생성할 군집의 수를 설정한다.

2. **중심점 초기화**: 알고리즘은 데이터셋에서 무작위로 선택한 k개의 샘플을 중심점의 초깃값으로 설정한다.

3. **군집 할당**: 이제 k개의 중심점에 대해서 가장 가까운 중심점을 공유하는 샘플로 하나의 군집을 구성한다. 결과적으로 k개의 군집이 생성된다. 일반적으로 중심점과의 근접도closeness는 **유클리드 거리**로 측정한다. 그 밖의 또 다른 측정 지표로 **맨해튼 거리**Manhattan distance와 **체비쇼프 거리**Chebyshev distance가 있는데, 자세한 내용은 다음 표와 같다.

2차원 데이터 포인트 (x_1, y_1)과 (x_2, y_2)에 대해 다음이 성립한다.

거리 측정 지표	계산식
유클리드 거리	$\sqrt{(x_1 - x_2)^2 + (y_1 - y_2)^2}$
맨해튼 거리	$|x_1 - x_2| + |y_1 - y_2|$
체비쇼프 거리	$\max(|x_1 - x_2|, |y_1 - y_2|)$

그림 10.1 **거리 측정 지표**

4. **중심점 업데이트**: 각 군집에 대해서 군집 내 모든 샘플의 평균으로 중심점을 다시 계산한다. 즉, k개의 중심점을 해당 군집의 평균값으로 업데이트한다. 이런 이유로 알고리즘을 **k-평균**이라고 부른다.

5. **3단계와 4단계 반복**: 모델이 수렴해서 중심점이 더는 업데이트되지 않거나 업데이트되는 양이 극히 미미하거나 또는 충분히 반복할 때까지 클러스터 할당과 중심점 업데이트를 계속해서 반복한다.

훈련을 마친 k-평균 군집화 모델의 출력은 다음과 같다.

- 1 ～ k 범위의 각 훈련 샘플의 군집 ID

- 새로운 샘플의 군집화를 위한 중심점 k개: 새로운 샘플을 가장 가까운 중심점에 해당하는 군집에 할당

k-평균 군집화 알고리즘은 이해하기가 쉽고, 다음 절에서 볼 수 있는 것처럼 그 구현도 간단하다.

10.2.2 밑바닥부터 k-평균 군집화 구현하기

사이킷런의 붓꽃iris 데이터셋을 예로 사용하기 위해 먼저 데이터를 로드하고 시각화한다. 설명의 편의를 위해 여기서는 원래의 네 가지 특징 중 두 가지 특징만 사용한다.

```
>>> from sklearn import datasets
>>> iris = datasets.load_iris()
>>> X = iris.data[:, 2:4]
>>> y = iris.target
```

데이터셋에는 3개의 붓꽃 클래스가 포함되므로 다음과 같이 세 가지 다른 색상으로 표시한다.

```
>>> import numpy as np
>>> from matplotlib import pyplot as plt
>>> plt.scatter(X[:,0], X[:,1], c=y)
>>> plt.show()
```

원본 데이터를 시각화하면 다음과 같다.

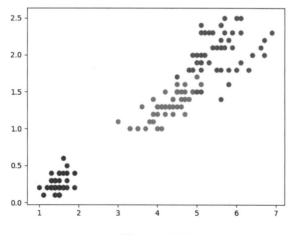

그림 10.2 **원본 붓꽃 데이터셋 그림**

레이블 y에 관해 아무것도 모른다고 가정했을 때, 그림 10.2에 군집이 세 개 있는 것처럼 보이므로(또는 두 개라고 볼 수도 있는데, 이는 나중에 다시 다룬다) 데이터를 세 개의 그룹으로 군집화한다. 1단계로 k를 지정하고, 2단계로 3개의 샘플을 무작위로 선택해서 중심점을 초기화한다.

```
>>> k = 3
>>> random_index = np.random.choice(range(len(X)), k)
>>> centroids = X[random_index]
```

무작위로 초기화한 중심점을 기준으로 데이터(레이블은 없음)를 시각화한다.

```
>>> def visualize_centroids(X, centroids):
...     plt.scatter(X[:, 0], X[:, 1])
...     plt.scatter(centroids[:, 0], centroids[:, 1], marker='*', s=200, c='#050505')
...     plt.show()
>>> visualize_centroids(X, centroids)
```

무작위로 초기화한 중심점과 데이터의 스크린숏은 다음과 같다.

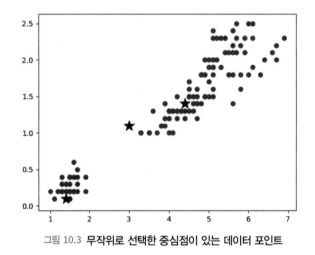

그림 10.3 **무작위로 선택한 중심점이 있는 데이터 포인트**

이제 3단계를 수행해서 가장 가까운 중심점을 기준으로 군집을 할당한다. 먼저, 다음과 같이 유클리드 거리를 계산하는 함수를 정의한다.

```
>>> def dist(a, b):
...     return np.linalg.norm(a - b, axis=1)
```

그다음에는 중심점이 가장 가까운 군집에 샘플을 할당하는 함수를 구현한다.

```
>>> def assign_cluster(x, centroids):
...     distances = dist(x, centroids)
...     cluster = np.argmin(distances)
...     return cluster
```

군집이 할당된 상태에서 4단계를 수행하고 개별 군집에 속하는 모든 샘플의 평균으로 중심점을 업데이트한다.

```
>>> def update_centroids(X, centroids, clusters):
...     for i in range(k):
...         cluster_i = np.where(clusters == i)
...         centroids[i] = np.mean(X[cluster_i], axis=0)
```

마지막으로, 5단계에서는 다음 조건에 따라 모델이 수렴할 때까지 3단계와 4단계를 반복한다.

- 중심점이 미리 지정된 임곗값보다 작게 이동함
- 충분한 반복 횟수만큼 수행을 마침

첫 번째 조건의 허용오차와 최대 반복 횟수를 다음과 같이 설정한다.

```
>>> tol = 0.0001
>>> max_iter = 100
```

군집의 시작값과, 모든 샘플을 처음 할당하는 군집을 다음과 같이 초기화한다.

```
>>> iter = 0
>>> centroids_diff = 100000
>>> clusters = np.zeros(len(X))
```

모든 구성 요소가 준비되면, 3단계와 4단계를 수행하기 전에 먼저 수렴하는지를 확인한 다음에 가장 최근 업데이트된 중심점을 시각화하는 과정을 반복하면서 모델을 훈련한다.

```
>>> from copy import deepcopy
>>> while iter < max_iter and centroids_diff > tol:
...     for i in range(len(X)):
```

```
...         clusters[i] = assign_cluster(X[i], centroids)
...         centroids_prev = deepcopy(centroids)
...         update_centroids(X, centroids, clusters)
...         iter += 1
...         centroids_diff = np.linalg.norm(centroids - centroids_prev)
...         print('Iteration:', str(iter))
...         print('Centroids:\n', centroids)
...         print('Centroids move: {:5.4f}'.format(centroids_diff))
...         visualize_centroids(X, centroids)
```

앞의 명령을 통해서 생성된 출력을 살펴보면 다음과 같다.

- **반복 1**: 반복 1 이후의 출력은 다음과 같다.

```
Iteration: 1
Centroids:
[[5.01827957 1.72258065]
 [3.41428571 1.05714286]
 [1.464 0.244 ]]
Centroids move: 0.8274
```

반복 1 이후의 중심점은 다음 그림과 같다.

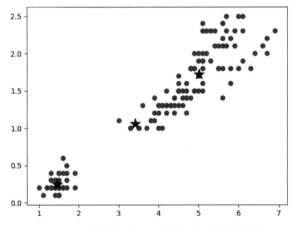

그림 10.4 **첫 번째 라운드 이후 k-평균 군집화 결과**

- **반복 2**: 반복 2 이후의 출력은 다음과 같다.

```
Iteration: 2
Centroids:
[[5.20897436 1.81923077]
 [3.83181818 1.16818182]
 [1.464 0.244 ]]
Centroids move: 0.4820
```

반복 2 이후의 중심점은 다음 그림과 같다.

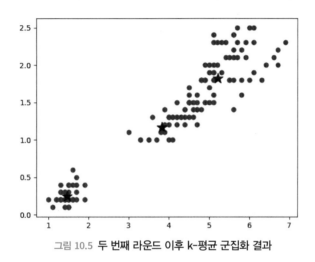

그림 10.5 **두 번째 라운드 이후 k-평균 군집화 결과**

- **반복 3**: 반복 3 이후의 출력은 다음과 같다.

```
Iteration: 3
Centroids:
[[5.3796875 1.9125 ]
 [4.06388889 1.25555556]
 [1.464 0.244 ]]
Centroids move: 0.3152
```

반복 3 이후의 중심점은 다음 그림과 같다.

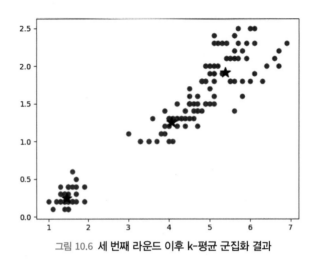

그림 10.6 세 번째 라운드 이후 k-평균 군집화 결과

- **반복 4**: 반복 4 이후의 출력은 다음과 같다.

```
Iteration: 4
Centroids:
[[5.51481481 1.99444444]
[4.19130435 1.30217391]
[1.464 0.244 ]]
Centroids move: 0.2083
```

반복 4 이후의 중심점은 다음 그림과 같다.

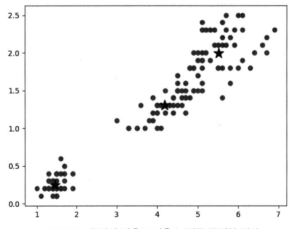

그림 10.7 네 번째 라운드 이후 k-평균 군집화 결과

- **반복 5**: 반복 5 이후의 출력은 다음과 같다.

```
Iteration: 5
Centroids:
[[5.53846154 2.01346154]
[4.22083333 1.31041667]
[1.464 0.244 ]]
Centroids move: 0.0431
```

반복 5 이후의 중심점은 다음 그림과 같다.

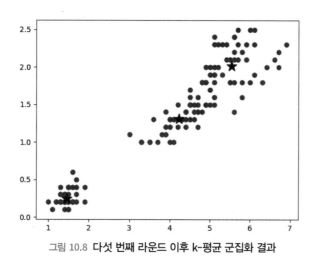

그림 10.8 **다섯 번째 라운드 이후 k-평균 군집화 결과**

- **반복 6**: 반복 6 이후의 출력은 다음과 같다.

```
Iteration: 6
Centroids:
[[5.58367347 2.02653061]
[4.25490196 1.33921569]
[1.464 0.244 ]]
Centroids move: 0.0648
```

반복 6 이후의 중심점은 다음 그림과 같다.

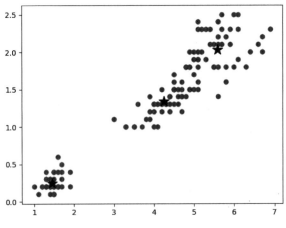

그림 10.9 **여섯 번째 라운드 이후 k-평균 군집화 결과**

- **반복 7**: 반복 7 이후의 출력은 다음과 같다.

```
Iteration: 7
Centroids:
[[5.59583333 2.0375 ]
 [4.26923077 1.34230769]
 [1.464 0.244 ]]
Centroids move: 0.0220
```

반복 7 이후의 중심점은 다음 그림과 같다.

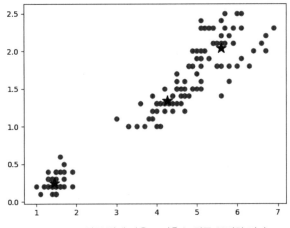

그림 10.10 **일곱 번째 라운드 이후 k-평균 군집화 결과**

- **반복 8**: 반복 8 이후의 출력은 다음과 같다.

```
Iteration: 8
Centroids:
[[5.59583333 2.0375 ]
 [4.26923077 1.34230769]
 [1.464 0.244 ]]
Centroids move: 0.0000
```

반복 8 이후의 중심점은 다음 그림과 같다.

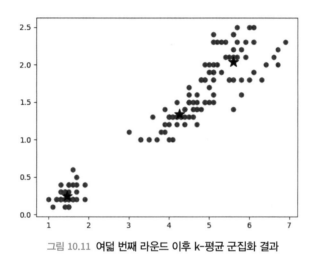

그림 10.11 **여덟 번째 라운드 이후 k-평균 군집화 결과**

8번을 반복한 뒤에 모델이 수렴한다. 군집의 중심점이 더는 이동하지 않으므로 이렇게 얻은 중심점은 최적에 가깝다고 볼 수 있다. 각각의 군집은 다음과 같이 시각화할 수 있다.

```
>>> plt.scatter(X[:, 0], X[:, 1], c=clusters)
>>> plt.scatter(centroids[:, 0], centroids[:, 1], marker='*', s=200, c='#050505')
>>> plt.show()
```

최종 결과는 다음 스크린숏과 같다.

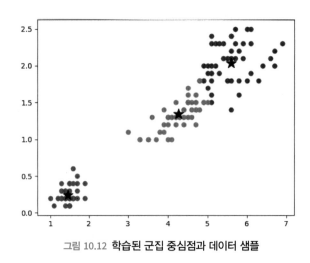

그림 10.12 **학습된 군집 중심점과 데이터 샘플**

보다시피 동일한 중심점 주위의 샘플이 군집을 형성한다. 8번의 반복(때에 따라서는 반복 횟수가 조금 더 많거나 적을 수 있음) 후에 모델이 수렴하고 중심점이 더는 업데이트되지 않는다.

10.2.3 사이킷런을 이용한 k-평균 구현

지금까지 k-평균 군집화 모델을 밑바닥부터 개발했다. 이제 사이킷런을 이용해서 좀 더 간편하게 솔루션을 개발하는 방법을 살펴본다.

1. 먼저 KMeans 클래스를 임포트하고 군집이 3개인 모델을 다음과 같이 초기화한다.

```
>>> from sklearn.cluster import KMeans
>>> kmeans_sk = KMeans(n_clusters=3, random_state=42)
```

KMeans 클래스의 중요한 매개변수는 다음과 같다.

표 10.1 **KMeans 클래스의 매개변수**

생성자 매개변수	기본값	예	개요
n_clusters	8	3, 5, 10	K 군집
max_iter	300	10, 100, 500	최대 반복 횟수
tol	1e-4	1e-5, 1e-8	수렴 판단에 필요한 허용 오차
random_state	None	0, 42	프로그램 재현성을 위한 랜덤 시드

2. 모델을 데이터에 피팅한다.

```
>>> kmeans_sk.fit(X)
```

3. 데이터 샘플에 대한 군집과 개별 군집의 중심점을 포함한 군집화 결과를 얻을 수 있다.

```
>>> clusters_sk = kmeans_sk.labels_
>>> centroids_sk = kmeans_sk.cluster_centers_
```

4. 마찬가지로, 중심점과 함께 군집의 그림을 그린다.

```
>>> plt.scatter(X[:, 0], X[:, 1], c=clusters_sk)
>>> plt.scatter(centroids_sk[:, 0], centroids_sk[:, 1], marker='*', s=200, c='#050505')
>>> plt.show()
```

시각화 결과는 다음과 같다.

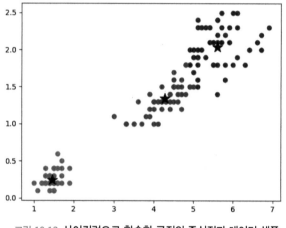

그림 10.13 **사이킷런으로 학습한 군집의 중심점과 데이터 샘플**

앞에서 밑바닥부터 구현한 모델의 결과와 유사한 결과를 얻었다.

10.2.4 k 값 선택

적절한 k 값이 무엇인지에 대한 이전 논의로 돌아가 보자. 앞의 예에서는 모두 세 개의 클래스가 있다는 것을 미리 알고 있었으므로 직관적으로 k를 3으로 설정할 수 있었다. 그러나 대부분의 경우, 몇개의 그룹으로 설정하면 충분한지 또는 더 효율적인지를 미리 알 수 없다. 반면, 알고리즘을 시작하려면 우선 k의 초깃값을 설정해야 한다. 그렇다면 k의 값을 어떻게 선택해야 할까? **엘보 방법(팔꿈치 방법)**elbow method이라는 유명한 접근 방식이 있다.

엘보 방법에서는 서로 다른 k 값을 선택하고 해당 모델을 훈련한다. 각각 훈련된 모델에 대한 중심점의 **오차 제곱합**sum of squared errors, SSE(**군집 내 거리의 합**sum of within-cluster distances이라고도 함)을 계산하고 해당 k와 함께 표시한다. 하나의 군집에 대한 제곱오차(또는 군집 내 거리)는 군집에 속하는 개별 샘플에서 중심점까지의 거리의 제곱합이다. SSE가 많이 감소하기 시작하는 지점에서의 k를 최적의 k로 선택한다. 이는 추가적인 군집화가 더는 실질적인 이득을 제공하지 않는다는 의미다.

엘보 방법을 앞 절에서 다룬 예에 적용한다(예를 통해 학습하는 것이 이 책의 철학이다). 붓꽃 데이터에 대해서 각각 서로 다른 k 값으로 k-평균 군집화를 수행한다.

```
>>> iris = datasets.load_iris()
>>> X = iris.data
>>> y = iris.target
>>> k_list = list(range(1, 7))
>>> sse_list = [0] * len(k_list)
```

전체 특징 공간에 대해서 1 ~ 6 범위의 k에 해당하는 개별 모델을 훈련하고 각각의 SSE 결과를 기록한다.

```
>>> for k_ind, k in enumerate(k_list):
...     kmeans = KMeans(n_clusters=k, random_state=42)
...     kmeans.fit(X)
...     clusters = kmeans.labels_
...     centroids = kmeans.cluster_centers_
...     sse = 0
...     for i in range(k):
...         cluster_i = np.where(clusters == i)
...         sse += np.linalg.norm(X[cluster_i] - centroids[i])
...     print('k={}, SSE={}'.format(k, sse))
...     sse_list[k_ind] = sse
k=1, SSE=26.103076447039722
k=2, SSE=16.469773740281195
k=3, SSE=15.089477089696558
k=4, SSE=15.0307321707491
k=5, SSE=14.858930749063735
k=6, SSE=14.883090350867239
```

마지막으로 다양한 범위의 k 값에 대한 SSE를 다음과 같이 그려준다.

```
>>> plt.plot(k_list, sse_list)
>>> plt.show()
```

결과는 다음과 같다.

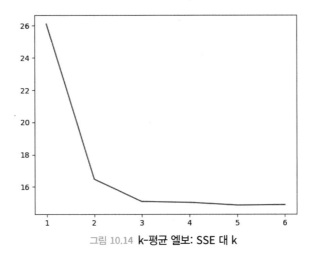

그림 10.14 k-평균 엘보: SSE 대 k

k가 3보다 커지면서 SSE가 크게 줄어들기 때문에 엘보 포인트는 k=3이라고 할 수 있다. 따라서 이 경우 k=3이 최적의 솔루션이고, 이는 세 가지 클래스의 꽃이 있다는 사실과 일치한다.

10.2.5 k-평균을 이용한 뉴스그룹 데이터 군집화

이제 k-평균 군집화에 매우 익숙해졌을 테니, 이 알고리즘을 이용해서 뉴스그룹 데이터셋에서 무엇을 마이닝할 수 있는지 알아보자. 다음과 같이 alt.atheism, talk.religion.misc, comp.graphics, sci.space의 네 가지 범주의 데이터셋을 예로 사용한다.

먼저 해당 뉴스그룹의 데이터를 로드하고 9장에서 했던 것처럼 전처리한다.

```
>>> from sklearn.datasets import fetch_20newsgroups
>>> categories = [
...     'alt.atheism',
...     'talk.religion.misc',
...     'comp.graphics',
...     'sci.space',
... ]
>>> groups = fetch_20newsgroups(subset='all', categories=categories)
>>> labels = groups.target
>>> label_names = groups.target_names
>>> def is_letter_only(word):
...     for char in word:
...         if not char.isalpha():
...             return False
```

```
...     return True
>>> from nltk.corpus import names
>>> all_names = set(names.words())
>>> from nltk.stem import WordNetLemmatizer
>>> lemmatizer = WordNetLemmatizer()
>>> data_cleaned = []
>>> for doc in groups.data:
...     doc = doc.lower()
...     doc_cleaned = ' '.join(lemmatizer.lemmatize(word) for
                    word in doc.split() if word.isalpha() and word not in all_names)
...     data_cleaned.append(doc_cleaned)
```

그다음으로 사이킷런의 CountVectorizer를 이용해서 정제된 텍스트 데이터를 카운트 벡터로 변환한다.

```
>>> from sklearn.feature_extraction.text import CountVectorizer
>>> count_vector = CountVectorizer(stop_words="english",
                    max_features=None, max_df=0.5, min_df=2)
>>> data = count_vector.fit_transform(data_cleaned)
```

여기서 사용하는 벡터기vectorizer의 특징(단어 토큰) 수에는 제한이 없지만, 최소 문서 빈도와 최대 문서 빈도는 각각 데이터셋의 2%와 50%로 제한한다. 단어의 **문서 빈도**document frequency는 데이터셋에서 해당 단어를 포함하는 문서(샘플)의 비율로 측정한다.

입력 데이터가 준비되면 다음과 같이 4개 그룹으로 군집화한다.

```
>>> from sklearn.cluster import KMeans
>>> k = 4
>>> kmeans = KMeans(n_clusters=k, random_state=42)
>>> kmeans.fit(data)
```

결과로 얻은 군집의 크기를 확인한다.

```
>>> clusters = kmeans.labels_
>>> from collections import Counter
>>> print(Counter(clusters))
Counter({3: 3360, 0: 17, 1: 7, 2: 3})
```

대부분의 샘플(3,360개 샘플)이 하나의 큰 군집(군집 3)에 모여 있으므로, 군집화가 제대로 되지 않은 것이다. 무엇이 잘못되었을까? 카운트 기반 특징이 충분히 대표성을 갖지 않는 것으로 나타났다. 텍스트 데이터에 대한 더 나은 수치 표현numerical representation으로 **용어 빈도-역 문서 빈도**term frequency-inverse document frequency, tf-idf가 있다. 단순히 토큰 수token count나 **용어 빈도**term frequency, tf를 사용하는 대신, 문서 빈도에 반비례하는 가중치 계수를 각 용어 빈도에 할당한다. 실제로 문서 D에서 용어 t의 idf 계수는 다음과 같이 계산한다.

$$idf(t, D) = log \frac{n_D}{1 + n_t}$$

여기서 n_D는 전체 문서 수, n_t는 용어 t를 포함하는 문서 수이고, 0으로 나누는 것을 피하고자 분모에 1을 더해준다.

idf 요소를 도입한 tf-idf 표현은 일반적인 용어(예를 들어 get과 make)의 가중치는 줄여주고, 거의 발생하지 않지만 중요한 의미를 갖는 용어는 강조한다.

tf-idf 표현을 사용하려면 사이킷런의 CountVectorizer를 TfidfVectorizer로 대체한다.

```
>>> from sklearn.feature_extraction.text import TfidfVectorizer
>>> tfidf_vector = TfidfVectorizer(stop_words='english',
                        max_features=None, max_df=0.5, min_df=2)
```

이제 **tf-idf** 벡터기와 새로운 특징 공간에서 k-평균 군집화 알고리즘을 이용해서 다시 특징을 추출한다.

```
>>> data = tfidf_vector.fit_transform(data_cleaned)
>>> kmeans.fit(data)
>>> clusters = kmeans.labels_
print(Counter(clusters))
Counter({1: 1560, 2: 686, 3: 646, 0: 495})
```

좀 더 적절한 군집화 결과를 얻을 수 있다.

또한 군집에 포함된 내용과 각 군집의 상위 10개 용어(가장 높은 10개의 tf-idf가 있는 용어)를 조사해서 군집을 자세히 살펴본다.

```
>>> cluster_label = {i: labels[np.where(clusters == i)] for i in range(k)}
>>> terms = tfidf_vector.get_feature_names()
>>> centroids = kmeans.cluster_centers_
>>> for cluster, index_list in cluster_label.items():
...     counter = Counter(cluster_label[cluster])
```

```
...     print('cluster_{}: {} samples'.format(cluster, len(index_list)))
...     for label_index, count in sorted(counter.items(), key=lambda x: x[1], reverse=True):
...         print('{}: {} samples'.format(label_names[label_index], count))
...     print('Top 10 terms:')
...     for ind in centroids[cluster].argsort()[-10:]:
...         print(' %s' % terms[ind], end="")
...     print()

cluster_0: 495 samples
sci.space: 494 samples
comp.graphics: 1 samples
Top 10 terms:
toronto moon zoology nasa hst mission wa launch shuttle space
cluster_1: 1560 samples
sci.space: 459 samples
alt.atheism: 430 samples
talk.religion.misc: 352 samples
comp.graphics: 319 samples
Top 10 terms:
people new think know like ha just university article wa
cluster_2: 686 samples
comp.graphics: 651 samples
sci.space: 32 samples
alt.atheism: 2 samples
talk.religion.misc: 1 samples
Top 10 terms:
know thanks need format looking university program file graphic image
cluster_3: 646 samples
alt.atheism: 367 samples
talk.religion.misc: 275 samples
sci.space: 2 samples
comp.graphics: 2 samples
Top 10 terms:
moral article morality think jesus people say christian wa god
```

이전 결과에서 관찰한 내용은 다음과 같다.

- cluster_0: 우주에 관한 것으로 거의 모든 sci.space 샘플과 달, 나사, 발사, 왕복선, 우주와 같은 관련 용어를 포함한다.

- cluster_1: 일반적인 주제에 가깝다.

- cluster_2: 형식(format), 프로그램(program), 파일(file), 그래픽(graphic), 이미지(image)와 같은 컴퓨터 그래픽 관련 용어에 대한 것이다.

- cluster_3: 흥미로운 주제로서 도덕적인, 도덕, 예수, 기독교, 신 등과 같은 핵심 용어를 통해 무신론과 종교라는 겹치는 주제 두 가지를 성공적으로 포함한다.

NOTE 다양한 k 값으로 시도해보거나 엘보 방법을 이용해서 최적의 값을 찾아본다(이것이 이번 10장의 연습 문제다).

군집화를 통해 각 텍스트 그룹의 핵심 용어를 찾는 것은 매우 흥미롭다. 이를 위한 또 다른 접근 방식으로 주제 모델링이 있는데, 좀 더 직접적인 방법에 속한다. 군집화를 이용하는 방법은 미리 생성된 개별 군집에서 단순히 핵심 용어를 검색하는 것이 아니라 문서에서 핵심 용어 모음을 직접 추출한다. 다음 절에서 이것이 어떻게 작동하는지 알게 될 것이다.

10.3 뉴스그룹 이면의 주제 발견

주제 모델topic model은 주제와 연결된 단어의 확률분포를 찾는 일종의 통계 모델이다. 주제 모델링에서의 주제는 사전적 정의와 정확히 일치하지는 않지만, 문서 모음을 추상화하는 모호한 통계적 개념에 해당한다.

문서를 읽을 때는 보통 문서의 의미적 맥락을 포착하기 위해서 텍스트의 제목이나 본문에 특정 단어가 등장하기를 기대한다. 파이썬 프로그래밍에 관한 글에는 '클래스', '함수' 같은 단어가 있을 테고, 뱀에 관한 이야기에는 '알', '무섭다' 같은 단어가 있을 것이다. 일반적으로 문서에는 여러 주제가 담겨 있다. 예를 들어 이 절은 곧이어 논의할 주제 모델링, 비음수 행렬 분해, 잠재 디리클레 할당의 세 가지 주제에 관한 것이다. 따라서 각 주제에 서로 다른 가중치를 할당해서 주제에 대한 가법 모델additive model을 정의할 수 있다.

주제 모델링topic modeling은 주어진 텍스트 데이터의 숨겨진 의미 구조 마이닝에 많이 사용된다. 두 가지 인기 있는 주제 모델링 알고리즘으로 비음수 행렬 분해와 잠재 디리클레 할당latent Dirichlet allocation, LDA이 있는데, 다음 두 절에서 이 두 가지 방법을 차례로 살펴본다.

10.3.1 NMF를 이용한 주제 모델링

비음수 행렬 분해non-negative matrix factorization, NMF는 선형대수를 많이 이용한다. NMF는 입력 행렬 V를 두 개의 작은 행렬 W와 H의 곱으로 분해하는데, 이때 세 행렬이 음의 값을 갖지 않도록 분해한다. NLP의 관점에서 이 세 가지 행렬은 다음과 같은 의미를 갖는다.

- 입력 행렬 V는 $n \times m$ 크기의 용어 카운트term count 또는 **tf-idf** 행렬이다. 여기서 n은 문서 또는 샘플의 수이고 m은 용어의 수다.

- 분해된 첫 번째 행렬 **W**는 크기가 $t \times m$인 특징 행렬로, 여기서 t는 지정된 주제의 수다. **W**의 각 행은 주제를 나타내고 행의 각 요소는 주제를 나타내는 용어의 순위를 나타낸다.

- 분해된 두 번째 행렬 **H**는 크기가 $n \times t$인 계수 행렬로, **H**의 각 행은 문서를 나타내고 행의 각 요소는 문서 내 주제의 가중치를 나타낸다.

W와 **H**의 계산 방법을 유도하는 것은 이 책의 범위를 벗어난다. 그러나 다음 다이어그램을 참조해서 NMF의 작동 방식에 대한 감을 잡을 수 있다.

입력 행렬 V

	용어 1	용어 2	용어 3	용어 4	용어 5	용어 6
문서 1	4	2	0	0	3	1
문서 2	0	1	1	0	2	0
문서 3	1	0	1	4	0	2
문서 4	2	0	0	0	0	1

특징 행렬 W

	용어 1	용어 2	용어 3	용어 4	용어 5	용어 6
주제 1	0.2	0	0.5	0	0	0
주제 2	0	1	0	0	0.5	0
주제 3	0	0	1	0	0	0.5

계수 행렬 H

	주제 1	주제 2	주제 3
문서 1	1	0	0
문서 2	0	0.5	0.5
문서 3	0.2	0	0.8
문서 4	0	1	0

그림 10.15 **입력 행렬 V를 분해한 행렬 W와 H의 예**

NMF에 대해서 좀 더 자세히 알고 싶다면 원본 논문[1]을 참조한다.

이제 뉴스그룹 데이터에 NMF를 적용한다. 사이킷런에는 NMF를 포함해서 분해를 위한 좋은 모듈이 있다.

```
>>> from sklearn.decomposition import NMF
>>> t = 20
>>> nmf = NMF(n_components=t, random_state=42)
```

앞에서는 20개의 주제(n_components)를 예로 들었다. 모델의 중요한 매개변수는 다음 표와 같다.

---

1   Inderjit S. Dhillon and Suvrit Sra, "Generalized Non-negative Matrix Approximations with Bregman Divergence", **NIPS** 2005.

표 10.2 **NMF 클래스의 매개변수**

생성자 매개변수	기본값	예	개요
n_components	None	5, 10, 20	구성 요소 수: 주제 모델링 맥락에서 주제 수에 해당한다. None이면 입력 특징의 수가 된다.
max_iter	200	100, 200	최대 반복 횟수
tol	1e-4	1e-5, 1e-8	수렴 판단에 필요한 허용 오차

용어 행렬term marix을 NMF 모델에 대한 입력으로 사용했지만 대신 tf-idf를 사용할 수도 있다. 여기서는 앞에서 정의한 count_vector를 다시 사용한다.

```
>>> data = count_vector.fit_transform(data_cleaned)
```

이제 NMF 모델인 nmf를 용어 행렬 data에 피팅한다.

```
>>> nmf.fit(data)
```

모델 훈련을 마친 뒤 주제-특징 계수rank W를 얻을 수 있다.

```
>>> nmf.components_
[[0.00000000e+00 0.00000000e+00 0.00000000e+00 ... 0.00000000e+00
  0.00000000e+00 1.81952400e-04]
 [0.00000000e+00 0.00000000e+00 0.00000000e+00 ... 0.00000000e+00
  7.35497518e-04 3.65665719e-03]
 [0.00000000e+00 0.00000000e+00 0.00000000e+00 ... 0.00000000e+00
  0.00000000e+00 0.00000000e+00]
 ...
 [0.00000000e+00 0.00000000e+00 0.00000000e+00 ... 2.69725134e-02
  0.00000000e+00 0.00000000e+00]
 [0.00000000e+00 0.00000000e+00 0.00000000e+00 ... 0.00000000e+00
  0.00000000e+00 4.26844886e-05]
 [0.00000000e+00 0.00000000e+00 0.00000000e+00 ... 0.00000000e+00
  0.00000000e+00 0.00000000e+00]]
```

각 주제에 대해서 계수에 따라 상위 10개 용어를 표시한다.

```
>>> terms = count_vector.get_feature_names()
>>> for topic_idx, topic in enumerate(nmf.components_):
...         print("Topic {}:" .format(topic_idx))
...         print(" ".join([terms[i] for i in topic.argsort()[-10:]]))
```

```
Topic 0:
available quality program free color version gif file image jpeg
Topic 1:
ha article make know doe say like just people think
Topic 2:
include available analysis user software ha processing data tool image
Topic 3:
atmosphere kilometer surface ha earth wa planet moon spacecraft solar
Topic 4:
communication technology venture service market ha commercial space satellite launch
Topic 5:
verse wa jesus father mormon shall unto mcconkie lord god
Topic 6:
format message server object image mail file ray send graphic
Topic 7:
christian people doe atheism believe religion belief religious god atheist
Topic 8:
file graphic grass program ha package ftp available image data
Topic 9:
speed material unified star larson book universe theory physicist physical
Topic 10:
planetary station program group astronaut center mission shuttle nasa space
Topic 11:
infrared high astronomical center acronym observatory satellite national telescope space
Topic 12:
used occurs true form ha ad premise conclusion argument fallacy
Topic 13:
gospel people day psalm prophecy christian ha matthew wa jesus
Topic 14:
doe word hanging say greek matthew mr act wa juda
Topic 15:
siggraph graphic file information format isbn data image ftp available
Topic 16:
venera mar lunar surface space venus soviet mission wa probe
Topic 17:
april book like year time people new did article wa
Topic 18:
site retrieve ftp software data information client database gopher search
Topic 19:
use look xv color make program correction bit gamma image
```

여러 흥미로운 주제가 있는데, 예를 들어 0, 2, 6, 8은 컴퓨터 그래픽 관련 주제이고 3, 4, 9는 공간 관련 주제이며 5, 7, 13은 종교 관련 주제이다. 주제 1이나 12처럼 해석하기 어려운 주제도 있지만, 주제 모델링에는 제약이 없으므로 전혀 문제가 되지 않는다.

10.3.2 LDA를 이용한 주제 모델링

또 다른 인기 있는 주제 모델링 알고리즘인 **잠재 디리클레 할당**latent Dirichlet allocation, LDA을 살펴보자. LDA는 특정 확률을 가진 주제를 혼합해서 각 입력 문서를 설명하는 생성 확률적 그래픽 모델generative probabilistic graphical model이다. 다시 한번 말하지만, 주제 모델링에서 **주제**topic는 특정한 연관성이 있는 단어의 모음을 의미한다. 즉, LDA는 기본적으로 두 개의 확률값 P(용어 ∨ 주제)와 P(용어 ∨ 문서)를 다룬다. 이것은 처음에는 이해하기 어려울 수 있는데, 이해를 돕기 위해 LDA 모델의 최종 결과부터 상향식으로 살펴본다.

다음 문서 셋을 살펴보자.

> 문서 1: 이 레스토랑은 피시 앤 칩스로 유명하다.
>
> 문서 2: 점심으로 생선과 밥을 먹었다.
>
> 문서 3: 여동생이 귀여운 고양이를 사줬다.
>
> 문서 4: 일부 연구에 따르면 쌀을 너무 많이 먹는 것은 좋지 않다.
>
> 문서 5: 고양이에게 물고기 먹이를 주는 것을 항상 잊어버린다.

이제 두 가지 주제를 원한다고 가정해보자. 앞의 문서에서 찾아낸 주제는 다음과 같다.

> 주제 1: 생선 30%, 칩 20%, 쌀 30%, 점심 10%, 식당 10%(주제 1은 음식과 관련된 것으로 해석할 수 있음)
>
> 주제 2: 귀여움 40%, 고양이 40%, 물고기 10%, 먹이 10%(주제 2는 애완동물에 관한 것으로 해석할 수 있음)

따라서 각 문서가 이러한 두 가지 주제로 어떻게 표현되는지 알아보자.

> 문서 1: 85% 주제 1, 15% 주제 2
>
> 문서 2: 88% 주제 1, 12% 주제 2
>
> 문서 3: 100% 주제 2
>
> 문서 4: 100% 주제 1
>
> 문서 5: 33% 주제 1, 67% 주제 2

잠시 가상의dummy 예를 살펴본 뒤에 다시 본론으로 돌아오겠다.

1. 주제의 수 T를 지정한다. 주제 1, 2, ..., T가 있다.

2. 각 문서에 대해시 문서에 등장하는 각 용어에 하나의 주제를 무작위로 할당한다.

3. 각 문서에 대해서 P(주제 = t ∨ 문서)를 계산한다. 문서에서 주제 t에 할당된 용어의 비율이다.

4. 각 주제에 대해서 P(용어 = w ∨ 주제)를 계산한다. 모든 용어 중 해당 주제에 할당된 용어 w의 비율이다.

5. 각 용어 w에 대해서 가장 최신의 확률 P(주제 = t ∨ 문서)와 P(용어 = w ∨ 주제 = t)에 따라 주제를 다시 할당한다.

6. 반복할 때마다 주제 분포를 새로 업데이트하면서 3단계~5단계를 반복한다. 모델이 수렴하거나 최대 반복 횟수에 도달하면 훈련을 중지한다.

LDA는 문서로부터 특정 단어 모음을 생성할 가능성이 있는 은닉 주제 셋을 추상화하도록 생성 generative 방식으로 훈련한다.

이 모든 것을 염두에 두고 LDA가 작동하는 것을 살펴보자. LDA 모델도 사이킷런에 포함된다.

```
>>> from sklearn.decomposition import LatentDirichletAllocation
>>> t = 20
>>> lda = LatentDirichletAllocation(n_components=t, learning_method='batch',random_state=42)
```

다시 20개의 주제(n_components)를 지정하는데, 모델의 주요 매개변수는 다음 표와 같다.

표 10.3 **LatentDirichletAllocation 클래스의 매개변수**

생성자 매개변수	기본값	예	개요
n_components	10	5, 10, 20	구성 요소 수: 주제 모델링의 맥락에서 이는 주제 수에 해당한다.
learning_method	"batch"	"online", "batch"	배치 모드에서는 업데이트마다 모든 훈련 데이터를 사용한다. 온라인 모드에서는 업데이트마다 훈련 데이터의 미니 배치[2]를 사용한다. 일반적으로 데이터 크기가 크면 온라인 모드가 더 빠르다.
max_iter	10	10, 20	최대 반복 횟수
random_state	None	0, 42	난수 발생기에 사용하는 시드

---

2 [옮긴이] 인공 신경망 훈련에 자주 나오는 용어로 미니 배치(mini batch), 배치 크기(batch size), 에폭(epoch), 반복(iteration)이 있다. 뒤에 나올 경사하강법의 경우, 보통 전체 훈련 데이터를 여러 개의 작은 그룹으로 나누어서 모델을 훈련하는데, 이때 하나하나의 작은 그룹을 미니 배치라고 하고 미니 배치의 크기를 배치 크기라고 한다. 그리고 전체 훈련 데이터로 1번 훈련을 마치는 것을 1에폭이라고 하고, 1에폭을 마치는 데 필요한 미니 배치의 개수를 반복이라고 한다. 이 예의 경우 배치 크기는 500, 반복은 1,000이므로 전체 훈련 데이터셋의 크기는 500,000 (500 × 1,000)이다.

LDA는 확률적 그래픽 모델이므로 용어 횟수term count만 입력으로 받을 수 있다. NMF의 경우에는 데이터가 음수가 아니라면 용어 횟수 행렬과 tf-idf 행렬을 모두 입력으로 받을 수 있다는 점에서 차이가 있다. 다시 한번, LDA 모델에 대한 입력으로 이전에 정의한 용어 행렬을 사용한다.

```
>>> data = count_vector.fit_transform(data_cleaned)
```

이제 LDA 모델을 용어 행렬 data에 피팅한다.

```
>>> lda.fit(data)
```

모델 훈련 후, 결과의 계수rank는 주제-용어가 된다.

```
>>> lda.components_
[[0.05       2.05       2.05      ...   0.05       0.05       0.05     ]
 [0.05       0.05       0.05      ...   0.05       0.05       0.05     ]
 [0.05       0.05       0.05      ...   4.0336285 0.05       0.05     ]
 ...
 [0.05       0.05       0.05      ...   0.05       0.05       0.05     ]
 [0.05       0.05       0.05      ...   0.05       0.05       0.05     ]
 [0.05       0.05       0.05      ...   0.05       0.05       3.05    ]]
```

마찬가지로, 각 주제에 대해서 다음과 같이 순위에 따라 상위 10개 용어를 표시한다.

```
>>> terms = count_vector.get_feature_names()
>>> for topic_idx, topic in enumerate(lda.components_):
...         print("Topic {}:" .format(topic_idx))
...         print(" ".join([terms[i] for i in topic.argsort()[-10:]]))
Topic 0:
atheist doe ha believe say jesus people christian wa god
Topic 1:
moment just adobe want know ha wa hacker article radius
Topic 2:
center point ha wa available research computer data graphic hst
Topic 3:
objective argument just thing doe people wa think say article
Topic 4:
time like brian ha good life want know just wa
Topic 5:
computer graphic think know need university just article wa like
Topic 6:
```

```
free program color doe use version gif jpeg file image
Topic 7:
gamma ray did know university ha just like article wa
Topic 8:
tool ha processing using data software color program bit image
Topic 9:
apr men know ha think woman just university article wa
Topic 10:
jpl propulsion mission april mar jet command data spacecraft wa
Topic 11:
russian like ha university redesign point option article space station
Topic 12:
ha van book star material physicist universe physical theory wa
Topic 13:
bank doe book law wa article rushdie muslim islam islamic
Topic 14:
think gopher routine point polygon book university article know wa
Topic 15:
ha rocket new lunar mission satellite shuttle nasa launch space
Topic 16:
want right article ha make like just think people wa
Topic 17:
just light space henry wa like zoology sky article toronto
Topic 18:
comet venus solar moon orbit planet earth probe ha wa
Topic 19:
site format image mail program available ftp send file graphic
```

마이닝을 한 흥미로운 주제가 많은데, 예를 들어 2, 5, 6, 8, 19와 같은 컴퓨터 그래픽 관련 주제나 10, 11, 12, 15와 같은 공간 관련 주제, 0, 13과 같은 종교 관련 주제가 있다. 물론 잡음처럼 보이는 주제, 예를 들어 9, 16도 있는데, 이를 해석하려면 약간의 상상력이 필요하다. 다시 말하지만, 앞서 언급한 바와 같이 LDA나 주제 모델링은 일반적으로 제약이 없는 학습인 만큼 이것은 전혀 놀라운 일이 아니다.

10.4 요약

10장의 프로젝트는 의미 그룹, 테마, 단어 클라우드와 같이 뉴스그룹 데이터 이면의 유사성을 찾는 것이었다. 비지도학습으로 할 수 있는 것과 비지도학습 알고리즘의 일반적인 유형으로 시작해서, 비지도학습 군집화와 인기 있는 군집화 알고리즘인 k-평균을 자세히 살펴보았다.

텍스트 데이터를 위한 더 효율적인 특징 추출 도구인 tf-idf에 관해서 설명하고, 뉴스그룹 데이터에

k-평균 군집화를 적용해서 의미 있는 군집 4개를 얻었다. 결과로 얻은 각 군집의 핵심 용어를 조사하고, 주제 모델링 기법을 통해서 원본 문서의 대표적인 용어를 추출했다. 두 가지 강력한 주제 모델링 방법인 NMF와 LDA에 관해 논의하고 구현한 다음, 이들 두 방법으로 얻은 주제를 해석하면서 재미있는 점을 관찰했다.

지금까지 차원 축소, 군집화, 주제 모델링을 포함해서 비지도학습의 모든 주요 범주를 다뤘는데, 이는 모두 어떤 면에서는 일종의 차원 축소라고 할 수 있다.

다음 11장에서는 이 책에서 지금까지 배운 내용을 검토하고, 실제 머신러닝의 모범 사례를 통해서 지금까지 학습한 내용을 확실하게 다지며, 전체 머신러닝 워크플로와 제품화에 필요한 요소들을 살펴본다. 또한 일반적인 머신러닝 기술에 대한 내용을 정리하고 이 책의 마지막 세 개 장에서 다룰 좀 더 복잡한 주제로 넘어간다.

10.5 연습 문제

1. 뉴스그룹 데이터에 대해서 각각 서로 다른 k 값으로 k-평균 군집화를 수행하거나 엘보 방법을 이용해서 최적의 값을 찾는다. 더 나은 그룹화 결과를 얻을 수 있는지 확인한다.

2. NMF나 LDA로 다양한 수의 주제에 대해서 시도해보고, 결과적으로 무엇이 더 의미 있는 주제를 생성하는지 확인한다. 이것은 재미있는 연습 과정이 될 것이다.

3. 뉴스그룹 데이터의 전체 20개 그룹에 대해서도 NMF나 LDA를 적용해보자. 결과는 잡음으로 엉망이 되었는가, 아니면 제대로 나왔는가?

11

머신러닝 모범 사례

지금까지 다양한 프로젝트를 통해서 중요한 머신러닝 개념, 기술, 널리 사용되는 알고리즘을 다뤘다. 이를 통해 머신러닝 생태계에 대한 폭넓은 시야를 갖추고 머신러닝 알고리즘과 파이썬을 이용해서 실제 문제를 해결하는 데 필요한 좋은 경험을 했다. 그러나 현실적으로 프로젝트를 밑바닥부터 다시 시작하면 생각지도 못했던 이런저런 문제에 직면할 수 있다. 이 장에서는 전체 머신러닝 솔루션 워크플로에서 따라야 할 21가지 모범 사례를 통해서 이런 부분에 대비한다.

11장에서 다룰 주제는 다음과 같다.

- 머신러닝 솔루션 워크플로
- 데이터 준비 단계에서의 작업
- 훈련셋 생성 단계에서의 작업
- 알고리즘 훈련, 평가, 선택 단계에서의 작업
- 시스템 배포, 모니터링 단계에서의 작업
- 데이터 준비 단계에서의 모범 사례
- 훈련셋 생성 단계에서의 모범 사례
- 단어 임베딩
- 모델 훈련, 평가, 선택 단계에서의 모범 사례
- 시스템 배포, 모니터링 단계에서의 모범 사례

11.1 머신러닝 솔루션 워크플로

일반적으로 머신러닝 문제 해결과 관련한 주요 작업은 크게 다음과 같은 네 단계로 구분할 수 있다.

- 데이터 준비
- 훈련셋 생성
- 모델 훈련, 평가, 선택
- 배포, 모니터링

데이터 소스로부터 시작해서 최종적으로 머신러닝 시스템을 얻기까지, 머신러닝 솔루션은 기본적으로 다음과 같은 패러다임을 따른다.

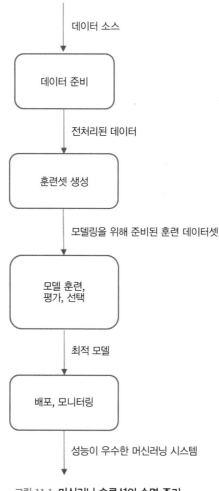

그림 11.1 **머신러닝 솔루션의 수명 주기**

다음 절에서는 이러한 네 단계 각각의 대표적인 작업, 공통적인 문제, 모범 사례를 알아본다.

11.2 데이터 준비 단계의 모범 사례

머신러닝 시스템은 데이터 없이 구축할 수 없다. 따라서 **데이터 수집**data collection에 가장 먼저 집중해야 한다.

11.2.1 모범 사례 1: 프로젝트의 목표 완벽히 이해하기

데이터 수집을 시작하기 전에 프로젝트의 목표와 비즈니스 문제를 확실히 이해해야 한다. 이를 통해 어떤 데이터 소스를 살펴볼 것인지, 충분한 도메인 지식과 전문 지식이 필요할지를 알 수 있기 때문이다. 예를 들어 7장에서는 DJIA 지수의 미래가를 예측하는 것이 목표였으므로, 그와 관련 없는 유럽 주가지수의 과거 실적이 아닌 DJIA 지수의 과거 실적에 대한 데이터를 수집했다. 예를 들어 4장에서의 비즈니스 문제는 클릭률로 측정되는 광고 타깃팅 효율성을 최적화하는 것이었으므로, 단순히 웹상에 표시되는 광고의 개수가 아니라 어떤 페이지에서 누가 클릭하고 누가 클릭하지 않았는지에 대한 클릭스트림 데이터를 수집했다.

11.2.2 모범 사례 2: 관련한 모든 필드 수집

목표를 염두에 두고, 조사해야 하는 잠재적 데이터 소스의 범위를 좁힐 수 있다. 그다음에 따라오는 질문은, 데이터 소스에서 사용할 수 있는 모든 필드의 데이터를 수집해야 하는가, 아니면 속성의 부분집합만 수집해도 충분한가 하는 것이다. 어떤 속성이 핵심 지표 또는 핵심 예측 요인인지 미리 알 수 있다면 더할 나위 없이 좋겠지만, 실제로 도메인 전문가가 직접 선택한 속성이 최상의 예측 결과를 가져오리라 보장하기란 매우 어렵다. 따라서 각 데이터 소스에서 프로젝트와 관련한 모든 필드를 수집하는 것이 좋다. 특히 해당 데이터를 나중에 다시 수집해야 할 때, 시간이 오래 걸리거나 불가능한 경우에는 더욱 그렇다.

예를 들어 주가 예측 예에서 처음에는 **고가**, **저가**에 대한 예측이 얼마나 유용할지를 확신하지 못했지만, **시가**, **고가**, **저가**, **거래량**을 포함한 모든 필드의 데이터를 수집했다. 하지만 주식 데이터는 쉽고 빠르게 수집할 수 있으므로 큰 부담은 없다. 또 다른 예로, 주제 분류를 위해서 온라인 기사를 직접 스크랩해서 데이터를 수집하려고 한다면 가능한 한 많은 정보를 저장해야 한다. 만약 그렇게 하지 않아서 기사의 하이퍼링크를 수집해놓지 않았는데, 나중에 해당 정보가 가치 있는 것으로 판명되어 이를 다시 수집하려고 한다면, 해당 기사가 이미 웹페이지에서 제거되었을 수도 있다. 또한 웹페이지가 여전히 존재하는 경우라도 해당 페이지를 다시 스크랩하는 데 비용이 많이 들 수 있다.

유용하다고 생각되는 데이터셋을 수집한 후에는 데이터의 **일관성**consistency과 **완전성**completeness을 검사해서 데이터 품질을 보장해야 한다. 일관성은 시간이 지남에 따라 데이터 분포가 어떻게 변하는 지를 나타내고, 완전성은 필드와 샘플에 존재하는 데이터양을 의미한다. 다음 두 가지 사례에서 일관성과 완정성을 자세히 설명한다.

11.2.3 모범 사례 3: 필드값의 일관성 유지

이미 존재하는 데이터셋이나 새로 수집한 데이터셋에서 종종 의미는 서로 같지만 서로 다른 값을 가지는 데이터를 발견할 수 있다. 예를 들어 국가 필드에 American, US, U.S.A가 있고, 성별 필드에 남성과 M이 있을 때는 해당 필드의 값을 통일하거나 표준화해야 한다. 예를 들어 성별 필드에는 M, F, 다양한 성별gender-diverse과 같이 세 가지 값만 허용하고 다른 값은 이 세 가지 값으로 대체하는 식이다. 그렇지 않으면 같은 의미를 갖는 서로 다른 특징값 때문에 이후 단계에서 알고리즘이 엉망이된다. 필드의 기본값에 어떤 값이 매핑되는지를 추적하는 것도 좋은 방법이다.

또한 같은 필드에 있는 값의 형식도 일관되어야 한다. 예를 들어 나이 필드에는 21, 35와 같이 실제 연령값이 있을 수도 있고, 1990, 1978과 같은 연도값이 있을 수도 있다. 등급 필드에서는 1, 2, 3과 같은 기수cardinal number와 one, two, three와 같은 영문 숫자를 모두 찾아볼 수 있다. 데이터 일관성을 보장하기 위해서 변환과 재포맷을 해야 한다.

11.2.4 모범 사례 4: 결측 데이터 처리

다양한 이유로 실제 데이터셋에는 모든 값이 다 채워진 경우가 거의 없고 종종 누락되거나 손상된 값이 있다. 보통 이런 결측값은 공백, Null, -1, 999999, 미상unknown, 대체값placeholder으로 표시된다. 이렇게 데이터가 누락된 샘플은 불완전한 예측 정보를 제공할 뿐만 아니라 -1이나 미상이 의미를 갖는지 여부를 알 수 없으므로 머신러닝 모델의 성능을 떨어뜨린다. 이후 단계에서 모델의 성능이 저하되지 않도록 결측 데이터를 정확히 찾아내고 처리하는 것이 중요하다.

결측 데이터 문제를 해결하는 기본 전략 세 가지는 다음과 같다.

- 결측값이 있는 샘플 폐기
- 샘플에서 결측값이 있는 필드 폐기
- 알고 있는 속성 부분을 기반으로 결측값을 추론한다. 이 과정을 **결측 데이터 대체**missing data imputation라고 한다. 대표적인 대체 방법으로는 결측값을 모든 샘플에 대한 필드의 평균이나 중앙값으로 대체하거나 범주형 데이터의 경우 가장 빈번한 값으로 대체하는 것이 있다.

처음 두 가지 전략은 쉽게 구현할 수 있다. 그러나 원본 데이터셋이 충분히 크지 않으면 데이터 손실이 발생한다. 세 번째 전략은 어떤 데이터도 버리지 않고 공백을 채우고자 한다.

데이터셋 (연령, 소득)의 (30, 100), (20, 50), (35, 미상), (25, 80), (30, 70), (40, 60)과 같은 6개 샘플로 구성된 예에서 각 전략을 적용하는 방법을 살펴보자.

- 첫 번째 전략으로 이 데이터셋을 처리하면 (30, 100), (20, 50), (25, 80), (30, 70), (40, 60)이 된다.
- 두 번째 전략을 적용하면 데이터 집합은 (30), (20), (35), (25), (30), (40)처럼 첫 번째 필드만 남는다.
- '미상' 값을 생략하는 대신 샘플 (35, 미상)의 두 번째 필드값을 나머지 샘플의 두 번째 필드값의 평균과 중앙값으로 대체하면 각각 (35, 72)와 (35, 70)으로 변환할 수 있다.

사이킷런에서는 **SimpleImputer** 클래스[1]와 같이 훌륭한 결측값 대체 변환기imputation transformer를 제공한다. 여기서는 SimpleImputer를 다음과 같은 작은 예에 적용한다.

```
>>> import numpy as np
>>> from sklearn.impute import SimpleImputer
```

넘파이에서는 '미상' 값을 np.nan으로 나타내는데, 자세한 내용은 다음과 같다.

```
>>> data_origin = [[30, 100],
...                [20, 50],
...                [35, np.nan],
...                [25, 80],
...                [30, 70],
...                [40, 60]]
```

원본 데이터에서 얻은 평균값으로 대체 변환기를 초기화한다.

```
>>> imp_mean = SimpleImputer(missing_values=np.nan, strategy='mean')
>>> imp_mean.fit(data_origin)
```

다음과 같이 결측값을 대체한다.

```
>>> data_mean_imp = imp_mean.transform(data_origin)
```

---

1 https://scikit-learn.org/stable/modules/generated/sklearn.impute.SimpleImputer.html (옮긴이) https://bit.ly/3hoCg6W)

```
>>> print(data_mean_imp)
[[ 30. 100.]
 [ 20. 50.]
 [ 35. 72.]
 [ 25. 80.]
 [ 30. 70.]
 [ 40. 60.]]
```

마찬가지로, 다음에 자세히 설명하는 것처럼 중앙값으로 대체 변환기를 초기화한다.

```
>>> imp_median = SimpleImputer(missing_values=np.nan, strategy='median')
>>> imp_median.fit(data_origin)
>>> data_median_imp = imp_median.transform(data_origin)
>>> print(data_median_imp)
[[ 30. 100.]
 [ 20. 50.]
 [ 35. 70.]
 [ 25. 80.]
 [ 30. 70.]
 [ 40. 60.]]
```

새로운 샘플이 들어오면 다음과 같이 평균값으로 훈련한 변환기를 이용해서 (모든 속성에서) 결측값을 대체할 수 있다.

```
>>> new = [[20, np.nan],
...        [30, np.nan],
...        [np.nan, 70],
...        [np.nan, np.nan]]

>>> new_mean_imp = imp_mean.transform(new)
>>> print(new_mean_imp) [[ 20. 72.]
[[ 20. 72.]
 [ 30. 72.]
 [ 30. 70.]
 [ 30. 72.]]
```

나이 필드에 있는 30은 원본 데이터셋에 있는 나잇값 여섯 개의 평균이다.

결측값 대체의 작동 방식과 구현 방법을 살펴보았으므로, 이제 다음 예를 통해서 결측값 대체와 결측 데이터 폐기 전략이 예측 결과에 어떤 영향을 미치는지 살펴보자.

1. 다음과 같이 당뇨병 데이터셋을 로드한다.

```
>>> from sklearn import datasets
>>> dataset = datasets.load_diabetes()
>>> X_full, y = dataset.data, dataset.target
```

2. 결측값을 25% 추가해서 손상된 데이터셋을 시뮬레이션한다.

```
>>> m, n = X_full.shape
>>> m_missing = int(m * 0.25)
>>> print(m, m_missing)
442 110
```

3. 다음과 같이 m_missing 샘플을 무작위로 선택한다.

```
>>> np.random.seed(42)
>>> missing_samples = np.array([True] * m_missing + [False] * (m - m_missing))
>>> np.random.shuffle(missing_samples)
```

4. 누락된 각 샘플에 대해서 n개의 특징 중 1개를 무작위로 선택한다.

```
>>> missing_features = np.random.randint(low=0, high=n, size=m_missing)
```

5. 다음과 같이 결측값을 nan으로 나타낸다.

```
>>> X_missing = X_full.copy()
>>> X_missing[np.where(missing_samples)[0], missing_features] = np.nan
```

6. 결측값이 있는 샘플을 폐기하는 방식으로 이러한 손상된 데이터셋을 처리한다.

```
>>> X_rm_missing = X_missing[~missing_samples, :]
>>> y_rm_missing = y[~missing_samples]
```

7. 교차 검증 방식의 회귀 포레스트 모델로 평균 회귀 점수 R^2를 추정해서 이 전략의 효과를 측정한다. 누락된 샘플이 제거된 데이터셋의 R^2는 다음과 같이 추정한다.

```
>>> from sklearn.ensemble import RandomForestRegressor
>>> from sklearn.model_selection import cross_val_score
```

```
>>> regressor = RandomForestRegressor(random_state=42, max_depth=10, n_estimators=100)
>>> score_rm_missing = cross_val_score(regressor,X_rm_missing, y_rm_missing).mean()
>>> print(f'Score with the data set with missing samples removed: {score_rm_missing:.2f}')
Score with the data set with missing samples removed: 0.38
```

8. 이제 다음과 같이 결측값을 평균으로 대체한다. 손상된 데이터셋을 처리하는 또 다른 방식이다.

```
>>> imp_mean = SimpleImputer(missing_values=np.nan, strategy='mean')
>>> X_mean_imp = imp_mean.fit_transform(X_missing)
```

9. 앞에서와 마찬가지로 평균 R^2를 추정해서 이 전략의 효과를 측정한다.

```
>>> regressor = RandomForestRegressor(random_state=42,
                                      max_depth=10,
                                      n_estimators=100)
>>> score_mean_imp = cross_val_score(regressor, X_mean_imp, y).mean()
>>> print(f'Score with the data set with missing values replaced by mean: {score_mean_
imp:.2f}')
Score with the data set with missing values replaced by mean: 0.41
```

10. 이 경우에는 폐기하는 것보다 대체하는 전략이 더 효과적이다. 그렇다면 대체된 데이터셋은 원본 전체 데이터셋과 얼마나 차이가 있을까? 다음과 같이 다시 원본 데이터셋의 평균 회귀 점수를 추정해서 확인해볼 수 있다.

```
>>> regressor = RandomForestRegressor(random_state=42,
                                      max_depth=10,
                                      n_estimators=500)
>>> score_full = cross_val_score(regressor, X_full, y).mean()
>>> print(f'Score with the full data set: {score_full:.2f}')
Score with the full data set: 0.42
```

이때 대체된 데이터셋에서 손상되는 정보는 거의 없다는 것을 알 수 있다.

하지만 대체 전략이 항상 더 잘 작동한다고 보장할 수는 없고, 때로는 결측값이 있는 샘플을 버리는 것이 더 효과적일 수도 있다. 따라서 이전에 수행한 것처럼 교차 검증을 통해 다양한 전략의 성능을 비교하는 것이 좋다.

11.2.5 모범 사례 5: 대규모 데이터 저장

데이터의 크기가 계속 증가함에 따라, 데이터를 하나의 로컬 시스템에 저장할 수 없어서 클라우드나 분산 파일 시스템에 저장해야 하는 경우가 많아지고 있다. 이 책은 파이썬을 이용한 머신러닝에 대한 책이므로 빅데이터 저장에 관해서는 몇 가지 기본적인 부분만 다룬다. 여기서 다룰 두 가지 주요 전략은 **수직 확장**scale-up과 **수평 확장**scale-out이다.

- 데이터가 현재 시스템 용량을 초과할 때, 수직 확장 접근 방식에서는 디스크 추가와 같은 방법을 통해서 저장 용량을 늘리는데, 이것은 고속 액세스 플랫폼에서 유용하다.

- 수평 확장 방식에서는 스토리지 클러스터 노드를 추가함으로써 저장 용량을 점진적으로 늘린다. 아파치 하둡Apache Hadoop[2]은 수평 확장 클러스터에 빅데이터를 저장하고 처리하는데, 데이터가 수백 또는 수천 개의 노드에 분산된다. 또한 아마존 웹 서비스Amazon Web Services의 S3,[3] 구글 클라우드 스토리지Google Cloud Storage,[4] 마이크로소프트 애저 스토리지Microsoft Azure Storage[5]와 같은 클라우드 기반 분산 파일 서비스도 있다. 이는 확장성이 뛰어나고 안전하고 내구성 있는 스토리지를 제공하도록 설계되었다.

데이터가 잘 준비되면, 이제 마음 놓고 훈련셋 생성 단계로 이동할 수 있다. 다음 절로 넘어가 보자.

11.3 훈련셋 생성 단계의 모범 사례

이 단계의 대표적인 작업은 **데이터 전처리**와 **특징 공학**으로 요약할 수 있다.

우선 데이터 전처리에는 범주형 특징 인코딩, 특징의 크기 조정scaling, 특징 선택, 차원 축소가 포함된다.

11.3.1 모범 사례 6: 수치로 표현된 범주형 특징 판별

일반적으로 범주형 특징은 위험 수준, 직업, 관심과 같은 정성적 정보를 표현하므로 쉽게 판별할 수 있다. 그러나 특징이 셀 수 있는 (유한한) 숫자인 경우, 예를 들어 연간 월을 나타내는 1~12, 참 또는 거짓을 나타내는 0, 1의 경우에는 까다로워진다. 그러한 특징이 범주형인지 수치형인지를 파악하는 열쇠는 그것이 수학적이거나 순서 의미를 제공하는지 여부다. 만약 순서 의미가 있다면 수치형 특징

---

2   https://hadoop.apache.org/

3   https://aws.amazon.com/s3/

4   https://cloud.google.com/

5   https://azure.microsoft.com/en-us/services/storage/

(예를 들어 1에서 5까지의 제품 등급)이고, 그렇지 않은 경우에는 범주형 특징(예를 들어 월 또는 요일)이다.

11.3.2 모범 사례 7: 범주형 특징의 인코딩 여부 결정

범주형 특징일 때는 인코딩할지 여부를 결정해야 하는데, 이는 이후 단계에서 어떤 예측 알고리즘을 사용할지에 달려 있다. 나이브 베이즈, 트리 기반 알고리즘은 범주형 특징을 직접 다룰 수 있지만, 일반적으로 다른 알고리즘은 그렇지 않으므로 인코딩이 필수적이다.

특징 생성 단계의 출력은 모델 학습 단계의 입력이므로 특징 생성 단계는 예측 알고리즘과 호환되어야 한다. 따라서 특징 생성과 예측 모델 학습의 두 단계를 두 개의 분리된 구성 요소로 볼 것이 아니라 전체적으로 살펴봐야 한다. 다음 두 가지 모범 사례도 이 점을 강조한다.

11.3.3 모범 사례 8: 특징 선택 여부와 선택 방법 결정

5장에서 L1 기반의 정규화된 로지스틱 회귀와 랜덤 포레스트를 이용해서 특징을 선택하는 방법을 살펴보았다. 특징 선택의 이점은 다음과 같다.

- 중복되거나 관련 없는 특징 제거를 통한 예측 모델의 훈련 시간 단축
- 위와 같은 이유로 과적합 감소
- 더 중요한 특징을 가진 데이터로 학습하므로 예측 모델의 성능이 개선될 가능성을 키움

특징 선택이 예측 정확도를 높일 것이라는 절대적인 확신이 없기 때문에 앞에서 '가능성'이라는 단어를 사용했다. 따라서 교차 검증을 통해서, 특징을 선택했을 때의 성능과 하지 않았을 때의 성능을 비교하는 것이 좋다. 예를 들어 다음 단계에 따라 교차 검증 방식으로 SVC 모델의 평균 분류 정확도를 추정해서 특징 선택의 효과를 측정할 수 있다.

1. 먼저 다음과 같이 사이킷런에서 필기 숫자 데이터셋을 로드한다.

```
>>> from sklearn.datasets import load_digits
>>> dataset = load_digits()
>>> X, y = dataset.data, dataset.target
>>> print(X.shape)
(1797, 64)
```

2. 64차원 원본 데이터셋의 정확도를 다음과 같이 추정한다.

```
>>> from sklearn.svm import SVC
```

```
>>> from sklearn.model_selection import cross_val_score
>>> classifier = SVC(gamma=0.005, random_state=42)
>>> score = cross_val_score(classifier, X, y).mean()
>>> print(f'Score with the original data set: {score:.2f}')
Score with the original data set: 0.90
```

3. 랜덤 포레스트를 이용해서 특징을 선택하고 중요도 점수에 따라 특징을 정렬한다.

```
>>> from sklearn.ensemble import RandomForestClassifier
>>> random_forest = RandomForestClassifier(n_estimators=100,
criterion='gini', n_jobs=-1, random_state=42)
>>> random_forest.fit(X, y)
>>> feature_sorted = np.argsort(random_forest.feature_importances_)
```

4. 다양한 개수의 상위 특징을 갖는 새로운 데이터셋을 구성하고 다음과 같이 각 데이터셋의 정확도를 추정한다.

```
>>> K = [10, 15, 25, 35, 45]
>>> for k in K:
...     top_K_features = feature_sorted[-k:]
...     X_k_selected = X[:, top_K_features]
...     # 데이터셋 k에 대한 정확도 추정
...     classifier = SVC(gamma=0.005)
...     score_k_features = cross_val_score(classifier, X_k_selected, y).mean()
...     print(f'Score with the dataset of top {k} features: {score_k_features:.2f}')
...
Score with the dataset of top 10 features: 0.86
Score with the dataset of top 15 features: 0.92
Score with the dataset of top 25 features: 0.95
Score with the dataset of top 35 features: 0.93
Score with the dataset of top 45 features: 0.90
```

랜덤 포레스트에서 선택한 상위 25개 특징을 사용하면 SVM 분류 성능이 0.9에서 0.95로 개선된다.

11.3.4 모범 사례 9: 차원 축소 여부와 축소 방법 결정

특징 선택과 차원 축소는 각각 원본 데이터 공간에서 특징을 선택하고, 원본 공간의 투영된 공간에서 특징을 선택한다는 점에서 서로 다르다. 차원 축소는 다음과 같은 이점이 갖는데, 이는 특징 선택과 유사하다.

- 중복되거나 상관된 특징을 새로운 특징으로 병합함에 따라 예측 모델의 훈련 시간 단축

- 위와 같은 이유로 과적합 감소
- 중복 또는 상관관계가 적은 특징이 있는 데이터로 학습하므로 예측 모델의 성능 개선 가능성을 키움

다시 말하지만, 차원 축소가 더 나은 예측 결과를 보장하지는 않는다. 차원 축소의 효과를 알아보려면 모델 훈련 단계에 차원 축소를 통합하는 것이 좋다. 앞의 필기 숫자 예를 이용해서 **주성분 분석** 기반 차원 축소의 효과를 측정할 수 있는데, 여기서는 서로 다른 개수의 상위 주성분[6]으로 새로운 데이터셋을 구성하고 해당 데이터셋에서 정확도를 추정한다.

```
>>> from sklearn.decomposition import PCA
>>> # 여러 가지 주성분 개수 적용
>>> N = [10, 15, 25, 35, 45]
>>> for n in N:
...     pca = PCA(n_components=n)
...     X_n_kept = pca.fit_transform(X)
...     # n개의 주성분에 대해서 데이터셋의 정확도를 예측
...     classifier = SVC(gamma=0.005)
...     score_n_components = cross_val_score(classifier, X_n_kept, y).mean()
...     print(f'Score with the dataset of top {n} components: {score_n_components:.2f}')
Score with the dataset of top 10 components: 0.94
Score with the dataset of top 15 components: 0.95
Score with the dataset of top 25 components: 0.93
Score with the dataset of top 35 components: 0.91
Score with the dataset of top 45 components: 0.90
```

PCA에서 생성된 상위 15개 특징을 사용해서, SVM 분류 성능이 0.9에서 0.95로 개선된다.

11.3.5 모범 사례 10: 특징의 크기 조정 여부 결정

7장과 8장에서 보았듯이 SGD 기반 선형회귀, SVR, 신경망 모델에서는 특징의 평균을 빼주고, 분산이 1이 되도록 크기를 조정해서 표준화해야 한다. 그렇다면 특징의 크기 조정은 언제 필요할까?

일반적으로 나이브 베이즈와 트리 기반 알고리즘은 특징의 크기에 민감하지 않다. 왜냐하면 각 특징을 서로 독립적으로 다루기 때문이다. 하지만 SVC, SVR, k-평균 군집화, k-최근접 이웃k-nearest neighbors, KNN 알고리즘과 같이 샘플 간의 거리(또는 공간상의 분리)를 기반으로 하는 학습 알고리즘은 입력의 크기 조정/표준화가 필요하다. 특징의 크기 조정은 경사하강법 기반의 선형회귀나 로지스틱

---

6 [옮긴이] 고윳값이 큰 순서로 주성분을 선택한다.

회귀와 신경망처럼 SGD 기반의 최적화를 사용하는 모든 알고리즘의 필수 요소이다.

지금까지 데이터 전처리에 관한 팁을 다뤘다. 다음에는 훈련셋 생성의 또 다른 주요 요소인 특징 공학의 모범 사례를 두 가지 관점에서 논의한다.

11.3.6 모범 사례 11: 도메인 전문 지식 기반의 특징 공학

운 좋게 충분한 도메인 지식domain knowledge이 있다면, 이를 바탕으로 도메인에 특화된 특징을 만들 수 있다. 비즈니스 경험과 통찰력을 활용해서 데이터에 있는 내용을 파악하고 예측 목표와 관련된 새로운 데이터를 만든다. 예를 들어 7장에서는 투자자가 투자 결정을 내릴 때 주로 살펴보는 요소를 기초로 주가 예측을 위한 특징 셋을 설계하고 구성했다.

특정 도메인 지식이 필요하기는 하지만, 때로는 해당 범주에 몇 가지 일반적인 팁을 적용할 수도 있다. 예를 들어 마케팅, 광고 같은 고객분석 관련 분야에서는 일반적으로 시간, 요일, 월이 중요한 특징이 된다. 날짜 열에 2020/09/01 값이 있고 시간 열에 14:34:21 값이 있는 데이터 포인트가 주어지면 오후, 화요일, 9월이 포함된 새로운 특징을 생성할 수 있다. 일반적으로 소매업에서는 더 나은 통찰력을 얻기 위해 일정 기간의 정보를 취합한다. 예를 들어 고객이 지난 3개월 동안 매장을 방문한 횟수나 전년도에 매주 구매한 평균 제품 수는 고객 행동 예측을 위한 좋은 예측 지표가 될 수 있다.

11.3.7 모범 사례 12: 도메인 전문 지식이 필요 없는 특징 공학

불행히도 도메인 지식이 거의 없을 때는 어떻게 특징을 생성할 수 있을까? 당황할 필요는 없다. 이진화binarization, 이산화discritization, 상호작용interaction, 다항식 변환polynomial transformation과 같은 몇 가지 일반적인 방법이 있다.

1 이진화

이진화는 수치형 특징을 미리 설정한 임곗값을 기준으로 이진 특징으로 변환하는 것이다. 예를 들어 스팸 이메일 감지에서 prize라는 특징(또는 용어)에 대해서 when_term_prize_occurs라는 새로운 특징을 생성할 수 있다. 이 특징은 용어 빈도값이 1보다 크면 1, 그렇지 않으면 0이다. '주당 방문 수'라는 특징값이 3보다 큰지 작은지에 따라서 is_frequent_visitor라는 새로운 특징을 생성한다. 사이킷런을 이용해서 다음과 같이 이진화를 구현한다.

```
>>> from sklearn.preprocessing import Binarizer
>>> X = [[4], [1], [3], [0]]
>>> binarizer = Binarizer(threshold=2.9)
>>> X_new = binarizer.fit_transform(X)
```

```
>>> print(X_new)
[[1]
 [0]
 [1]
 [0]]
```

2 이산화

이산화는 수치형 특징을 제한된 값을 갖는 범주형 특징으로 변환하는 것이다. 예를 들어 18~24세의 경우 '18-24', 25~34세의 경우 '25-34', 34~54세의 경우 '34-54', 55세 이상의 경우 '55+'와 같이 '연령 그룹' 특징을 생성할 수 있다. 이진화는 이산화의 특별한 경우로 볼 수 있다.

3 상호작용

상호작용은 수치형 특징 두 개의 합, 곱을 포함하는 모든 연산과 범주형 특징 두 개에 대한 결합 조건 검사와 같은 것이다. 예를 들어 '주당 방문 수'와 '주당 구매한 제품 수'를 이용해서 '방문당 구매한 제품 수' 특징을 생성할 수 있다. 스포츠, 엔지니어와 같은 '관심'과 '직업'은 '스포츠에 관심이 있는 엔지니어'와 같은 '직업 AND 관심' 특징을 생성할 수 있다.

4 다항식 변환

이것은 다항식과 상호작용 특징을 생성하는 것이다. 두 개의 특징 a와 b로 생성한 2차원 다항식 특징은 a^2, ab, b^2이다. 사이킷런에서는 PolynomialFeatures 클래스[7]를 이용해서 다항식 변환을 할 수 있다.

```
>>> from sklearn.preprocessing import PolynomialFeatures
>>> X = [[2, 4],
...      [1, 3],
...      [3, 2],
...      [0, 3]]
>>> poly = PolynomialFeatures(degree=2)
>>> X_new = poly.fit_transform(X)
>>> print(X_new)
[[ 1. 2. 4. 4. 8. 16.]
 [ 1. 1. 3. 1. 3. 9.]
 [ 1. 3. 2. 9. 6. 4.]
 [ 1. 0. 3. 0. 0. 9.]]
```

---

7 https://scikit-learn.org/stable/modules/generated/sklearn.preprocessing.PolynomialFeatures.html (옮긴이) https://bit.ly/3svCijI

새로 생성된 특징은 1(편향, 절편), a, b, a^2, ab, b^2으로 구성된다.

11.3.8 모범 사례 13: 각 특징의 생성 방법 문서화

앞에서 도메인 지식 기반의 특징 공학 규칙을 다뤘는데, 한 가지 더 주목할 사항이 있다. 각 특징의 생성 방법에 대한 문서화가 바로 그것이다. 사소하게 들릴지도 모르지만, 시간이 흐르면 종종 특징을 얻거나 생성한 방법을 잊어버린다. 일반적으로 모델 훈련을 할 때는, 모델 훈련 단계에서 몇 차례 실패한 후에 다시 특징 생성 단계로 돌아가서 성능을 개선하는 더 많은 특징을 생성해야 한다. 이때 제대로 작동하지 않는 특징을 제거하고 더 많은 성능 개선의 잠재력을 갖는 새로운 특징을 추가하려면, 어떤 특징을 어떻게 생성하는지를 명확히 알고 있어야 한다.

11.3.9 모범 사례 14: 텍스트 데이터의 특징 추출

우선, 텍스트에서 특징을 추출하는 전통적 방법인 tf와 tf-idf를 살펴보고, 이어서 좀 더 최근의 접근 방식인 단어 임베딩word embedding을 알아본다. 마지막으로는 사전 훈련된 모델을 이용한 단어 임베딩을 살펴본다.

❶ tf와 tf-idf

9장과 10장에서는 **용어 빈도**term frequency, tf와 **용어 빈도-역 문서 빈도**term frequency-inverse document frequency, tf-idf를 이용해서 텍스트에서 특징을 추출했다. 두 방법 모두 단어(용어)로 구성된 각 문서를 단어 모음이나 **단어 가방**bag of words, BoW으로 간주하는데, 여기서는 단어의 순서를 무시하고 단어의 개수만 고려한다. tf는 단순히 토큰 수를 사용하는 반면 tf-idf는 각 tf에 문서 빈도에 반비례하는 가중치를 할당해서 tf를 확장한다. idf 요소를 도입함으로써, tf-idf에서는 자주 발생하는 일반적인 용어(예를 들어 get, make)의 가중치는 낮추고 드물게 발생하지만 중요한 의미를 갖는 용어는 강조한다. 따라서 tf-idf에서 추출된 특징이 tf에서 추출된 특징보다 대표성을 갖는다. 기억하겠지만, 문서는 해당 문서에 등장하는 용어에 해당하는 인덱스값만 0이 아닌 값을 갖는 매우 희소한 벡터로 표현된다. 그리고 일반적으로 이러한 벡터는 높은 차원을 갖는데, 이는 어휘의 크기와 고유한 용어의 수에 따라 결정된다. 이러한 원-핫 인코딩 방식은 각 용어를 독립적인 항목으로 취급하고 각 단어 간의 관계(언어학에서는 '맥락'이라고 함)는 고려하지 않는다.

② 단어 임베딩

반면, 또 다른 접근 방식인 **단어 임베딩**은 단어의 의미와 문맥을 포착할 수 있다. 이 방법은 단어를 부동 소수점 숫자의 벡터로 표현하는데, 이러한 벡터의 차원이 어휘의 크기보다 훨씬 낮아서 보통 수백 차원에 불과하다. 예를 들어 기계라는 단어는 [1.4, 2.1, 10.3, 0.2, 6.81]로 나타낼 수 있다. 그렇다면 단어를 어떻게 벡터에 내장embed할 수 있을까? 한 가지 솔루션으로 word2vec가 있는데, 이는 주변에 다른 단어가 주어졌을 때 해당 단어를 예측하거나(**CBOW**continuous bag of words라고 함) 또는 해당 단어 주변의 다른 단어를 예측(**skip-gram**이라고 함)하도록 얕은 신경망을 훈련한다. 훈련된 신경망의 가중치가 해당 단어에 대한 임베딩 벡터가 된다.

예를 들어 'I love reading Python machine learning by example(나는 예제로 배우는 파이썬 머신러닝 읽는 것을 좋아한다)'이라는 문장이 있고 단어 창word window의 크기가 5일 때, CBOW 신경망에 대한 훈련셋은 다음과 같다.

표 11.1 CBOW 신경망의 입력과 출력

신경망 입력	신경망 출력
(I, love, python, machine)	(reading)
(love, reading, machine, learning)	(python)
(reading, python, learning, by)	(machine)
(python, machine, by, example)	(learning)

물론 신경망의 입력과 출력은 원-핫 인코딩 벡터로, 해당 단어가 있으면 1, 없으면 0이다. 그리고 말뭉치에서 한 문장씩 수백만 개의 훈련 샘플을 만들 수 있다. 네트워크를 훈련한 뒤, 입력층과 은닉층을 연결하는 가중치에 개별 입력 단어가 내장된다. 스킵그램skip-gram 기반 신경망도 비슷한 방식으로 단어를 내장한다. 그러나 입력과 출력은 CBOW와 반대 방식으로 구성된다. 앞에서와 같은 문장 'I love reading Python machine learning by example(나는 예제로 배우는 파이썬 머신러닝 읽는 것을 좋아한다)'이 있고 단어 창의 크기가 5일 때, 스킵그램 신경망에 대한 훈련셋은 다음과 같다.

표 11.2 스킵그램 신경망의 입력 및 출력

신경망 입력	신경망 출력
(reading)	(i)
(reading)	(love)
(reading)	(python)
(reading)	(machine)
(python)	(love)
(python)	(reading)
(python)	(machine)
(python)	(learning)
(machine)	(reading)
(machine)	(python)
(machine)	(learning)
(machine)	(by)
(learning)	(python)
(learning)	(machine)
(learning)	(by)
(learning)	(example)

임베딩 벡터는 실숫값을 갖고, 각 차원은 어휘에 있는 단어의 의미를 인코딩한다. 이것은 tf나 td-idf를 사용하는 더미dummy 원-핫 인코딩 방법에서 단어를 폐기하는 것과는 달리, 단어의 의미 정보를 보존하는 데 도움이 된다. 흥미로운 것은 의미적으로 유사한 단어의 벡터가 기하학적 공간에서 서로 근접한다는 것이다. 예를 들어 머신러닝의 맥락에서 군집화와 그룹화라는 단어는 비지도 군집을 나타내므로 해당 임베딩 벡터가 서로 가깝다.

3 사전 훈련된 모델을 이용한 단어 임베딩

단어 임베딩 신경망을 훈련하려면 시간이 오래 걸리고 계산 비용이 많이 들 수 있다. 다행히 여러 대형 기술 회사가 여러 종류의 말뭉치에 대해서 단어 임베딩 모델을 훈련하고 이를 오픈소스로 공개했다.

이러한 **사전 훈련된**pre-trained 모델을 이용해서 손쉽게 단어를 벡터에 매핑할 수 있다. 일부 인기 있는 사전 훈련된 단어 임베딩 모델은 다음과 같다.

이름	fasttext-wiki-news-subwords-300
말뭉치	Wikipedia 2017
벡터 크기	300
어휘 크기	100만
파일 크기	958 MB
추가 정보	https://fasttext.cc/docs/en/english-vectors.html

이름	glove-twitter-100	glove-twitter-25
말뭉치	Twitter(20억 트윗)	
벡터 크기	100	25
어휘 크기	120만	
파일 크기	387 MB	104 MB
추가 정보	https://nlp.stanford.edu/projects/glove/	

이름	word2vec-google-news-300
말뭉치	Google News(대략 1,000억 단어)
벡터 크기	300
어휘 크기	300만
파일 크기	1662 MB
추가 정보	https://code.google.com/archive/p/word2vec/

그림 11.2 **인기 있는 사전 훈련된 단어 임베딩 모델의 구성**

개별 단어에 대한 임베딩 벡터가 있으면, 문서에 등장하는 모든 단어의 벡터의 평균을 구해서 해당 문서 샘플을 나타낼 수 있다. 이렇게 구한 문서 샘플에 대한 벡터는 분류, 검색 엔진의 유사성 순위, 군집화 같은 다운스트림 예측 작업에 사용한다.

이제 강력한 단어 임베딩 모듈이 포함된 인기 있는 NLP 패키지인 젠심gensim을 사용해보자. 9장에서 패키지를 설치하지 않았다면 pip를 사용해서 설치할 수 있다.

먼저 다음과 같이 패키지를 임포트하고 사전 훈련된 모델 glove-twitter-25를 로드한다.

```
>>> import gensim.downloader as api
>>> model = api.load("glove-twitter-25")
[================================================] 100.0%
104.8/104.8MB downloaded
```

이 코드를 실행하면 진행 표시줄이 나타난다. Glove-twitter-25 모델은 가장 작은 모델 중 하나이므로 다운로드하는 데 그리 오래 걸리지 않는다.

단어(예를 들어 computer라는 단어)에 대한 임베딩 벡터는 다음과 같이 얻을 수 있다.

```
>>> vector = model.wv['computer']
>>> print('Word computer is embedded into:\n', vector)
Word computer is embedded into:
 [ 0.64005 -0.019514 0.70148 -0.66123 1.1723 -0.58859 0.25917
 -0.81541 1.1708 1.1413 -0.15405 -0.11369 -3.8414 -0.87233
   0.47489 1.1541 0.97678 1.1107 -0.14572 -0.52013 -0.52234
  0.92349 0.34651 0.061939 -0.57375 ]
```

예상대로 결과가 25차원 부동소수점 벡터라는 것을 확인할 수 있다.

most_similar 메서드를 이용해서 문맥적으로 컴퓨터와 가장 관련이 있는 상위 10개 단어를 얻을 수 있다.

```
>>> similar_words = model.most_similar("computer")
>>> print('Top ten words most contextually relevant to computer:\n', similar_words)
Top ten words most contextually relevant to computer:
[('camera', 0.907833456993103), ('cell', 0.891890287399292),
('server', 0.8744666576385498), ('device', 0.869352400302887),
('wifi', 0.8631256818771362), ('screen', 0.8621907234191895),
('app', 0.8615544438362122), ('case', 0.8587921857833862),
('remote', 0.8583616018295288), ('file', 0.8575270771980286)]
```

결과가 제대로 나왔다.

마지막으로 문서의 표현 벡터를 생성하는 간단한 예는 다음과 같다.

```
>>> doc_sample = ['i', 'love', 'reading', 'python', 'machine', 'learning', 'by', 'example']
>>> import numpy as np
>>> doc_vector = np.mean([model.wv[word] for word in doc_sample], axis=0)
>>> print('The document sample is embedded into:\n', doc_vector)
The document sample is embedded into:
[-0.17100249 0.1388764 0.10616798 0.200275 0.1159925 -0.1515975
1.1621187 -0.4241785 0.2912 -0.28199488 -0.31453252 0.43692702
-3.95395 -0.35544625 0.073975 0.1408525 0.20736426 0.17444688
0.10602863 -0.04121475 -0.34942 -0.2736689 -0.47526264 -0.11842456
 -0.16284864]
```

결과 벡터는 8개 입력 단어의 임베딩 벡터의 평균이다.

텍스트 분류와 주제 모델링 같은 전통적인 NLP 애플리케이션에서 tf나 td-idf는 여전히 뛰어난 특징 추출 방법이다. 텍스트 요약text summarization, 기계 번역, 개체명 인식, 질문 응답question answering, 정보 검색information retrieval과 같은 좀 더 복잡한 영역에서는 단어 임베딩을 이용해서 기존의 두 가지 방법보다 훨씬 더 나은 특징을 추출할 수 있다.

지금까지 데이터와 특징 생성에 대한 모범 사례를 살펴보았으므로, 이제 모델 훈련을 살펴본다.

11.4 모델 훈련, 평가, 선택 단계의 모범 사례

지도학습 계열의 머신러닝 문제가 주어졌을 때, 보통 첫 번째로 묻는 질문은 이를 해결하는 데 가장 좋은 분류나 회귀 알고리즘이 무엇인가 하는 것이다. 하지만, 세상에는 만병통치약도 공짜 점심free lunch도 없다. 여러 알고리즘을 시도해보고 최적의 알고리즘을 미세 조정하기 전까지는 어느 알고리즘이 가장 잘 작동할지 아무도 알 수 없다. 다음 절에서 이에 대한 모범 사례를 살펴본다.

11.4.1 모범 사례 15: 적절한 알고리즘 선택

알고리즘에는 조정해야 할 매개변수가 여러 개 있으므로, 모든 알고리즘을 자세히 살펴보고 각각을 미세 조정하려면 시간이 오래 걸리고 계산 비용이 많이 들 수 있다. 따라서 다음과 같이 일반 지침에 따라 1~3개의 적절한 알고리즘을 선정하는 것이 좋다(여기서는 분류에 중점을 두지만, 이는 회귀에도 동일하게 적용되고 또한 이에 대응되는 회귀 알고리즘이 있다).

알고리즘 후보를 선정하기 전에 확인할 사항은 다음과 같다.

* 훈련 데이터셋의 크기
* 데이터셋의 차원
* 데이터가 선형으로 분리 가능한지 여부
* 특징이 독립적인지 여부
* 편향과 분산의 허용 오차와 절충 방안
* 온라인 학습이 필요한지 여부

이제 앞에서 언급한 관점을 고려해서 적절한 알고리즘을 선택하는 방법을 살펴본다.

1 나이브 베이즈

나이브 베이즈는 매우 간단한 알고리즘이다. 일반적으로 훈련 데이터셋이 상대적으로 작고 특징이 서로 독립적이라면 나이브 베이즈가 잘 수행된다. 대규모 데이터셋의 경우에는 특징이 서로 독립적이라고 가정할 수 있으므로 여전히 잘 작동한다. 또한 나이브 베이즈는 계산이 단순하기 때문에 일반적으로 다른 알고리즘보다 빠르게 훈련할 수 있다. 그러나 보통 나이브 베이즈는 편향이 크고 분산이 낮다.

2 로지스틱 회귀

로지스틱 회귀는 가장 널리 사용되는 분류 알고리즘으로, 머신러닝 실무자가 분류 문제에 대해서 가장 선호한다. 데이터가 선형으로 분리되거나 근사적으로 **선형으로 분리**할 수 있을 때 잘 작동한다. 선형으로 분리할 수 없는 특징일 때도, 분리 가능한 특징으로 변환한 다음에 로지스틱 회귀를 적용할 수 있다.

다음 예에서, 원래는 선형으로 분리할 수 없는 데이터가 두 특징의 상호작용을 통해서 변환된 공간에서는 분리할 수 있게 되었다.

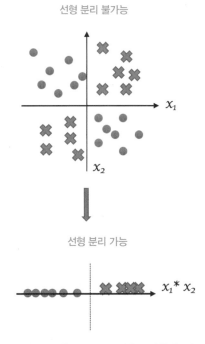

그림 11.3 **선형 분리할 수 없는 특징을 분리할 수 있도록 변환**

또한 로지스틱 회귀는 SGD 최적화를 통해서 대규모 데이터셋으로 확장할 수 있으므로 빅데이터 문제를 효과적으로 해결할 수 있다. 또한 온라인 학습도 할 수 있다. 로지스틱 회귀는 편향이 낮고 분산이 큰 알고리즘이지만 L1 정규화, L2 정규화, L1과 L2를 혼합한 정규화를 통해서 과적합을 극복할 수 있다.

3 SVM

SVM은 데이터의 선형 분리 가능 여부와 관계없이 적용할 수 있다. 선형 커널이 있는 SVM은 분리 가능한 데이터셋에 대해서 로지스틱 회귀와 비슷한 성능을 보인다. 또한 RBF와 같은 비선형 커널을 갖는 SVM은 분리할 수 없는 데이터셋에서도 잘 작동한다. 일반적으로 로지스틱 회귀는 고차원 데이터셋에 대해서 성능이 떨어지지만, SVM은 여전히 좋은 성능을 보인다. 이에 대한 좋은 예로는 특징의 차원이 수만 개에 달하는 뉴스 분류가 있다. 일반적으로 적절한 커널과 매개변수를 가진 SVM은 매우 높은 정확도를 얻을 수 있다. 그러나 계산량이 늘어나고 더 많은 메모리가 필요하다.

4 랜덤 포레스트(또는 의사결정 트리)

랜덤 포레스트 알고리즘은 데이터의 선형 분리 가능 여부에 상관이 없고, 인코딩 없이 범주형 특징을 직접 다룰 수 있으므로[8] 사용하기 매우 편리하다. 또한 훈련된 모델을 해석하고 비머신러닝 실무자에게 설명하기가 매우 쉬운데, 다른 대부분의 알고리즘은 그렇지 않다. 또한 랜덤 포레스트는 의사결정 트리 알고리즘을 확장하고 다수의 트리를 앙상블해서 과적합을 줄일 수 있다. 랜덤 포레스트 모델의 성능은 SVM과 비슷하지만, SVM과 신경망에 비해 미세 조정하기가 쉽다.

5 신경망

딥러닝의 등장으로 신경망은 매우 강력해졌다. 그러나 모델 훈련과 조정에 시간이 많이 소요될 뿐만 아니라 올바른 토폴로지(층, 노드, 활성화 함수 등)를 찾기도 쉽지 않다. 따라서 일반적인 머신러닝 문제를 해결할 때 초보자에게 처음 시작하는 알고리즘으로 추천하지는 않는다. 그러나 컴퓨터 비전과 많은 NLP 작업에서는 여전히 믿을 만한 모델이다.

11.4.2 모범 사례 16: 과적합 줄이기

지난 실습에서 알고리즘의 장단점을 논의할 때 과적합을 피하는 방법을 다뤘다. 이를 요약하면 다음과 같다.

- **교차 검증**: 이 책의 모든 장에 걸쳐서 구축한 좋은 방법이다.

8　옮긴이 4.3.1절 및 4.6절 참고

- **정규화**: 주어진 훈련셋에 모델이 과적합해서 발생하는 오차를 줄이고자 벌칙 항을 추가한다.
- **단순화**(가능한 경우): 모델이 복잡할수록 과적합할 가능성이 커진다. 복잡한 모델로는 과도한 깊이의 트리나 포레스트, 높은 차수의 다항식 변환이 있는 선형회귀, 복잡한 커널이 있는 SVM이 있다.
- **앙상블 학습**: 다수의 약한 모델을 결합해서 더 강한 모델을 만드는 것이다.

그렇다면 모델이 과적합되거나 또는 과소적합되는 것은 어떻게 알 수 있을까? 다음 절에서 살펴본다.

11.4.3 모범 사례 17: 과적합과 과소적합 진단

일반적으로 모델의 편향과 분산을 평가하기 위해서 **학습 곡선**learning curve을 사용한다. 학습 곡선은 주어진 수의 훈련 샘플로 교차 검증한 훈련 점수와 테스트 점수를 비교하는 그래프다.

훈련 샘플에 잘 피팅된 모델은 훈련 샘플에 대한 성능이 기대했던 것보다 좋다. 일반적으로는 훈련 샘플의 수에 비례해서 테스트 샘플에 대한 모델의 성능이 개선되는데, 이상적으로는 테스트 성능이 훈련 샘플에 대한 성능에 가까워진다.

테스트 샘플에 대한 성능이 훈련 샘플에 대한 성능보다 훨씬 낮은 값으로 수렴하면 과적합이라고 볼수 있다. 과적합이 발생하면, 모델이 이전에 본 적 없는 새로운 샘플에 대해서는 잘 일반화하지 못한다.

훈련 샘플에도 잘 피팅되지 못한 모델은 과소적합된 것인데, 이때 학습 곡선상에서 훈련 샘플과 테스트 샘플에 대한 성능이 모두 원하는 성능보다 낮게 나타난다.

다음은 이상적인 경우에 대한 학습 곡선의 예다.

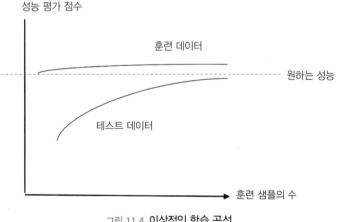

그림 11.4 **이상적인 학습 곡선**

과적합된 모델에 대한 학습 곡선의 예는 다음 다이어그램과 같다.

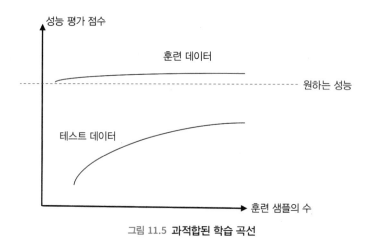

그림 11.5 **과적합된 학습 곡선**

과소적합된 모델에 대한 학습 곡선은 다음 다이어그램과 유사하다.

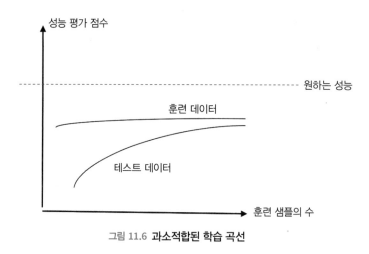

그림 11.6 **과소적합된 학습 곡선**

사이킷런의 learning_curve 모듈[9]과 plot_learning_curve 함수[10]를 활용해서 학습 곡선을 그릴 수 있다.

9　https://scikit-learn.org/stable/modules/generated/sklearn.model_selection.learning_curve.html#sklearn.model_selection.learning_curve (옮긴이) https://bit.ly/3pwXVhO)

10　https://scikit-learn.org/stable/auto_examples/model_selection/plot_learning_curve.html (옮긴이) https://bit.ly/3pzzrV9)

11.4.4 모범 사례 18: 대규모 데이터셋에 대한 모델링

6장에서 대규모 데이터셋을 작업하면서, 대규모 데이터를 더 효율적으로 모델링하는 데 도움이 되는 몇 가지 팁을 얻을 수 있었다.

첫 번째 팁은 작은 부분집합, 예를 들어 로컬 시스템에 맞는 크기의 부분집합으로 시작하는 것이다. 이는 초기의 실험 속도를 높이는 데 도움이 된다. 단지 SVM이나 랜덤 포레스트의 성능이 좀 더 개선되는지 알아보기 위해 전체 데이터셋으로 다시 훈련하는 것은 바람직하지 않다. 대신 무작위로 샘플링한 데이터셋으로 몇 가지 모델을 빠르게 실행해볼 수 있다.

두 번째 팁은 로지스틱 회귀, 선형 SVM, SGD 기반 최적화와 같이 확장 가능한 알고리즘을 선택하는 것인데, 이것은 직관적으로도 쉽게 이해할 수 있다.

일단 어떤 모델이 가장 잘 작동하는지 파악되면, 더 많은 데이터 포인트로 모델을 미세 조정해가면서 전체 데이터셋으로 훈련을 진행한다. 그리고 훈련된 모델을 저장하는 것을 잊어서는 안 된다. 대규모 데이터셋에 대한 훈련은 시간이 오래 걸리므로, 가능하다면 다시 실행하지 않는 것이 좋다. 모델 저장과 로드에 대한 자세한 내용은 다음 절 '모범 사례 19'에서 살펴본다.

11.5 배포와 모니터링 단계의 모범 사례

이전 세 단계의 모든 과정을 마치고, 이제 잘 정립된 데이터 전처리 파이프라인과 적절하게 훈련된 예측 모델을 갖추었다. 머신러닝 시스템의 마지막 단계에는 이전 단계에서 얻은 모델의 저장, 배포, 성능 모니터링, 예측 모델의 정기적인 업데이트 작업이 포함된다.

11.5.1 모범 사례 19: 모델 저장, 로드, 재사용

머신러닝 모델을 배포했을 때, 새로운 데이터는 이전 단계와 같은 데이터 전처리 절차(크기 조정, 특징 공학, 특징 선택, 차원 축소 등)를 거쳐야 한다. 그다음에는 전처리한 데이터를 훈련한 모델에 입력한다. 새로운 데이터에 대해서 매번 전체 과정을 다시 실행하고 모델을 다시 훈련할 수는 없다. 따라서 각 단계가 완료된 후 전처리 모델과 훈련된 예측 모델을 저장해야 한다. 배포 모드deployment mode에서는 이러한 모델을 미리 로드하고 새로운 데이터에 대한 예측을 한다.

1 피클을 이용한 모델 저장과 복원

당뇨병 예를 통해 피클pickle을 이용한 데이터 표준화와 SVR 모델 사용 방법을 설명하겠다.

```
>>> dataset = datasets.load_diabetes()
>>> X, y = dataset.data, dataset.target
>>> num_new = 30 # 마지막 샘플 30개를 새로운 데이터셋으로 사용
>>> X_train = X[:-num_new, :]
>>> y_train = y[:-num_new]
>>> X_new = X[-num_new:, :]
>>> y_new = y[-num_new:]
```

다음과 같이 훈련 데이터의 크기를 조정하도록 전처리한다.

```
>>> from sklearn.preprocessing import StandardScaler
>>> scaler = StandardScaler()
>>> scaler.fit(X_train)
```

이렇게 얻은 standardizer 표준화기와 scaler 객체를 피클로 저장한다.

```
>>> import pickle
>>> pickle.dump(scaler, open("scaler.p", "wb" ))
```

이제 scaler.p 파일이 생성된다.

계속해서 크기 조정된 데이터에 대한 SVR 모델 훈련을 진행한다.

```
>>> X_scaled_train = scaler.transform(X_train)
>>> from sklearn.svm import SVR
>>> regressor = SVR(C=20)
>>> regressor.fit(X_scaled_train, y_train)
```

훈련된 regressor 객체를 다음과 같이 피클로 저장한다.

```
>>> pickle.dump(regressor, open("regressor.p", "wb"))
```

이제 regressor.p 파일이 생성된다.

배포 단계에서는 이전에 두 개의 파일에 각각 저장한 standardizer 표준화기와 regressor 객체를 로드한다.

```
>>> my_scaler = pickle.load(open("scaler.p", "rb" ))
>>> my_regressor = pickle.load(open("regressor.p", "rb"))
```

그다음에는 standardizer 표준화기를 이용해서 새로운 데이터를 전처리하고 방금 로드한 regressor 객체로 예측한다.

```
>>> X_scaled_new = my_scaler.transform(X_new)
>>> predictions = my_regressor.predict(X_scaled_new)
```

2 텐서플로에서 모델 저장과 복원

이 절에서는 보너스로 텐서플로에서 모델을 저장하고 복원하는 방법을 보여준다. 암 데이터셋으로 간단한 로지스틱 회귀 모델을 훈련하고 훈련된 모델을 저장한 다음 다시 로드하는 예를 살펴본다.

1. 필요한 텐서플로 모듈을 임포트하고 사이킷런에서 암 데이터셋을 로드한다.

```
>>> import tensorflow as tf
>>> from tensorflow import keras
>>> from sklearn import datasets
>>> cancer_data = datasets.load_breast_cancer()
>>> X = cancer_data.data
>>> Y = cancer_data.target
```

2. 케라스 Sequential API의 몇 가지 매개변수를 지정하고, 이를 이용해서 간단한 로지스틱 회귀 모델을 구축한다.

```
>>> learning_rate = 0.005
>>> n_iter = 10
>>> tf.random.set_seed(42)
>>> model = keras.Sequential([
...     keras.layers.Dense(units=1, activation='sigmoid')
... ])
>>> model.compile(loss='binary_crossentropy', optimizer=tf.keras.optimizers.Adam(learning_rate))
```

3. 데이터로 텐서플로 모델을 훈련한다.

```
>>> model.fit(X, Y, epochs=n_iter)
```

4. 모델의 아키텍처는 다음과 같다.

```
>>> model.summary()
Model: "sequential"

_____
Layer (type)                 Output Shape              Param #
=================================================================
dense (Dense)                multiple                  31
=================================================================
Total params: 31
Trainable params: 31
Non-trainable params: 0
_____
```

나중에 같은 모델을 다시 불러올 수 있는지 알아본다.

5. 아직 이전 단계가 익숙하지 않다면 텐서플로 구현한 것을 복습해보는 것이 좋다. 이제 모델을 다음 경로에 저장한다.

```
>>> path = './model_tf'
>>> model.save(path)
```

model_tf라는 폴더가 생성된다. 이 폴더에는 훈련된 모델의 아키텍처, 가중치, 훈련을 위한 설정이 저장된다.

6. 마지막으로 이전에 저장한 모델을 로드하고, 로드한 모델의 경로를 표시한다.

```
>>> new_model = tf.keras.models.load_model(path)
>>> new_model.summary()
Model: "sequential"

_____
Layer (type)                 Output Shape              Param #
=================================================================
dense (Dense)                multiple                  31
=================================================================
Total params: 31
Trainable params: 31
Non-trainable params: 0
_____
```

같은 모델을 다시 로드한 것을 확인할 수 있다.

11.5.2 모범 사례 20: 모델 성능 모니터링

머신러닝 시스템 개발이 마무리되면, 이제 가동에 들어간다. 모든 것이 제대로 작동하고 있는지 확인하기 위해서 정기적으로 성능 검사를 해야 한다. 그러려면 실시간 예측과 동시에 정답도 함께 기록해야 한다.

이 장의 앞부분에서 다뤘던 당뇨병 예를 들어 다음과 같이 성능 검사를 한다.

```
>>> from sklearn.metrics import r2_score
>>> print(f'Health check on the model, R^2: {r2_score(y_new, predictions):.3f}')
Health check on the model, R^2: 0.613
```

성능을 기록하고 성능 저하가 발생하면 경고하도록 설정해야 한다.

11.5.3 모범 사례 21: 정기적인 모델 업데이트

성능이 점점 저하한다면 데이터의 패턴이 바뀌었을 가능성이 있다. 모델을 업데이트해서 이 문제를 해결할 수 있다. 온라인 학습이 가능한지에 따라, 새로운 데이터셋으로 온라인 업데이트를 통해 모델을 개선하거나 가장 최신의 데이터로 처음부터 모델을 다시 훈련해야 할 수도 있다.

11.6 요약

11장의 목적은 실제 머신러닝 문제에 대비하는 것이다. 먼저 머신러닝 솔루션에 적용할 수 있는 일반적인 워크플로(데이터 준비, 훈련셋 생성, 알고리즘 훈련/평가/선택, 시스템 배포와 모니터링)를 다뤘다.

그다음에는 워크플로 네 단계에서의 대표적인 작업, 공통적인 문제점, 모범 사례를 자세히 살펴보았다.

연습이 완벽을 만든다. 여러 모범 사례를 살펴보았지만 가장 중요한 모범 사례는 연습이다. 이해를 심화하고 지금까지 배운 내용을 적용해볼 수 있도록 실제 프로젝트를 시작해보는 것이 좋다.

12장에서는 **합성곱 신경망**을 이용해서 옷 이미지를 분류하는 방법을 살펴본다.

11.7 연습 문제

1. 단어 임베딩을 통해 텍스트 특징을 추출하고 뉴스그룹 데이터 분류를 위한 다중 클래스 분류기를 개발해보자(단어 임베딩을 사용하면 본문에서 다룬 tf-idf보다 더 나은 결과를 얻지 못할 수도 있지만, 좋은 연습이 될 것이다).

2. 캐글에서 몇 가지 도전 과제를 찾아보고, 책에서 배운 내용을 연습해보자.

CHAPTER

12

합성곱 신경망을 이용한
옷 이미지 분류

11장에서는 기존의 일반적인 머신러닝에 대한 모범 사례를 다뤘다. 이 장부터는 딥러닝과 강화학습과 같은 더 고급 주제를 자세히 다룬다.

보통 이미지 분류를 다룰 때는 이미지를 평면화하고 이를 픽셀 벡터화해서 신경망(또는 다른 모델)에 입력한다. 이러한 과정을 통해서 작업을 효과적으로 수행할 수는 있겠지만, 작업에 중요한 공간 정보 spatial information를 잃게 된다. 12장에서는 **합성곱 신경망**convolutional neural network, CNN을 이용해서 이미지로부터 표현력이 풍부하고 서로 구별하기 쉬운 표현representation을 추출한다. CNN이 어떻게 9를 '9'로, 4를 '4'로, 고양이를 '고양이'로, 개를 '개'로 표현하는지 알게 될 것이다.

우선 CNN의 개별 구성 요소를 살펴본다. 다음으로 텐서플로를 이용해서 CNN 분류기를 개발하고 옷 이미지를 분류해 합성곱convolution의 작동 원리를 설명한다. 마지막으로 CNN 모델의 성능을 개선하는 데이터 증강data augmentation을 소개한다.

12장에서 다룰 주제는 다음과 같다.

- CNN 구성 요소
- CNN을 이용한 분류
- 텐서플로와 케라스를 이용한 CNN 구현
- CNN을 이용한 옷 이미지 분류
- 합성곱 필터 시각화
- 데이터 증강과 구현

12.1 CNN의 구성 요소

데이터에서 특징을 추출하는 데는 일반 은닉층(지금까지 본 완전연결층fully connected layer)이 어느 정도 효과적이지만, 이러한 일반 은닉층의 표현은 서로 다른 클래스의 이미지를 구별하는 데 유용하지 않을 수도 있다. 반면 CNN은 표현력이 더 풍부하고 구별하기 쉬운 표현, 예를 들어 자동차를 '자동차'로, 비행기를 '비행기'로, 필기 문자 y를 'y'로, z를 'z'로 나타내는 표현 추출에 사용할 수 있다. 이러한 CNN은 인간의 시각 피질human visual cortex에서 생물학적으로 영감을 받은 신경망의 일종이다. CNN에 대한 이해를 돕기 위해 합성곱층, 비선형층, 풀링층과 같은 대표적인 CNN의 구성 요소부터 살펴본다.

12.1.1 합성곱층

합성곱층convolutional layer은 CNN의 첫 번째 층으로, 다층 CNN에는 다수의 합성곱층이 있다. 이는 입력 이미지나 행렬에 합성곱 연산을 적용해서 신경세포가 수용영역receptive field에 반응하는 방식을 모방한다. 수학적으로는 합성곱층의 노드와 입력층의 개별적인 작은 영역 간 **내적**dot product 계산을 한다. 여기서 작은 영역은 수용영역[1]이라고 하는데, 합성곱층의 노드는 필터값으로 볼 수 있다. 입력층에서 이동하면서 필터와 현재 수용영역(부분 영역) 간 내적을 계산한다. 필터로 모든 부분 영역에 대한 합성곱을 계산한 뒤에 새로운 층을 얻게 되는데, 이를 **특징맵**feature map이라고 한다. 다음과 같은 간단한 예를 살펴보자.

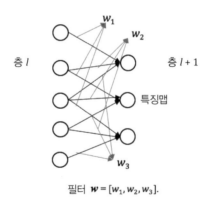

필터 $\boldsymbol{w} = [w_1, w_2, w_3]$.

그림 12.1 **특징맵 생성 방법**

---

1   울긴이 외부 자극이 전체 영역에 영향을 끼치는 것이 아니라 특정 영역에만 영향을 준다는 뜻이다. 이는 CNN 출력층의 뉴런 하나에 영향을 미치는 입력 뉴런들의 공간 크기에 해당한다.

이 예에서 l번째 층에는 5개의 노드가 있고, 필터는 3개의 노드[w_1, w_2, w_3]로 구성된다. 먼저 필터와 l번째 층의 처음 세 노드 사이의 내적을 계산해서 출력 특징맵의 첫 번째 노드를 얻는다. 그다음에는 필터와 중간 세 노드 사이의 내적을 계산해서 출력 특징맵의 두 번째 노드를 얻는다. 마지막으로 세 번째 노드는 l번째 층의 마지막 세 노드에 대한 합성곱으로 구한다.

이제 다음 예에서 합성곱이 어떻게 작동하는지 자세히 살펴본다.

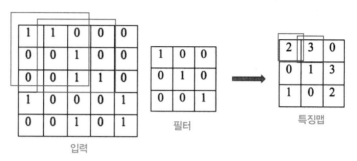

그림 12.2 **합성곱 작동 방식**

이 예에서는 5 × 5 입력 행렬의 왼쪽 상단 부분 영역에서 오른쪽 하단 부분 영역으로 3 × 3 필터를 이동하면서, 각 부분 영역과 필터 간의 내적을 계산한다. 왼쪽 최상단 부분 영역(주황색 사각형)을 예로 들어 내적을 계산해보면 1 × 1 + 1 × 0 + 1 × 1 = 2이므로, 특징맵의 왼쪽 최상단 노드(왼쪽 상단 주황색 사각형)의 값은 2가 된다. 그다음으로 맨 왼쪽 부분 영역(파란색 사각형)의 경우 합성곱을 계산하면 1 × 1 + 1 × 1 + 1 × 1 = 3이므로, 특징맵의 그다음 노드(상단 중간의 파란색 사각형)의 값은 3이 된다. 이런 방식으로 내적 계산을 해서 결과적으로 3 × 3 특징맵을 얻을 수 있다.

그렇다면 합성곱층은 언제 사용할까? 이는 가장자리edge와 곡선curve과 같은 특징을 추출하는 데 효과적이다. 필터가 검출한 가장자리나 곡선이 어떤 수용영역에 포함된 경우, 해당 출력 특징맵의 픽셀은 높은 값을 갖는다. 예를 들어 앞의 예에서 필터는 백슬래시 모양의 '\' 대각선 가장자리를 나타낸다. 파란색 사각형의 수용영역에는 필터와 유사한 대각선이 있으므로 가장 높은 값인 3을 갖는다. 그러나 오른쪽 최상단 모서리에 있는 수용영역에는 이러한 백슬래시 모양이 포함되지 않으므로 출력 특징맵에서 해당 픽셀값이 0이 된다. 따라서 합성곱층은 곡선 검출기 또는 모양 검출기 역할을 한다.

일반적으로 합성곱층에는 다양한 곡선과 모양을 감지하는 여러 필터가 있다. 이전의 간단한 예에서는 필터를 하나만 적용해서 입력 이미지의 모양이 해당 필터에 표시된 곡선과 얼마나 유사한지를 나타내는 하나의 특징맵을 생성한다. 수평 곡선, 수직 곡선, 30도 모양, 직각 모양과 같은 더 많은 필터를 사용해서 입력 데이터에서 더 많은 패턴을 감지할 수 있다.

또한 여러 합성곱층을 쌓아서 전체적인 모양이나 윤곽과 같은 더 높은 수준의 표현을 생성할 수도 있다. 더 많은 층을 연결하면 더 많은 전역 패턴을 찾아낼 수 있는 더 큰 수용영역이 만들어진다.

실제로 CNN의 합성곱층은 다음과 같이 시각세포visual cell가 작동하는 방식을 모방한다.

- 시각 피질에는 **수용영역**이라는 복잡한 신경세포가 있는데, 이는 시각 영역의 특정 부분 영역에 민감하다. 예를 들어 일부 세포는 수직 가장자리가 있는 경우에만 응답하고, 또 다른 일부 세포는 수평 가장자리에 노출되었을 때만 반응한다. 또 다른 일부 세포는 특정 방향의 가장자리에 더 강하게 반응한다. 이러한 세포가 모여서 만들어진 조직이 시각 인식visual perception을 담당하게 되고, 각 세포는 특정 요소에 특화된다. CNN의 합성곱층은 다수의 필터로 구성되는데, 각 필터는 인간의 시각 피질의 세포 역할을 한다.

- 단순한 세포는 가장자리와 같은 패턴이 수용영역의 일부분에 나타날 때만 응답한다. 좀 더 복잡한 세포는 더 큰 부분 영역에 민감하게 반응하고, 결과적으로 전체 시야에 보이는 가장자리 같은 패턴에 반응할 수 있다. 합성곱층을 쌓으면 복잡한 세포 묶음처럼 좀 더 큰 범위에서 패턴을 감지할 수 있다.

보통 각 합성곱층 뒤에는 비선형층을 둔다.

12.1.2 비선형층

기본적으로 비선형층nonlinear layer은 8장에서 살펴본 활성화층에 해당하는데, 비선형성을 도입하고자 사용된다. 합성곱층에서는 선형 연산(곱셈, 덧셈)만 있으므로, 신경망에 선형 은닉층만 있다면 그러한 은닉층이 몇 개가 있더라도 신경망은 단층 퍼셉트론perceptron처럼 행동한다. 따라서 합성곱층 바로 뒤에 비선형 활성화가 필요하다. 심층 신경망에서는 비선형층으로 ReLU가 가장 많이 사용된다.

12.1.3 풀링층

일반적으로 (비선형 활성화와 함께) 하나 이상의 합성곱층을 통과한 후에 생성되는 특징을 분류에 바로 사용할 수 있다. 예를 들어 다중 클래스 분류의 경우에는 이 특징에 소프트맥스softmax 층을 적용한다. 하지만 분류에 적용하는 문제에 앞서, 우선 합성곱층에서의 계산 과정을 살펴보자.

28×28 크기의 입력 이미지가 주어지고 첫 번째 합성곱층에 20개의 5×5 필터를 적용한다고 가정한다. 모두 20개의 출력 특징맵을 얻게 되고, 각 특징맵층의 크기는 $(28 - 5 + 1) \times (28 - 5 + 1)$ $= 24 \times 24 = 576$이 된다. 이것은 다음 층의 입력이 되므로 특징의 수가 784(28×28)에서 11,520(20×576)으로 늘어난다. 그다음으로 두 번째 합성곱층에 50개의 5×5 필터를 적용하면 출력 크기가

$50 \times 20 \times (24 - 5 + 1) \times (24 - 5 + 1) = 400,000$으로 증가한다. 이것은 최초의 특징맵 크기인 784보다 훨씬 큰데, 마지막 소프트맥스층 이전의 합성곱층까지 모두 통과하면 차원이 급격하게 증가한다. 이렇게 특징맵의 크기가 커지면 이에 비례해서 가중치의 개수도 많아진다. 이러한 많은 수의 가중치를 훈련하는 비용은 말할 것도 없고 쉽게 과적합으로 이어지므로 문제가 될 수 있다.

차원이 급격하게 증가하는 문제를 해결하기 위해서 종종 합성곱층과 비선형층 뒤에 **풀링층**pooling layer을 둔다. 풀링층은 **다운샘플링 층**downsampling layer이라고도 하는데, 상상할 수 있듯이 특징맵의 차원을 줄인다. 이는 부분 영역에 대한 특징 통계를 취합해서 수행하는데, 대표적인 풀링 방법은 다음과 같다.

- 최대 풀링max pooling: 중첩되지 않는 모든 부분 영역에 대한 최댓값을 취한다.
- 평균 풀링mean pooling: 중첩되지 않는 모든 부분 영역에 대한 평균값을 취한다.

다음 예에서는 4×4 특징맵에 2×2 최대 풀링 필터를 적용해서 2×2 출력을 얻는다.

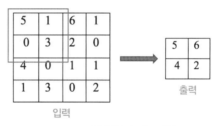

입력 / 출력

그림 12.3 **최대 풀링 작동 방식**

차원 축소 외에도 풀링층에는 위치 불변성translation invariance이라는 또 다른 이점이 있다. 이것은 입력 행렬에 약간의 위치 변화가 있더라도 출력이 변하지 않는다는 의미다. 예를 들어 입력 이미지를 왼쪽이나 오른쪽으로 몇 픽셀 이동하더라도, 부분 영역에서 가장 큰 값을 갖는 픽셀이 동일하면 최대 풀링층의 출력은 여전히 같다. 즉, 풀링층 덕분에 예측이 입력의 위치 변화에 덜 민감해진다.

다음 예는 최대 풀링으로 위치 불변성을 얻게 되는 방법을 보여준다. 4×4 원본 이미지에 2×2 필터를 적용한 최대 풀링의 출력은 다음과 같다.

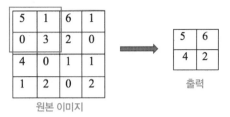

그림 12.4 **원본 이미지와 최대 풀링 출력**

그리고 이미지를 오른쪽으로 1픽셀 이동하면, 이동한 이미지와 해당 출력은 다음과 같다.

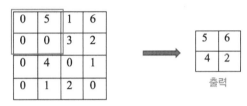

그림 12.5 **이동한 이미지와 출력**

입력 이미지를 수평으로 이동해도 출력은 같다. 이처럼 풀링층은 이미지의 이동에 대해서 더 강건하게 해준다.

지금까지 CNN의 모든 구성 요소를 배웠다. 이제 이와 같은 구성 요소들로 어떻게 CNN을 구성하는지 살펴본다.

12.2 분류를 위한 CNN 구조 설계

앞에서 살펴본 세 가지 유형의 합성곱과 관련한 층과 완전연결층을 연결해서, 분류를 위한 CNN 모델을 구성할 수 있다.

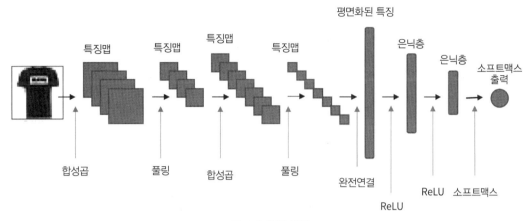

그림 12.6 **CNN 구조**

이 예에서는 우선 입력 이미지를 다수의 필터로 구성된 합성곱층(ReLU 활성화 포함)에 입력한다. 이러한 입력 이미지를 통해 합성곱 필터의 계수를 훈련할 수 있다. 잘 훈련된 앞단의 합성곱층은 입력 이미지로부터 분류 작업에 유용한 낮은 수준의 표현low-level representation을 도출할 수 있는데, 이는 다운스트림 합성곱층과 다운스트림 분류 작업에도 유용하다. 각 합성곱층이 생성한 특징맵은 풀링층으로 다운샘플링한다.

다음으로 각 필터의 결과를 취합한 특징맵을 두 번째 합성곱층에 입력한다. 마찬가지로, 두 번째 풀링층은 출력 특징맵의 크기를 줄인다. 필요한 만큼 합성곱층과 풀링층 쌍을 연결할 수 있다. 두 번째 (또는 세 번째나 그 이상) 합성곱층은 이전 층에서 도출한 일련의 낮은 수준의 표현을 통해 전체적인 모양, 윤곽과 같은 높은 수준의 표현을 구성한다.

CNN에서 이 부분까지는 특징맵의 형태가 행렬[2]이다. 다운스트림 분류를 수행하기 전에 행렬을 벡터로 평면화해야 한다. 평평해진 특징을 하나 또는 그 이상의 완전연결된 은닉층에 입력한다. CNN은 일반 신경망 위에 계층형 특징 추출기를 추가한 것으로 생각할 수 있다. 이러한 구조의 CNN은 강력하고 고유한 특징을 활용해서 이미지를 구분하는 데 적합하다.

이진 분류 문제를 처리하는 네트워크의 마지막 부분은 로지스틱 함수다. 그리고 다중 클래스 분류 문제와 다중 레이블 분류 문제일 경우에는 각각 소프트맥스 함수와 로지스틱 함수 셋이 네트워크의 마지막 부분이 된다.

지금까지 CNN에 대해서 살펴보았다. 이제 옷 이미지 분류 문제를 해결해보자. 우선 데이터셋부터 살펴본다.

2　[옮긴이] 그림 12.6에서는 3차원 행렬이다.

12.3 옷 이미지 데이터셋

패션-MNISTFashion-MNIST[3]는 유럽 최대 온라인 패션 소매업체인 잘란도Zalando의 이미지 데이터셋이다. 이 데이터셋은 60,000개의 훈련 샘플과 10,000개의 테스트 샘플로 구성된다. 각 샘플은 28 × 28 크기의 흑백grayscale 이미지이고, 샘플의 레이블은 옷의 품목을 나타내는 10개 클래스 중 하나에 해당한다.

- 0: 티셔츠/상의
- 1: 바지
- 2: 풀오버[4]
- 3: 드레스
- 4: 코트

- 5: 샌들
- 6: 셔츠
- 7: 운동화
- 8: 가방
- 9: 발목 부츠

잘란도는 벤치마킹 알고리즘을 위해 만든 이 데이터셋을 필기 숫자 MNIST 데이터셋[5]만큼 인기 있게 만들기 위해서 패션-MNIST라고 부르고 있다.

깃허브 저장소의 'Get the Data(데이터 가져오기)' 섹션의 링크를 통해 데이터셋을 다운로드할 수 있다. 또는, 케라스에는 이미 이 데이터셋과 해당 API가 포함되므로 더 간단히 임포트할 수 있다. 여기에서는 다음과 같이 케라스를 이용하겠다.

```
>>> import tensorflow as tf
>>> fashion_mnist = tf.keras.datasets.fashion_mnist
>>> (train_images, train_labels), (test_images, test_labels) = fashion_mnist.load_data()
```

텐서플로를 임포트하고 케라스 모듈에서 패션-MNIST를 로드하면 된다. 이제 훈련 이미지와 레이블, 테스트 이미지와 레이블을 모두 확보했다. 각각의 데이터를 저장한 네 가지 배열에서 몇 가지 샘플을 출력해볼 수 있는데, 예를 들어 훈련 레이블은 다음과 같이 출력할 수 있다.

```
>>> print(train_labels)
[9 0 0 ... 3 0 5]
```

---

3   https://github.com/zalandoresearch/fashion-mnist (옮긴이) https://bit.ly/3qiWkwj)
4   (옮긴이) 앞이 트여 있지 않아서 머리 위에서부터 끌어당겨 입는 스웨터를 말한다.
5   http://yann.lecun.com/exdb/mnist/ (옮긴이) https://bit.ly/3qHceRb)

레이블 배열에는 클래스 이름이 포함되지 않으므로, 다음과 같이 클래스 이름을 정의하고 나중에 그림을 그리는 데 사용한다.

```
>>> class_names = ['T-shirt/top', 'Trouser', 'Pullover', 'Dress',
'Coat', 'Sandal', 'Shirt', 'Sneaker', 'Bag', 'Ankle boot']
```

이미지 데이터의 형식format은 다음과 같이 확인할 수 있다.

```
>>> print(train_images.shape)
(60000, 28, 28)
```

60,000개의 훈련 샘플이 있는데, 각 샘플은 28 × 28픽셀로 표현된다.

마찬가지로 테스트 샘플 10,000개의 형식은 다음과 같이 확인한다.

```
>>> print(test_images.shape)
(10000, 28, 28)
```

이제 훈련 샘플을 무작위로 뽑아서 확인한다.

```
>>> import matplotlib.pyplot as plt
>>> plt.figure()
>>> plt.imshow(train_images[42])
>>> plt.colorbar()
>>> plt.grid(False)
>>> plt.title(class_names[train_labels[42]])
>>> plt.show()
```

최종 결과는 다음 이미지와 같다.

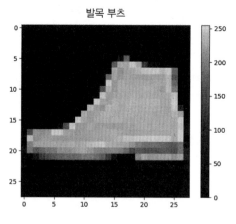

그림 12.7 **패션 MNIST의 훈련 샘플**

NOTE   다음과 유사한 오류가 발생할 수 있다.

- OMP: **오류** #15: libiomp5.dylib 초기화 중에, 이미 초기화된 libiomp5.dylib 발견
- OMP: **힌트** OpenMP 런타임의 여러 복사본이 프로그램에 연결되었다는 의미다. 성능을 저하하거나 잘못된 결과를 초래할 수 있으므로 위험하다. 가장 좋은 방법은 단일 OpenMP 런타임만 프로세스에 연결되도록 하는 것이다. 모든 라이브러리에서 OpenMP 런타임의 정적 연결을 방지한다. 안전하지 않고 더는 지원되지 않아서 문서화되지 않은 해결 방법인 KMP_DUPLICATE_LIB_OK=TRUE 환경 변수를 설정하여 프로그램을 계속 실행할 수 있지만, 그렇게 하면 충돌이 발생하거나 아무런 경고 없이 잘못된 결과가 발생할 수 있다. 자세한 내용은 http://www.intel.com/software/products/support/를 참조한다.
- 중단 트랩: 6

오류가 발생하면 코드 시작 부분에 다음 코드를 추가한다.

```
>>> import os
>>> os.environ['KMP_DUPLICATE_LIB_OK'] = 'True'
```

발목 부츠 샘플의 픽셀값 범위는 0부터 255까지다. 따라서 신경망에 데이터를 입력하기 전에 0 ~ 1 범위로 크기를 조정해야 한다. 훈련 샘플과 테스트 샘플의 값을 다음과 같이 255로 나눈다.

```
>>> train_images = train_images / 255.0
>>> test_images = test_images / 255.0
```

전처리한 다음에 16개의 훈련 샘플을 표시한다.

```
>>> for i in range(16):
...     plt.subplot(4, 4, i + 1)
...     plt.subplots_adjust(hspace=.3)
...     plt.xticks([])
...     plt.yticks([])
...     plt.grid(False)
...     plt.imshow(train_images[i], cmap=plt.cm.binary)
...     plt.title(class_names[train_labels[i]])
... plt.show()
```

최종 결과 이미지는 다음과 같다.

그림 12.8 **최종 결과**

다음 절에서는 이러한 옷 이미지를 분류하기 위한 CNN 모델을 구축한다.

12.4 CNN을 이용한 옷 이미지 분류

앞서 언급한 바와 같이 CNN 모델에는 두 가지의 주요 구성 요소가 있다. 하나는 일련의 합성곱층과 풀링층으로 구성된 특징 추출기feature extractor이고, 또 다른 하나는 일반 신경망과 유사한 분류기 백엔드classifier backend다.

12.4.1 CNN 모델 설계

케라스 합성곱층은 3차원의 개별 샘플만 다룰 수 있으므로, 먼저 다음과 같이 데이터를 4차원으로 재구성해야 한다.

```
>>> X_train = train_images.reshape((train_images.shape[0], 28, 28, 1))
>>> X_test = test_images.reshape((test_images.shape[0], 28, 28, 1))
>>> print(X_train.shape)
(60000, 28, 28, 1)
```

첫 번째 차원은 샘플 수[6]이고, 네 번째 차원은 흑백 이미지를 나타내기 위해 추가된 차원이다.

CNN 모델을 개발하기 전에, 나중에 훈련을 재현할 수 있도록 텐서플로에서 랜덤 시드를 고정값으로 지정한다.

```
>>> tf.random.set_seed(42)
```

이제 케라스에서 필요한 모듈을 임포트하고 케라스 기반 모델의 인스턴스를 생성한다.

```
>>> from tensorflow.keras import datasets, layers, models, losses
>>> model = models.Sequential()
```

합성곱 추출기convolutional extractor에는 3개의 합성곱층이 있다.

첫 번째 합성곱층에는 32개의 3 × 3 필터가 있고 다음 코드처럼 구현한다.

```
>>> model.add(layers.Conv2D(32, (3, 3), activation='relu', input_shape=(28, 28, 1)))
```

활성화 함수로는 ReLU를 사용한다.

합성곱층 뒤에는 2 × 2 필터를 갖는 최대 풀링층이 있다.

```
>>> model.add(layers.MaxPooling2D((2, 2)))
```

---

6 [옮긴이] 훈련에 사용할 배치 샘플의 수에 해당한다.

두 번째 합성곱층에는 64개의 3 × 3 필터가 있고 여기에도 ReLU 활성화 함수가 있다.

```
>>> model.add(layers.Conv2D(64, (3, 3), activation='relu'))
```

두 번째 합성곱층 다음에는 2 × 2 필터를 갖는 또 다른 최대 풀링층이 있다.

```
>>> model.add(layers.MaxPooling2D((2, 2)))
```

계속해서 128개의 3 × 3 필터를 갖는 세 번째 합성곱층이 따라온다.

```
>>> model.add(layers.Conv2D(128, (3, 3), activation='relu'))
```

결과로 얻은 필터 맵을 평면화하고 다운스트림 분류기 백엔드에 특징을 입력한다.

```
>>> model.add(layers.Flatten())
```

64개 노드를 갖는 하나의 은닉층이 있는 분류기 백엔드를 사용한다.

```
>>> model.add(layers.Dense(64, activation='relu'))
```

여기서 은닉층은 일반적인 완전연결된 밀집층fully-connected dense layer이고, ReLU를 활성화 함수로 사용한다.

마지막으로 출력층에는 소프트맥스 활성화 함수와 10개의 서로 다른 클래스를 나타내는 10개의 노드가 있다.

```
>>> model.add(layers.Dense(10, activation='softmax'))
```

이제 아담 옵티마이저, 교차 엔트로피 손실 함수, 분류 정확도 측정 지표를 설정하고 모델을 컴파일한다.

```
>>> model.compile(optimizer='adam',
...              loss=losses.sparse_categorical_crossentropy, metrics=['accuracy'])
```

모델 요약은 다음과 같다.

```
>>> model.summary()
Model: "sequential"

_____
Layer (type)                 Output Shape              Param #
=================================================================
conv2d (Conv2D)              (None, 26, 26, 32)        320
_____
max_pooling2d (MaxPooling2D) (None, 13, 13, 32)        0
_____
conv2d_1 (Conv2D)            (None, 11, 11, 64)        18496
_____
max_pooling2d_1 (MaxPooling2 (None, 5, 5, 64)          0
_____
conv2d_2 (Conv2D)            (None, 3, 3, 128)         73856
_____
flatten (Flatten)            (None, 1152)              0
_____
dense (Dense)                (None, 64)                73792
_____
dense_1 (Dense)              (None, 10)                650
=================================================================
Total params: 167,114
Trainable params: 167,114
Non-trainable params: 0
_____
```

모델 요약은 모델의 각 층, 각 층에 대한 출력의 형태, 학습 가능한 매개변수의 개수를 담고 있다. 알다시피 합성곱층의 출력은 3차원인데, 처음 두 개의 차원은 특징맵의 차원이고 세 번째 차원은 합성곱층에 사용된 필터의 수[7]다. 예에서 최대 풀링층 출력의 크기(처음 두 차원)는 입력 특징맵의 절반인데, 특징맵이 풀링층에서 다운샘플링된다. 모든 풀링층을 제거했을 때 훈련해야 하는 매개변수의 수를 계산하면 4,058,314이다! 따라서 풀링 적용의 이점이 분명해지는데, 과적합을 방지하고 훈련 비용을 줄일 수 있다.

각 층을 거치면서 합성곱 필터의 수가 계속 증가하는 이유가 궁금할 것이다. 각 합성곱층은 특정 층에서의 패턴을 포착하는데, 첫 번째 합성곱층은 가장자리, 점이나 곡선과 같은 낮은 수준의 패턴을 포착한다. 후속 층에서는 이전 층에서 추출한 패턴을 결합해서 모양이나 윤곽과 같은 좀 더 높은 수

---

7 [옮긴이] 채널의 수에 해당한다.

준의 패턴을 형성한다. 대부분의 경우 이러한 합성곱층에서는 뒷단으로 갈수록 포착해야 할 패턴 조합이 점점 더 많아진다. 따라서 합성곱층의 필터 수가 계속 증가하도록(또는 최소한 감소하지 않도록) 한다.

12.4.2 CNN 모델 피팅

방금 만든 모델을 훈련할 차례다. 10번 반복해서 훈련하고 테스트 샘플로 평가한다.

```
>>> model.fit(X_train, train_labels, validation_data=(X_test, test_labels), epochs=10)
```

배치 크기의 기본값은 32이다. 훈련 진행 과정은 다음과 같다.

```
Train on 60000 samples, validate on 10000 samples
Epoch 1/10
60000/60000 [==============================] - 68s 1ms/sample - loss:
0.4703 - accuracy: 0.8259 - val_loss: 0.3586 - val_accuracy: 0.8706
Epoch 2/10
60000/60000 [==============================] - 68s 1ms/sample - loss:
0.3056 - accuracy: 0.8882 - val_loss: 0.3391 - val_accuracy: 0.8783
Epoch 3/10
60000/60000 [==============================] - 69s 1ms/sample - loss:
0.2615 - accuracy: 0.9026 - val_loss: 0.2655 - val_accuracy: 0.9028
Epoch 4/10
60000/60000 [==============================] - 69s 1ms/sample - loss:
0.2304 - accuracy: 0.9143 - val_loss: 0.2506 - val_accuracy: 0.9096
Epoch 5/10
60000/60000 [==============================] - 69s 1ms/sample - loss:
0.2049 - accuracy: 0.9233 - val_loss: 0.2556 - val_accuracy: 0.9058
Epoch 6/10
60000/60000 [==============================] - 71s 1ms/sample - loss:
0.1828 - accuracy: 0.9312 - val_loss: 0.2497 - val_accuracy: 0.9122
Epoch 7/10
60000/60000 [==============================] - 68s 1ms/sample - loss:
0.1638 - accuracy: 0.9386 - val_loss: 0.3006 - val_accuracy: 0.9002
Epoch 8/10
60000/60000 [==============================] - 70s 1ms/sample - loss:
0.1453 - accuracy: 0.9455 - val_loss: 0.2662 - val_accuracy: 0.9119
Epoch 9/10
60000/60000 [==============================] - 69s 1ms/sample - loss:
0.1301 - accuracy: 0.9506 - val_loss: 0.2885 - val_accuracy: 0.9057
Epoch 10/10
60000/60000 [==============================] - 68s 1ms/sample - loss:
0.1163 - accuracy: 0.9559 - val_loss: 0.3081 - val_accuracy: 0.9100
10000/1 - 5s - loss: 0.2933 - accuracy: 0.9100
```

훈련셋에 대해서 약 96%, 테스트셋에 대해서 91%의 정확도를 얻을 수 있다.

테스트셋의 성능을 다시 확인하려면 다음과 같이 하면 된다.

```
>>> test_loss, test_acc = model.evaluate(X_test, test_labels, verbose=2)
>>> print('Accuracy on test set:', test_acc)
Accuracy on test set: 0.91
```

이제 잘 훈련된 모델을 얻었으므로, 다음과 같이 테스트셋에 대해 예측할 수 있다.

```
>>> predictions = model.predict(X_test)
```

첫 번째 샘플에 대한 예측은 다음과 같다.

```
>>> print(predictions[0])
[1.8473367e-11 1.1924335e-07 1.0303306e-13 1.2061150e-12 3.1937938e-07
 3.5260896e-07 6.2364621e-13 9.1853758e-07 4.0739218e-11 9.9999821e-01]
```

샘플에 대한 예측 확률을 얻었는데, 이로부터 예측한 레이블은 다음과 같이 얻을 수 있다.

```
>>> import numpy as np
>>> print('Predicted label for the first test sample: ', np.argmax(predictions[0]))
Predicted label for the first test sample: 9
```

다음과 같이 예측 결과를 확인한다.

```
>>> print('True label for the first test sample: ',test_labels[0])
True label for the first test sample: 9
```

한 단계 더 나아가서, 10가지 가능한 클래스의 확률을 포함해서 샘플 이미지와 예측 결과를 시각화한다.

```
>>> def plot_image_prediction(i, images, predictions, labels, class_names):
...     plt.subplot(1,2,1)
...     plt.imshow(images[i], cmap=plt.cm.binary)
...     prediction = np.argmax(predictions[i])
...     color = 'blue' if prediction == labels[i] else 'red'
...     plt.title(f"{class_names[labels[i]]} (predicted {class_names[prediction]})", color=color)
...     plt.subplot(1,2,2)
```

```
...        plt.grid(False)
...        plt.xticks(range(10))
...        plot = plt.bar(range(10), predictions[i], color="#777777")
...        plt.ylim([0, 1])
...        plot[prediction].set_color('red')
...        plot[labels[i]].set_color('blue')
...        plt.show()
```

왼쪽의 원본original 이미지에는 〈정답 레이블〉(〈레이블〉로 예측) 형식의 제목이 있는데, 예측이 레이블과 일치하면 파란색, 그렇지 않은 경우 빨간색으로 표시된다. 오른쪽의 예측 확률은 정답 레이블일 때 파란색 막대로 표시하고, 예측한 레이블이 실제 레이블과 같지 않을 때는 빨간색 막대로 표시한다.

첫 번째 테스트 샘플에 대해 예측한다.

```
>>> plot_image_prediction(0, test_images, predictions, test_labels, class_names)
```

최종 결과에 대한 스크린숏은 다음과 같다.

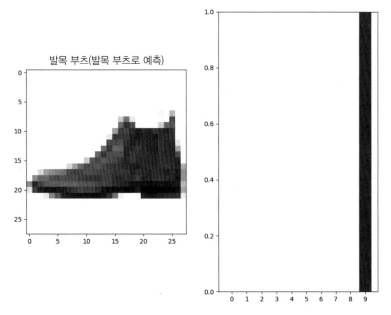

그림 12.9 **원본 이미지 샘플과 예측 결과**

다른 샘플, 특히 항목 17과 같이 정확하게 예측하지 못한 샘플에도 적용한다.

지금까지 훈련된 모델이 어떻게 작동하는지 살펴보았는데, 학습된 합성곱 필터가 어떻게 생겼는지 궁금할 것이다. 다음 절에서 그 답을 찾아보자.

12.4.3 합성곱 필터 시각화

다음 단계에 따라, 훈련된 모델의 합성곱 필터를 시각화한다.

1. 모델 요약에서 모델의 인덱스가 0, 2, 4인 층이 합성곱층이라는 것을 알 수 있다. 두 번째 합성곱층을 예로 해당 층의 필터를 다음과 같이 얻는다.

```
>>> filters, _ = model.layers[2].get_weights()
```

2. 좀 더 쉽게 시각화할 수 있도록 필터값을 0에서 1 범위로 정규화한나.

```
>>> f_min, f_max = filters.min(), filters.max()
>>> filters = (filters - f_min) / (f_max - f_min)
```

3. 합성곱층에는 64개의 필터가 있다. 처음 16개 필터를 4개의 행과 4개의 열로 시각화한다.

```
>>> n_filters = 16
>>> for i in range(n_filters):
...     filter = filters[:, :, :, i]
...     plt.subplot(4, 4, i+1)
...     plt.xticks([])
...     plt.yticks([])
...     plt.imshow(filter[:, :, 0], cmap='gray')
... plt.show()
```

최종 결과는 다음 스크린숏과 같다.

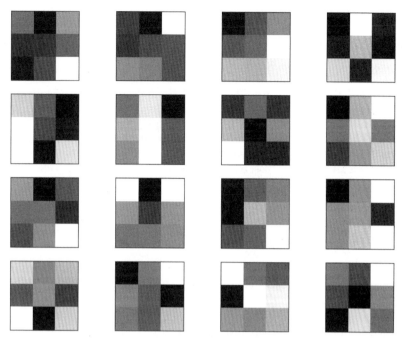

그림 12.10 **훈련된 합성곱 필터**

합성곱 필터에서 어두운 사각형은 작은 가중치값을 나타내고 흰색 사각형은 큰 가중치값을 나타낸다. 이제 직관적으로, 두 번째 행의 두 번째 필터는 수용영역의 수직선을 감지하고, 첫 번째 행의 세 번째 필터는 오른쪽 하단의 밝은 부분에서 왼쪽 상단의 어두운 부분까지의 기울기를 감지한다는 것을 알 수 있다.

이전의 예에서는 60,000개의 레이블링된 샘플로 옷 이미지 분류기를 훈련했다. 그러나 이렇게 큰 레이블링된 데이터셋을 수집하기란 현실적으로 쉽지 않다. 특히 이미지 레이블링에는 비용과 시간이 많이 소요된다. 그렇다면 제한된 수의 샘플로 이미지 분류기를 어떻게 효과적으로 훈련할 수 있을까? 이에 대한 한 가지 솔루션이 데이터 증강이다.

12.5 데이터 증강을 통한 CNN 분류기 강화

데이터 증강data augmentation은 일반화 성능을 개선하기 위해서 기존 훈련 데이터셋을 확장하는 것이다. 이를 통해 더 많은 데이터를 수집하고 레이블링하는 데 드는 비용을 줄일 수 있다. 텐서플로에서는 케라스 API의 ImageDataGenerator 모듈[8]을 이용해서 실시간으로 이미지 증강을 구현한다.

---

8   https://www.tensorflow.org/api_docs/python/tf/keras/preprocessing/image/ImageDataGenerator 옮긴이 https://bit.ly/3IMSAu7)

12.5.1 수평 뒤집기를 통한 데이터 증강

이미지 데이터를 증강하는 여러 가지 방법이 있는데, 가장 간단한 방법은 이미지를 수평 방향이나 수직 방향으로 뒤집는flipping 것이다. 예를 들어 기존 이미지를 수평으로 뒤집으면 새로운 이미지가 생긴다. 수평으로 뒤집은 이미지를 생성하려면 다음과 같이 이미지 데이터 생성기를 만들어야 한다.

```
>>> import os
>>> from tensorflow.keras.preprocessing.image import ImageDataGenerator, load_img
>>> datagen = ImageDataGenerator(horizontal_flip=True)
```

이 생성기를 이용해서 새로운 이미지를 만든다. 먼저, 이미지 생성기가 주어졌을 때 증강된 이미지를 생성하고 이를 시각화해주는 유틸리티 함수를 구현한다.

```
>>> def generate_plot_pics(datagen, original_img, save_prefix):
...     folder = 'aug_images'
...     i = 0
...     for batch in datagen.flow(original_img.reshape((1, 28, 28, 1)),
...                               batch_size=1,
...                               save_to_dir=folder,
...                               save_prefix=save_prefix,
...                               save_format='jpeg'):
...         i += 1
...         if i > 2:
...             break
...     plt.subplot(2, 2, 1, xticks=[],yticks=[])
...     plt.imshow(original_img)
...     plt.title("Original")
...     i = 1
...     for file in os.listdir(folder):
...         if file.startswith(save_prefix):
...             plt.subplot(2, 2, i + 1, xticks=[],yticks=[])
...             aug_img = load_img(folder + "/" + file)
...             plt.imshow(aug_img)
...             plt.title(f"Augmented {i}")
...             i += 1
...     plt.show()
```

이 예에서는 우선 원본 이미지와 증강 조건이 주어지면 생성기가 이미지 3개를 무작위로 생성한다. 그다음으로 원본 이미지와 새로 생성한 이미지 세 개를 함께 그린다. 생성한 이미지는 로컬 디스크의 aug_images 폴더에도 저장한다.

첫 번째 훈련 이미지(다른 이미지를 사용해도 됨)에 horizontal_flip 생성기를 적용한다.

```
>>> generate_plot_pics(datagen, train_images[0], 'horizontal_flip')
```

최종 결과는 다음 스크린숏과 같다.

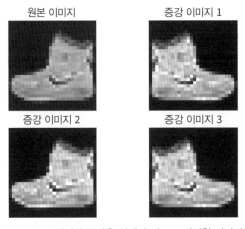

그림 12.11 데이터 증강을 위해 수평으로 뒤집힌 이미지

보다시피 생성된 이미지 중에는 수평으로 뒤집힌 것도 있고 뒤집히지 않은 것도 있다. 또한 다음과 같이 수평 뒤집기와 수직 뒤집기를 동시에 할 수도 있다.

```
>>> datagen = ImageDataGenerator(horizontal_flip=True, vertical_flip=True)
>>> generate_plot_pics(datagen, train_images[0], 'hv_flip')
```

최종 결과는 다음 스크린숏과 같다.

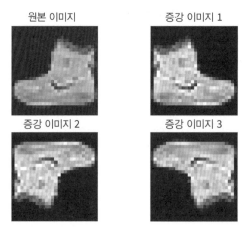

원본 이미지   증강 이미지 1

증강 이미지 2   증강 이미지 3

그림 12.12 데이터 증강을 위해 수평, 수직으로 뒤집힌 이미지

생성된 이미지 중 일부는 동시에 수평, 수직으로 뒤집혀있다.

> **NOTE** 일반적으로, 수평으로 뒤집힌 이미지는 원본 이미지와 같은 메시지를 전달한다. 수직으로 뒤집힌 이미지는 자주 볼 수 없다. 뒤집기는 고양이와 개를 분류하거나 자동차의 일부를 인식하는 것과 같이 방향과 무관한 경우에만 효과가 있다는 점에 유의해야 한다. 반대로 우회전 표지판과 좌회전 표지판을 구분하는 것과 같이 방향이 중요한 경우에는 오류를 유발한다.

12.5.2 회전을 통한 데이터 증강

이미지 데이터 증강을 할 때, 수평 뒤집기나 수직 뒤집기처럼 90도 단위로 회전하지 않고 임의의 각도로 회전할 수도 있다. 다음 예에서 회전을 살펴보자.

```
>>> datagen = ImageDataGenerator(rotation_range=30)
>>> generate_plot_pics(datagen, train_images[0], 'rotation')
```

최종 결과는 다음 스크린숏과 같다.

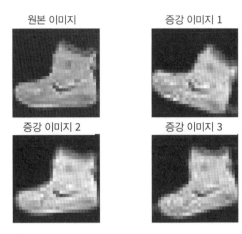

원본 이미지   증강 이미지 1

증강 이미지 2   증강 이미지 3

그림 12.13 데이터 증강를 위해 회전된 이미지

앞의 예에서 이미지는 –30(시계 반대 방향)에서 30(시계 방향)까지 임의의 각도만큼 회전한다.

12.5.3 이동을 통한 데이터 증강

이동shifting은 또 다른 일반적인 증강 방법의 하나다. 원본 이미지를 작은 픽셀 수만큼 가로나 세로로 이동해서 새로운 이미지를 생성하는 것이다.

텐서플로에서는 이미지를 이동할 최대 픽셀 수나 너비 또는 높이의 최댓값을 지정할 수 있다. 다음 예에서 최대 8픽셀만큼 이미지를 수평으로 이동하는 것을 살펴본다.

```
>>> datagen = ImageDataGenerator(width_shift_range=8)
>>> generate_plot_pics(datagen, train_images[0], 'width_shift')
```

최종 결과는 다음 스크린숏과 같다.

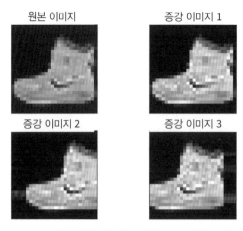

원본 이미지   증강 이미지 1

증강 이미지 2   증강 이미지 3

그림 12.14 데이터 증강을 위해 수평으로 이동한 이미지

보다시피 생성된 이미지는 최대 8픽셀만큼 수평으로 이동된다. 이제 가로와 세로로 동시에 이동한다.

```
>>> datagen = ImageDataGenerator(width_shift_range=8,
...                              height_shift_range=8)
>>> generate_plot_pics(datagen, train_images[0], 'width_height_shift')
```

최종 결과는 다음 스크린숏과 같다.

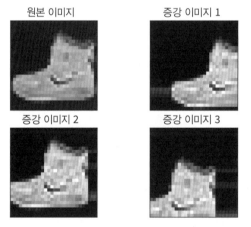

원본 이미지   증강 이미지 1

증강 이미지 2   증강 이미지 3

그림 12.15 데이터 증강을 위해 수평, 수직으로 이동한 이미지

12.6 데이터 증강을 통한 옷 이미지 분류기 개선

이제 다음 단계로, 작은 데이터셋에 대한 이미지 분류기 훈련에 일반적인 증강 방법을 몇 가지 적용한다.

1. 먼저 작은 훈련셋을 구성한다.

```
>>> n_small = 500
>>> X_train = X_train[:n_small]
>>> train_labels = train_labels[:n_small]
>>> print(X_train.shape)
(500, 28, 28, 1)
```

훈련에는 500개 샘플만 사용한다.

2. 케라스 Sequential API를 이용해서 CNN 모델을 설계한다.

```
>>> model = models.Sequential()
>>> model.add(layers.Conv2D(32, (3, 3), activation='relu', input_shape=(28, 28, 1)))
>>> model.add(layers.MaxPooling2D((2, 2)))
>>> model.add(layers.Conv2D(64, (3, 3), activation='relu'))
>>> model.add(layers.Flatten())
>>> model.add(layers.Dense(32, activation='relu'))
>>> model.add(layers.Dense(10, activation='softmax'))
```

훈련 데이터가 크지 않으므로 두 개의 합성곱층만 사용하고, 이에 따라 은닉층의 크기를 조정한다. 첫 번째 합성곱층에는 32개의 3 × 3 필터가 있고 두 번째 합성곱층에는 같은 크기의 필터가 64개 있다. 완전연결 은닉층에는 32개의 노드가 있다.

3. 아담 옵티마이저, 교차 엔트로피 손실 함수, 분류 정확도 측정 지표를 설정하고 모델을 컴파일한다.

```
>>> model.compile(optimizer='adam',
...               loss=losses.sparse_categorical_crossentropy,
...               metrics=['accuracy'])
```

4. 우선 데이터 증강 없이 모델을 훈련한다.

```
>>> model.fit(X_train, train_labels, validation_data=(X_test,
test_labels), epochs=20, batch_size=40)
Train on 500 samples, validate on 10000 samples
```

```
Epoch 1/20
500/500 [==============================] - 6s 11ms/sample - loss:
1.8791 - accuracy: 0.3200 - val_loss: 1.3738 - val_accuracy: 0.4288
Epoch 2/20
500/500 [==============================] - 4s 8ms/sample - loss:
1.1363 - accuracy: 0.6100 - val_loss: 1.0929 - val_accuracy: 0.6198
Epoch 3/20
500/500 [==============================] - 4s 9ms/sample - loss:
0.8669 - accuracy: 0.7140 - val_loss: 0.9237 - val_accuracy: 0.6753
......
......
Epoch 18/20
500/500 [==============================] - 5s 10ms/sample - loss:
0.1372 - accuracy: 0.9640 - val_loss: 0.7142 - val_accuracy: 0.7947
Epoch 19/20
500/500 [==============================] - 5s 10ms/sample - loss:
0.1195 - accuracy: 0.9600 - val_loss: 0.6885 - val_accuracy: 0.7982
Epoch 20/20
500/500 [==============================] - 5s 10ms/sample - loss:
0.0944 - accuracy: 0.9780 - val_loss: 0.7342 - val_accuracy: 0.7924
```

20번 반복해서 모델을 훈련한다.

5. 테스트셋에 대한 성능을 확인한다.

```
>>> test_loss, test_acc = model.evaluate(X_test, test_labels, verbose=2)
>>> print('Accuracy on test set:', test_acc)
    Accuracy on test set: 0.7924
```

테스트셋에 대해서 데이터 증강 없는 모델의 분류 정확도는 79.24%이다.

6. 이제 데이터 증강으로 성능이 얼마나 개선되는지 확인한다. 먼저 증강 데이터 생성기를 정의한다.

```
>>> datagen = ImageDataGenerator(height_shift_range=3, horizontal_flip=True)
```

여기서는 수평 뒤집기와 수직 이동만 적용한다. 데이터셋에는 거꾸로 된 옷 이미지가 없으므로 수직 뒤집기는 의미 있는 이미지를 제공하지 않을 것이라는 사실을 알 수 있기 때문이다. 또한 대부분의 의복 이미지는 정확하게 수평으로 중앙 정렬되므로 수평 이동할 필요가 없다. 간단히 말해서 원본과 다르게 보이는 증강 이미지는 만들지 않는다.

7. 이전에 사용한 CNN 모델을 복제한다.

```
>>> model_aug = tf.keras.models.clone_model(model)
```

CNN의 구조만 복사하고, 기존 모델의 가중치 대신 새로운 가중치를 훈련한다.

이전과 같이 아담 옵티마이저, 크로스엔트로피 손실 함수, 분류 정확도 측정 지표를 설정하고 복제된 모델을 컴파일한다.

```
>>> model_aug.compile(optimizer='adam',
...                   loss=losses.sparse_categorical_crossentropy,
...                   metrics=['accuracy'])
```

8. 마지막으로, CNN 모델을 실시간으로 증강된 데이터에 피팅한다.

```
>>> train_generator = datagen.flow(X_train, train_labels, seed=42, batch_size=40)
>>> model_aug.fit(train_generator, epochs=50, validation_data=(X_test, test_labels))
Epoch 1/50
13/13 [==============================] - 5s 374ms/step - loss:
2.2150 - accuracy: 0.2060 - val_loss: 2.0099 - val_accuracy: 0.3104
……
……
Epoch 48/50
13/13 [==============================] - 4s 300ms/step - loss:
0.1541 - accuracy: 0.9460 - val_loss: 0.7367 - val_accuracy: 0.8003
Epoch 49/50
13/13 [==============================] - 4s 304ms/step - loss:
0.1487 - accuracy: 0.9340 - val_loss: 0.7211 - val_accuracy: 0.8035
Epoch 50/50
13/13 [==============================] - 4s 306ms/step - loss:
0.1031 - accuracy: 0.9680 - val_loss: 0.7446 - val_accuracy: 0.8109
```

훈련 과정 동안, 증강 이미지를 무작위로 생성해서 그때그때 모델에 입력한다.

데이터 증강을 적용한 모델이 패턴을 학습하는 데는 더 많은 반복이 필요하므로, 이번에는 50회 반복해서 모델을 훈련한다.

9. 테스트셋에 대한 성능을 확인한다.

```
>>> test_loss, test_acc = model_aug.evaluate(X_test, test_labels, verbose=2)
>>> print('Accuracy on test set:', test_acc)
   Accuracy on test set: 0.8109
```

데이터 증강으로 정확도가 79.24%에서 81.09%로 개선된다.

8장에서 했던 것처럼 초매개변수를 자유롭게 미세 조정하면서 분류 성능을 좀 더 향상할 수 있는지 확인한다.

12.7 요약

12장에서는 CNN을 이용해서 옷 이미지를 분류했다. 우선 CNN 모델의 개별 구성 요소를 자세히 살펴보고, CNN이 시각세포가 작동하는 방식에서 어떻게 영감을 얻었는지를 배웠다. 그다음에는 잘란 도의 패션 MNIST 옷 이미지를 분류하는 CNN 모델을 개발했다. 또한 데이터 증강과 몇 가지 인기 있는 이미지 증강 방법에 대해서도 논의했다. 텐서플로의 케라스 모듈을 이용해서 딥러닝 모델을 다시 구현하는 실습을 했다.

다음 13장에서는 또 다른 유형의 딥러닝 네트워크인 **순환 신경망**을 중점적으로 살펴본다. CNN과 RNN은 오늘날 딥러닝을 대중적으로 만든 가장 강력한 두 가지 심층 신경망이다.

12.8 연습 문제

1. 앞서 언급했듯이 CNN 이미지 분류기를 미세 조정해서 본문의 성능을 능가할 수 있는지 확인해 본다.
2. 드롭아웃과 조기 중지 기술을 적용해보자.

13

순환 신경망을 이용한
시퀀스 예측

12장에서는 **합성곱 신경망**을 이용해서 이미지 관련 작업을 했다. 13장에서는 일별 온도, DNA 염기서열, 시간 경과에 따른 고객의 쇼핑 거래와 같은 순차적 데이터sequential data와 시간 의존성이 있는 데이터에 적합한 **순환 신경망**recurrent neural network, RNN을 살펴본다. 모델의 순환 구조가 어떻게 작동하는지 배우고 변형된 모델도 살펴본다. 그다음, 감정 분석sentiment analysis과 텍스트 생성과 같은 애플리케이션을 살펴본다. 마지막에는 보너스로, 최근 선보인 순차 학습sequential learning 모델인 트랜스포머Transformer를 다룬다.

13장에서 다룰 주제는 다음과 같다.

- RNN을 이용한 순차 학습
- RNN의 작동 원리와 훈련
- 다양한 유형의 RNN
- 장단기 메모리 RNN
- 감정 분석을 위한 RNN
- 텍스트 생성을 위한 RNN
- 셀프 어텐션self-attention과 트랜스포머 모델

13.1 순차 학습 소개

지금까지 이 책에서 다룬 머신러닝 문제는 시간 독립적인 문제에 해당한다. 예를 들어 이전에 다룬 광고 클릭률 문제에서는 사용자의 과거 광고 클릭 이력은 고려하지 않았다. 마찬가지로, 얼굴 분류에서는 이전의 얼굴 이미지가 아닌 현재의 얼굴 이미지만 모델에 입력한다. 하지만, 살면서 마주하는 문제 중에는 시간에 의존하는 것이 많다. 예를 들어 금융 사기 탐지의 경우, 현재의 거래만 봐서는 안 된다. 이전의 거래도 고려해서 이들 간의 의심스러운 정황을 기초로 모델링해야 한다. 또 다른 예로는 (동사, 명사, 부사 등) **품사**part-of-speech, PoS를 단어에 할당하는 품사 태깅이 있다. 이 경우에는 주어진 단어에만 초점을 맞추면 안 되며 이전 단어를 살펴보고 때로는 다음 단어도 살펴봐야 한다.

방금 언급한 것과 같이 시간 의존성이 있는 사례에서는 현재의 출력이 현재 입력뿐만 아니라 이전 입력에도 영향을 받는다. 이때 이전 입력의 길이가 고정되지 않다는 점에 유의한다. 이러한 문제 해결에 머신러닝을 사용하는 것을 **시퀀스 학습**sequence learning 또는 **시퀀스 모델링**sequence modeling이라고 한다. 그리고 시간 의존성이 있는 일련의 사건을 **시퀀스**sequence라고 한다. 금융 거래, 전화 통화 등처럼 이산적인 시간 간격으로 발생하는 사건뿐만 아니라 텍스트, 음성, 비디오도 순차적 데이터이다.

전체 시퀀스를 일반적인 방식으로 순차적 데이터로 모델링할 수 없는 이유가 궁금할 것이다. 이러한 경우에는 입력의 크기를 고정해야 하므로 상당히 제한적일 수밖에 없기 때문이다. 즉, 중요한 이벤트가 크기를 고정한 시간 창 밖에서 발생하면 정보를 잃는다. 그렇다면 매우 큰 시간 창을 사용하면 되지 않을까? 하지만 특징 공간은 창 크기에 비례해서 커진다는 점에 유의해야 한다. 시간 창을 키워서 충분한 이벤트를 처리하려고 하면 특징 공간이 과도하게 증가한다. 따라서 과적합이라는 또 다른 문제가 발생할 수 있다.

이제 순차 데이터를 다른 방식으로 모델링해야 하는 이유를 알았을 것이다. 다음 절에서는 시퀀스 학습에 사용하는 RNN 모델에 관해서 살펴본다.

13.2 예시를 통해 배우는 RNN 구조

예상했겠지만, RNN의 두드러진 특징은 바로 반복적으로 순환하는 작동 방식이다. 다음 절에서 더 자세한 내용을 살펴본 뒤, 몇 가지 대표적인 애플리케이션과 함께 다양한 유형의 RNN에 관해 논의한다.

13.2.1 순환적인 작동 방식

순방향 네트워크(예를 들어 바닐라vanilla[1] 신경망과 CNN)에서는 데이터가 입력층에서 출력층으로만 이동한다. RNN에서는 순환 구조를 사용하기 때문에 데이터가 순환해서 다시 입력층으로 돌아들어 올 수 있다. 즉, 데이터의 방향이 순방향으로 제한되지 않는다. 특히 RNN의 은닉층에서는 이전 시점의 출력이 현재 시점 입력의 일부가 된다. 다음 다이어그램은 RNN에서 데이터가 흐르는 일반적인 방식을 보여준다.

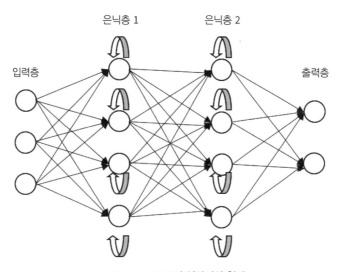

그림 13.1 **RNN의 일반적인 형태**

이러한 순환 구조 덕분에 RNN이 시계열(예를 들면 일별 온도, 일일 제품 판매, 임상 EEG 기록)과 순서가 있는 일반적인 연속 데이터(예를 들면 문장의 단어, DNA 시퀀스 등)를 포함한 순차적 데이터에 적합하다. 금융 사기 탐지기를 생각해 보면, 이전 거래에서의 출력 특징은 현재 거래에서의 훈련에 사용된다. 따라서 어느 한 시점에서의 거래에 대한 예측은 이전의 모든 거래에 따라 달라진다. 이러한 순환적인 작동 원리를 수학적, 시각적 방식으로 살펴보자.

입력 x_t가 있다고 가정한다. 여기서 t는 시간 단계 또는 순차적인 순서를 나타낸다. 순방향 신경망에서는 서로 다른 t에서의 입력이 서로 독립적이라고 가정한다. 시간 단계 t에서 은닉층의 출력을 $h_t = f(x_t)$로 나타내는데, 여기서 f는 은닉층을 추상화한 것이다.

이것을 다이어그램으로 나타내면 다음과 같다.

---

1 [옮긴이] 사람들이 통상적으로 기본이 되는 아이스크림 맛을 바닐라라고 생각한다는 데서 따왔다. 일반적으로 'without any customization'이라는 의미로 사용된다. 또는 'default', 'ordinary', 'basic'으로 이해하면 된다.

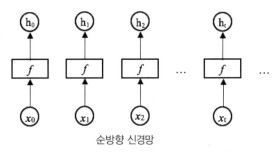

순방향 신경망

그림 13.2 **순방향 신경망의 일반적인 형태**

반대로 RNN의 피드백 루프는 이전 상태의 정보를 현재 상태에 전달한다. 시간 단계 t에서 RNN의 은닉층 출력은 $h_t = f(h_{t-1}, x_t)$로 표현할 수 있다. 이것을 다이어그램으로 나타내면 다음과 같다.

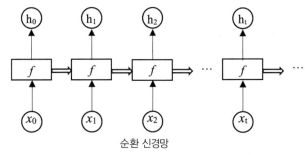

순환 신경망

그림 13.3 **시간 단계에 따라 펼쳐지는 순환층**

시퀀스의 각 요소에서 같은 작업 f를 수행하고, 출력 h_t는 이전 계산에서의 출력 h_{t-1}에 따라 달라진다. 이와 같은 체인 구조는 지금까지 계산된 '기억memory'을 포착한다. 바로 이것이 RNN이 순차 데이터를 성공적으로 처리할 수 있는 이유다.

또한 이러한 순환 구조 덕분에 RNN은 입력 시퀀스와 출력 시퀀스의 다양한 조합을 유연하게 처리할 수 있다. 다음 절에서는 입력과 출력에 따른 다양한 범주의 RNN을 설명한다.

- 다대일many-to-one
- 일대다one-to-many
- 다대다(동기화됨)
- 다대다(동기화되지 않음)

우선 다대일 RNN부터 살펴본다.

13.2.2 다대일 RNN

가장 직관적인 유형의 RNN은 **다대일**일 것이다. **다대일 RNN**은 임의의 시간 구간에 해당하는 입력 시퀀스에 대해서 하나의 출력을 생성한다. 다대일 RNN의 일반적인 구조는 다음 다이어그램과 같다.

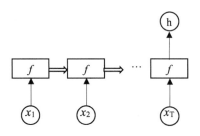

그림 13.4 **다대일 RNN의 일반적인 형태**

여기서 f는 하나 이상의 순환 은닉층을 나타내는데, f의 각 층에서는 이전 시간 단계에서의 출력이 현 시간 단계의 입력이 된다. 다음은 3개의 은닉층을 쌓은 f의 예이다.

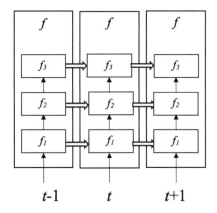

그림 13.5 **세 개의 순환층을 쌓은 예**

다대일 RNN은 순차 데이터를 분류하는 데 주로 사용한다. 감정 분석이 이에 대한 좋은 예로, RNN 이 전체 고객 리뷰를 읽고 감정 점수sentiment score(긍정적, 중립적, 부정적 감정)를 할당한다. 마찬가지로, 뉴스 기사의 주제 분류에도 이런 종류의 RNN을 적용할 수 있다. RNN 모델은 전체 오디오 스트림을 읽을 수 있으므로 노래의 장르를 판별할 수도 있다. 또한 다대일 RNN으로 환자의 뇌파를 추적해서 환자가 발작하는지를 결정할 수 있다.

13.2.3 일대다 RNN

일대다 RNN은 다대일 RNN과 정반대이다. 하나의 입력(시퀀스가 아님)을 받아서 출력 시퀀스를 생성한다. 일반적인 일대다 RNN의 다이어그램은 다음과 같다.

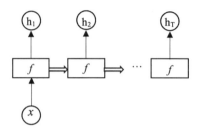

그림 13.6 **일대다 RNN의 일반적인 형태**

다시 말하지만 *f*는 하나 이상의 순환 은닉층을 나타낸다. 여기서 '하나'는 입력 특징이 하나만 있다는 의미가 아니고, 하나의 시간 단계에서의 입력 또는 시간에 독립적이라는 의미다.

일반적으로 일대다 RNN은 시퀀스 생성기로 사용한다. 예를 들어 시작 음이나 장르가 주어지면 음악을 생성할 수 있다. 마찬가지로, 시작 단어를 지정하고 일대다 RNN을 이용해서 전문 시나리오 작가처럼 영화 대본을 작성할 수 있다. 이미지 캡션은 또 다른 흥미로운 애플리케이션으로, 이미지가 주어지면 RNN이 이미지에 대한 설명(단어 문장)을 출력한다.

13.2.4 다대다(동기화) RNN

RNN의 세 번째 유형인 **다대다**many-to-many**(동기화**synced**) RNN**에는 입력 시퀀스의 각 요소에 대응되는 출력이 있다. 다음 그림을 통해서 다대다(동기화된) RNN에서 데이터가 어떻게 흐르는지 살펴볼 수 있다.

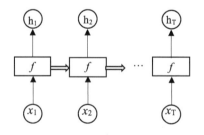

그림 13.7 **다대다(동기화) RNN의 일반적인 형태**

보다시피, 각 출력은 해당 입력과 이전의 모든 출력을 바탕으로 계산된다.

이러한 유형의 RNN에 대한 일반적인 사용 사례 중 하나는 시계열 예측time series forecasting으로, 현재와 이전의 관찰 데이터를 기초로 매 시간 단계마다 롤링 예측rolling prediction을 한다. 동기화된 다대다 RNN을 활용할 수 있는 시계열 예측의 몇 가지 예는 다음과 같다.

- 매장에서의 일일 제품 판매
- 주식의 일일 종가
- 공장의 시간당 소비 전력

또한 품사 태깅, 개체명 인식을 포함한 NLP 문제와 실시간 음성 인식을 해결하는 데도 많이 사용한다.

13.2.5 다대다(비동기화) RNN

때로는 전체 입력 시퀀스를 처리한 뒤에 출력 시퀀스를 생성해야 할 때가 있는데, 이런 경우에는 다대다 RNN의 **비동기화**unsynced 버전이 적합하다.

다대다(비동기화) RNN의 일반적인 구조는 다음 다이어그램과 같다.

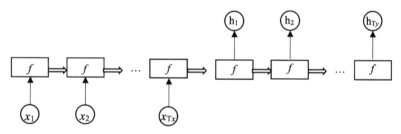

그림 13.8 **다대다(비동기화) RNN의 일반적인 형태**

출력 시퀀스의 길이(앞 다이어그램의 T_y)는 입력 시퀀스의 길이(앞 다이어그램의 T_x)와 다를 수 있는데, 이를 통해 약간의 유연성을 제공할 수 있다.

이런 유형의 RNN은 기계 번역에 필수적인 모델이다. 예를 들어 프랑스어-영어 번역을 할 때, 모델이 우선 프랑스어로 된 전체 문장을 읽은 다음에 영어로 번역된 문장을 생성한다. 또 다른 인기 있는 예로는 다단계 선행 예측이 있다. 이는 지난달의 데이터가 있을 때, 향후 며칠 동안의 매출을 예측하려는 경우에 유용하다.

지금까지 모델의 입력과 출력을 기반으로 RNN의 네 가지 유형에 관해 배웠다.

NOTE 앞에서 다룬 네 가지 유형에는 일대일(one-to-one) RNN은 없는데, 그 이유는 일대일 RNN은 일반적인 순방향 모델과 같기 때문이다.

13장의 뒷부분에서 감정 분석과 단어 생성 프로젝트를 해결하기 위해 이러한 유형의 RNN 중 일부 모델을 적용한다. 우선 RNN 모델을 어떻게 훈련하는지 알아보자.

13.3 RNN 모델 훈련

RNN의 가중치(매개변수)를 최적화하는 방법을 설명하기 위해서, 우선 네트워크의 가중치와 데이터에 다음과 같이 주석을 단다.

- U는 입력층과 은닉층을 연결하는 가중치를 나타낸다.
- V는 은닉층과 출력층 사이의 가중치를 나타낸다. 여기서는 설명의 편의를 위해 순환층을 하나만 둔다.
- W는 순환층의 가중치를 나타내는데, 이는 피드백층이다.
- x_t는 시간 단계 t에서의 입력을 나타낸다.
- s_t는 시간 단계 t에서 은닉 상태를 나타낸다.
- h_t는 시간 단계 t에서의 출력을 나타낸다.

이어서, 기본적인 RNN 모델을 $t - 1$, t, $t + 1$의 시간 단계에 대해서 펼친다.

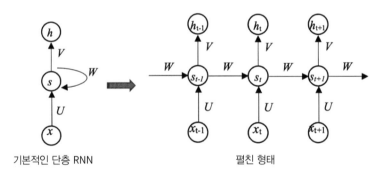

기본적인 단층 RNN   펼친 형태

그림 13.9 **순환층 펼치기**

각 층 간의 수학적 관계는 다음과 같다.

- 은닉층에 대한 활성화 함수를 a로 나타낸다. 일반적으로 RNN의 은닉층에 대한 활성화 함수는 tanh 또는 ReLU를 선택한다.
- 현재 입력 x_t와 이전 은닉 상태 s_{t-1}이 주어졌을 때, 현재 은닉 상태 s_t는 $s_t = a(Ux_t + Ws_{t-1})$로 계산한다. 신경망에 대한 복습이 필요하면 8장을 살펴본다.

- 유사한 방식으로 s_{t-1}은 s_{t-2}를 기초로 $s_{t-1} = a(Ux_{t-1} + Ws_{t-2})$로 계산하는데, $s_1 = a(Ux_1 + Ws_0)$를 계산할 때까지 반복한다. 일반적으로 초깃값 s_0는 모두 0으로 설정한다.

- g는 출력층에 대한 활성화 함수를 나타낸다. 이진 분류일 때는 시그모이드 함수, 다중 클래스 분류일 때는 소프트맥스 함수, 회귀일 때는 단순 선형함수(활성화 없음)를 g로 사용한다.

- 마지막으로, 시간 단계 t에서 출력 h_t는 $h_t = g(Vs_t)$로 계산한다.

각 시간 단계에서의 은닉 상태에 대한 의존성(즉, s_t는 s_{t-1}에 의존하고 s_{t-1}은 s_{t-2}에 의존 등)을 통해서 순환층은 네트워크의 메모리 역할을 하게 되고, 이를 통해 이전 시간 단계의 정보를 포착하고 유지할 수 있다.

전통적인 신경망과 마찬가지로, 역전파 알고리즘을 통해 RNN의 모든 가중치 U, V, W를 최적화할 수 있다. 하지만 눈치챘겠지만, 어느 특정 시간 단계에서의 출력은 간접적으로 모든 이전 시간 단계에 의존성을 갖는다(h_t는 s_t에 종속되고 s_t는 모든 이전 시간 단계에 종속된다). 따라서 현재 시간 단계 외에도 이전 $t-1$ 시간 단계에 대한 손실을 모두 계산해야 한다. 결과적으로 가중치의 기울기도 이러한 방식으로 계산해야 한다. 예를 들어 시간 단계 $t = 4$에서 기울기를 계산하려면 이전의 시간 단계($t = 3$, $t = 2$, $t = 1$, $t = 0$)에 대해서 역전파하고 이 다섯 시간 단계에 대한 기울기를 합산해야 한다. 이러한 역전파 알고리즘을 **시간에 따른 역전파**backpropagation through time, BPTT라고 한다.

RNN은 순환 구조를 통해서 입력 시퀀스의 가장 앞부분에 있는 정보를 포착할 수 있고, 결과적으로 시퀀스 학습의 예측 성능이 향상한다. 하지만 바닐라 RNN으로 긴 시퀀스도 처리할 수 있는지 궁금할 것이다. 이론적으로는 가능하지만 실제로는 **기울기 소실**vanishing gradient 문제 때문에 불가능하다. 기울기 소실은 오랜 시간 단계를 거치면서 기울기가 점점 작아지는 것이다. 따라서 결과적으로 기울기가 더 이상 업데이트되지 않는다. 다음 절에서 이에 관해 자세히 설명하고, 이 문제를 해결하는 변형 구조인 장단기 메모리를 소개한다.

13.4 장단기 메모리를 이용한 장기 의존성 극복

바닐라 RNN의 기울기 소실 문제의 원인부터 살펴보자. 앞에서 살펴본 대로 RNN에서는 각 시간 단계마다 역전파 기울기가 감소한다(즉, $s_t = a(Ux_t + Ws_{t-1})$). 따라서, 긴 입력 시퀀스의 앞부분에 있는 요소는 현재 기울기 계산에 영향을 거의 미치지 못한다. 그에 따라 바닐라 RNN은 짧은 시간 창 내에서만 시간적 의존성을 포착할 수 있다.

그러나 멀리 떨어져 있는 시간 단계와의 의존성이 예측에 중요한 특징이 될 때가 있다. 이처럼 장기 의존성을 학습해야 하는 문제를 해결하기 위해 **장단기 메모리**long short-term memory, LSTM와 **게이트**

순환 장치gated recurrent unit, GRU와 같은 특별한 RNN 변형 구조가 설계되었다.

NOTE LSTM이 GRU보다 더 잘 알려져 있으므로 이 책에서는 LSTM을 주로 다룬다. LSTM은 10여 년 전에 도입되어 GRU보다 좀 더 성숙한 기술이다. GRU와 그 애플리케이션의 자세한 내용은 《Hands-On Deep Learning Architectures with Python》(Packt, 2019)의 6장을 참조한다.

LSTM에서는 장기 의존성을 처리하기 위해 게이트 구조gating mechanism를 갖는다. 이런 놀라운 기능은 기억 장치memory unit와 순환 셀recurrent cell 위에 구축된 세 개의 정보 게이트information gate가 담당한다 여기서 '게이트'라는 단어는 회로의 논리 게이트에서 따온 것이다.[2] 이는 기본적으로 출력값의 범위가 0~1인 시그모이드 함수다. 0은 '꺼짐' 논리를 나타내고 1은 '켜짐' 논리를 나타낸다.

다음 다이어그램에서 순환 셀의 바닐라 버전과 LSTM 버전을 비교한다.

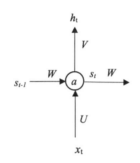

바닐라 RNN의 순환 셀

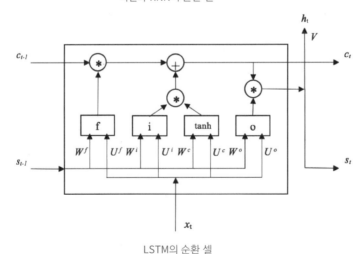

LSTM의 순환 셀

그림 13.10 **바닐라 RNN 대 LSTM의 순환 셀**

---

2   https://en.wikipedia.org/wiki/Logic_gate

LSTM 순환 셀을 왼쪽에서 오른쪽으로 자세히 살펴보자.

- c_t는 **메모리 장치**memory unit다. 입력 시퀀스의 가장 앞부분부터 정보를 기억한다.

- f는 **망각 게이트**forget gate를 나타낸다. 이전 메모리 상태인 c_{t-1}에서 잊어버릴 정보의 양, 즉 전달할 정보량을 결정한다. W^f는 망각 게이트와 이전 은닉 상태, s_{t-1} 사이의 가중치를 나타내고 U^f는 망각 게이트와 현재 입력 x_t 사이의 가중치를 나타낸다.

- i는 **입력 게이트**input gate를 나타낸다. 현재의 입력에서 통과할 정보량을 조절한다. W^i와 U^i는 입력 게이트를 각각 이전 은닉 상태 s_{t-1}과 현재 입력 x_t에 연결하는 가중치다.

- tanh는 은닉 상태에 대한 활성화 함수다. 이것은 바닐라 RNN에서의 a와 같은 역할을 한다. 출력은 현재 입력 x_t와 관련 가중치 U^c, 이전 은닉 상태 s_{t-1}과 해당 가중치 W^c를 기초로 계산한다.

- o는 **출력 게이트**output gate 역할을 한다. 전체 순환 셀의 출력을 위해 내부 메모리에서 추출되는 정보의 양을 정의한다. 항상 그렇듯이 W^o와 U^o는 각각 이전 은닉 상태와 현재 입력에 대한 관련 가중치이다.

이러한 구성 요소 간의 관계는 다음과 같다.

- 시간 단계 t에서 망각 게이트 f의 출력은 $f = \text{sigmoid}((W^f s_{t-1} + U^f x_t)$로 계산한다.

- 시간 단계 t에서 입력 게이트 i의 출력은 $f = \text{sigmoid}((W^i s_{t-1} + U^i x_t)$로 계산한다.

- 시간 단계 t에서 tanh 활성화 c'의 출력은 $c' = \tanh(W^c s_{t-1} + U^c x_t)$로 계산한다.

- 시간 단계 t에서 출력 게이트 o의 출력은 $o = \text{sigmoid}(W^o s_{t-1} + U^o x_t)$로 계산한다.

- 시간 단계 t에서 메모리 장치 c_t는 $c_t = f.* c_{t-1} + i.* c'$(여기서 연산자 $.*$는 요소별 곱셈을 나타냄)와 같이 업데이트된다. 다시 말하지만, 시그모이드 함수의 출력은 0에서 1 사이의 값을 갖는다. 따라서 망각 게이트 f와 입력 게이트 i는 각각 다음 단계로 전달할 이전 메모리 c_{t-1}과 현재 메모리 입력 c'의 양을 조절한다.

- 마지막으로, 시간 단계 t에서의 은닉 상태 s_t를 $s_t = o.* c_t$로 업데이트한다. 여기서 출력 게이트 o는 전체 셀의 출력으로 업데이트된 메모리 장치 c_t를 얼마나 사용할지를 결정한다.

다른 RNN 계열과 마찬가지로, **BPTT** 알고리즘을 이용해서 세 개의 게이트와 tanh 활성화 함수에 대한 네 개의 가중치 셋인 U, W를 포함해서 LSTM RNN의 모든 가중치를 훈련한다. 이러한 가중치 학습을 통해서 LSTM 네트워크가 장기 종속성을 효율적으로 모델링할 수 있다. 따라서 실무에서는 RNN의 기본 모델로 LSTM이 가장 일반적으로 사용된다.

LSTM RNN을 이용해서 실제 문제를 해결하는 방법을 배우고자 우선 영화 리뷰 감정 분석을 살펴본다.

13.5 RNN을 이용한 영화 리뷰 감정 분석

첫 번째 RNN 프로젝트는 영화 리뷰 감정 분석이다. IMDb[3]의 영화 리뷰 데이터셋[4]를 예로 사용한다. 이 데이터셋은 극과 극의 영화 리뷰로 구성되는데, 25,000개의 교육용 영화 리뷰와 25,000개의 테스트용 리뷰가 있다. 각 리뷰는 1(긍정) 또는 0(부정)으로 레이블링된다.

다음 세 개 절에 걸쳐서 RNN 기반 영화 감정 분류기를 구축한다. 각 절에서 다룰 내용은 각각 '영화 리뷰 데이터 분석과 사전 처리', '간단한 LSTM 네트워크 구축', '여러 LSTM 층을 이용한 성능 개선'이다.

13.5.1 데이터 분석과 전처리

다음 단계에 따라 데이터 분석과 전처리를 진행한다.

1. 텐서플로에서 필요한 모듈을 모두 임포트한다.

```
>>> import tensorflow as tf
>>> from tensorflow.keras.datasets import imdb
>>> from tensorflow.keras import layers, models, losses, optimizers
>>> from tensorflow.keras.preprocessing.sequence import pad_sequences
```

2. 케라스에 IMDb 데이터셋이 내장되므로 먼저 데이터셋을 로드한다.

```
>>> vocab_size = 5000
>>> (X_train, y_train), (X_test, y_test) = imdb.load_data(num_words=vocab_size)
```

어휘 크기를 설정하고 해당 어휘 크기만큼의 단어만 로드한다. 이 예에서는 데이터셋의 상위 5,000개 단어가 이에 해당한다. 만약 num_words가 None이면 모든 단어를 로드한다.

3. 방금 로드한 훈련 데이터와 테스트 데이터를 확인한다.

---

3   https://www.imdb.com/

4   https://ai.stanford.edu/~amaas/data/sentiment/ (옮긴이) https://stanford.io/367FdH4

```
>>> print('Number of training samples:', len(y_train))
Number of training samples: 25000
>>> print('Number of positive samples', sum(y_train))
Number of positive samples 12500
>>> print('Number of test samples:', len(y_test))
Number of test samples: 25000
```

훈련셋은 같은 수의 양성 샘플과 음성 샘플로 완벽한 균형을 이룬다.

4. 다음과 같이 훈련 샘플을 출력한다.

```
>>> print(X_train[0])
[1, 14, 22, 16, 43, 530, 973, 1622, 1385, 65, 458, 4468, 66,
3941, 4, 173, 36, 256, 5, 25, 100, 43, 838, 112, 50, 670, 2,
9, 35, 480, 284, 5, 150, 4, 172, 112, 167, 2, 336, 385, 39, 4,
172, 4536, 1111, 17, 546, 38, 13, 447, 4, 192, 50, 16, 6, 147,
2025, 19, 14, 22, 4, 1920, 4613, 469, 4, 22, 71, 87, 12, 16, 43,
530, 38, 76, 15, 13, 1247, 4, 22, 17, 515, 17, 12, 16, 626, 18,
2, 5, 62, 386, 12, 8, 316, 8, 106, 5, 4, 2223, 2, 16, 480, 66,
3785, 33, 4, 130, 12, 16, 38, 619, 5, 25, 124, 51, 36, 135, 48,
25, 1415, 33, 6, 22, 12, 215, 28, 77, 52, 5, 14, 407, 16, 82, 2,
8, 4, 107, 117, 2, 15, 256, 4, 2, 7, 3766, 5, 723, 36, 71, 43,
530, 476, 26, 400, 317, 46, 7, 4, 2, 1029, 13, 104, 88, 4, 381,
15, 297, 98, 32, 2071, 56, 26, 141, 6, 194, 2, 18, 4, 226, 22,
21, 134, 476, 26, 480, 5, 144, 30, 2, 18, 51, 36, 28, 224, 92,
25, 104, 4, 226, 65, 16, 38, 1334, 88, 12, 16, 283, 5, 16, 4472,
113, 103, 32, 15, 16, 2, 19, 178, 32]
```

보다시피 원본 텍스트는 이미 단어 가방으로 변환되어서 각 단어는 정수로 표시된다. 그리고 해당 정숫값은 데이터셋에서 단어가 얼마나 자주 발생하는지 나타낸다. 예를 들어 '1'은 가장 자주 사용되는 단어(예상대로 'the')를 나타내고, '10'은 10번째로 자주 사용되는 단어를 나타낸다. 이것이 어떤 단어인지는 다음 단계를 거치면서 살펴보자.

5. 단어 사전을 이용해서 정수가 나타내는 단어로 다시 매핑한다.

```
>>> word_index = imdb.get_word_index()
>>> index_word = {index: word for word, index in word_index.items()}
```

첫 번째 리뷰를 예로 들어보자.

```
>>> print([index_word.get(i, ' ') for i in X_train[0]])
```

```
['the', 'as', 'you', 'with', 'out', 'themselves', 'powerful',
 'lets', 'loves', 'their', 'becomes', 'reaching', 'had',
 'journalist', 'of', 'lot', 'from', 'anyone', 'to', 'have',
 'after', 'out', 'atmosphere', 'never', 'more', 'room', 'and',
 'it', 'so', 'heart', 'shows', 'to', 'years', 'of', 'every',
 'never', 'going', 'and', 'help', 'moments', 'or', 'of', 'every',
 'chest', 'visual', 'movie', 'except', 'her', 'was', 'several',
 'of', 'enough', 'more', 'with', 'is', 'now', 'current', 'film',
 'as', 'you', 'of', 'mine', 'potentially', 'unfortunately', 'of',
 'you', 'than', 'him', 'that', 'with', 'out', 'themselves',
 'her', 'get', 'for', 'was', 'camp', 'of', 'you', 'movie',
 'sometimes', 'movie', 'that', 'with', 'scary', 'but', 'and',
 'to', 'story', 'wonderful', 'that', 'in', 'seeing', 'in',
 'character', 'to', 'of', '70s', 'and', 'with', 'heart', 'had',
 'shadows', 'they', 'of', 'here', 'that', 'with', 'her',
 'serious', 'to', 'have', 'does', 'when', 'from', 'why', 'what',
 'have', 'critics', 'they', 'is', 'you', 'that', "isn't",
 'one', 'will', 'very', 'to', 'as', 'itself', 'with', 'other',
 'and', 'in', 'of', 'seen', 'over', 'and', 'for', 'anyone',
 'of', 'and', 'br', "show's", 'to', 'whether', 'from', 'than',
 'out', 'themselves', 'history', 'he', 'name', 'half', 'some',
 'br', 'of', 'and', 'odd', 'was', 'two', 'most', 'of', 'mean',
 'for', '1', 'any', 'an', 'boat', 'she', 'he', 'should', 'is',
 'thought', 'and', 'but', 'of', 'script', 'you', 'not', 'while',
 'history', 'he', 'heart', 'to', 'real', 'at', 'and', 'but',
 'when', 'from', 'one', 'bit', 'then', 'have', 'two', 'of',
 'script', 'their', 'with', 'her', 'nobody', 'most', 'that',
 'with', "wasn't", 'to', 'with', 'armed', 'acting', 'watch',
 'an', 'for', 'with', 'and', 'film', 'want', 'an']
```

6. 다음으로, 각 샘플의 길이(예를 들어 각 리뷰의 단어 수)를 분석한다. RNN 모델에 대한 모든 입력 시퀀스의 길이가 같아야 하기 때문이다.

```
>>> review_lengths = [len(x) for x in X_train]
```

문서 길이의 분포는 다음과 같다.

```
>>> import matplotlib.pyplot as plt
>>> plt.hist(review_lengths, bins=10)
>>> plt.show()
```

분포 결과는 다음 다이어그램과 같다.

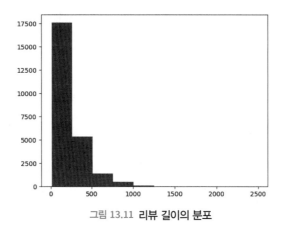

그림 13.11 **리뷰 길이의 분포**

7. 보다시피 대부분의 리뷰는 200자 내외다. 따라서 입력 시퀀스의 길이를 200으로 설정하고, 이보다 짧은 리뷰는 0으로 채우고 긴 리뷰는 길이가 200을 넘는 부분을 잘라낸다. 그러려면 케라스의 pad_sequences 함수를 사용한다.

```
>>> maxlen = 200
>>> X_train = pad_sequences(X_train, maxlen=maxlen)
>>> X_test = pad_sequences(X_test, maxlen=maxlen)
```

입력 시퀀스를 다시 살펴보면 시퀀스의 길이가 모두 200이라는 것을 알 수 있다.

```
>>> print('X_train shape after padding:', X_train.shape)
X_train shape after padding: (25000, 200)
>>> print('X_test shape after padding:', X_test.shape)
X_test shape after padding: (25000, 200)
```

이제 LSTM 네트워크 구축으로 넘어간다.

13.5.2 간단한 LSTM 네트워크 구축

이제 훈련 데이터셋과 테스트 데이터셋이 준비되었으므로 첫 번째 RNN 모델을 구축해보자.

1. 먼저 랜덤 시드를 고정값으로 설정하고 케라스 Sequential 모델의 인스턴스를 생성한다.

```
>>> tf.random.set_seed(42)
```

```
>>> model = models.Sequential()
```

2. 입력 시퀀스는 원-핫 인코딩된 단어 인덱스이므로 케라스의 Embedding층을 이용해서 밀집 벡터
dense vector에 내장해야 한다.

```
>>> embedding_size = 32
>>> model.add(layers.Embedding(vocab_size, embedding_size))
```

여기서는 vocab_size=5,000개의 고유한 단어 토큰으로 구성된 입력 시퀀스를 크기 32의 밀집 벡터
에 내장한다. 해당 내용이 잘 기억나지 않으면 11장의 모범 사례 14를 참조한다.

3. 이제 LSTM층을 모델에 추가한다.

```
>>> model.add(layers.LSTM(50))
```

여기서는 노드가 50개인 하나의 LSTM층만 사용한다.

4. 이진 분류 문제 해결을 위해서 출력층에 시그모이드 활성화 함수를 추가한다.

```
>>> model.add(layers.Dense(1, activation='sigmoid'))
```

5. 모델 요약을 출력해서 층을 다시 한번 확인한다.

```
>>> print(model.summary())
Model: "sequential"
_____
Layer (type)                 Output Shape              Param #
=================================================================
embedding (Embedding)        (None, None, 32)          160000
_____
lstm (LSTM)                  (None, 50)                16600
_____
dense (Dense)                (None, 1)                 51
=================================================================
Total params: 176,651
Trainable params: 176,651
Non-trainable params: 0
_____
```

6. 아담 옵티마이저로 모델을 컴파일하고 최적화 목표는 이진 크로스엔트로피binary cross-entropy를
   사용한다.

```
>>> model.compile(loss='binary_crossentropy',
...               optimizer='adam',
...               metrics=['accuracy'])
```

7. 배치 크기 64로 3에픽epoch[5] 동안 모델을 훈련한다.

```
>>> batch_size = 64
>>> n_epoch = 3
>>> model.fit(X_train, y_train,
...           batch_size=batch_size,
...           epochs=n_epoch,
...           validation_data=(X_test, y_test))
Train on 25000 samples, validate on 25000 samples
Epoch 1/3
391/391 [==============================] - 70s 178ms/step - loss:
0.4284 - accuracy: 0.7927 - val_loss: 0.3396 - val_accuracy: 0.8559
Epoch 2/3
391/391 [==============================] - 69s 176ms/step - loss:
0.2658 - accuracy: 0.8934 - val_loss: 0.3034 - val_accuracy: 0.8730
Epoch 3/3
391/391 [==============================] - 69s 177ms/step - loss:
0.2283 - accuracy: 0.9118 - val_loss: 0.3118 - val_accuracy: 0.8705
```

8. 훈련된 모델로 테스트셋에 대한 분류 정확도를 평가한다.

```
>>> acc = model.evaluate(X_test, y_test, verbose = 0)[1]
>>> print('Test accuracy:', acc)
Test accuracy: 0.8705199956893921
```

87.05%의 테스트 정확도를 얻었다.

---

5   옮긴이 전체 훈련 데이터로 1번 훈련을 마치는 것을 1에픽이라고 한다.

13.5.3 여러 LSTM 층을 이용한 성능 개선

이제 두 개의 순환층을 쌓는다. 다음 다이어그램은 두 개의 순환층을 쌓는 방법을 보여준다.

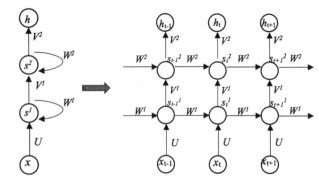

2층으로 쌓은 RNN   펼친 형태의 RNN

그림 13.12 **두 개로 쌓은 순환층 펼치기**

다음 단계에 따라 다층 RNN 모델을 구축해서 이전의 정확도를 능가할 수 있는지 알아보자.

1. 새 모델의 인스턴스를 생성하고 임베딩층, 2개의 LSTM층, 출력층을 추가한다.

```
>>> model = models.Sequential()
>>> model.add(layers.Embedding(vocab_size, embedding_size))
>>> model.add(layers.LSTM(50, return_sequences=True, dropout=0.2))
>>> model.add(layers.LSTM(50, dropout=0.2))
>>> model.add(layers.Dense(1, activation='sigmoid'))
```

여기서 첫 번째 LSTM층을 추가할 때 return_sequences=True로 설정해서 전체 출력 시퀀스를 두 번째 LSTM층에 입력하도록 한다. 또한 훈련할 매개변수가 더 많아졌으므로 과적합을 줄이기 위해서 두 LSTM층에 드롭아웃을 20% 추가한다.

```
>>> print(model.summary())
Model: "sequential_1"
_____
Layer (type)                 Output Shape              Param #
=================================================================
embedding_1 (Embedding)      (None, None, 32)          160000
_____
lstm_1 (LSTM)                (None, None, 50)          16600
_____
lstm_2 (LSTM)                (None, 50)                20200
```

```
--------------------------------------------------------------
dense_1 (Dense)              (None, 1)              51
==============================================================
Total params: 196,851
Trainable params: 196,851
Non-trainable params: 0

--------------------------------------------------------------
None
```

2. 마찬가지로, 아담 옵티마이저의 학습률을 0.003으로 설정하고 모델을 컴파일한다.

```
>>> optimizer = optimizers.Adam(lr=0.003)
>>> model.compile(loss='binary_crossentropy',
...               optimizer=optimizer,
...               metrics=['accuracy'])
```

3. 7에퍽 동안 모델을 훈련한다.

```
>>> n_epoch = 7
>>> model.fit(X_train, y_train,
...           batch_size=batch_size,
...           epochs=n_epoch,
...           validation_data=(X_test, y_test))
Train on 25000 samples, validate on 25000 samples
Epoch 1/7
391/391 [==============================] - 139s 356ms/step
- loss: 0.4755 - accuracy: 0.7692 - val_loss: 0.3438 - val_accuracy: 0.8511
Epoch 2/7
391/391 [==============================] - 140s 357ms/step
- loss: 0.3272 - accuracy: 0.8631 - val_loss: 0.3407 - val_accuracy: 0.8573
Epoch 3/7
391/391 [==============================] - 137s 350ms/step
- loss: 0.3042 - accuracy: 0.8782 - val_loss: 0.3436 - val_accuracy: 0.8580
Epoch 4/7
391/391 [==============================] - 136s 349ms/step
- loss: 0.2468 - accuracy: 0.9028 - val_loss: 0.6771 - val_accuracy: 0.7860
Epoch 5/7
391/391 [==============================] - 137s 350ms/step
- loss: 0.2201 - accuracy: 0.9117 - val_loss: 0.3273 - val_accuracy: 0.8684
Epoch 6/7
391/391 [==============================] - 137s 349ms/step
- loss: 0.1867 - accuracy: 0.9278 - val_loss: 0.3352 - val_accuracy: 0.8736
Epoch 7/7
391/391 [==============================] - 138s 354ms/step
- loss: 0.1586 - accuracy: 0.9398 - val_loss: 0.3335 - val_accuracy: 0.8756
```

4. 마지막으로 테스트 정확도를 검증한다.

```
>>> acc = model.evaluate(X_test, y_test, verbose=0)[1]
>>> print('Test accuracy with stacked LSTM:', acc)
Test accuracy with stacked LSTM: 0.8755999803543091
```

새로운 모델의 정확도는 87.56%로 이전 모델보다 더 나은 테스트 정확도를 얻었다는 것을 알 수 있다.

이것으로 RNN을 이용한 리뷰 감정 분류 프로젝트를 마쳤다. 이번 프로젝트에 사용한 RNN은 다대일 구조였다. 다음 프로젝트에서는 '소설'을 쓰기 위해 다대다 구조의 RNN을 개발한다.

13.6 RNN으로 나만의 《전쟁과 평화》 작성하기

이 프로젝트에서는 흥미로운 언어 모델링 문제인 텍스트 생성text generation에 관해 살펴본다.

RNN 기반 텍스트 생성기는 훈련 텍스트에 따라 무엇이든 작성할 수 있다. 훈련 텍스트는 《왕좌의 게임》 같은 소설, 셰익스피어의 시, 〈매트릭스〉의 영화 대본에서 가져올 수 있다. 모델이 잘 훈련되었다면, 생성된 인공 텍스트는 원본 텍스트와 유사하지만 같지는 않아야 한다. 이 절에서는 RNN으로 러시아 작가 레프 톨스토이가 쓴 소설 《전쟁과 평화》와 유사한 나만의 소설을 써 본다. 물론 각자 좋아하는 다른 책에 대해서도 RNN을 훈련할 수 있다.

훈련셋을 구성하기 전에 우선 데이터를 수집하고 분석한다. 그 뒤에 텍스트 생성을 위한 RNN 모델을 구축하고 훈련한다.

13.6.1 훈련 데이터 수집과 분석

현재 저작권으로 보호되지 않는 책에서 훈련용 텍스트 데이터를 수집하는 것이 좋다. 이때 구텐베르크 프로젝트Project Gutenberg[6]가 적당한데, 저작권이 만료된 60,000권 이상의 무료 전자책을 제공한다.

《전쟁과 평화》의 원본 작품[7]을 다운로드할 수는 있지만, 다음과 같은 부가적인 정제 작업이 필요하다. 실제 작품 내용 외에 일반 텍스트 UTF-8 파일로 작성된 추가 시작 섹션 'The Project Gutenberg

---

6 www.gutenberg.org
7 http://www.gutenberg.org/ebooks/2600

EBook[8], 차례, 추가 부록 'End of the Project Gutenberg EBook of War and Peace'를 제거해야 하기 때문이다. 이런 수고를 덜려면 정제된 텍스트 파일[9]을 직접 다운로드해도 된다. 이제 시작해보자.

1. 먼저 파일을 읽고 텍스트를 소문자로 변환한다.

```
>>> training_file = 'warpeace_input.txt'
>>> raw_text = open(training_file, 'r').read()
>>> raw_text = raw_text.lower()
```

2. 첫부분에 있는 200자를 출력해서 훈련 텍스트 데이터를 간단히 살펴본다.

```
>>> print(raw_text[:200])
"well, prince, so genoa and lucca are now just family estates of the buonapartes.
but i warn you, if you don't tell me that this means war, if you still try to defend
the infamies and horrors perpetr
```

3. 고유한 단어의 수를 계산한다.

```
>>> all_words = raw_text.split()
>>> unique_words = list(set(all_words))
>>> print(f'Number of unique words: {len(unique_words)}')
Number of unique words: 39830
```

그다음에는 총 문자 수를 계산한다.

```
>>> n_chars = len(raw_text)
>>> print(f'Total characters: {n_chars}')
Total characters: 3196213
```

4. 다음과 같이 총 300만 개의 문자에서 고유한 문자를 얻는다.

```
>>> chars = sorted(list(set(raw_text)))
>>> n_vocab = len(chars)
>>> print(f'Total vocabulary (unique characters): {n_vocab}')
Total vocabulary (unique characters): 57
>>> print(chars)
```

---

8   http://www.gutenberg.org/files/2600/2600-0.txt (옮긴이) https://bit.ly/3JsR94p)

9   https://cs.stanford.edu/people/karpathy/char-rnn/warpeace_input.txt (옮긴이) https://stanford.io/376ps3c)

```
['\n', ' ', '!', '"', "'", '(', ')', '*', ',', '-', '.', '/',
 '0', '1', '2', '3', '4', '5', '6', '7', '8', '9', ':', ';', '=',
 '?', 'a', 'b', 'c', 'd', 'e', 'f', 'g', 'h', 'i', 'j', 'k', 'l',
 'm', 'n', 'o', 'p', 'q', 'r', 's', 't', 'u', 'v', 'w', 'x', 'y',
 'z', 'à', 'ä', 'é', 'ê', '\ufeff']
```

원본 훈련 텍스트에는 57개의 고유한 문자와 40,000개에 가까운 고유한 단어가 있다. 한 단계에서 40,000개의 확률을 계산해서 단어를 생성하는 것이 57개의 확률만 계산해서 문자를 생성하는 것보다 훨씬 어렵다. 따라서 문자를 토큰으로 사용하는데, 여기서 어휘는 57자로 구성된다.

그렇다면 문자를 어떻게 RNN 모델에 입력하고 출력 문자를 생성할 수 있을까? 이는 다음 절에서 살펴본다.

13.6.2 RNN 텍스트 생성기를 위한 훈련셋 구성

동기화된 '다대다' RNN에서는 네트워크에 시퀀스를 입력하는 동시에 시퀀스를 생성한다. 모델은 시퀀스 요소 간의 관계를 포착하고 학습한 패턴을 바탕으로 새로운 시퀀스를 재생산한다. 텍스트 생성기의 경우 고정 길이의 문자 시퀀스를 입력하고 같은 길이의 시퀀스를 생성하도록 할 수 있다. 여기서 각 출력 시퀀스는 입력 시퀀스에서 한 문자 이동한다. 다음 예를 통해서 더 잘 이해해보자.

원본 텍스트 샘플이 'learning'이고 원하는 시퀀스 길이가 5라고 가정한다. 여기서 입력 시퀀스는 'learn'이고 출력 시퀀스는 'earni'이다. 입력 시퀀스와 출력 시퀀스는 다음과 같이 네트워크에 넣을 수 있다.

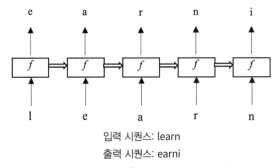

입력 시퀀스: learn
출력 시퀀스: earni

그림 13.13 **RNN에 훈련셋('learn', 'earni') 입력**

방금 훈련 샘플('learn', 'earni')을 만들었다. 마찬가지로, 전체 원본 텍스트에 대해서 훈련 샘플을 만들려면 우선 원본 텍스트를 고정 길이를 갖는 다수의 시퀀스 X로 분할해야 한다. 그다음에는 원본 텍스트의 첫 번째 문자를 무시하고 하나 오른쪽으로 이동한 뒤에 같은 길이를 갖는 다수의 시퀀스 Y로 분할한다. X개의 시퀀스는 훈련 샘플의 입력이고 이에 해당하는 Y개의 시퀀스는 샘플의 출력이 된다.

'machine learning by example(예제를 통한 머신러닝)'이라는 원시 텍스트 샘플이 있고 시퀀스 길이를 5로 설정했다고 가정한다. 이제 훈련 샘플을 다음과 같이 구성할 수 있다.

입력	출력
machi	achin
ne□le	e□lea
arnin	rning
g□by□	□by□e
examp	xampl

그림 13.14 'machine learning by example'으로 구성한 훈련 샘플

여기서 □는 공백을 나타낸다. 나머지 부분 시퀀스 'le'는 시퀀스 길이에 비해 충분히 길지 않으므로 그냥 버린다.

또한 신경망 모델에는 숫자 데이터만 입력할 수 있으므로 입력 문자와 출력 문자를 원-핫 인코딩해야 한다. 다음과 같이 57개의 고유한 문자를 0에서 56까지의 인덱스에 매핑하면 된다.

```
>>> index_to_char = dict((i, c) for i, c in enumerate(chars))
>>> char_to_index = dict((c, i) for i, c in enumerate(chars))
>>> print(char_to_index)
{'\n': 0, ' ': 1, '!': 2, '"': 3, "'": 4, '(': 5, ')': 6, '*': 7, ',':
8, '-': 9, '.': 10, '/': 11, '0': 12, '1': 13, '2': 14, '3': 15, '4':
16, '5': 17, '6': 18, '7': 19, '8': 20, '9': 21, ':': 22, ';': 23, '=':
24, '?': 25, 'a': 26, 'b': 27, 'c': 28, 'd': 29, 'e': 30, 'f': 31, 'g':
32, 'h': 33, 'i': 34, 'j': 35, 'k': 36, 'l': 37, 'm': 38, 'n': 39, 'o':
40, 'p': 41, 'q': 42, 'r': 43, 's': 44, 't': 45, 'u': 46, 'v': 47, 'w':
48, 'x': 49, 'y': 50, 'z': 51, 'à': 52, 'ä': 53, 'é': 54, 'ê': 55, '\
ufeff': 56}
```

예를 들어 문자 'c'는 인덱스 28에만 '1'이 있고 다른 모든 인덱스에는 '0'이 있는 길이가 57인 벡터가 되고, 문자 'h'는 인덱스 33에만 '1'이 있고 다른 모든 인덱스에는 '0'이 있는 길이가 57인 벡터가 된다.

이제 문자 조회 사전character lookup dictionary이 준비되었으므로 다음과 같이 전체 훈련셋을 구성할 수 있다.

```
>>> import numpy as np
>>> seq_length = 160
>>> n_seq = int(n_chars / seq_length)
```

시퀀스 길이를 160으로 설정하고, 훈련 샘플의 개수로 n_seq을 얻었다. 다음으로 훈련에 사용할 입력과 출력을 초기화하는데, 각 입력과 출력은 (샘플 수, 시퀀스 길이, 특징의 차원) 형태를 가진다.

```
>>> X = np.zeros((n_seq, seq_length, n_vocab))
>>> Y = np.zeros((n_seq, seq_length, n_vocab))
```

NOTE 케라스의 RNN 모델은 입력 시퀀스와 출력 시퀀스의 형태가 (샘플 수, 시퀀스 길이, 특징의 차원)과 같아야 한다.

이제 n_seq개의 샘플에 대해서 해당 문자가 있는 입력 벡터와 출력 벡터의 인덱스에 '1'을 할당한다.

```
>>> for i in range(n_seq):
...     x_sequence = raw_text[i * seq_length : (i + 1) * seq_length]
...     x_sequence_ohe = np.zeros((seq_length, n_vocab))
...     for j in range(seq_length):
...             char = x_sequence[j]
...             index = char_to_index[char]
...             x_sequence_ohe[j][index] = 1.
...     X[i] = x_sequence_ohe
...     y_sequence = raw_text[i * seq_length + 1 : (i + 1) * seq_length + 1]
...     y_sequence_ohe = np.zeros((seq_length, n_vocab))
...     for j in range(seq_length):
...             char = y_sequence[j]
...             index = char_to_index[char]
...             y_sequence_ohe[j][index] = 1.
...     Y[i] = y_sequence_ohe
```

구성된 입력 샘플과 출력 샘플의 형태를 살펴보자.

```
>>> X.shape
(19976, 160, 57)
>>> Y.shape
(19976, 160, 57)
```

다시 말하지만, 각 샘플(입력 시퀀스 또는 출력 시퀀스)은 160개의 요소로 구성되고 각 요소는 57차원 원-핫 인코딩된 벡터이다.

훈련셋이 준비되었으니 이제 RNN 모델 구축과 피팅 작업을 시작해보자. 다음 두 절에서 이 작업을 살펴본다.

13.6.3 RNN 텍스트 생성기 구축

이 절에서는 2층으로 쌓은 순환층이 있는 RNN을 구축한다. 텍스트 생성과 같은 복잡한 문제에 대해 이러한 구조의 RNN이 하나의 순환층이 있는 RNN보다 예측력이 더 높다. 이제 시작해보자.

1. 필요한 모든 모듈을 임포트하고 랜덤 시드를 고정값으로 설정한다.

```
>>> import tensorflow as tf
>>> from tensorflow.keras import layers, models, losses, optimizers
>>> tf.random.set_seed(42)
```

2. 각 순환층에는 0.4의 드롭아웃 비율과 tanh 활성화 함수가 있는 유닛 700개가 있다.

```
>>> hidden_units = 700
>>> dropout = 0.4
```

3. 또 다른 초매개변수인 배치 크기와 에퍽 수를 각각 100, 300으로 지정한다.

```
>>> batch_size = 100
>>> n_epoch= 300
```

4. 다음과 같이 RNN 모델을 생성한다.

```
>>> model = models.Sequential()
>>> model.add(layers.LSTM(hidden_units, input_shape=(None, n_vocab), return_sequences=
True, dropout=dropout))
>>> model.add(layers.LSTM(hidden_units, return_sequences=True, dropout=dropout))
>>> model.add(layers.TimeDistributed(layers.Dense(n_vocab, activation='softmax')))
```

다음과 같은 몇 가지 사항을 살펴봐야 한다.

- **첫 번째 순환층의 return_sequences=True**: 첫 번째 순환층의 출력이 시퀀스이므로 두 번째 순환층을 위에 쌓을 수 있다.
- **두 번째 순환층의 return_sequences=True**: 두 번째 순환층의 출력이 시퀀스이므로 다대다 구조가 가능하다.

- **Dense(n_vocab, activation='softmax')**: 출력 시퀀스의 각 요소가 원-핫 인코딩된 벡터이므로, 소프트맥스 활성화를 개별 문자에 대한 확률을 계산하는 데 사용한다.
- **TimeDistributed**: 순환층의 출력은 시퀀스이고 Dense층은 순차 입력을 받지 않으므로 TimeDistributed를 어댑터로 사용해서 Dense층을 입력 시퀀스의 모든 요소에 적용할 수 있다.

5. 네트워크를 컴파일한다. 학습률이 0.001인 RMSprop을 옵티마이저로 선택한다.

```
>>> optimizer = optimizers.RMSprop(lr=0.001)
>>> model.compile(loss="categorical_crossentropy", optimizer=optimizer)
```

여기서 다중 클래스 교차 엔트로피를 손실 함수로 사용한다.

6. 방금 만든 모델에 대한 요약은 다음과 같다.

```
>>> print(model.summary())
Model: "sequential"

_____
Layer (type)                 Output Shape              Param #
=================================================================
lstm (LSTM)                  (None, None, 700)         2122400
_____
lstm_1 (LSTM)                (None, None, 700)         3922800
_____
time_distributed (TimeDistri (None, None, 57)          39957
=================================================================
Total params: 6,085,157
Trainable params: 6,085,157
Non-trainable params: 0
_____
```

이것으로 모델 구축을 마치고 모델을 훈련할 준비가 되었다. 다음 절에서 모델을 훈련한다.

13.6.4 RNN 텍스트 생성기 훈련

모델 요약에서 볼 수 있듯이 훈련할 매개변수가 600만 개가 넘는다. 따라서 GPU에서 모델을 학습시키는 것이 좋다. 사내에 GPU가 없다면 구글 코랩Google Colab에서 제공하는 무료 GPU를 튜토리얼에 따라 설정[10]해서 사용할 수도 있다.

---

10 https://ml-book.now.sh/free-gpu-for-deep-learning/ (옮긴이) https://bit.ly/3qiFrle)

또한, 훈련에 많은 시간이 필요한 딥러닝 모델은 훈련 중 모델의 내부 상태와 성능을 추적하기 위해서 몇 가지 콜백을 설정하는 것이 좋다. 프로젝트에서는 다음과 같은 콜백을 사용한다.

- **모델 체크포인트**: 에퍽마다 모델을 저장한다. 훈련 중 예기치 않은 문제가 발생하면 모델을 처음부터 다시 훈련할 필요가 없다. 저장된 모델을 로드하고 중단된 부분에서 훈련을 다시 시작할 수 있다.
- **조기 중지**: 8장에서 다뤘다.
- **최신 모델로 정기적으로 텍스트 생성**: 텍스트가 얼마나 제대로 생성되었는지를 즉시 확인할 수 있다.

이러한 콜백 세 가지를 사용해서 다음과 같이 RNN 모델을 훈련한다.

1. 필요한 모듈을 임포트한다.

```
>>> from tensorflow.keras.callbacks import Callback, ModelCheckpoint, EarlyStopping
```

2. 모델 체크포인트 콜백을 정의한다.

```
>>> file_path = "weights/weights_epoch_{epoch:03d}_loss_{loss:.4f}.hdf5"
>>> checkpoint = ModelCheckpoint(file_path, monitor='loss',
                    verbose=1, save_best_only=True, mode='min')
```

모델 체크포인트는 에퍽 번호와 훈련 손실로 구성된 파일 이름으로 저장된다.

3. 연속해서 50에퍽 동안 검증 손실이 감소하지 않으면 훈련을 중단하는 조기 중지 콜백을 생성한다.

```
>>> early_stop = EarlyStopping(monitor='loss', min_delta=0,
                        patience=50, verbose=1, mode='min')
```

4. 주어진 모델에 대해서 길이와 관계없이 텍스트를 생성하는 헬퍼 함수helper function를 구현한다.

```
>>> def generate_text(model, gen_length, n_vocab, index_to_char):
...     """
...     RNN 모델을 이용한 텍스트 생성
...     @param model: 현재 RNN 모델
...     @param gen_length: 생성하고자 하는 문자 수
...     @param n_vocab: 고유한 문자 수
...     @param index_to_char: 문자에 매핑되는 인덱스
...     @return: 생성된 텍스트 스트링
...     """
```

```
...        # 임의로 뽑은 문자를 초깃값으로 한다.
...        index = np.random.randint(n_vocab)
...        y_char = [index_to_char[index]]
...        X = np.zeros((1, gen_length, n_vocab))
...        for i in range(gen_length):
...            X[0, i, index] = 1.
...            indices = np.argmax(model.predict(
...                    X[:, max(0, i - seq_length -1):i + 1, :])[0], 1)
...            index = indices[-1]
...            y_char.append(index_to_char[index])
...        return ''.join(y_char)
```

무작위로 선택한 문자로 시작하고, 입력 모델은 이전에 생성된 문자를 기반으로 나머지 gen_length-1개의 문자를 예측한다.

5. N에퍽마다 generate_text 헬퍼 함수를 이용해서 텍스트를 생성하는 콜백 클래스를 정의한다.

```
>>> class ResultChecker(Callback):
...     def __init__(self, model, N, gen_length):
...         self.model = model
...         self.N = N
...         self.gen_length = gen_length
...
...     def on_epoch_end(self, epoch, logs={}):
...         if epoch % self.N == 0:
...             result = generate_text(self.model,
...                     self.gen_length, n_vocab, index_to_char)
...             print('\nMy War and Peace:\n' + result)
```

다음으로 텍스트 생성 검사기 콜백을 초기화한다.

```
>>> result_checker = ResultChecker(model, 10, 500)
```

모델은 10에퍽마다 500자의 텍스트를 생성한다.

6. 이제 모든 콜백 구성 요소가 준비되었으므로 모델 교육을 시작할 수 있다.

```
>>> model.fit(X, Y, batch_size=batch_size,
        verbose=1, epochs=n_epoch,callbacks=[result_checker, checkpoint, early_stop])
```

여기서는 에퍽 1, 51, 101, 291에 대한 결과만 수록한다.

에픽 1:

```
Epoch 1/300

200/200 [==============================] - 117s 584ms/step - loss: 2.8908

My War and Peace:

8 the tout to to to to to to to to to to to to to to to to to to to to to to to to to
to to to to to to to to to to to to to to to to to to to to to to to to to to to to
to to to to to to to to to to to to to to to to to to to to to to to to to to to to
to to to to to to to to to to to to to to to to to to to to to to to to to to to to
to to to to to to to to to to to to to to to to to to to to to to to to to to to to
to to to to to to to to to to to to to to to to to to to to to t


Epoch 00001: loss improved from inf to 2.89075, saving model to
weights/weights_epoch_001_loss_2.8908.hdf5
```

에픽 51:

```
Epoch 51/300

200/200 [==============================] - ETA: 0s - loss: 1.7430

My War and Peace:

re and the same time the same time the same time he had not yet seen the first time that
he was always said to him that the countess was sitting in the same time and the same
time that he was so saying that he was saying that he was saying that he was saying
that he was saying that he was saying that he was saying that he was saying that he was
saying that he was saying that he was saying that he was saying that he was saying that
he was saying that he was saying that he was saying that he was sa

Epoch 00051: loss improved from 1.74371 to 1.74298, saving model to weights/weights_
epoch_051_loss_1.7430.hdf5
```

에픽 101:

```
Epoch 101/300

200/200 [==============================] - ETA: 0s - loss: 1.6892

My War and Peace:

's and the same time and the same sonse of his life and her face was already in her hand.
```

```
"what is it?" asked natasha. "i have not the post and the same to her and will not be
able to say something to her and went to the door.

"what is it?" asked natasha. "i have not the post and the same to her and that i shall
not be able to say something to her and went on to the door.

"what a strange in the morning, i am so all to say something to her," said prince andrew,
"i have not the post and the same

Epoch 00101: loss did not improve from 1.68711
```

에퍽 291:

```
Epoch 291/300

200/200 [==============================] - ETA: 0s - loss: 1.6136

My War and Peace:

à to the countess, who was sitting in the same way the sound of a sound of company
servants were standing in the middle of the road.

"what are you doing?" said the officer, turning to the princess with a smile.

"i don't know what to say and want to see you."

"yes, yes," said prince andrew, "i have not been the first to see you and you will be
a little better than you are and we will be married. what a sin i want to see you."

"yes, yes," said prince andrew, "i have not been the first to see yo

Epoch 00291: loss did not improve from 1.61188
```

Tesla K80 GPU에서 각 에퍽 훈련에 약 60초가 걸린다. 몇 시간 동안의 훈련을 마친 뒤에 RNN 기반 텍스트 생성기는 현실적이고 흥미로운 버전의 《전쟁과 평화》를 작성했다. 이처럼 다대다 유형의 RNN 을 이용해서 성공적으로 텍스트를 생성할 수 있다.

다대다 구조의 RNN은 시퀀스를 입력으로 해서 다른 시퀀스를 출력하는 시퀀스 투 시퀀스sequence-to-sequence, seq2seq 모델의 한 유형이다. 이러한 유형의 전형적인 예는 한 언어의 단어 시퀀스를 다른 언어의 시퀀스로 변환하는 기계 번역이다. 현존하는 최고 성능의 seq2seq 모델은 트랜스포머 Transformer 모델로, 이는 구글 브레인Google Brain에서 개발했다. 다음 절에서 이를 간략하게 살펴본다.

13.7 트랜스포머 모델을 이용한 언어 이해도 향상

트랜스포머 모델은 〈Attention Is All You Need〉라는 논문[11]에서 처음 발표되었다. LSTM에서도 여전히 어려운 문제로 남아 있는 장기 의존성long-term dependency을 효과적으로 처리할 수 있다. 이 절에서는 트랜스포머의 구조와 구성 요소, 가장 중요한 부분인 셀프 어텐션층을 살펴본다.[12]

13.7.1 트랜스포머의 구조

먼저 트랜스포머 모델의 상위 구조를 살펴보자. 〈Attention Is All You Need〉 논문에서 이미지를 가져왔다.

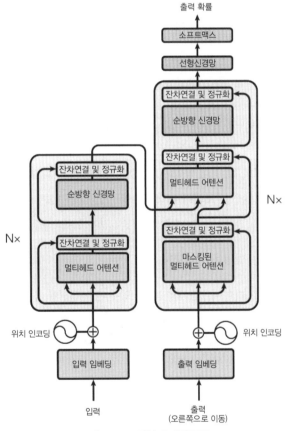

그림 13.15 **트랜스포머의 구조**

---

11 https://arxiv.org/abs/1706.03762

12 울긴이 트랜스포머에 대해 좀 더 살펴보고 싶은 독자들은 다음 자료를 살펴볼 것을 추천한다. The Illustrated Transformer(https://bit.ly/3zGW6TH), The Annotated Transformer(https://bit.ly/3dgf1gs), X-Ray Transformer Infographic(https://bit.ly/3vReyHY, https://bit.ly/3zRdMMy)

보다시피 트랜스포머는 **인코더**encoder(왼쪽의 큰 직사각형)와 **디코더**decoder(오른쪽의 큰 직사각형)로 구성된다. 인코더는 입력 시퀀스를 부호화하는데, 여기에는 멀티헤드 어텐션multi-head attention층(다음에 설명)과 일반 순방향층이 있다. 반면 디코더는 출력 시퀀스를 생성하는데, 멀티헤드 어텐션층과 일반 순방향층 외에 마스킹된 멀티헤드 어텐션층이 있다.

단계 t에서 트랜스포머 모델은 입력 $x_1, x_2, ..., x_t$와 출력 $y_1, y_2, ..., y_{t-1}$를 받아서 y_t를 예측한다. 이것은 다대다 RNN 모델과 다르지 않다.

아마 멀티헤드 어텐션층이 낯설 텐데, 다음 절에서 이를 살펴본다.

13.7.2 셀프 어텐션 이해하기

다음 예를 통해 **셀프 어텐션**층이 트랜스포머에서 어떻게 핵심적인 역할을 하는지 살펴본다.

> 'I read Python Machine Learning by Example and it is indeed a great book(나는 예제로 배우는 파이썬 머신러닝을 읽었는데 정말 훌륭한 책이다).'

얼핏 보기에 이 문장은 분명히 책 《Python Machine Learning by Example(예제로 배우는 파이썬 머신러닝)》을 가리키는 듯하다. 만약 트랜스포머 모델도 그렇게 판단했다면 'Python Machine Learning by Example'이라는 문구를 처리할 때 셀프 어텐션이 해당 책 제목과 연관시켰을 것이다. 입력 시퀀스의 단어가 주어졌을 때, 셀프 어텐션은 모델이 해당 단어와 시퀀스의 다른 단어와의 관련성을 여러 어텐션 수준에서 측정할 수 있도록 해서 seq2seq 작업에서의 언어 이해와 학습을 향상한다.

이제 어텐션 점수를 계산하는 방법을 살펴보자.

그림 13.15의 트랜스포머 구조 다이어그램에서 볼 수 있듯이 어텐션층에는 입력 벡터가 세 가지 있다.

- 쿼리query 벡터 Q: 시퀀스의 쿼리 단어(즉, 현재 단어)를 나타낸다.
- 키key 벡터 K: 시퀀스의 개별 단어를 나타낸다.
- 값value 벡터 V: 시퀀스의 개별 단어를 나타낸다.

이 세 가지 벡터는 훈련을 통해서 결정한다.

셀프 어텐션층의 출력은 다음과 같이 계산한다.

$$attention(Q, K, V) = V softmax\left(\frac{QK^T}{\sqrt{d_k}}\right)$$

여기서 d_k는 키 벡터의 차원이다. 시퀀스 'python machine learning by example'을 예로 들어서, 다음 단계에 따라 첫 번째 단어인 python에 대한 셀프 어텐션을 계산한다.

1. 시퀀스에 있는 각 단어와 python 사이의 내적을 계산한다. 계산 결과는 $q_1 \cdot k_1$, $q_1 \cdot k_2$, $q_1 \cdot k_3$, $q_1 \cdot k_4$, $q_1 \cdot k_5$로 q_1은 첫 번째 단어에 대한 쿼리 벡터이고 $k_1 \sim k_5$는 각각 5개 단어에 대한 키 벡터이다.

2. 결과 내적값을 키 벡터의 차원 d_k의 제곱근으로 나누고, 소프트맥스를 취해서 정규화한다.

$$s_{11} = softmax\left(\frac{q_1 \cdot k_1}{\sqrt{d_k}}\right)$$

$$s_{12} = softmax\left(\frac{q_1 \cdot k_2}{\sqrt{d_k}}\right)$$

$$\dots$$

$$s_{15} = softmax\left(\frac{q_1 \cdot k_5}{\sqrt{d_k}}\right)$$

3. 앞에서 구한 소프트맥스 벡터와 각각의 값 벡터 v_1, v_2, ..., v_5와의 내적을 구하고 이를 합산한다.

$$z_1 = s_{11} \cdot v_1 + s_{12} \cdot v_2 + s_{13} \cdot v_3 + s_{14} \cdot v_4 + s_{15} \cdot v_5$$

z_1은 시퀀스의 첫 번째 단어인 'python'에 대한 셀프 어텐션 점수이다. 시퀀스의 나머지 단어에 대한 어텐션 점수를 얻기 위해서 이 과정을 반복한다. 이제 이것이 **멀티헤드 어텐션**multi-head attention으로 불리는 이유를 이해해야 하는데, 셀프 어텐션을 한 단어(한 단계)에 대해서만 계산하는 것이 아니라 모든 단어(모든 단계)에 대해서 계산하기 때문이다.[13]

그다음에 모든 출력 어텐션 점수를 연결해서concatenated 다운스트림의 일반 순방향층에 입력한다.

이 절에서는 트랜스포머 모델의 주요 개념을 다뤘다. 트랜스포머는 음성 인식speech to text, STT, 텍스트 요약, 질문 응답과 같은 NLP의 많은 복잡한 문제를 해결하는 인기 있는 모델이 되었다. 어텐션 메커니즘이 추가된 트랜스포머 모델은 순차적 학습에서 장기 의존성을 효과적으로 처리할 수 있다. 또한 개별 단계[14]에 대한 셀프 어텐션을 독립적으로 계산할 수 있으므로 훈련 중에 병렬화할 수 있다.

더 자세한 내용에 관심이 있다면, 다음과 같은 트랜스포머를 이용한 최근의 개발 내용을 참조한다.

13 　(옮긴이) 멀티헤드 어텐션을 사용했을 때, 특징 정보를 좀 더 많이 포착할 수 있다.

14 　(옮긴이) 하나의 토큰에 해당한다.

- 구글에서 개발한 **BERT**Bidirectional Encoder Representations from Transformers[15]
- OpenAI에서 제안한 **GPT**Generative Pre-training Transformer[16]
- 트랜스포머를 이용한 객체 감지[17]

13.8 요약

13장에서는 RNN을 이용해서 감정 분석과 텍스트 생성이라는 두 가지 NLP 프로젝트를 살펴봤다. 순환 구조와 다양한 형태의 입력 및 출력 시퀀스를 갖는 다양한 RNN 구조를 자세히 설명하고, LSTM이 어떻게 바닐라 RNN의 성능을 개선하는지를 배웠다. 마지막으로 보너스 섹션에서는 최근 주목받는 순차 학습 모델인 트랜스포머를 다뤘다.

다음 14장에서는 머신러닝 문제의 세 번째 유형인 강화학습을 중점적으로 살펴본다. 강화학습 모델이 학습 목표에 도달하기 위해 환경과 상호작용하면서 학습하는 방법을 배운다.

13.9 연습 문제

1. 양방향 순환층bi-directional recurrent layer(혼자서도 충분히 배울 수 있을 것이다)을 감성 분석 프로젝트에 적용해서, 본문에서 달성한 것보다 나은 성능을 얻을 수 있는지 확인한다. 관련 예제[18]도 참조한다.

2. 8장처럼 초매개변수를 미세 조정해서 분류 성능을 더 개선할 수 있는지 확인한다.

---

15 https://arxiv.org/abs/1810.04805v2

16 https://s3-us-west-2.amazonaws.com/openai-assets/research-covers/languageunsupervised/language_understanding_paper.pdf

17 https://ai.facebook.com/blog/end-to-end-object-detection-with-transformers/

18 https://www.tensorflow.org/api_docs/python/tf/keras/layers/Bidirectional (옮긴이) https://bit.ly/3CSJkmd)

14

강화학습을 이용한
복잡한 환경에서의 의사결정

13장에서는 순차 학습을 위한 RNN을 중점적으로 살펴보았다. 마지막 장인 14장은 책의 앞부분에서 언급한 세 번째 유형의 머신러닝 과제인 강화학습을 다룬다. 경험을 통한 학습과 환경과의 상호작용을 통한 학습이 이전에 다뤘던 지도학습, 비지도학습과 어떻게 다른지 알 수 있다.

14장에서 다룰 주제는 다음과 같다.

- 강화학습을 위한 작업 환경 설정
- 강화학습의 기초
- OpenAI Gym 환경 시뮬레이션
- 가치 반복value iteration 알고리즘과 정책 반복policy iteration 알고리즘
- 정책 평가와 조절을 위한 몬테카를로Monte Carlo, MC 방법
- Q-러닝 알고리즘

14.1 작업 환경 설정

기본 프레임워크인 파이토치와 학습 알고리즘을 개발할 수 있는 다양한 환경을 제공하는 툴킷인 OpenAI Gym을 포함한 작업 환경을 설정한다.

14.1.1 파이토치 설치

파이토치[1]는 페이스북[2]의 AI 연구소에서 토치Torch[3]를 기반으로 개발한 최신의 머신러닝 라이브러리다. 이는 강력한 계산 그래프와 GPU에 대한 높은 호환성뿐만 아니라 단순하고 친숙한 인터페이스를 제공한다.

파이토치는 학계를 중심으로 빠르게 확장되고 있으며 점점 더 많은 기업에서도 채택하고 있다. 다음 차트[4]는 상위 머신러닝 콘퍼런스에서의 파이토치의 성장을 보여준다.

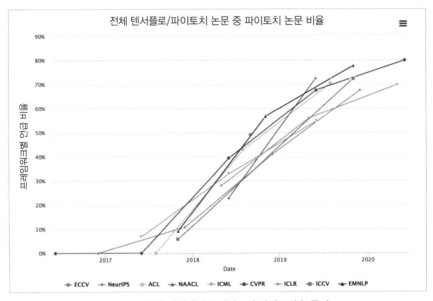

그림 14.1 **상위 머신러닝 콘퍼런스의 파이토치 논문 수**

지난해부터 이러한 콘퍼런스에서 텐서플로보다 파이토치에 대한 언급이 더 많아졌다. 파이토치를 채택할 충분한 동기부여가 될 것이다. 이제 파이토치를 설치하는 방법을 알아보자.

먼저 파이토치 설치 페이지[5]에서 사용자 환경에 적합한 구성을 선택할 수 있다.

---

1 (옮긴이) 파이썬의 언어 구조와 굉장히 유사하고 간결하다는 장점이 있다.

2 (옮긴이) 현재는 사명을 '메타'로 변경했다.

3 http://torch.ch/

4 http://horace.io/pytorch-vs-tensorflow/에서 가져왔다.

5 https://pytorch.org/get-started/locally/

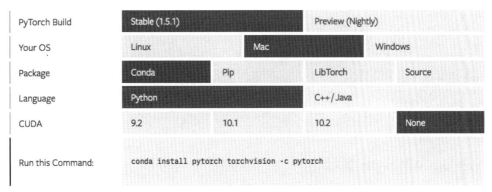

그림 14.2 파이토치 설치를 위한 시스템 구성

여기서는 CUDA 없이 로컬에서 실행되는 Mac, Conda, Python 3.7을 예로 들어서 설명한다. 우선 다음 명령을 실행한다.

```
conda install pytorch torchvision -c pytorch
```

그다음으로 파이썬에서 다음 코드를 실행해서 올바로 설치되었는지 확인할 수 있다.

```
>>> import torch
>>> x = torch.empty(3, 4)
>>> print(x)
tensor([[7.8534e+34, 4.7418e+30, 5.9663e-02, 7.0374e+22],
        [3.5788e+01, 4.5825e-41, 4.0272e+01, 4.5825e-41],
        [0.0000e+00, 0.0000e+00, 0.0000e+00, 0.0000e+00]])
```

여기서 파이토치의 텐서는 넘파이의 ndarray나 텐서플로의 텐서와 유사하다. 방금 크기가 3 × 4인 텐서를 만들었는데, 이는 부동 소수점 쓰레깃값으로 채워진 빈 행렬이다. 다시 한번 말하지만, 이것은 넘파이의 빈 배열과 매우 유사하다.

파이토치에 좀 더 익숙해지고 싶다면 공식 튜토리얼[6]의 'Getting Started(시작하기)' 섹션을 참조한다. 최소한 다음 두 가지는 확실히 알고 넘어가는 게 좋다.

---

6   https://pytorch.org/tutorials/#gettingstarted (옮긴이) https://bit.ly/36w0MAW)

- 파이토치란 무엇인가?[7]

- 예제로 파이토치 배우기[8]

파이토치를 성공적으로 설치했으니, 다음 절에서는 OpenAI Gym 설치 방법을 살펴본다.

NOTE 강화학습을 위해 파이토치만 사용할 수 있는 것은 아니다. 텐서플로 역시 좋은 선택이다.

14.1.2 OpenAI Gym 설치

OpenAI Gym[9]은 강화학습 알고리즘을 개발하고 비교할 때 사용할 수 있는 강력한 오픈소스 툴킷이다. 강화학습 알고리즘을 개발할 수 있는 다양한 환경을 제공하는데, 안전하고 유익한 **인공 일반 지능**artificial general intelligence, AGI 구축에 집중하는 비영리 연구 업체인 **OpenAI**[10]에서 개발했다.

Gym 설치 방법은 두 가지다. 첫 번째 방법은 다음과 같이 pip로 설치하는 것이다.

```
pip install gym
```

또 다른 방법은 깃 저장소에서 패키지를 복제하고 소스를 빌드해서 설치하는 것이다.

```
git clone https://github.com/openai/gym
cd gym
pip install -e .
```

설치한 뒤에 다음 코드를 실행해서 사용 가능한 Gym 환경을 확인할 수 있다.

```
>>> from gym import envs
>>> print(envs.registry.all())
dict_values([EnvSpec(Copy-v0), EnvSpec(RepeatCopy-v0),
EnvSpec(ReversedAddition-v0), EnvSpec(ReversedAddition3-v0),
EnvSpec(DuplicatedInput-v0), EnvSpec(Reverse-v0),
EnvSpec(CartPole-v0), EnvSpec(CartPole-v1), EnvSpec(MountainCar-v0),
EnvSpec(MountainCarContinuous-v0), EnvSpec(Pendulum-v0),
EnvSpec(Acrobot-v1), EnvSpec(LunarLander-v2),
```

---

7 https://pytorch.org/tutorials/beginner/blitz/tensor_tutorial.html#sphx-glr-beginner-blitz-tensor-tutorial-py (옮긴이) https://bit.ly/3HT0KA8)

8 https://pytorch.org/tutorials/beginner/pytorch_with_examples.html (옮긴이) https://bit.ly/3tCJWbv)

9 https://gym.openai.com/

10 https://openai.com/

```
EnvSpec(LunarLanderContinuous-v2), EnvSpec(BipedalWalker-v2),
EnvSpec(BipedalWalkerHardcore-v2), EnvSpec(CarRacing-v0),
EnvSpec(Blackjack-v0)
......
......
```

OpenAI Gym 사이트에서 걷기, 달 착륙, 자동차 경주, 아타리 게임을 포함한 전체 환경 목록을 볼수 있다. 이제 Gym을 마음껏 활용해보자.

다양한 강화학습 알고리즘을 벤치마킹하려면 표준화된 환경을 사용해야 하는데, Gym은 다양한다목적 환경을 완벽히 갖추고 있다. 이는 지도학습과 비지도학습의 벤치마크로 MNIST, 이미지넷ImageNet, 톰슨로이터 뉴스Thomson Reuters News와 같은 데이터셋을 사용하는 것과 유사하다.

Gym은 강화학습 환경을 위한 사용하기 쉬운 인터페이스를 가지고 있는데, 이를 이용해서 환경과 상호작용할 **에이전트**agent를 작성할 수 있다. 그렇다면 강화학습과 에이전트란 무엇일까? 다음 절에서이에 관해 살펴본다.

14.2 예시를 이용한 강화학습 소개

14장에서는 우선 흥미로운 예시와 함께 강화학습의 요소를 소개한 다음, 환경으로부터의 피드백을측정하는 방법과 강화학습 문제를 해결하는 기본적인 접근 방식을 살펴본다.

14.2.1 강화학습의 요소

어렸을 때 비디오 게임인 〈슈퍼 마리오Super Mario〉 또는 〈소닉Sonic〉을 해본 적이 있을 것이다. 게임중에 마리오를 조종해서 장애물을 피해가면서 동전을 모은다. 마리오가 장애물에 부딪히거나 틈새로빠지면 게임이 끝난다. 그리고 게임을 이기려면 최대한 많은 동전을 모아야 한다.

강화학습은 슈퍼 마리오 게임과 매우 유사한데, 무엇을 해야 하는지를 배우는 것이다. 보상을 극대화하고자 환경을 관찰하고 올바른 행동을 결정한다. 강화학습의 요소는 다음과 같다(이해를 돕기 위해각 요소를 슈퍼 마리오와 또 다른 예와 연결해서 설명한다).

- **환경**environment: 환경은 과제task나 시뮬레이션을 말한다. 슈퍼 마리오 게임에서는 게임 자체가 환경이다. 자율주행에서는 도로와 교통이 환경이다. 알파고에서는 바둑판이 환경이다. **에이전트**의 행동이 환경에 대한 입력이 된다. **상태**와 **보상**이 환경의 출력인데, 환경이 이를 에이전트에게 보낸다.

- **에이전트**agent: 에이전트는 강화학습 모델에 따라 **행동**을 취하는 구성 요소이다. 환경과 상호작용하면서 상태를 관찰해서 모델에 제공한다. 에이전트의 목표는 환경을 해결하기 위해서 보상을 최대화하는 최적의 행동을 찾는 것이다. 슈퍼 마리오 게임의 에이전트는 마리오이고, 자율주행의 에이전트는 자율주행차이다.

- **행동**action: 에이전트가 선택할 수 있는 움직임이다. 보통 강화학습 과제에서 모델이 환경에 대한 학습을 처음 시작할 때는 무작위로 행동을 선택한다. 마리오가 할 수 있는 행동으로는 좌우 이동, 점프, 웅크리기 등이 있다.

- **상태**state: 상태는 환경으로부터 관찰한 것이다. 상태는 모든 시간 단계에서의 상황을 수치로 나타낸다. 체스 게임의 경우에는 보드에 있는 모든 말의 위치가 상태이고, 슈퍼 마리오의 경우에는 시간 프레임에서의 마리오와 다른 요소의 좌표가 상태가 된다. 걷는 법을 배우는 로봇의 경우에는 두 다리의 위치가 상태에 해당한다.

- **보상**reward: 에이전트가 행동을 취할 때마다 환경으로부터 수치적인 피드백을 받는데, 이러한 피드백을 가리킨다. 보상의 값은 양수, 음수, 0이 될 수 있다. 예를 들어 슈퍼 마리오 게임에서의 보상은 마리오가 동전을 모으면 +1, 장애물을 피하면 +2, 장애물에 부딪히면 -10, 그 밖의 다른 경우에는 0이다.

다음 다이어그램은 강화학습 과정을 요약한 것이다.

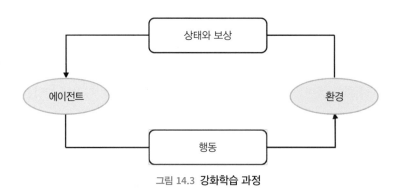

그림 14.3 **강화학습 과정**

강화학습 과정은 반복 루프로 이루어진다. 처음에 에이전트는 환경에서 초기 상태 s_0를 관찰한 다음 모델에 따라 행동 a_0를 취한다. 에이전트가 이동한 뒤, 환경은 이제 새로운 상태 s_1으로 바뀌고 피드백 보상 R_1을 돌려준다. 그다음으로 에이전트는 입력 s_1과 R_1에 대해서 모델이 계산한 행동 a_1을 취한다. 이 과정은 종료termination, 완료completion될 때까지 반복하거나 또는 영원히 계속된다.

강화학습 모델의 목표는 총 보상을 최대화하는 것이다. 그렇다면 총 보상은 어떻게 계산할 수 있을까? 단순히 모든 시간 단계에서의 보상을 합산하는 것일까? 다음 절에서 살펴보자.

14.2.2 누적 보상

시간 단계 t에서 **누적 보상**cumulative reward(**수익**return이라고도 함) G_t은 다음과 같이 나타낼 수 있다.

$$G_t = \sum_{k=0}^{T} R_{t+k+1}$$

여기서 T는 강화학습이 종료되는 시간 단계 또는 무한대이다. G_t는 시간 t에서 행동을 취한 뒤의 총 미래 보상을 의미한다. 강화학습 모델은 각 시간 단계 t에서 G_t를 최대화하기 위한 최적의 행동을 학습한다.

그러나 많은 실제 사례에서는 단순히 미래의 모든 보상을 합산하는 방식으로 작동하지 않는다. 다음 예를 살펴보자.

주식 A는 1일차에 6달러 상승하고 2일차에 5달러 하락한다. 주식 B는 1일차에 5달러 하락하고 2일차에 6달러 상승한다. 이틀 후에는 결국 두 주식 모두 1달러 올랐는데, 1일차 주식시장이 시작할 때 어느 주식을 사야 할까? 분명히 주식 A를 살 것이다. 결과적으로 돈을 잃지 않으면서 2일차 시가에 팔면 6달러의 이익도 얻을 수 있기 때문이다.

두 주식의 총 이익은 같지만, 미래의 수익보다는 현재의 수익을 중시하므로 주식 A를 선호한다. 마찬가지로 강화학습에서도 먼 미래의 보상은 할인해서 적용하는데, 이때 할인율은 시계time horizon와 관련이 있다. 시계가 길어질수록 누적 보상에 미치는 영향이 줄어든다. 이는 시계가 길어질수록 관련 없는 정보가 더 많아지고 결과적으로 더 높은 분산을 갖기 때문이다.

할인 계수discount factor γ는 0과 1 사이의 값으로 정의한다. 할인 계수를 포함한 누적 보상은 다음과 같다.

$$G_t = \sum_{k=0}^{T} \gamma^k R_{t+k+1}$$

보다시피 γ가 클수록 할인은 작아지며 그 반대의 경우엔 커진다. $\gamma = 1$이면 모델은 말 그대로 할인 없이 모든 미래 보상의 합계를 기반으로 행동을 평가한다. $\gamma = 0$이면 모델은 즉각적인 보상 R_{t+1}에만 초점을 맞춘다.

지금까지 누적 보상을 계산하는 방법을 살펴보았다. 다음으로 이를 최대화하는 방법을 알아본다.

14.2.3 강화학습 방법

강화학습 문제를 해결하는 방법은 크게 두 가지가 있는데, 하나는 정책 기반policy-based 방법이고 다른 하나는 가치 기반value-based 방법이다. 두 방법 모두 누적 보상을 최대화하는 최적의 행동을 찾는다.

정책policy은 각 입력 상태를 그에 대응하는 행동에 매핑하는 함수 π이다.

$$a = \pi(s)$$

이러한 정책은 확정적deterministic이거나 확률적stochastic일 수 있다.

- **확정적**: 입력 상태와 출력 행동이 일대일로 매핑된다.
- **확률적**: 가능한 모든 행동에 대한 확률분포 $P(A=a \mid s)$를 제공한다.

정책 기반 방법에서는 모델이 각 입력 상태에 대응하는 최선의 행동을 찾기 위한 최적의 정책을 학습한다.

상태의 **가치** V는 상태로부터 얻을 것이라 예상되는 미래의 누적 보상으로 정의한다.

$$V(s) = E\left[\sum_{k=0}^{T} \gamma^k R_{t+k+1} \mid s_t = s\right]$$

가치 기반 방법에서는 모델이 입력 상태의 가치를 최대화하는 최적의 가치 함수value function를 학습한다. 즉, 에이전트는 가장 큰 가치를 얻을 수 있는 상태에 도달하려는 행동을 취한다.

정책 기반 알고리즘에서는 모델이 무작위 정책random policy으로 시작한다. 그다음으로 해당 정책의 가치 함수를 계산한다. 이 단계를 **정책 평가 단계**policy evaluation step라고 한다. 이어서 가치 함수를 기반으로 새롭고 더 나은 정책을 찾는데, 이를 **정책 개선 단계**policy improvement step라고 한다. 최적의 정책을 찾을 때까지 이 두 단계를 반복한다. 반면 가치 기반 알고리즘에서는 모델이 무작위 가치 함수random value function로 시작한다. 그다음으로 최적의 가치 함수를 찾을 때까지 반복해서 새롭고 향상된 가치 함수를 찾는다.

지금까지 강화학습 문제를 해결하는 주요 접근 방법이 두 가지 있다는 것을 배웠다. 다음 절에서는 동적 프로그래밍dynamic programming 방법으로 FrozenLake[11]라는 구체적인 강화학습 문제를 어떻게 푸는지 살펴보겠다. 정책 기반 방법과 가치 기반 방법 두 가지로 살펴볼 것이다.

14.3 동적 프로그래밍을 이용한 FrozenLake 환경 해결

이 절에서는 정책 기반 및 가치 기반 동적 프로그래밍 알고리즘을 주로 다룬다. 먼저 FrozenLake 환경을 시뮬레이션하는 것부터 살펴본다.

14.3.1 FrozenLake 환경 시뮬레이션

FrozenLake는 **이산**discrete 상태를 갖는 대표적인 OpenAI Gym 환경으로, 격자판에서 함정을 피해 가면서 에이전트를 시작 타일에서 도착지 타일로 이동하는 것이다. 격자판은 4 × 4[12] 또는 8 × 8[13]이다. 격자판에는 다음과 같은 네 가지 유형의 타일이 있다.

- S: 시작 타일이다. 상태는 0이고 보상은 0이다.
- G: 목표 타일이다. 4 × 4 격자판에서는 상태 15이고 +1 보상을 하고 에피소드를 종료한다.
- F: 고정된 타일이다. 4 × 4 격자판에서 상태 1, 2, 3, 4, 6, 8, 9, 10, 13, 14는 걸어서 이동할 수 있는 타일이다. 0을 보상한다.
- H: 구멍 난 타일이다. 4 × 4 격자판에서 상태 5, 7, 11, 12는 구멍 난 타일이다. 0을 보상하고 에피소드를 종료한다.

여기서 **에피소드**episode는 강화학습 환경의 시뮬레이션을 의미한다. 여기에는 초기 상태에서 종료 상태까지의 상태 목록, 행동과 보상 목록이 포함된다. 4 × 4 FrozenLake 환경에는 에이전트가 16개의 타일 중 하나로 이동할 수 있으므로 16개의 가능한 상태가 있다. 그리고 왼쪽으로(0), 아래로(1), 오른쪽으로(2), 위로(3) 이동하는 네 가지 가능한 행동이 있다.

---

11 [옮긴이] OpenAI Gym에서 제공하는 환경 중 하나로, 간단한 환경이기에 예로 많이 사용된다.

12 https://gym.openai.com/envs/FrozenLake-v0/ [옮긴이] https://bit.ly/34VIc4J

13 https://gym.openai.com/envs/FrozenLake8x8-v0/ [옮긴이] https://bit.ly/3JCYa2w

이 환경에서 끼다로운 부분은 얼음 표면이 미끄럽기 때문에 에이전트가 항상 의도한 방향으로 이동하지 못하고, 걸어서 이동할 수 있는 만큼 다른 방향으로 이동하거나 또는 어떤 확률로 움직이지 않은 상태로 있을 수도 있다는 것이다. 예를 들어 위로 이동하려고 했지만, 오른쪽으로 이동할 수도 있다.

이제 다음 단계에 따라 4 × 4 FrozenLake 환경을 시뮬레이션한다.

1. OpenAI Gym 환경을 시뮬레이션하려면 먼저 테이블[14]에서 해당 환경의 이름을 찾아야 한다. 여기서는 'FrozenLake-v0'을 찾는다.

2. Gym 라이브러리를 임포트하고 FrozenLake 인스턴스를 생성한다. 또한 환경의 차원을 구한다.

```
>>> import gym
>>> env = gym.make("FrozenLake-v0")
>>> n_state = env.observation_space.n
>>> print(n_state)
16
>>> n_action = env.action_space.n
>>> print(n_action)
4
```

3. 새로운 에피소드를 실행할 때마다 환경을 재설정해야 한다.

```
>>> env.reset()
0
```

이것은 에이전트가 상태 0에서 시작한다는 의미다. 다시 한번 말하지만 16개의 가능한 상태가 있고 각각 0, 1, …, 15에 해당한다.

4. 환경을 렌더링해서 보여준다.

```
>>> env.render()
```

FrozenLake 격자판과 에이전트가 위치한 타일(상태 0)을 나타내는 4 × 4 행렬이 표시된다.

---

14 https://github.com/openai/gym/wiki/Table-of-environments (옮긴이) https://bit.ly/3KBF7WC

그림 14.4 FrozenLake의 초기 상태

5. 현재 위치에서 오른쪽이나 아래로 이동할 수 있으므로 적절한 행동을 취한다.

```
>>> new_state, reward, is_done, info = env.step(2)
>>> print(new_state)
1
>>> print(reward)
0.0
>>> print(is_done)
False
>>> print(info)
{'prob': 0.3333333333333333}
```

에이전트는 33.33%의 확률로 오른쪽으로 이동해서 상태 1이 된다. 아직 에피소드가 끝나지 않았으므로 0을 보상으로 받는다. 다음 렌더링 결과를 참조한다.

```
>>> env.render()
```

그림 14.5 에이전트가 오른쪽으로 이동한 결과

에이전트가 33.33%의 확률로 상태 4로 이동하거나 33.33%의 확률로 상태 0에 머무를 수 있으므로 완전히 다른 결과를 얻을 수도 있다.

6. 주어진 정책에 따라 FrozenLake 에피소드를 시뮬레이션하고 총 보상을 반환하는 함수를 정의한다(할인 계수는 γ =1로 가정한다).

```
>>> def run_episode(env, policy):
...     state = env.reset()
...     total_reward = 0
```

```
...         is_done = False
...         while not is_done:
...             action = policy[state].item()
...             state, reward, is_done, info = env.step(action)
...             total_reward += reward
...             if is_done:
...                 break
...         return total_reward
```

여기서 policy는 파이토치 텐서이고 .item()은 텐서의 요소를 추출한다.

7. 무작위 정책을 환경에 적용한다. 무작위 정책을 구현하고 이에 따라 무작위 행동을 취한다. 1,000
   개 에피소드에 대한 총 보상의 평균을 계산한다.

```
>>> n_episode = 1000
>>> total_rewards = []
>>> for episode in range(n_episode):
...     random_policy = torch.randint(high=n_action, size=(n_state,))
... total_reward = run_episode(env, random_policy)
... total_rewards.append(total_reward)
...
>>> print(f'Average total reward under random policy: {sum(total_rewards)/n_episode}')
Average total reward under random policy: 0.014
```

무작위로 행동을 취했을 때, 에이전트가 목표에 도달할 확률은 평균 1.4%이다. FrozenLake 환경
을 해결하는 것이 생각만큼 쉽지 않다는 것을 말해준다.

8. 추가로 **전이 행렬**transition matrix을 살펴보자. 전이 행렬 $T(s, a, s')$는 상태 s에서 행동 a를 취해서
   상태 s'에 도달할 확률을 나타낸다. 상태 6을 예로 들어 살펴보자.

```
>>> print(env.env.P[6])
{0: [(0.3333333333333333, 2, 0.0, False), (0.3333333333333333,
5, 0.0, True), (0.3333333333333333, 10, 0.0, False)], 1:
[(0.3333333333333333, 5, 0.0, True), (0.3333333333333333,
10, 0.0, False), (0.3333333333333333, 7, 0.0, True)], 2:
[(0.3333333333333333, 10, 0.0, False), (0.3333333333333333,
7, 0.0, True), (0.3333333333333333, 2, 0.0, False)], 3:
[(0.3333333333333333, 7, 0.0, True), (0.3333333333333333, 2,
0.0, False), (0.3333333333333333, 5, 0.0, True)]}
```

반환되는 사전dictionary[15] 0, 1, 2, 3의 키는 가능한 행동 네 가지를 나타낸다. 키값은 행동과 관련된 튜플 목록으로, 튜플의 형식은 (전이 확률, 새로운 상태, 보상, 종료 상태 여부)이다. 예를 들어 에이전트가 상태 6에서 행동 1(아래 방향)을 취하는 경우, 각각 33.33% 확률로 상태 5(H)가 되고 보상으로 0을 받으며 에피소드가 종료되거나, 상태 10으로 이동하고 보상 0을 받거나, 상태 7(H)로 이동하고 보상 0을 받고 에피소드가 종료된다.

이 절에서는 무작위 정책으로 1.4%만 성공했다. 이를 기초로 다음 절에서는 **가치 반복 알고리즘**value iteration algorithm이라는 가치 기반 동적 프로그래밍 알고리즘을 이용해서 최적의 정책을 찾아본다.

14.3.2 가치 반복 알고리즘을 이용한 FrozenLake 해결

가치 반복은 반복 알고리즘이다. 무작위 정책 가치 V로 시작해서 가치가 수렴할 때까지 **벨먼 최적 방정식**Bellman optimality equation[16]을 이용해서 반복적으로 가치를 업데이트한다.

> **NOTE**   일반적으로 가치가 완전히 수렴하기는 어렵다. 따라서 두 가지 수렴 기준이 있다. 하나는 1,000 또는 10,000과 같이 고정된 횟수만큼 반복하는 것이다. 또 다른 하나는 임곗값(예: 0.0001 또는 0.00001)을 지정하고 가치의 변화량이 임곗값보다 적으면 과정을 종료하는 것이다.

중요한 것은 반복할 때마다 모든 행동에 대한 가치의 기댓값(평균)을 취하지 않고, 정책 가치를 최대화하는 행동을 선택하는 것이다. 반복 과정은 다음과 같이 표현할 수 있다.

$$V^*(s) := max_a \left[R(s,a,s') + \gamma \sum_{s'} T(s,a,s')V^*(s') \right]$$

여기서 $V^*(s)$는 최적의 가치 함수이다. $T(s,a,s')$는 행동 a를 취했을 때 상태 s에서 상태 s'로 이동할 전이 확률을 나타낸다. 그리고 $R(s,a,s')$은 상태 s'에서 행동 a를 취했을 때의 보상이다.

일단 최적의 가치를 구하면, 최적의 정책은 쉽게 계산할 수 있다.

$$\pi^*(s) := argmax_a \sum_{s'} T(s,a,s')[R(s,a,s') + \gamma V^*(s')]$$

다음과 같이 가치 반복 알고리즘을 이용해서 FrozenLake 환경을 해결한다.

---

15   [옮긴이] Key-Value 형태의 값을 저장할 수 있는 자료구조를 말한다.
16   https://en.wikipedia.org/wiki/Bellman_equation [옮긴이] https://bit.ly/3wnH4Ca)

1. 먼저 할인 계수와 수렴 임곗값을 각각 0.99와 0.0001로 설정한다.

```
>>> gamma = 0.99
>>> threshold = 0.0001
```

2. 최적의 가치를 계산하는 가치 반복 알고리즘을 구현한다.

```
>>> def value_iteration(env, gamma, threshold):
...     """
...     가치 반복 알고리즘으로 주어진 환경 해결
...     @param env: OpenAI Gym 환경
...     @param gamma: 할인 계수
...     @param threshold: 임곗값(모든 상태의 값이 임곗값보다 작아지면 평가가 중단됨)
...     @return V: 주어진 환경에 대한 최적 정책 값
...     """
...     n_state = env.observation_space.n
...     n_action = env.action_space.n
...     V = torch.zeros(n_state)
...     while True:
...         V_temp = torch.empty(n_state)
...         for state in range(n_state):
...             v_actions = torch.zeros(n_action)
...             for action in range(n_action):
...                 for trans_prob, new_state, reward, _ in env.env.P[state] [action]:
...                     v_actions[action] += trans_prob * (reward + gamma * V[new_state])
...             V_temp[state] = torch.max(v_actions)
...         max_delta = torch.max(torch.abs(V - V_temp))
...         V = V_temp.clone()
...         if max_delta <= threshold:
...             break
...     return V
```

value_iteration 함수의 기능은 다음과 같다.

- 정책의 가치는 모두 0으로 초기화
- 벨먼 최적 방정식을 기반으로 가치를 업데이트
- 모든 상태에서 가치의 최대 변화량을 계산
- 최대 변화량이 수렴 임곗값보다 크면 가치를 계속 업데이트
- 그렇지 않으면 반복 과정을 종료하고 이때의 가치를 최적 가치로 반환

3. FrozenLake 환경을 해결하기 위해서 알고리즘의 매개변수를 지정된 값으로 설정하고 이를 적용

한다.

```
>>> V_optimal = value_iteration(env, gamma, threshold)
Take a look at the resulting optimal values:
>>> print('Optimal values:\n', V_optimal)
Optimal values:
tensor([0.5404, 0.4966, 0.4681, 0.4541, 0.5569, 0.0000, 0.3572,
0.0000, 0.5905, 0.6421, 0.6144, 0.0000, 0.0000, 0.7410, 0.8625,
0.0000])
```

4. 최적의 가치를 구했으므로 이로부터 최적의 정책을 구할 수 있다. 이를 위해 다음 함수를 구현한다.

```
>>> def extract_optimal_policy(env, V_optimal, gamma):
...     """
...     최적의 가치에 기반한 최적의 정책 수립
...     @param env: OpenAI Gym 환경
...     @param V_optimal: 최적의 가치
...     @param gamma: 할인 계수
...     @return optimal_policy: 최적 정책
...     """
...     n_state = env.observation_space.n
...     n_action = env.action_space.n
...     optimal_policy = torch.zeros(n_state)
...     for state in range(n_state):
...         v_actions = torch.zeros(n_action)
...         for action in range(n_action):
...             for trans_prob, new_state, reward, _ in env.env.P[state][action]:
...                 v_actions[action] += trans_prob * (
...                         reward + gamma * V_optimal[new_state])
...         optimal_policy[state] = torch.argmax(v_actions)
...     return optimal_policy
```

5. 최적의 가치를 기반으로 최적의 정책을 구한다.

```
>>> optimal_policy = extract_optimal_policy(env, V_optimal, gamma)
```

최적의 정책 결과를 출력하면 다음과 같다.

```
>>> print('Optimal policy:\n', optimal_policy)
Optimal policy:
tensor([0., 3., 3., 3., 0., 3., 2., 3., 3., 1., 0., 3., 3., 2., 1., 3.])
```

이는 상태 0에서의 최적 행동은 0(왼쪽)이고, 상태 1에서의 최적 행동은 3(위쪽)이라는 의미다.

격자판을 보면 이러한 결과가 그다지 직관에 부합해 보이지는 않는다. 그러나 격자판이 미끄러워서 에이전트가 원하는 방향과 다른 방향으로 이동할 수 있음을 유념해야 한다.

6. 최적의 정책인지 여부가 의심될 때는 해당 정책으로 에피소드를 1,000회 실행하고, 다음과 같이 평균 보상을 확인해서 성능이 얼마나 좋은지 가늠해볼 수 있다.

```
>>> n_episode = 1000
>>> total_rewards = []
>>> for episode in range(n_episode):
...     total_reward = run_episode(env, optimal_policy)
...     total_rewards.append(total_reward)
```

여기서는 이전 절에서 정의한 run_episode 함수를 이용했다. 이제 평균 보상을 출력한다.

```
>>> print('Average total reward under the optimal policy:', sum(total_rewards)/n_episode)
Average total reward under the optimal policy: 0.75
```

가치 반복 알고리즘으로 계산한 최적의 정책으로 에이전트는 75%의 확률로 목표 타일에 도착한다. 정책 기반 방법으로도 유사한 작업을 수행할 수 있을까? 다음 절에서 이를 살펴본다.

14.3.3 정책 반복 알고리즘을 이용한 FrozenLake 해결

정책 반복 알고리즘에는 정책 평가와 정책 개선이라는 두 가지 구성 요소가 있다. 가치 반복과 마찬가지로 무작위 정책으로 시작한 다음 알고리즘을 여러 차례 반복한다.

반복마다 정책 평가 단계에서는 먼저 **벨먼 기대 방정식**Bellman expectation equation을 기반으로 최신 정책의 가치를 계산한다.

$$V(s) := \sum_{s'} T(s, a, s')[R(s, a, s') + \gamma V(s')]$$

정책 개선 단계에서는 최신 정책 가치와 벨먼 최적 방정식을 기반으로 개선된 정책을 도출한다.

$$\pi(s) := argmax_a \sum_{s'} T(s, a, s')[R(s, a, s') + \gamma V(s')]$$

정책이 수렴할 때까지 이 두 단계를 반복한다. 수렴하는 시점의 최신 정책과 이에 해당하는 가치가 각각 최적 정책과 최적 가치가 된다.

정책 반복 알고리즘을 개발하고, 이를 이용해서 FrozenLake 환경을 해결한다.

1. 주어진 정책의 가치를 계산하는 policy_evaluation 함수를 다음과 같이 구현한다.

```
>>> def policy_evaluation(env, policy, gamma, threshold):
...     """
...         정책 평가 수행
...         @param env: OpenAI Gym 환경
...         @param policy: 각 상태에서의 행동과 해당 확률을 원소로 갖는 정책 행렬
...         @param gamma: 할인 계수
...         @param threshold: 임곗값(모든 상태의 값이 임곗값보다 작아지면 평가가 중단됨)
...         @return V: 주어진 정책의 가치
...     """
...     n_state = policy.shape[0]
...     V = torch.zeros(n_state)
...     while True:
...         V_temp = torch.zeros(n_state)
...         for state in range(n_state):
...             action = policy[state].item()
...             for trans_prob, new_state, reward, _ in env.env.P[state][action]:
...                 V_temp[state] += trans_prob * (reward + gamma * V[new_state])
...         max_delta = torch.max(torch.abs(V - V_temp))
...         V = V_temp.clone()
...         if max_delta <= threshold:
...             break
...     return V
```

이 함수의 기능은 다음과 같다.

- 정책의 가치를 모두 0으로 초기화
- 벨먼 기대 방정식을 기반으로 가치를 업데이트
- 모든 상태에서 가치의 최대 변화량을 계산
- 가치의 최대 변화량이 임곗값보다 크면 가치를 계속 업데이트
- 그렇지 않은 경우 평가 과정을 종료하고 최신 가치를 반환

2. 두 번째 구성 요소인 정책 개선을 위한 함수를 구현하면 다음과 같다.

```
>>> def policy_improvement(env, V, gamma):
...     """"""""
...         가치를 기준으로 개선된 정책 수립
...         @param env: OpenAI Gym 환경
```

```
...         @param V: 정책 가치
...         @param gamma: 할인 계수
...         @return policy: 정책
...     """"""
...         n_state = env.observation_space.n
...         n_action = env.action_space.n
...         policy = torch.zeros(n_state)
...         for state in range(n_state):
...             v_actions = torch.zeros(n_action)
...             for action in range(n_action):
...                 for trans_prob, new_state, reward, _ in env.env.P[state] [action]:
...                     v_actions[action] += trans_prob * (reward + gamma * V[new_state])
...             policy[state] = torch.argmax(v_actions)
...         return policy
```

벨먼 최적 방정식을 기반으로 입력 정책의 가치로부터 새롭고 더 나은 정책을 도출한다.

3. 두 가지 구성 요소가 모두 준비되면, 전체 정책 반복 알고리즘을 구현한다.

```
>>> def policy_iteration(env, gamma, threshold):
...     """
...         정책 반복 알고리즘을 통한 주어진 환경 해결
...         @param env: OpenAI Gym 환경
...         @param gamma: 할인 계수
...         @param threshold: 임곗값(모든 상태의 값이 임곗값보다 작아지면 평가가 중단됨)
...         @return: 주어진 환경에 대한 최적 값과 최적 정책
...     """
...         n_state = env.observation_space.n
...         n_action = env.action_space.n
...         policy = torch.randint(high=n_action, size=(n_state,)).float()
...         while True:
...             V = policy_evaluation(env, policy, gamma, threshold)
...             policy_improved = policy_improvement(env, V, gamma)
...             if torch.equal(policy_improved, policy):
...                 return V, policy_improved
...             policy = policy_improved
```

이 함수의 기능은 다음과 같다.

* 무작위 정책 초기화

* 정책 가치 업데이트를 위한 정책 평가를 수행

* 새로운 정책 생성을 위한 정책 개선을 시행

* 새로운 정책이 기존 정책과 다르면 정책을 업데이트하고 정책 평가와 정책 개선을 반복 실행

- 그렇지 않으면 반복 과정을 종료하고 최신 정책과 이에 해당하는 가치 반환

4. 정책 반복을 통해서 FrozenLake 환경을 해결한다.

```
>>> V_optimal, optimal_policy = policy_iteration(env, gamma, threshold)
```

5. 마지막으로, 최적의 정책과 이에 해당하는 가치를 출력한다.

```
>>> print('Optimal values'\n', V_optimal)
Optimal values:
tensor([0.5404, 0.4966, 0.4681, 0.4541, 0.5569, 0.0000, 0.3572,
0.0000, 0.5905, 0.6421, 0.6144, 0.0000, 0.0000, 0.7410, 0.8625,
0.0000])
>>> print('Optimal policy'\n', optimal_policy)
Optimal policy:
tensor([0., 3., 3., 3., 0., 3., 2., 3., 3., 1., 0., 3., 3., 2., 1., 3.])
```

가치 반복 알고리즘과 같은 결과를 얻었다.

이 절에서는 정책 반복 알고리즘으로 FrozenLake 환경을 해결했다. 지금까지 가치 반복 알고리즘과 정책 반복 알고리즘을 살펴봤다. 이 중에서 어떤 알고리즘을 선택해야 할지가 궁금하다면, 다음 표를 한번 살펴보자.

표 14.1 **정책 반복 알고리즘과 가치 반복 알고리즘 중에서 선택하기**

시나리오	선호도	이유
행동의 개수가 많음	정책 반복	정책 반복이 더 빨리 수렴함
행동의 개수가 적음	가치 반복	가치 반복의 계산량이 더 낮음
공정한 정책이 존재함 (직관이나 도메인 지식을 통해 획득)	정책 반복	공정한 정책에 따른 정책 반복이 더 빨리 수렴함
기타	없음	정책 반복과 가치 반복이 별 차이 없음

지금까지 동적 프로그래밍 방법을 이용해서 강화 학습 문제를 해결했다. 하지만 이 경우에는 환경에 대한 전이 행렬과 보상 행렬을 모두 알아야 하고, 또한 상태가 많은 환경에서는 확장성이 제한된다.

다음 절에서는 환경에 대한 사전 지식이 필요 없고 훨씬 더 확장성이 좋은 몬테카를로 방법을 살펴본다.

14.4 몬테카를로 학습 수행

몬테카를로Monte Carlo, MC 기반 강화학습은 **모델이 필요 없는**model-free 방법으로, 전이 행렬과 보상 행렬이 필요 없다. 이 절에서는 블랙잭blackjack 환경에 대한 MC 정책 평가에 관해 배우고, MC 조절 MC Control 알고리즘을 이용해서 환경을 해결한다. 블랙잭은 전이 행렬이 없는 대표적인 환경이다. 우선 블랙잭 환경을 시뮬레이션한다.

14.4.1 블랙잭 환경 시뮬레이션

블랙잭은 인기 있는 카드 게임으로, 다음과 같은 규칙이 있다.

- 플레이어는 딜러와 경쟁하며, 카드의 총합이 더 높고 21을 넘지 않으면 이긴다.
- 2에서 10까지의 카드는 2에서 10까지의 값을 가진다.
- 카드 J, K, Q의 값은 10이다.
- 에이스의 값은 1 또는 11이다(사용 가능한usable 에이스라고 한다).
- 처음에는 양쪽 모두에게 두 장의 카드를 무작위로 제공하지만, 딜러의 카드 중 하나만 플레이어에게 공개한다. 플레이어는 추가 카드를 요청하거나(**히트**hit) 더 이상 카드를 갖지 않을 수 있다(**스틱**stick). 플레이어가 스틱을 외치기 전에 카드의 합이 21을 넘으면 패한다(**버스트**bust). 플레이어가 스틱을 외치면, 딜러는 카드의 합이 17이 될 때까지 계속 카드를 뽑는다. 딜러의 카드 합이 21을 초과하면 플레이어가 승리한다. 양쪽 중 어느 쪽도 버스트가 아니면 점수가 더 높은 쪽이 이기거나 무승부가 된다.

Gym의 블랙잭 환경[17]은 다음과 같이 구성된다.

- 환경의 에피소드를 시작할 때, 양쪽 모두에게 두 장의 카드를 준다. 딜러의 카드 중 하나만 관찰할 수 있다.
- 이기거나 무승부가 되면 에피소드가 끝난다.
- 에피소드의 최종 보상은 플레이어가 이기면 +1, 플레이어가 지면 -1, 무승부이면 0이다.
- 각 라운드에서 플레이어는 히트(1), 스틱(0) 중 하나의 행동을 할 수 있다.

이제 블랙잭 환경을 시뮬레이션하면서 상태와 행동을 살펴보자.

---

17 https://github.com/openai/gym/blob/master/gym/envs/toy_text/blackjack.py (옮긴이) https://bit.ly/3t5GcAa)

1. 먼저 블랙잭 인스턴스를 생성한다.

```
>>> env = gym.make('Blackjack-v0')
```

2. 환경을 재설정한다.

```
>>> env.reset()
(7, 10, False)
```

초기 상태(3차원 벡터)를 반환한다.

- 플레이어의 현재 포인트(예에서는 7)
- 딜러가 공개한 카드의 포인트(예에서는 10)
- 사용할 수 있는 에이스의 유무(예에서는 False)

플레이어가 버스트를 유발하지 않고 11로 셀 수 있는 에이스가 있을 때만 사용할 수 있는 에이스 변수가 True가 된다. 플레이어에게 에이스가 없거나, 에이스가 있지만 버스트가 되면 이 상태 변수는 False가 된다.

또 다른 상태 (18, 6, True)는 플레이어가 11로 셀 수 있는 에이스와 7을 가졌고, 딜러의 공개 카드가 6이라는 의미다.

3. 이제 환경이 어떻게 작동하는지 살펴보기 위해 몇 가지 행동을 취해보자. 먼저, 7점뿐이므로 히트 행동을 취한다.

```
>>> env.step(1)
((13, 10, False), 0.0, False, {})
```

상태 (13, 10, False), 보상 0, 완료되지 않은 에피소드(False)를 반환한다.

4. 13점이므로 한 번 더 히트한다.

```
>>> env.step(1)
((19, 10, False), 0.0, False, {})
```

5. 19점이면 충분히 좋은 점수이므로 그다음 행동은 스틱(0)을 선택해서 카드 뽑기를 중지한다.

```
>>> env.step(0)
((19, 10, False), 1.0, True, {})
```

딜러는 몇 장의 카드를 더 받고 버스트가 된다. 따라서 플레이어가 승리에 따른 +1 보상을 받고 에 피소드가 종료된다.

블랙잭 환경을 마음껏 연습해보자. 환경에 익숙해지면, 다음 절에서 설명할 간단한 정책에 대한 MC 정책 평가로 넘어갈 수 있다.

14.4.2 몬테카를로 정책 평가 수행

앞 절에서는 정책 평가를 위해 동적 프로그래밍을 적용했는데, 이는 정책의 가치 함수에 해당한다. 그러나 전이 행렬을 미리 알 수 없는 대부분의 실제 상황에는 적용할 수 없다. 이럴 때는 MC 방법을 이용해서 가치 함수를 평가할 수 있다.

가치 함수를 추정하기 위해서, MC 방법은 동적 계획법에서의 예상 수익return 대신에 경험적인 평균 수익empirical mean return을 사용한다. 경험적 평균 수익을 계산하는 방법은 두 가지다. 하나는 first-visit으로 모든 에피소드 중 상태 s가 **처음 발생**한 경우에만 수익을 평균한다. 또 다른 방법은 every-visit으로 모든 에피소드에서 상태 s가 **발생할 때마다** 수익을 평균한다. 두 가지 방법 중에 first-visit 방법의 계산량이 훨씬 적으므로 더 일반적으로 사용된다. 따라서 이번 장에서는 first-visit 방법만 다룬다.

이 절에서는 총합이 18(19, 20을 선택할 수도 있음)에 도달할 때까지 새로운 카드를 계속 추가하는 간단한 정책을 실험한다. 이 정책에 대해서 다음과 같이 first-visit MC 평가를 한다.

1. 먼저 간단한 정책에 따라 블랙잭 에피소드를 시뮬레이션하는 함수를 정의한다.

```
>>> def run_episode(env, hold_score):
...     state = env.reset()
...     rewards = []
...     states = [state]
...     while True:
...         action = 1 if state[0] < hold_score else 0
...         state, reward, is_done, info = env.step(action)
...         states.append(state)
...         rewards.append(reward)
...         if is_done:
...             break
...     return states, rewards
```

에피소드의 라운드마다 에이전트는 현재 점수가 hold_score 미만이면 히트를 선택하고 그렇지 않으면 스틱을 선택한다.

2. MC 설정MC setting에서 모든 단계에서의 상태와 보상을 추적해야 한다. 그리고 first-visit 가치 평가에서는 모든 에피소드 중 상태가 처음 발생한 경우에만 수익의 평균을 계산한다. First-visit MC로 간단한 블랙잭 정책을 평가하는 함수를 정의한다.

```
>>> from collections import defaultdict
>>> def mc_prediction_first_visit(env, hold_score, gamma, n_episode):
...     V = defaultdict(float)
...     N = defaultdict(int)
...     for episode in range(n_episode):
...         states_t, rewards_t = run_episode(env, hold_score)
...         return_t = 0
...         G = {}
...         for state_t, reward_t in zip(states_t[1::-1], rewards_t[::-1]):
...             return_t = gamma * return_t + reward_t
...             G[state_t] = return_t
...         for state, return_t in G.items():
...             if state[0] <= 21:
...                 V[state] += return_t
...                 N[state] += 1
...     for state in V:
...         V[state] = V[state] / N[state]
...     return V
```

이 함수의 기능은 다음과 같다.

* run_episode 함수로 간단한 블랙잭 정책에 따라 에피소드를 n_episode번 실행
* 각 에피소드에 관해 각 상태의 첫 번째 방문에 대한 수익 G를 계산
* 각 상태에 대해 모든 에피소드의 첫 번째 수익을 평균해서 가치를 계산
* 결과로 얻는 가치를 반환

여기서 플레이어가 버스트하는 상태는 무시한다. 값이 –1이라는 것을 이미 알기 때문이다.

3. 블랙잭 에피소드가 충분히 짧은 만큼 hold_score와 할인 계수를 각각 18과 1로 지정하고, 500,000개 에피소드를 시뮬레이션한다.

```
>>> hold_score = 18
>>> gamma = 1
```

```
>>> n_episode = 500000
```

4. 이제 모든 변수를 설정하고 MC first-visit 평가를 수행한다.

```
>>> value = mc_prediction_first_visit(env, hold_score, gamma, n_episode)
```

결과로 얻은 가치를 출력한다.

```
>>> print(value)
defaultdict(<cla's 'fl'at'>, {(20, 6, False):
0.6923485653560042, (17, 5, False): -0.24390243902439024,
(16, 5, False): -0.19118165784832453, (20, 10, False):
0.4326379146490474, (20, 7, False): 0.7686220540168588, (16, 6, False):
-0.19249478804725503,
......
......
(5, 9, False): -0.20612244897959184, (12, 7, True):
0.058823529411764705, (6, 4, False): -0.26582278481012656,
(4, 8, False): -0.14937759336099585, (4, 3, False):
-0.1680327868852459, (4, 9, False): -0.20276497695852536,
(4, 4, False): -0.3201754385964912, (12, 8, True):
0.11057692307692307})
```

이제 가능한 모든 280개 상태에 대한 가치 계산을 마무리했다.

```
>>> print('Number of stat's:', len(value))
Number of states: 280
```

지금까지 블랙잭 환경에서 MC 방식으로 간단한 정책을 통해 280개 상태의 가치를 계산했다. 블랙잭 환경의 전이 행렬은 미리 알 수 없다. 또한 동적 프로그래밍 방법은 전이 행렬(크기 280 × 280)을 얻는 데 비용이 매우 많이 든다. 반면에 MC 기반 솔루션에서는 다수의 에피소드를 시뮬레이션하고 경험적 평균 가치를 계산하면 된다. 다음 절에서는 비슷한 방식으로 최적의 정책을 찾아본다.

14.4.3 on-policy 몬테카를로 조절 수행

MC 조절MC control은 전이 행렬을 알 수 없는 환경에서 최적의 정책을 찾는 데 사용한다. MC 조절에는 on-policy와 off-policy의 두 가지 유형이 있다. **on-policy 방법**에서는 정책을 실행하면서 반복해 평가하고 개선한다. 한편 off-policy 방법에서는 다른 정책에서 생성된 데이터를 사용해서 최적의 정책을 훈련한다.

이 절에서는 on-policy 방법을 중점적으로 살펴본다. on-policy 방법이 작동하는 방식은 정책 반복 방법과 매우 유사하다. 수렴할 때까지 평가 단계와 개선 단계를 반복한다.

- 평가 단계에서는 상태의 가치를 평가하는 대신에 **Q-가치**Q-value라는 **행동-가치**action-value를 평가한다. Q-가치 $Q(s, a)$는 주어진 정책에 따라 상태 s에서 행동 a를 할 때 상태-행동 쌍 (s, a)의 가치이다. First-visit 또는 every-visit 방식으로 평가한다.

- 개선 단계에서는 각 상태에서 최적의 행동을 취해서 정책을 업데이트한다.

$$\pi(s) = argmax_a Q(s, a)$$

이제 다음 단계에 따라 on-policy MC 조절로 최적의 블랙잭 정책을 찾는다.

1. 주어진 Q-가치에서 최선의 행동을 하는 에피소드를 실행하는 함수를 구현한다.

```
>>> def run_episode(env, Q, n_action):
...     """
...     주어진 Q-값으로 에피소드 실행
...     @param env: OpenAI Gym 환경
...     @param gamma: 할인 계수
...     @param n_action: 행동 공간
...     @return states, actions, rewards: 전체 에피소드에 대한 상태, 행동, 보상
...     """
...     state = env.reset()
...     rewards = []
...     actions = []
...     states = []
...     action = torch.randint(0, n_action, [1]).item()
...     while True:
...         actions.append(action)
...         states.append(state)
...         state, reward, is_done, info = env.step(action)
...         rewards.append(reward)
...         if is_done:
...             break
...         action = torch.argmax(Q[state]).item()
...     return states, actions, rewards
```

이것은 개선 단계에 해당하는데, 구체적으로 다음과 같은 작업을 수행한다.

- 에피소드 초기화

- 무작위 행동으로 탐색 시작

- 최초의 행동 이후, 주어진 Q-가치 테이블을 기반으로 행동 $a = \text{argmax}_a Q(s, a)$를 함

- 에피소드의 모든 단계에서의 상태, 행동, 보상을 저장하고 평가에 사용함

2. 다음으로 on-policy MC 조절 알고리즘을 구현한다.

```
>>> def mc_control_on_policy(env, gamma, n_episode):
...     """
...     on-policy MC 조절 방법으로 최적 정책 수립
...     @param env: OpenAI Gym 환경
...     @param gamma: 할인 계수
...     @param n_episode: 에피소드 수
...     @return Q, policy: 최적 Q-함수와 최적 정책
...     """
...     G_sum = defaultdict(float)
...     N = defaultdict(int)
...     Q = defaultdict(lambda: torch.empty(env.action_space.n))
...     for episode in range(n_episode):
...         states_t, actions_t, rewards_t = run_episode(env, Q, env.action_space.n)
...         return_t = 0
...         G = {}
...         for state_t, action_t, reward_t in zip(
...                 states_t[::-1], actions_t[::-1], rewards_t[::-1]):
...             return_t = gamma * return_t + reward_t
...             G[(state_t, action_t)] = return_t
...         for state_action, return_t in G.items():
...             state, action = state_action
...             if state[0] <= 21:
...                 G_sum[state_action] += return_t
...                 N[state_action] += 1
...                 Q[state][action] = G_sum[state_action] / N[state_action]
...     policy = {}
...     for state, actions in Q.items():
...         policy[state] = torch.argmax(actions).item()
...     return Q, policy
```

이 함수의 기능은 다음과 같다.

- Q-값을 무작위로 초기화

- n_episode만큼 에피소드 실행

- 각 에피소드에 대해서 정책 개선을 시행하고 훈련 데이터를 얻음. 결과로 얻은 상태, 작업, 보상에 대해서 first-visit 정책 평가를 수행하고 Q-값을 업데이트
- 최적의 Q-값과 최적의 정책을 확정

3. 이제 MC 조절 함수가 준비되었으므로 최적의 정책을 계산한다.

```
>>> gamma = 1
>>> n_episode = 500000
>>> optimal_Q, optimal_policy = mc_control_on_policy(env, gamma, n_episode)
```

최적의 정책을 살펴본다.

```
>>> print(optimal_policy)
{(16, 8, True): 1, (11, 2, False): 1, (15, 5, True): 1, (14,
False): 1, (11, 6, False): 1, (20, 3, False): 0, (9, 6, False):
0, (12, 9, False): 0, (21, 2, True): 0, (16, 10, False): 1, (17,
5, False): 0, (13, 10, False): 1, (12, 10, False): 1, (14, 10,
False): 0, (10, 2, False): 1, (20, 4, False): 0, (11, 4, False):
1, (16, 9, False): 0, (10, 8,
......
......
1, (18, 6, True): 0, (12, 2, True): 1, (8, 3, False): 1, (13,
3, True): 0, (4, 7, False): 1, (18, 8, True): 0, (6, 5, False):
1, (17, 6, True): 0, (19, 9, True): 0, (4, 4, False): 0, (14,
5, True): 1, (12, 6, True): 0, (4, 9, False): 1, (13, 4, True):
1, (4, 8, False): 1, (14, 3, True): 1, (12, 4, True): 1, (4, 6,
False): 0, (12, 5, True): 0, (4, 2, False): 1, (4, 3, False): 1,
(5, 4, False): 1, (4, 1, False): 0}
```

이렇게 구한 최적의 정책이 실제로 최적인지 여부와, 이전에 구한 간단한 정책(18점)보다 더 나은지에 대해 의문이 들 수 있다. 이를 확인하고자 최적의 정책과 간단한 정책에 대해 각각 100,000개의 블랙잭 에피소드를 시뮬레이션한다.

1. 간단한 정책에 따라 에피소드를 시뮬레이션하는 함수는 다음과 같다.

```
>>> def simulate_hold_episode(env, hold_score):
...     state = env.reset()
...     while True:
...         action = 1 if state[0] < hold_score else 0
...         state, reward, is_done, _ = env.step(action)
...         if is_done:
...             return reward
```

2. 최적 정책에 따라 시뮬레이션하는 함수는 다음과 같다.

```
>>> def simulate_episode(env, policy):
...     state = env.reset()
...     while True:
...         action = policy[state]
...         state, reward, is_done, _ = env.step(action)
...         if is_done:
...             return reward
```

3. 두 정책에 대해서 각각 100,000개의 에피소드를 실행하고, 이기는 횟수를 계산한다.

```
>>> n_episode = 100000
>>> hold_score = 18
>>> n_win_opt = 0
>>> n_win_hold = 0
>>> for _ in range(n_episode):
...     reward = simulate_episode(env, optimal_policy)
...     if reward == 1:
...         n_win_opt += 1
...     reward = simulate_hold_episode(env, hold_score)
...     if reward == 1:
...         n_win_hold += 1
```

결과를 출력하면 다음과 같다.

```
>>> print(f'Winning probability:\nUnder the simple policy: {n_win_hold/n_episode}\nUnder
the optimal policy: {n_win_opt/n_episode}')
Winning probability:
Under the simple policy: 0.39955
Under the optimal policy: 0.42779
```

최적의 정책에 따라 플레이하면 이길 확률이 43%지만, 간단한 정책에 따라 플레이하면 이길 확률이 40%에 불과하다는 것을 알 수 있다.

이 절에서는 모델이 필요 없는 알고리즘인 MC 학습으로 블랙잭 환경에서 문제를 해결했다. MC 학습에서는 에피소드가 끝날 때까지 Q-값을 업데이트하는데, 이것은 긴 과정long process의 경우에 문제가 될 수 있다. 다음 절에서는 에피소드의 단계마다 Q-값을 업데이트하는 Q-러닝을 살펴본다. Q-러닝을 통해 학습 효율이 얼마나 개선되는지 볼 수 있을 것이다.

14.5 Q-러닝 알고리즘으로 택시 문제 풀기

Q-러닝Q-learning 또한 모델이 필요 없는 학습 알고리즘으로, 에피소드의 단계마다 Q-함수를 업데이트한다. Q-러닝을 통해서 택시 환경을 해결하는 방법을 살펴볼 텐데, 택시 환경은 비교적 긴 에피소드가 있는 대표적인 환경이다. 먼저 택시 환경을 시뮬레이션한다.

14.5.1 택시 환경 시뮬레이션

택시 환경[18]에서 에이전트는 한 장소에서 태운 승객을 목적지에 내려주는 택시 운전사 역할을 한다.

모든 피실험자는 5 × 5 격자판에 있다. 다음 예를 살펴보자.

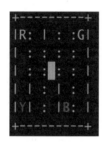

그림 14.6 **택시 환경의 예**

특정 색상의 타일에는 다음과 같은 의미가 있다.

- **노란색**: 빈 택시의 위치(승객이 없음)
- **파란색**: 승객의 위치
- **보라색**: 승객의 목적지
- **녹색**: 승객이 탑승한 택시의 위치

에피소드마다 빈 택시의 시작 위치와 승객과 승객의 목적지를 무작위로 할당한다.

네 개의 글자 R, Y, B, G에서만 승객을 태우고 내릴 수 있다. 보라색은 목적지, 파란색은 승객의 위치이다.

택시는 다음 6가지 중에 하나의 행동을 할 수 있다.

- **0**: 남쪽으로 이동

---

18 https://www.gymlibrary.ml/environments/toy_text/taxi/

- **1**: 북쪽으로 이동
- **2**: 동쪽으로 이동
- **3**: 서쪽으로 이동
- **4**: 승객 승차
- **5**: 승객 하차

두 타일 사이에 있는 기둥(|)은 택시가 두 타일 사이를 이동하지 못하도록 한다.

각 단계에서의 보상은 다음 규칙을 따른다.

- 승객을 목적지에 내려줄 경우, 보상은 +20이고 에피소드는 종료된다. 그리고 200단계를 지나면 에피소드가 끝난다.
- R, Y, B, G가 아닌 장소에서 불법으로 승차 또는 하차를 시도하면 보상은 -10이다.
- 그 밖의 경우 보상은 -1이다.

마지막으로 한마디 덧붙이자면, 가능한 상태가 500개나 된다는 것이다. 즉, 택시가 25개의 타일 중 하나에 있을 수 있고, 승객은 R, Y, B, G 또는 택시 내부에 있을 수 있으며, 목적지는 R, Y, B, G 중 하나일 수 있다. 따라서 모두 25 × 5 × 4 = 500개의 가능한 상태가 있다.

이제 환경을 살펴보자.

1. 먼저 택시 환경의 인스턴스를 만든다.

```
>>> env = gym.make('Taxi-v3')
>>> n_state = env.observation_space.n
>>> print(n_state)
500
>>> n_action = env.action_space.n
>>> print(n_action)
6
```

상태는 0에서 499 사이의 정수로 표시되고, 6가지 가능한 행동이 있음을 알 수 있다.

2. 환경을 재설정하고 렌더링한다.

```
>>> env.reset()
262
>>> env.render()
```

다음 그림과 유사한 5 × 5 격자판이 표시된다.

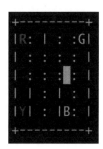

그림 14.7 **택시 환경에서의 시작 단계 예**

승객은 파란색 R 타일에 있고 목적지는 보라색 Y 타일에 있다.

3. 이제 서쪽으로 3타일, 북쪽으로 2타일을 이동해서 승객을 태우고(만약 초기 상태가 다르다면, 이와 다른 행동을 해야 함) '승차' 행동을 한다.

```
>>> print(env.step(3))
(242, -1, False, {'prob': 1.0})
>>> print(env.step(3))
(222, -1, False, {'prob': 1.0})
>>> print(env.step(3))
(202, -1, False, {'prob': 1.0})
>>> print(env.step(1))
(102, -1, False, {'prob': 1.0})
>>> print(env.step(1))
(2, -1, False, {'prob': 1.0})
>>> print(env.step(4))
(18, -1, False, {'prob': 1.0})
```

환경을 렌더링한다.

```
>>> env.render()
```

그림 14.8 **승객이 택시 안에 있는 상태 예**

택시가 녹색으로 바뀌면 승객이 택시 안에 탑승하고 있다는 의미다.

4. 이제 '아래로 이동' 행동을 네 번 수행해서(환경에 따라 적절한 행동을 해야 함) 목적지로 가서 '하차'
   행동을 실행한다.

```
>>> print(env.step(0))
(118, -1, False, {'prob': 1.0})
>>> print(env.step(0))
(218, -1, False, {'prob': 1.0})
>>> print(env.step(0))
(318, -1, False, {'prob': 1.0})
>>> print(env.step(0))
(418, -1, False, {'prob': 1.0})
>>> print(env.step(5))
(410, 20, True, {'prob': 1.0})
```

성공적으로 승객을 하차하고 +20 보상을 받는다.

5. 마지막으로 환경을 렌더링한다.

```
>>> env.render()
```

그림 14.9 **승객이 목적지에 도착한 상태 예**

무작위로 취한 행동과 비교해보면, 모델이 환경을 해결하는 것이 얼마나 어려운지 알 수 있다. 다음 절에서는 Q-러닝 알고리즘에 대해 논의한다.

14.5.2 Q-러닝 알고리즘 개발

Q-러닝Q-learning은 행동 정책behavior policy에 의해 생성된 데이터를 기반으로 Q-값을 최적화하는 **off-policy** 학습 알고리즘이다. 이때 행동 정책은 주어진 상태에서 가장 높은 수익을 가져다주는 행동을 취하는 그리디 정책이다. 행동 정책은 학습 데이터를 생성하고 목표 정책(최적화하려는 정책)은 다음 방정식을 기반으로 Q-값을 업데이트한다.

$$Q(s, a) := Q(s, a) + \alpha\left(r + \gamma max_{a'}Q(s', a') - Q(s, a)\right)$$

여기서 s'는 상태 s에서 행동 a를 취한 뒤의 상태이고 r은 이와 관련한 보상이다. $max_{a'}Q(s', a')$은 행동 정책이 주어진 상태 s'에서 가장 높은 Q-값을 생성한다는 것을 의미한다. 마지막으로 초매개변수 α와 γ는 각각 학습률과 할인 계수이다.

Q-러닝은 다른 정책에 의해 생성된 경험을 통한 학습으로, 에피소드 단계마다 Q-값을 최적화할 수 있다. 그리디 정책에서 얻은 정보를 이용해서 목푯값을 즉시 업데이트한다.

한 가지 더 주목해야 할 점은 목표 정책이 엡실론-그리디epsilon-greedy라는 것이다. 즉, ε(0에서 1 사이의 값)의 확률로 무작위 행동을 하고 $1 - \varepsilon$ 확률로 그리디 행동을 한다. 엡실론-그리디 정책은 **활용**exploitation과 **탐색**exploration을 결합한 것이다. 다양한 행동을 탐색하면서 최선의 행동을 활용한다.

이제 택시 환경을 해결하는 Q-러닝 알고리즘을 개발한다.

1. 엡실론-그리디 정책을 정의한다.

```
>>> def gen_epsilon_greedy_policy(n_action, epsilon):
...     def policy_function(state, Q):
...         probs = torch.ones(n_action) * epsilon / n_action
...         best_action = torch.argmax(Q[state]).item()
...         probs[best_action] += 1.0 - epsilon
...         action = torch.multinomial(probs, 1).item()
...         return action
...     return policy_function
```

A개의 가능한 행동이 주어졌을 때 ε/AV의 확률로 각 행동을 수행하고, 상태-행동값이 가장 높은 행동을 $1 - \varepsilon$의 확률로 추가 선택한다.

2. 이제 엡실론-그리디 정책의 인스턴스를 생성한다.

```
>>> epsilon = 0.1
>>> epsilon_greedy_policy = gen_epsilon_greedy_policy(env.action_space.n, epsilon)
```

여기서 $\varepsilon = 0.1$은 탐색 비율exploration ratio이다.

3. 다음으로 Q-러닝 알고리즘을 구현한다.

```
>>> def q_learning(env, gamma, n_episode, alpha):
...     """
...     off-policy Q-러닝 방법으로 최적 정책 수립
...     @param env: OpenAI Gym 환경
...     @param gamma: 할인 계수
...     @param n_episode: 에피소드 수
...     @return Q, policy: 최적 Q-함수와 최적 정책
...     """
...     n_action = env.action_space.n
...     Q = defaultdict(lambda: torch.zeros(n_action))
...     for episode in range(n_episode):
...         state = env.reset()
...         is_done = False
...         while not is_done:
...             action = epsilon_greedy_policy(state, Q)
...             next_state, reward, is_done, info = env.step(action)
...             delta = reward + gamma * torch.max(Q[next_state]) - Q[state][action]
...             Q[state][action] += alpha * delta
...             length_episode[episode] += 1
...             total_reward_episode[episode] += reward
...             if is_done:
...                 break
...             state = next_state
...     policy = {}
...     for state, actions in Q.items():
...         policy[state] = torch.argmax(actions).item()
...     return Q, policy
```

먼저 Q-테이블을 초기화하고, 각 에피소드에서 에이전트가 엡실론-그리디 정책에 따라 행동을 수행하며, 각 단계에서 off-policy 학습 방정식으로 Q-함수를 업데이트한다. 최종적으로 에피소드를 n_episode만큼 실행한 뒤에 최적의 정책과 Q-값을 얻는다.

4. 1,000개 에피소드에서의 학습 성능을 저장하는 두 변수로 에피소드 길이(에피소드의 단계 수)와 총 보상이 있는데, 다음과 같이 초기화한다.

```
>>> n_episode = 1000
>>> length_episode = [0] * n_episode
>>> total_reward_episode = [0] * n_episode
```

5. 마지막으로, 택시 문제에 대한 최적의 정책을 얻고자 Q-러닝을 수행한다.

```
>>> gamma = 1
>>> alpha = 0.4
>>> optimal_Q, optimal_policy = q_learning(env, gamma, n_episode, alpha)
```

여기서 할인 계수와 학습률은 각각 $\gamma = 1$, $\alpha = 0.4$이다.

6. 1,000개 에피소드를 학습한 뒤의 총 보상은 다음과 같이 시각화한다.

```
>>> import matplotlib.pyplot as plt
>>> plt.plot(total_reward_episode)
>>> plt.title('Episode reward over time')
>>> plt.xlabel('Episode')
>>> plt.ylabel('Total reward')
>>> plt.ylim([-200, 20])
>>> plt.show()
```

최종 결과는 다음 스크린숏과 같다.

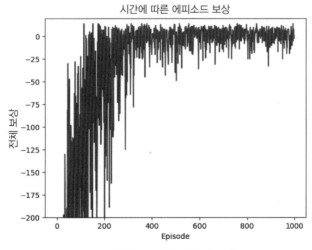

그림 14.10 에피소드별 총 보상

학습하는 동안 총 보상이 계속 증가하다가 600개 에피소드 후에는 대략 +5를 유지한다.

7. 에피소드의 길이는 다음과 같이 시각화한다.

```
>>> plt.plot(length_episode)
>>> plt.title('Episode length over time')
>>> plt.xlabel('Episode')
>>> plt.ylabel('Length')
>>> plt.show()
```

최종 결과는 다음 스크린숏과 같다.

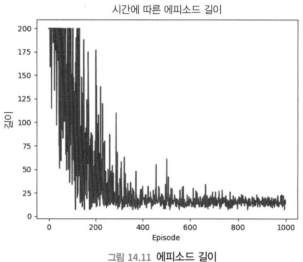

그림 14.11 에피소드 길이

보다시피 에피소드 길이는 최대 200에서 10으로 줄었고, 대략 600개 에피소드 정도에서 모델이 수렴한다. 이는 훈련한 뒤 모델이 약 10단계 만에 문제를 해결할 수 있음을 의미한다.

이번 절에서는 off-policy의 Q-러닝으로 택시 문제를 해결했다. 알고리즘은 그리디 정책에 따라 생성한 경험에 기반한 학습을 통해 단계마다 Q-값을 최적화한다.

14.6 요약

작업 환경 설정으로 14장을 시작했다. 그 뒤에 몇 가지 예를 통해 강화학습의 기본 사항을 공부했다. FrozenLake 환경을 살펴보고, 두 가지 동적 프로그래밍 알고리즘인 가치 반복과 정책 반복으로 이를 해결했다. 이어서 몬테카를로 학습에 관해 논의하고 블랙잭 환경에서 가치 근사와 조절에 사용했다. 마지막으로 Q-러닝 알고리즘을 개발한 뒤에 이를 이용해서 택시 문제를 해결했다.

14.7 연습 문제

1. 가치 반복이나 정책 반복 알고리즘으로 8 × 8 FrozenLake 환경을 해결해보자.

2. Every-visit MC 정책 평가 알고리즘을 구현해보자.

3. Q-러닝 알고리즘에서 다른 탐색 비율 ε을 사용했을 때 상황이 어떻게 변하는지 살펴보자.

찾아보기